KB275289

따라하면 끝나는 실전 토론교과서

따라하면 끝나는 실전 토론교과서

따라하면 끝나는 실전 토론교과서

신동명 지음

봄풀

2010년 12월 교수들이 뽑은 올해의 사자성어에 '드러난 진실을 어리석게 감추려 한다'는 뜻의 '장두노미(藏頭露尾)'가 선정됐었다고 합니다. 한미 FTA 추가 협상을 하고 돌아온 김종훈 당시 통상교섭본부장이 국민들 앞에서 머리 숙여 사죄했습니다. 추가 협상은 절대 없을 것이라고 선언했던 것에 대한 사과이자, 추가 협상을 통해 이전에 완료된 협상보다 많은 부분에서 불리한 조건으로 협상을 끝냈다는 것에 대한 문제 제기가 계속되었기 때문입니다.

원래의 협상과정에서도 매우 파장이 클 수밖에 없었던, 국민의 건강권과 관련된 문제를 유야무야 넘기려 했다가 국민들의 엄청난 저항에 부딪쳐, 몇 가지를 국민의 뜻에 따라 수정하기도 했습니다. 우리는 이런 일들을 접할 때마다 한 국가를 대표하는 외교관들의 협상력이 그 나라의 국민을 행복하게 만들 수도, 위험과 배고픔에 빠뜨릴 수도 있다는 사실에 소스라치며 놀라게 됩니다.

이러한 국제 협상력의 기초는 무엇일까요? 바로 토론입니다. 토론이 강한 민족은 세계를 지배합니다. 미국은 리시움 운동(Lyceum, 1826년 매사추세츠주에서 일어난 아카데미식 토론 운동. 지식인, 정치인, 법조인 등 사회의 다양한 계층이 모여 만들었으며, 제2차 세계대전 후 미국 전역의 대학으로 급속히 확산되었는데, 특히 자연계 학과 학생의 토론 능력을 키우기 위해 교과과정에 토론 과목을 필수 교양과목으로 지정하고 있다)과 인터뷰라는 주관식 교육환경을 통하여 빌게이츠와 스티브 잡스 등을 길러냈으며, 소셜네트워크 페이스북의 창시자 마크 주커버그를 탄생시켰고, 그 힘으로 지금도 세계의 최강자로 군림하고 있습니다.

우리 민족도 중국조차 범접하지 못하고 어버이의 나라로 받들어지던 강대한 시절이 있었습니다. 고조선 때의 화백회의가, 부여·고구려의 제가회의가 있을 때입니다. 즉, 우리나라의 역사 중 가장 찬란했던 시절은 모두 국민의 흩어진 힘을 한 곳으로 모으는 토론이 살아 있을 때 가능했습니다.

지금 우리는 어떤가요? 위로는 동북공정을 진행하고 있는 중국과, 아래로는 독도는 자기네 땅이라고 주장하는 일본 사이에 끼여 숨 쉬는 것조차 버거워하고 있습니다. 광개토 대왕 시절 가졌던 대륙의 역사는 우리만의 희미한 기억으로 남아 있게 될지도 모릅니다.

이 문제의 핵심은 너무나 자명합니다. 일본의 식민지로 전락해 있으면서 우리나라 토론의 역사는 단절되었고, 그 이후에도 서구의 역사에서 볼 수 있는 것 같은 학생들의 토론 교육은 뿌리는커녕 자취조차 없었기 때문입니다. 토론이 공교육에서부터 시작되어야 하고, 학교 현장에서 학생들을 가르치는 선생님들이 나서야 하는 이유가 여기에 있습니다.

만주 벌판을 달리던 배달민족의 기상을 잊어서는 안 됩니다. 오늘에 되살려야 합니다. 그러려면 지금이라도 토론 교육을 공교육으로, 시민운동으로 불붙여 올려야 합니다. 토론의 시초인 화백회의의 정신을 통해 고구려의 기상을 되살려야 합니다. 그 일은 우리가 따로 떨어져 생각하고 행동할 일이 아니라 모두가 함께해야 합니다. 학교에서부터 출발해야 하는 토론 교육에 선생님들이 나서고, 지역사회가 주관식 교육, 토론 교육에 동참하고 인정해야 완성될 수 있습니다.

대한민국의 청소년들이 토론 교육을 통해 세계를 대상으로 협상하고 호령하는 그날을, 모두가 토론 교육 시민운동에 함께하는 가슴 벅찬 그날을 그려 봅니다.

신동명

차례

시작하기에 앞서

프롤로그

1 강한 나라의 전제조건, 토론공화국

　　　－수업 진행에 따른 교과별 토론식 수업 악마의 질문 시리즈 6가지

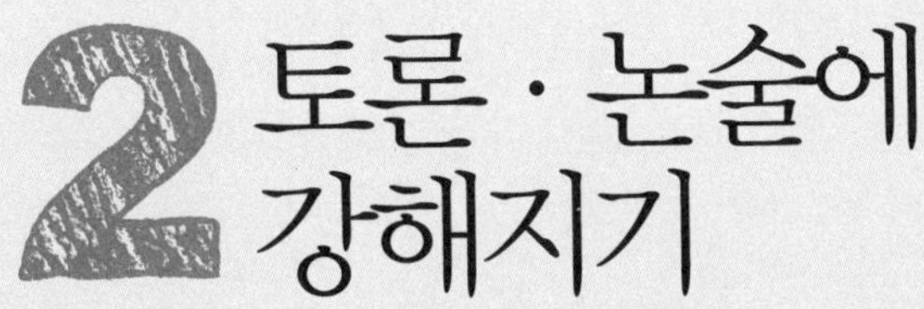

2 토론·논술에 강해지기

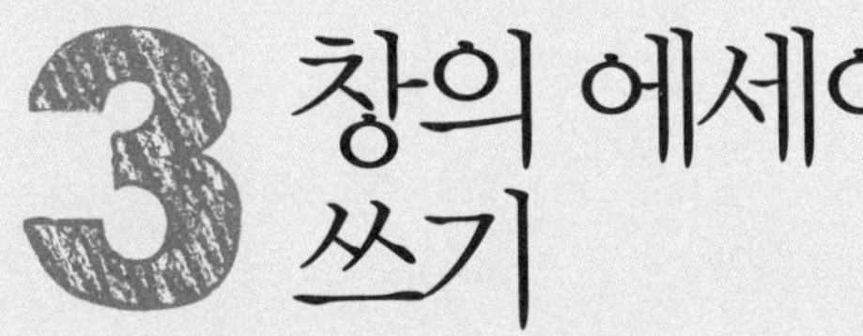

3 창의 에세이 쓰기

4 입학사정관제 뛰어넘기

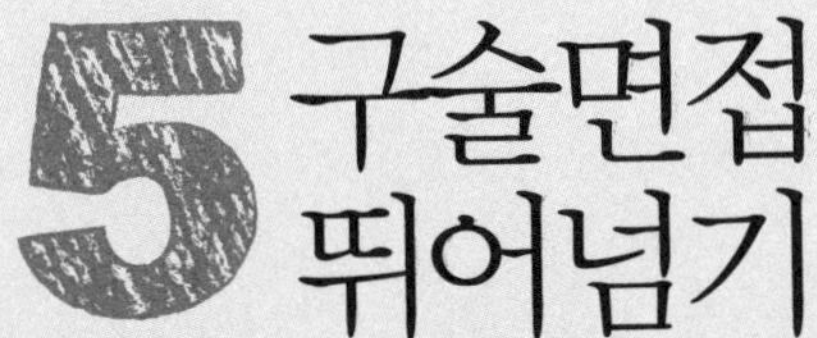 구술면접
뛰어넘기

토론에 대한 이해

토론이란?

"교수님, 토론(討論)과 토의(討議)의 차이는 뭡니까?"

"말이 다르잖아요!"

"참, 교수님도! 장난치지 마시고 정말 뭐가 다른 거예요?"

"장난 아닙니다. 왜 말이라고, 대화라고, 토의라고 뭉뚱그려 칭하지 않고 토론이라고 하는지 그 이유가 분명하다는 걸 말씀드리는 것이거든요. 동사와 형용사가 많은 유사점을 가지고 있지만 다른 무엇인가가 있어 이름을 다르게 붙인 것처럼 말입니다."

"토론과 토의는 항상 헷갈려요. 오늘 명확하게 알고 싶어요."

"토론은 토(討)와 론(論)으로 나눌 수 있습니다. 여기서 '토(討)'는 말(言)을 나누거나 쪼개어(寸) 분석한다는 의미를 내포하고 있고, '론(論)'은 말(言)을 둥글게(侖) 돌아가며 한다는 것으로 나눌 수 있습니다. 정리하면, 토(討)는 '말을 나누거나 쪼개어 분석한다'는 뜻이며, 론(論)은 '말을 돌려가며 진행한다'는 뜻입니다. 그렇다면 어떤 상황이 만들어질까 한번 생각해 봅시다. 우선 여러 사람이 있어야 한다는 말이 되겠죠. 말을 돌려야 하니까요. 또 말을 돌려야 한다면 생각이 다른 사람이 있어야 하며, 생각이 달라야 하는 뭔가가 존재해야 한다는 이야기가 됩니다. 그리고 토(討)에서 볼 수 있는 것처럼 표현은 논리적이면서도 매너 있게 규칙에 맞추어야 한다는 점을 유추해 낼 수 있습니다.”

“어려워지네요!”

“다시 말하면 토론은 첫째, 찬반이 가능한 '논제'가 있어야 합니다. 둘째, 그 논제를 가지고 서로 찬반으로 나뉘어 정열적으로 싸울 '사람(토론자)'들이 있어야 합니다. 셋째로는 싸우는 사람들을 뜯어 말릴 '규칙'이 필요하지요. 넷째, 규칙만으로 뜯어 말리기 어려울 수 있으므로 힘센 '사회자'를 둡니다. 그리고 다섯째, 누가 잘했는지 박수를 보내며 평가를 하는 '청중'이 있어야 합니다.”

“어떤 사람이 토론과 토의의 차이는 '결론이 나는 것'과 '결론이 나지 않는 것'이라고 하던데 맞나요?”

“토의(討議)는 말 그대로 그 자리에서 결론을 낼 목적으로 시작하는 겁니다. 그러나 토론(討論)은 그 자리에서 결론을 낼 목적으로 하는 행위가 아니기 때문에 그 자리에서 결론이 안 나죠. 그러다 보니 많은 사람들이 토론(討論)은 '결론(結論)을 내기 어려운 것'이라고 정의하기도 합니다.”

“정말 결론을 낼 수 없나요?”

“찬반을 가지고 마주 앉은 사람들이 쉽게 결론에 도달할 수 있을까요? 그러니까 그 자리에서는 쉽게 결론이 날 수 없는 것입니다.”

“얼핏 들으면 토론도 결론이 날 수 있다는 말처럼 들리는데요?”

“토론(討論)을 다시 한 번 해석해 봅시다. 토(討)는 '말을 나누거나 쪼개어 분석한다'는 뜻을, 론(論)은 '말을 돌려가며 진행한다는 뜻'을 가지고 있다고 이야기했습니다. 그러면 왜 말을 나누고, 쪼개고, 분석하고, 찬반으로 나누어 돌려가며 싸우는 걸까요? 뭘 얻기 위해, 무엇 때문에 그런 고생을 할까요? 아무것도 얻을 수 없다는 것을 뻔히 알면서 시간과 노력을 기울여 밤새도록 떠들까요? 토론이 그런 비생산적인 행위라면 굳이 시간 내서 입 아파가며 머리를 쥐어뜯으면서 싸울 필요가 없습니다. 토론은 최선의 해결책을 찾아가는 행위이지 그 자리에서 어떤 안건에 대해 결정을 하는 행위가 아닙니다. 지금 우리가 부딪치고 있는 현안에 대해 바람직한 해결책을 찾아보자, 그리고 그 방향이 보이면 같이 가자, 그래서 밝은 세상, 올바른 세상을 만들어 보자는 것입니다."

"결론에 대한 이야기는 아니네요?"

"최선의 해결책을 찾기 위해 노력하는 생산적 행위가 토론(討論)인데 왜 결론이 없겠습니까! 꼭 결론이 안 나는 것이 아니라 찬반으로 나뉘어 싸우다 보니 그 자리에서는 결론이 날 수도, 안 날 수도 있다는 것이지요. 그러나 한 가지 분명한 게 있습니다. 아까 토론이 되려면 평가를 내리는 청중이 있어야 한다고 했지요. 바로 청중이 시퍼렇게 눈 뜨고 보면서 마음속으로 판단하고 있다는 겁니다. 즉, 결론은 청중, 대중이 내려줍니다. 그리고 토론을 하다 보면 아무리 다른 입장에 서서 창과 방패의 역할을 하며 싸웠더라도 무엇이 옳고 그른지는 본인도 알게 된다는 것이죠."

"못 느낄 수도 있지 않나요?"

"토론은 말로 하는 전쟁입니다. 하지만 토론을 할 때는 무조건 이겨야 한다고 생각하면서 '나는 안 변하고 너는 꼭 설득되어야 한다'는 식의 태도를 보이는 것은 잘못된 것입니다. 그런 사회는 불행해질 뿐이죠. 그리고 그렇게 될 수도 없습니다. 결정은 대중이 하니까요. 대중의 결정은 어떤 힘으로도 막을 수가 없습니다."

"그렇다고 불행해진다는 말은 너무 심하지 않나요?"

"토론이 뭔가요? 앞에서 이야기했듯이 서로 다른 생각과 입장을 가지고 있는 사람들이 한 자리에 모여 최선의 해결책을 찾는 것, 그 결과로 우리를 변화시키고 세계를 주도하는 힘을 길러야 하는 것인데, 자기 생각만 주장하거나 막무가내로 자기 생각만이 맞다고 우긴다면, 그렇게 토론하고 고민하는 과정과 결과로서 세계를 주도하는 힘을 기르기는커녕 해결책조차 도출해 낼 수 없게 됩니다. 텔레비전을 통해 수많은 정치인들의 토론을 보면서 암담함을 느낄 수밖에 없는 이유가 바로 그것입니다. 그러한 비생산적인 토론(討論) 행위는 굳이 할 이유도 없지만, 개인적으로는 비논리적인 인간이기 때문에 불행해질 수밖에 없고, 그 같은 사람들이 이 사회를 이끄는 지도자로서의 행위를 하고 다닐 테니, 이 사회마저 매우 불행해지는 거죠. 저는 토론이 가지고 있는 합의의 정신과 상대방에 대한 존중을 잃는다면 이 사회는 불행할 뿐이라고 생각합니다."

"그러면 토론에는 어떤 자세로 임해야 합니까?"

"토론에는 민주주의 정신과 합일의 정신, 주체의 정신이 담겨져 있습니다. 토론은 반드시 정해진 규칙에 맞추어 해야 할 뿐만 아니라, 긴 시간을 들여 인내를 통해 얻어내야 하기 때문에 '민주주의 정신'이 필요합니다. 또한 역지사지(易地思之, 다름을 인정하고 같음을 지향하는 정신)에서 출발하기 때문에 '합일의 정신'이 있어야 하고, 모두가 자기 입장에서 충분히 주장하고 표현하여 얻는 결론이기 때문에, 그 책임 또한 모두가 주체로 받아 안아야 하므로 '주체의 정신'이 꼭 필요한 것입니다."

“토론의 교육적 효과는 뭐가 있나요?”

“우리 아이들이 민주적인 의사소통방식을 충분히 경험한다는 측면 외에 교육적 효과도 매우 큽니다. 한 명이 백 권의 책을 읽고 나서는 한 권의 책을 쓰기가 어렵지만, 백 명이 한 권의 책을 읽고 토론을 하면 백 권 분량의 책이 나옵니다.”

“왜죠?”

“세상 사람들은 모두가 다른 경험을 합니다. 그래서 같은 책을 읽더라도 다른 생각을 가지게 되는 거지요. 그렇기 때문에 저는 구술면접시험을 토론으로 준비해 줍니다. 왜냐 하면 가장 짧은 시간에 가장 많은 생각과 정보를 아이들에게 전달해 줄 수 있으니까요.”

“아이들이 재미있어하나요?”

“맨 처음엔 싫어해요. 우리나라 학생들은 선생님 중심의 교육을 하면서 자기의 생각을 표현하지 못하고 빼앗기며 살아 왔기 때문에 토론으로 한다고 하면 굉장히 맛없는 반찬 먹은 얼굴을 합니다. ‘저 선생은 왜 강의 안하고 비싼 돈 받아먹고 있나’ 하고 생각하죠. 그러다가 서서히 시간이 지나면서 얼굴이 밝아지고 자기 생각을 표현하게 되면 많이 고마워합니다. 자기 친구를 다시 보게 되었다는 말도 많이 하는데, 평소에는 아무 생각이 없는 줄 알았는데 알고 보니 엄청나게 생각이 많고 깊은 친구라면서 많이 배우게 되었기 때문이랍니다.”

“처음에는 싫어하기보다는 힘들어하는 거네요.”

“그렇습니다. 낯선 경험이니까요. 그러나 토론이라는 경험을 하고 나면 자신이 얼마나 성장했는지를 본인 스스로 느끼기 때문에 매우 만족해합니다. 그리고 어느 곳에 가더라도 논리적인 학생으로 인정받게 되므로 본인 스스로가 자꾸 토론을 만들어 보려는 노력도 하게 되지요."

토론이라는 단어의 해석

영어로 토론(debate, 討論)은 라틴어 'debattuo'에서 유래했다. '분리', '이탈'을 뜻하는 접두사 'de-'와 '치다, 때리다(frapper)', '감동하도록 두드리다(battre pour attendrir), 진정시키다(adoucir)', 무장하다(faire des armes, s'escrimer) 등의 뜻을 가진 battuo의 합성어이다. 즉, debattuo는 '서로 떨어져 분리되어 목적을 달성하기 위해 싸우고 투쟁하는' 것을 뜻한다.

한편 토의(discuss, 討議)는 희랍어 'dischos'에서 기원한 것으로, '주의 깊게 검사하다(examen attentif), 검토하다(inspection), 세금을 매기고 다시 나누기 위해 검증하다(vérification pour la répartition et la rentrée des impôts)'라는 뜻이다. 즉, discussion은 이미 확정된 어떤 대상의 진위를 검토하고 증명한다는 뜻이 강하다.

또 동양적 관점에서 한자 토론(討論)을 해석해 보면 '토(討)'는 말(言)의 의미를 쪼개어(寸) 따진다는 뜻으로, 그 결과 최선의 해결책을 찾아내려고 노력하게 되고, 사회자가 진행의 중심에 있게 되며, 규칙에 맞추어 자신의 생각을 자유롭게 말할 수 있음을 의미한다. 또 '론(論)'은 말(言)을 여러 명이 앉아 돌리(侖)는 것으로, 찬반의 논제가 있으며, 혼란스러울 수 있으므로 자체 규칙이 있게 되고, 상대방을 존중하는 역지사지의 정신이 필요함을 뜻한다.

토론의 성립 조건과 토론자가 갖추어야 할 5가지 덕(德)

앞에서도 이야기했지만 토론을 하기 위해서는 먼저 찬반 논제가 있어야 하며, 찬반에 대해 토론할 수 있는 토론자가 있어야 한다. 또 토론자들이 공정한 토론을 이어갈 수 있도록 하는 엄격한 규칙과 그것을 실행할 사회자가 필요하며, 평가를 위한 청중(심사위원일 수도 있음)이 있어야 한다.

또 토론에 임하는 사람들은 다음의 5가지 덕을 가지고 있어야 한다. 첫째, 상대를 낮추지 않는 존경(尊敬)의 덕, 둘째, 바로 공격하지 않는 탐색(探索)의 덕, 셋째, 공격이 시작되면 뒤로 물러서지 않는 전투(戰鬪)의 덕, 넷째, 상대의 공격을 미리 준비하는 방어(防禦)의 덕, 다섯째, 끝나고 상대의 옳음을 인정하는 합일(合一)의 덕이 그것이다.

토론과 토의의 공통점 및 차이점

최선의 해결책을 찾기 위한 노력과 절차라는 점에 토론과 토의는 공통점을 가지고 있으며 차이점은 다음과 같다.

	토 론	토 의
형식에 따른 차이	• 찬반 논제가 있다. • 찬반으로 확연하게 갈라진 참가자들이 참여한다. • 옳고 그름을 판단할 청중이 있다. • '논쟁적, 형식적, 과정적' 사고 과정을 중시한다. • 주장과 관점이 찬성과 반대로 분명하고 확연하게 나뉜다. 이 두 관점은 본질적으로 타협할 수 없으며 수정할 수 없다. • 대립되는 주장들의 승·패를 결정하기 위해 공정하고 엄격한 규칙, 절차, 형식이 중시된다.	• 검토하거나 협의할 공통의 주제나 문제(공통의 관심사)가 있다. • 공통의 관심사를 가진 사람들이 모인다. • 다수결의 원칙을 받아들일 참여자만이 있다. • '수렴적, 비형식적, 결과적' 사고 과정을 중시한다. • 결론에 도달하기 위해 논의과정에서 자신의 주장과 관점을 수정하고 심지어는 포기할 수도 있다. • 열린 논제와 자유로운 의견 개진을 할 수 있으며, 반론과 재반론도 엄정한 규정에 따라 이루어지지 않는 경우가 많다.

주제에 따른 차이	• 텔레비전은 유해한가 무해한가? 　(결론은 유해 또는 무해) • 꼭 국산품만 사용해야 한다. 　(결론은 그렇다 또는 아니다) • 교통질서는 꼭 지켜야 하나? 　(결론은 그렇다 또는 아니다) • 폭력은 항상 나쁜 것인가? 　(결론은 그렇다 또는 아니다)	• 환경을 보호하기 위해 우리가 할 수 있는 일은? (결론은 여러 가지) • 방학을 알차게 보내는 방법은? 　(결론은 여러 가지) • 진정한 친구란 무엇인가? 　(결론은 여러 가지) • 용돈은 어디에 쓰는 게 바람직한가? 　(결론은 여러 가지)

토론 논제 만들기와 토론 진행의 11가지 기본 규칙

토론 논제는 명백하게 찬성, 반대의 양측에 설 수 있는 형식으로 표현되어야 하며, 주제의 내용을 분명하게 드러내야 한다. 또 용어 중 명료하지 않은 것이 있으면 토론에 들어가기 전 그 해석에 일치를 보아야 하고, 각자의 주장은 하나여야 한다. 둘 이상의 주장을 가지고 있으면 혼란이 일어날 수 있기 때문이다. 문장의 형식으로는 '~는 ~이어야 한다' 또는 '~는 ~이어야 하는가?'와 같이 명확하게 표현하는 것을 원칙으로 삼아야 한다.

또 토론을 진행할 때는 기본적으로 다음과 같은 규칙을 지켜야만 원활한 토론을 할 수 있다.

- 자신의 주장을 나타내고자 할 때는 사회자에게 손을 들어 요청한다.
- 주장을 간편하고 분명하게 말한다.
- 주장의 근거는 누가 들어도 적절한 것으로 제시한다.
- 화를 내지 말고 침착하고 정중하게 말한다.
- 기회가 오면 자신의 의견을 조리 있게 말한다.
- 찬성 측과 반대 측 의견을 번갈아가며 듣는다.

- 상대편의 주장을 끝까지 듣는다.
- 토론 주제에서 벗어난 엉뚱한 이야기를 하지 않는다.
- 상대의 발언 중간에 끼어들거나 남의 말을 도중에 끊지 않는다.
- 사회자는 한쪽 편을 들지 않고 공정하게 이끌어 간다.
- 토론자는 토론에 집중하지 않거나 다른 짓을 하지 않는다.

토론 진행시 발언 규칙 7가지

발언규칙을 정하는 이유	원활한 토론 진행을 위해, 참여도와 만족도를 높이기 위해, 토론 또는 회의 진행 능력을 길러주기 위해.
기본 태도에 대한 요구	• 똑똑한 목소리로 활발하게, 요점을 빠뜨리지 않고 침착하게 말할 것에 대하여 요구한다. • 말의 순서를 정해 조리 있게 말할 것에 대하여 요구한다. • 화제에 맞게 협조적으로 말할 것과 단일한 주제로 말할 것에 대하여 요구한다. • 모든 발언은 손을 들어 발언의사를 표현하고 사회자의 허락을 받아 발언한다는 규칙을 세운다.
처음 의견을 제시할 때의 발언 형태	• "제가 (발표, 말, 대답, 이야기) 하겠습니다." • "~이라고 생각합니다."
보충 또는 찬성 의견을 제시할 때의 발언 형태	• "~의견에 보충 설명하겠습니다." • "~의 말에 ~을 보탰으면 합니다." • "저도 그 생각에 동의합니다."
수정 의견을 제시할 때의 발언 형태	"~의 의견도 좋지만 그것보다는 ~로 표현하는 게 좋을 것 같아 제안합니다."
반대 의견을 제시할 때의 발언 형태	• "저는 그렇게 생각하지 않습니다. 그 이유는 ~" • "방금 제시하신 의견에 저는 반대합니다. 왜냐 하면"

질문할 때의 발언 형태	• "질문 있습니다. ~는 잘 이해가 안 됩니다. 다시 설명 부탁드릴게요." • "여러 가지 주제를 동시에 말하셔서 다시 정리를 부탁드립니다."
종합 정리	"지금까지의 내용을 이어서(묶어서) 말하면 ~이라고 할 수 있습니다."

토론 사회자의 조건과 역할

사회자의 조건	• 사회는 달변이거나 전문가일 필요는 없다. • 토론에 적극적으로 참여하려는 사람이면 된다. • 사물에 관한 폭넓은 지식을 갖춘 사람으로서, 포용력이 있어 토론을 원만하게 진행할 수 있는 사람. • 사고에 융통성이 없거나, 특정 의견이나 사상에 매여 있는 사람은 부적격.
사회자의 역할	• 토론 장소와 참가자의 좌석을 미리 정한다. • 토론 내용을 미리 알리고 토론이 궤도를 이탈하지 않도록 주의해야 한다. • 토론이 난항을 거듭하거나 의견이 첨예하게 대립될 경우, 논점을 간명하게 정리하여 참가자 전원에게 주의를 새롭게 환기시켜 준다. • 발언 내용을 전원이 이해할 수 있도록 요약하여 제언한다. • 사실과 의견을 명백히 구분하도록 주의를 환기시킨다. • 적절하지 않은 때에 중요한 사실이 거론되면 메모를 해 두었다가 필요한 때에 문제로 삼는다. • 요약과 질문을 적절히 삽입하여 토론을 유연하게 진행한다. • 토론을 마칠 때, 결론에 이르렀으면 토론한 내용을 정리·요약하고, 만약 결론에 이르지 못했으면 토론 범위와 문제점을 정리한 다음 토론을 정리한다.

찬반 토론자의 참가 목적과 역할

역할	• 토론 참가자가 자기 주장이 옳다는 것을 상대편으로부터 인정받으려면, 상대편이 내세우는 논거의 모순을 지적하고 자기 논거의 정당성과 합리성을 보여주어 상대가 반론을 제기하지 못하도록 해야 함. • 상대편을 궁지에 모는 것을 논파라 하는데, 논파의 과정은 이성에 의존하는 설득을 통해 상대방으로부터 타당성을 확보해야 함.
목적	• 논제와 관련된 충분한 자료와 정보를 수집하고, 이를 여러 각도에서 분석, 검토키 위함. • 여러 가지 논법을 탐구하고 이를 효과적으로 활용하여 자기주장이 분명하고 논리적으로 드러나도록 하기 위함. • 확신을 가지고 상대를 설득할 수 있도록 평소에 주요 토론 대상이 되는 문제에 관심과 흥미를 가지고 정보와 지식을 축적하며, 개성 있는 화법을 부단히 연구하기 위함.

1
강한 나라의 전제조건,
토론공화국

서양 토론의 역사

아테네 토론 문화의 두 줄기

민　회	법　정
• 고대 그리스의 도시 국가 아테네의 정치적 민회 • 공간 : 아고라(Agora)	• 법정 토론 • 공간 : 아레오파지티카(Areopagitica) 대법정
중요한 정치적 사안은 직접 민주주의 형태인 민회에서 토론을 통해 의사결정을 하였다. 민회의 주요 사안들은 국방, 외교, 납세, 재정 정책 등에 관한 것으로, 아테네 시민이면(노예와 여자는 제외됨) 누구나 정치 민회에서 자기의 주장과 견해를 발표할 기회를 가졌으며, 대개의 경우 한 번 개최되면 일주일 이상 열렸던 것으로 전해진다.	소송은 법정에서 원고 측과 피고 측의 변론을 통해 배심원들이 결정하였다. 아테네 시민이면 누구나 소송을 제기할 권리를 가지는 동시에 제기된 소송의 배심원으로 선택되면 판결에 참석해야 하는 의무를 가졌는데, 수백 명에서 수천 명의 배심원이 선정되었다. 법정 기소와 변호는 스피치와 토론으로 이루어졌으며, 법정에 물시계를 설치하여 시간을 정했다.

아테네 토론 문화의 계보

아테네에서는 토론과 토론 평가 능력을 민주 시민의 역할을 수행하는 기본적 소양으로 보았다. 이런 이유로 토론을 가르치는 학원이 성행하였는데, 플라톤(Plato)은 아카데미(Academy)라는 학원을, 이소크라테스(Isocrates)는 리시움(Iyceum)이라는 학원을, 아리스토텔레스(Aristoteles)는 리케이온(Lykeion)이라는 학원을 운영하였으며, 이들(학원에서 가르치는 이들)을 소피스트라고 불렀다.

소피스트를 대표하는 프로타고라스(Protagoras, B.C. 485~414)는 "인간은 만물의 척도이다"라는 명제를 던지며 인간을 상대주의적 관점에서 본 '인간척도론'을 주장하여 '토론학의 시조'라 부르는데, 그는 오전에는 긍정 측, 오후에는 부정 측 입장에서 토론하도록 지도했다.

아리스토텔레스의 토론 주제 구분

아리스토텔레스는 스승의 학문과 소피스트들의 학문을 집대성하여 현대 서구 학문의 기초를 마련하였는데, 아리스토텔레스는 레토릭(rhetoric, 수사학)에서 정치 · 사회 법정 토론의 기법과 전략을 상세히 기술하고 있으며, 현대 토론학에서도 그의 개념을 많이 이용하고 있다.

- 정치토론의 주제 : 정책 미래의 결정.
- 법정토론의 주제 : 사실, 과거 행위에 대한 유 · 무 판단.
- 사회토론의 주제 : 가치, 현재 공동체가 가져야 할 가치관의 옳고 그름을 판별.

로마의 토론 문화

그리스의 토론 문화는 로마 문명으로 계승되었으며, 전제정(지배자가 국가의 모든 권력을 장악하여 아무런 제한이나 구속없이 마음대로 그 권력을 운용하는 정치체제)이 시작되기 전 공화정 시절에는 로마 의회에서 정책 토론이 활발히 이루어졌으나, 기원전 1세기경 첫 황제 옥타비아누스(Octavianus)가 등극하면서 공화정이 막을 내리고 전제정이 시작되자 토론은 선택된 엘리트들의 소유물로 변질되고 말았다.

또 법정토론은 그리스와 달리 시민들로 구성된 배심원이 판결하는 것이 아니라 전문 지식을 갖춘 판사가 판결하였으며, 원고인과 피고인은 직접 기소하고 변호하던 것에서 바뀌어 변호인이나 검사를 통한 대리인이 토론을 담당하게 되었다. 로마 초기에는 정치적 견해를 밝히거나 공공토론을 하는 행위와 공간을 포럼(Forum)이라 불렀으며, 그곳에는 연단이 준비되어 있었는데, 그 연단을 로스트럼(Rostrum)이라 하였다.

중세 시대의 토론문화

중세 암흑기에 들어 토론의 정치·사회적 기능은 축소되고 말았다. 토론의 주제 중에서 특히 진실을 규명하는 토론은 사라져 버리고, 성경을 어떻게 해석하고, 그 해석을 어떻게 잘 전달할 것인가에 대한 방법만을 찾아내는 데 치중하였다.

그러던 중 12세기 들어 르네상스 운동이 일어나면서 볼로냐와 파리 등 유럽 각지에 대학이 설립되기 시작하면서 토론이 학문의 발달에 끼치는 영향과 기능에 대한 연구가 다시 일어나게 되었다. 이때 학문이 명제와 가설에 대한 긍정과 부정의 주장을 분석, 비판하지 않고 발달하기란 불가능하다는 인식에 대해 광범위한 공감대가 형성되었다.

이러한 토론은 인문학도뿐만 아니라 자연과학도에게도 필수 교양과목이 되었다. 옥스퍼드는 1년 동안 토론 과목 수강이 필수였다. 13세기 영국의 옥스퍼드대학 1학년생은 1년 동안 명제나 주제에 대한 찬반토론을 학습하면 'General Sophister'라는 명칭을 얻었으며, 2학년에서는 심화과정을 수강하였다. 이후 토론학은 4학년 졸업생의 구두시험으로 발전되어 졸업의 중요한 마지막 관문으로 정착되었다.

영국의 토론 문화

1265년 영국 의회에 하원이 설립되었는데, 주요 임무가 의회토론이었다. 프란시스 베이컨(Francis Bacon)은 영국 의회의 민주적 정치 기능을 강조하며 의회토론의 중요성을 역설하여 토론의 기초를 닦았는데, 18세기 민주주의의 진전과 함께 의회토론이 크게 성장하게 되었다. 이러한 영국 의회의 토론은 근대 토론의 규범이 되었으며, 현재의 아카데미식 토론방식의 하나인 의회토론방식(parliamentary debate format)의 원류가 되었다.

14세기 들어 영국에서는 캠브리지대학교에서 옥스퍼드와 캠브리지 학생들 간에 처음으로 대학 간 토론대회를 개최하기도 하였다. 18세기 중엽부터는 토론클럽이 성행하면서 당시 정치에서 소외되었던 중산층 출신의 회원들이 많이 가입하여 이를 정치·사회적 도약의 발판으로 삼았다. 최근 영국의 젊은이들 사이에 유행하는 인텔리데이팅(Intellidating, 높은 수준의 문화·토론 모임을 통하여 예술과 지성을 논하는 연애 방식)이 바로 이 토론클럽에서 유래한 것이다.

미국 토론의 역사

1776년경 공동체의 자유토론 방식인 홀 미팅이 근원으로, 시민이면 누구든 참가하여 자기 의사를 표명하며 투표로 결정하는 회의방식이었다. 공동체의 자유토론방식이기도 한 이것은, 영국의 식민지 시절부터 공동체의 문제를 자율적으로 해결했던 미국식 공개토론방식으로, 현재는 토론의 한 형식을 일컫는 일반명사가 되었다.

1858년 에이브리헴 링컨(Abraham Lincoln)이 1860년 미국 16대 대통령에 당선되기 전 일리노이주 상원의원 선거에서 당시 주지사였던 스티븐 더글러스(Stephen Douglas)와 벌인 토론을 계기로 미국은 현대 선거토론의 방식을 마련하고 이를 제도화하는 역사적 전기를 마련하였다.

링컨의 제안으로 총 7회를 실시한 당시 토론은 1시간 연설, 1시간 30분 반박 질문, 처음 후보 30분 연설 등의 형태로 진행되었으며, 링컨이 전국적 지지를 받아 2년 뒤 16대 대통령으로 당선되었는데, 아카데미식 토론대회에서는 1 대 1 찬반토론의 형식을 '링컨 더글라스 방식 토론'이라 일컫고 있다.

이 같은 대선에서의 토론은 1960년 케네디와 닉슨의 대통령후보 토론이 텔레비전을 통해 미국 전역에 방송되면서 TV 토론의 효시가 되었다. 미국 대통령 선거의 중요한 정치 과정과 제도로 자리 잡게 된 대선 TV 토론은 직접민주주의의 실현이란 측면에서 후보자와 유권자를 직접 연결하는 중요한 기능을 하게 되었는데, 이후 패널을 없애고 사회자가 질문을 한다든지, 토론의 주최자가 주요 텔레비전 방송사(1960~)에서 여성 유권자 연맹(1976~1984)으로, 1988년 이후 지금까지는 대통령 선거 토론위원회로 바뀌는 등 다양한 방법이 시도되었다.

반면 18세기 초 미국의 대학에서는 토론 동아리와 클럽이 형성되기 시작했는데, 아카데미식 토론은 1826년 매사추세츠주에서 일어난 리시움 (Lyceum) 운동이 그 근원이다. 지식인, 정치인, 법조인 등 사회의 다양한 계층이 모여 스터디 그룹을 형성, 스피치와 토론을 통해 다양한 주제를 서로 논의하는 활동을 말하는 리시움은 1830년대 초반 들어 전국적으로 무려 3천 개가 넘었다.

미국 토론대회의 역사

- 1920년대 토너먼트 형태의 토론대회 등장. 전국적으로 토론대회가 확대됨.

- 1940년대 2차 세계대전 기간 동안 일시 중단되는 비운을 겪음.

- 1947년 미국 최초로 전국 대학 토론 토너먼트(National Debate Tournament (NDT), 정책토론 중심)가 열리게 되자 대학에서 토론 문화가 급속히 확산됨.

- 1971년에 또 다른 전국 토론대회가 열렸는데, 이름을 'Cross Examination Debate Association(가치토론 중심)'이라 했으며, 이후 통상 'CEDA'라는 약칭으로 불려지게 되었다. CEDA란 교차조사 토론모임 혹은 토론학회모임이란 뜻이다.

- 1970년대 후반엔 CEDA도 정책을 토론주제로 삼게 되고, NDT도 교차조사 방식의 토론형식을 채택하면서 NDT와 CEDA의 구분이 불분명해졌다.

- 1985년 American Debate Association(ADA)이 새로 태동하게 되어 미국에서 전국적 규모의 대학 토론 학회가 3개가 되었다.

미국형 토론대회

토론대회의 유형

'링컨–더글라스식(1 대 1)' 토론	
순서와 배당시간	모형의 특징
찬성 측 입론 – 6분 반대 측 교차조사 – 3분 반대 측 입론 – 7분 찬성 측 교차조사 – 3분 찬성 측 반박 – 4분 반대 측 반박 – 6분 찬성 측 반박 – 3분 총 소요시간 32분	• 찬성 측 토론자가 처음과 마지막 순서를 차지한다. • 총 발언시간은 찬성 측과 반대 측 각각 16분으로 같다. • 말하지 않을 때에는 경청하고 있어야 한다. • 반대 측은 입론에서 1분, 찬성 측은 반박에서 1분을 더 배정받는다.

<table>
<tr><td colspan="3" align="center">'칼 포퍼식' 토론</td></tr>
<tr><td>반대 측 두 번째 토론자의 확인심문</td><td>2분</td><td rowspan="13" valign="top">
• 세 명이 한 팀을 이루
어 각 팀이 한 번의 입
론과 두 번의 반론을
하며, 마지막 반론을
제외하고는 매 스피치
마다 교차조사가 진행
되는 토론방식이다.
• 증거에 의한 주장을
중시한다. 준비단계와
진행 중 팀플레이가
중요하다.
• 여타의 토론방식과 달
리 긍정 측만이 증명
의 부담을 가져야 한
다는 점에 대해 불공
평한 점이 있다.
• 긍정·부정 양측 모두
쟁점을 제시해야 함은
물론, 이를 증명해야
할 부담을 지닌다.</td></tr>
<tr><td>반대 측 첫 번째 토론자 입론</td><td>3분</td></tr>
<tr><td>찬성 측 두 번째 토론자의 확인심문</td><td>2분</td></tr>
<tr><td>작전회의</td><td>2분</td></tr>
<tr><td>찬성 측 세 번째 토론자의 첫 번째 반론</td><td>3분</td></tr>
<tr><td>반대 측 세 번째 토론자의 첫 번째 반론</td><td>3분</td></tr>
<tr><td>찬성 측 첫 번째 토론자의 두 번째 반론</td><td>3분</td></tr>
<tr><td>반대 측 첫 번째 토론자의 두 번째 반론</td><td>3분</td></tr>
<tr><td>찬성 측 두 번째 토론자의 세 번째 반론</td><td>3분</td></tr>
<tr><td>반대 측 두 번째 토론자의 세 번째 반론</td><td>3분</td></tr>
<tr><td>작전회의</td><td>2분</td></tr>
<tr><td>반대 측 세 번째 토론자의 최종발언</td><td>4분</td></tr>
<tr><td>찬성 측 세 번째 토론자의 최종발언</td><td>4분</td></tr>
</table>

(표 오른쪽 가운데 열: 모형의 특징)

미국형 토론대회의 형식

"명석아! 너도 저렇게 할 수 있어?

얼마나 대단한 아이들이냐! 아버지는 너희가 저런 학생들이었으면 좋겠어."

"……."

"너도 전교 1등인데 나중에 저기 한 번 나가봐라, 아들!"

"……."

얼마 전 YTN에서 벌어진 고등학생 영어토론 대회 때문에 일어난 나의 친구 집 풍경이다. 그 집 아이들은 공부를 아주 잘해서 특목고를 목표로 하고 있었고, 영어는 항상 100점을 유지하고 있는, 성적만으로는 아주 우수한 학생들이다.

YTN을 통해 우리 앞에 등장한 학생들은 정말로 대단했다. 그들은 영어를 유창하게 잘하는 동시에 우리는 감히 범접할 수 없는 주제들을 가지고 막힘 없이 떠들어대고 있었다. 잘은 모르지만 텔레비전 아래 자막에 해석된 내용들을 보면 얼마나 논리적인지 지금 당장 변호사나 외교관, 국회의원을 시켜도 될 정도라고 생각되었다.

바로 그 YTN 고등학생 영어토론대회가 전형적인 미국식 토론대회이다. 미국식 토론대회는 2인 1조 또는 4인 1조 형태이면서 다음 날 입장을 바꾸는 교차토론의 형태를 취하는 것이 보통이다. 때문에 통상 우리나라에서는 각 학교를 대표하는 공부 잘하는 학생들이 조를 짜서 나오는 경우가 많다.

미국은 토론대회가 개최되면 조별로 지도교사(그들은 학교 선생님들이 아니고 지역에서 토론 전문 활동을 하는 사람들로 명예직으로 수행한다)가 배정된다. 그리고 학생들과 많은 시간을 함께하며 상대방을 공격할 자료와 질문을 뽑고, 상대방이 준비할 것 같은 자료와 그에 따라 예상되는 공격질문 등을 정리한다. 우리나라는 학교를 대표할 학생들이 출전하다 보니 현직 학교 선생님들이 지도교사로 배정되는 경우가 대부분인데, 상대방의 공격에 답할 자료까지 꼼꼼히 준비해야 하기 때문에 많은 시간을 할애해야 하며, 당연히 준비 자료도 더불어 많아지게 된다.

이 절차가 끝나면 먼저 준비한 내용을 말할 순번을 정하고 역할을 분담한다. 예를 들어 찬성 팀의 모두발언은 누가 할 것인가, 모두발언을 뒷받침하고 발전시킬 역할은 누가 할 것인가, 마무리 발언은 누가 할 것인가 등이 된다.

직접적인 토론에 들어가면 상대방은 모두발언한 팀의 전제가 잘못 되었다는 점을 끝임없이 공격해 온다. 논리의 허점을 파고들고, 주장의 구체성을 공격하고 잘못된 근거의 사용을 용서치 않는다. 그때 상대방이 누구에게 듣겠다고 지목을 하면, 지목받은 사람은 준비해 온 자료를 찾거나 아니면 본인의 지식을 통해 답변해야 한다. 그 지목에 대응하지 못하고 적당한 답변을 하지 못했을 경우 답변을 해야 할 팀에서 다른 사람이 대신 답변할 수 있다. 반대로 공격당한 팀에서도 상대방을 지목하고 공격한 내용의 문제점을 지적하며 답변을 요구한다.

이러한 형태가 토론규칙에 맞추어, 즉 정해진 시간 동안 올바른 태도 등 규정에 맞추어 진행되다가 마침내 마무리가 되면 찬성팀(또는 모두발언팀)에서 마무리 발언을 한다. 이때에는 상대팀도 공격을 하지 않는다. 이렇게 한 번의 절차가 끝나면 다음날 역할을 바꾸어 전과 똑같은 방식으로 진행한다. 그리고 마침내 심사위원들이 평가를 하여 승자를 가리게 되는 것으로 모든 절차가 끝이 난다.

미국형 토론대회 준비방법

• 논제를 정한다.

토론의 핵심은 다룰 주제와 관련하여 찬반이 가능하도록 논제를 만들어내는 일이다.

• 찬반으로 나눈다.

팀워크가 기울어지지 않도록 배려하고 서로 협동할 수 있도록 구성원을 짠다. 2인 1조 또는 7인 1조까지 가능하다.

• 자료를 조사한다.

찬성 측 자료, 반대 측 자료, 공통자료 및 기타 자료를 찾기 위한 방법부터 자료에 접근하기, 방어전략까지 모두 자체 토론을 통해 준비한다.

• 토론을 시작한다.

대회 규칙 및 의의를 설명하고 전략을 사용하여 쌍방 간의 반격 · 방어에 대한 예상, 공격의 중심 문제 등을 전달할 수 있도록 한다. 또 휴식시간을 이용하여 전략수정회의를 할 수 있도록 한다.

• 토론을 평가한다.

토론을 마친 후 지도교사는 평가기준에 맞추어 지적하고 논술의 기초를 다지도록 도와준다. 발언태도, 논점과의 연관성, 팀워크, 상대팀과의 관계 설정, 오류의 발생 등.

미국형 토론의 점수 측정(Marking the debate)

각 발언자에 대해 최대 100점이 주어지는데, 이 점수는 문제와 태도 각 40점, 말하는 방식 20점으로 나누어진다. 토론자들은 최소 각 평가항목별로 30+30+15=75점을 받아야 한다.

평가위원들은 다음과 같은 기준으로 토론에서 승패를 가늠한다.

1~4점 차이 : 긴밀한 토의, 양 팀 간 근소한 의견차.

5~9점 차이 : 분명한 결론, 한 팀만의 명확한 장점이 있음.

10점 차이 : 확실한 승리. 진 팀의 논거가 근본적으로 기준 미달.

• 소개(Introduction)

각 발언자는 문제와 태도 각 40점, 말하는 방식 20점이 주어진다. 이 과정에서는 토론의 점수를 산정하는 데 있어서 어떤 제약조건이 있는지 확인한다.

• 최소 점수(Selecting a starting point)

토론자들은 토론에서 자신들의 의견전달방법을 비교하려 한다. 만일 심사위원들 중 어떤 사람은 75점, 다른 사람은 65점을 주었다면 토론자는 자신의 논점이 부족하다고 결론지을 것이다. 하지만 사실 이는 심사위원 개인의 최소기준점이 다르다는 것을 의미할 뿐이다. 결과적으로 평가자들이 점수에 부합하는 기준과 관련하여 최소기준점을 설정하는 것이 좋다. 토론자들의 논의진행 능력이 기대치에 부합할 경우에는 75점을 주어야 한다. 75점은 기본이다.

그러나 심사위원이 이를 최소 점수 기준으로 잡는다면 다른 토론에서의 점수와 심사위원들의 점수산정방식을 비교할 필요성이 있다. 경험이 부족한 평가단은 토론 점수 책정에 관한 지식이 부족하다. 이런 지식은 경험을 통해서만 가능하다. 평가단이 적절한 기준을 잡을 때까지 점수책정기준은 첫 토론자가 되고, 이에 따라 다른 토론자들의 점수를 상대적으로 평가하게 된다.

• 점수 배분(Dividing the points)

  각 발언자에 대해 최대 100점이 주어지고, 문제와 태도 각 40점, 말하는 방식 20점으로 나누어진다. 토론자들은 최소 각 평가항목별로 30-30-15=75점을 받아야 한다.

문 제	태 도	방 법	평 가
26	26	13	부족함
27~29	27~29	14	평균 이하
30	30	15	평균
31~33	31~33	16	평균 이상
34	34	17	상당한 수준

  위 표는 최저점이 65점, 최고점을 85점으로 나타내고 있다. 대부분의 의견개진 점수가 70~80점 사이이다. 예를 들어 한 토론자의 점수가 최저 70점이라면 최고 80점까지 가능하다.

  －《심사위원들을 위한 안내서(Adjudicators' Handbook)》에서 발췌(호주 빅토리아 토론자협회(Victoria Debaters Association) 출간)

한국형 토론의 역사

　화백제도를 말하면 우리는 보통 신라를 연상하게 된다. 신라에 화백제도가 있었다고 배웠기 때문이다. 그러나 사실상 그 연원은 훨씬 더 깊다. 다만, 신라시대까지 그 제도가 전해져 왔을 뿐이다. 실제로 이 제도는 이미 한단시대(한국(桓國)시대, 신시배달시대, 단군시대)부터 행해졌다는 기록이 여러 곳에 있고, 이는 자재율(自在律, 아무런 구속과 강제 없이 스스로 알아서 움직이던 일)과 구심력(求心力), 원심력(遠心力), 그리고 공전과 자전의 원리를 바탕으로 개인과 전체가 조화롭게 어우러지는 이상적인 정치형태 중 하나였다.

　"한웅천왕이 처음으로 몸소 하늘을 열고 백성을 낳아 교화를 베풀고 천경(天經, 천부경)과 신고(神誥, 삼일신고)를 가르치니 무리들이 잘 따르게 되었다. 이후에 치우천왕(治尤天王, 14대 자오지(慈烏支) 한웅. BC2706, 151세)이 땅을 개간하고 구리와 쇠를 캐어내서 군대를 조련하고 산업을 일으켰다. 때에 구한(九桓)은 모두 삼신(三神)을 한 뿌리의 조상으로 삼고

소도(蘇塗)와 관경(菅境, 관할하는 경내를 뜻하는 말로 '온누리'의 뜻이 담겨 있다) 을 관리하며 벌을 다스리는 것 등을 모두 다른 무리와 더불어 서로 의논 하여 하나로 뭉쳤는데, 이를 화백(和白)이라 하였다."(《한단고기》, 〈삼성기 전〉 하편)

"…… 포로와 죄수를 풀어주고 아울러 사형제도를 없애며 책화(責禍) 로 경계를 지키고 화백을 으뜸으로 한다. 오로지 이처럼 하나같이 베풀 고 함께 화합하는 마음을 갖고서 겸허하게 낮추며 스스로 수양한다면 어진 정치가 비롯되리라."(《한단고기》, 〈단군세기〉)

위의 글들은 화백제도가 신시배달시대와 단군시대의 중요한 치세방편 중 하나였음을 말해 주고 있다. 또 당서(唐書)에는 "일이 있음에 반드시 무리를 모아 논의함을 화백이라 하니 한 사람이라도 다르면 파(罷)하였다"라는 기록 이 있는 것으로 보아, 화백(和白)제도란 본시 무리를 공평하게 다스리면서 전 체를 하나로 돌아가게 하는 일종의 의결제도로서 만장일치제였던 것을 알 수 있다. 치열한 토론 없이 만장일치는 불가능하다. 화백제도는 치열한 토론 을 통해 가능했던 것이 아닐까?

그럼에도 미국은 의회토론을 시작으로 토론의 역사가 2백 년이나 되고, 토론대회가 전국에 3천 개가 넘는다는 이야기를 들을 때 가히 토론 천국이 라고 생각하지 않을 수 없으며, 일본도 토론의 역사가 100여 년이나 된다고 하니 자꾸 주눅이 들게 된다.

반면 최근에는 우리나라에도 여러 토론 대회를 하고 있다. 전국 청소년 원 탁토론대회, 부산 전국 청소년 논술토론대회, 광주 전국 고등학생 토론대회,

청주 전국 직지배 차지 초 · 중 · 고 학생 토론대회, 경희대 전국 고등학생 토론 스피치 대회, 한양대 전국 고등학생 토론대회, 민족사관고 토론대회, 그리고 한국청소년문화진흥협회가 개최하는 '전국 고등학생(청소년) 토론논술 대회' 등이 그것이다.

토론의 중요성이 강조되면서 위와 같은 많은 토론대회에서도 미국식 토론방식의 형태를 취하는 경우가 많다. 그러다 보니 우리나라 토론의 역사와 형태, 방법에 대한 연구는 자연스럽게 무시되거나 등한시되어지는 게 현실이다.

과거 미국영화만을 많이 볼 수밖에 없던 때, 우리는 '인디언은 나쁜 사람들'이라는 생각을 했던 적이 있다. 토론도 마찬가지다. 미국의 토론방식을 도용하여 실시하다 보니, 어느새 토론의 역사를 미국 중심으로 생각하며 200여 년 정도 된 것처럼 인식하고 있거나, 아니면 서구 아테네에서부터 시작된 것으로 파악하고 있을 뿐이다.

마음 한 구석에서 한 가지 의문이 슬그머니 머리를 쳐들었다.

'말과 글이 있는 민족은 자연스럽게 회의나 토론이 있지 않았을까? 그렇다면 우리나라는 언제쯤부터 토론이 시작되었을까?'

나는 개인적으로 우리나라가 전 세계에서 가장 오래 된 토론의 역사를 가지고 있다고 생각한다. 학교에서 국사 시간을 통해 부여(夫餘)의 부(部)제를 거론할 때 마가(馬加) · 우가(牛加) · 저가(猪加) · 구가(狗加)의 이야기, 고려시대의 불교 종파들 간의 돈오돈수(정진을 통해 단박에 깨달음을 얻어 더 이상 수행이 필요 없는 경지임을 주장) 이론과 돈오점수(깨달음을 얻었어도 이를 바탕으로 더욱 수행에 정진해야 한다는 주장) 이론의 논쟁, 조선시대 척화파와 강화파의 토론과 십만 양병설 논쟁 등은 실체가 바로 토론이었음을 유추할 수 있는 증거이다.

어떤 것으로 정해졌으니 무조건 그대로 가야 한다는 수동적 행위의 산물이 아닌 것이다.

마침내 이이와 이황의 저 유명한 이기일원론(理氣一元論)과 이기이원론(理氣二元論)의 싸움은 토론을 지적 영역까지 넓힌 것으로, 우리나라야 말로 오래된 토론의 역사, 위대한 토론의 역사를 가지고 있다고 생각해도 지나치지 않을 것이다.

우리나라 토론의 형태

우리는 위 내용 등을 통해 우리나라 토론의 형태를 유추해 볼 수 있는데, 대부분 찬반으로 나뉜 사람들이 모두 모여 끝없이 토론을 하는 형태라 추측되므로, '모둠식 · 난상식 찬반토론'이라고 명명하는 게 맞아 보인다.

이처럼 우리나라도 나름대로 형태가 있는데 왜 지금 대부분의 토론대회는 미국식 토론일까? 이는 아마도 다음의 세 가지가 큰 요인으로 작용했으리라 생각된다. 하나는 토론을 진행하는 데 뚜렷한 규칙이 없다는 것, 또 하나는 토론대회를 개최하는 사람들이 서구에서 유학하면서 토론을 경험했다는 것, 그리고 마지막으로는 안타깝게도 우리나라 토론의 역사가 일제치하에서 단절되고 붕당으로 왜곡되어 미국이나 영국처럼 교육으로 정착, 발전하지 못했다는 것이다.

분명히 우리나라 과거 토론의 모습은 뚜렷한 토론의 절차가 없어 평가하기 어렵고, 그러다 보면 과열된 모습을 보이기 쉬우며, 비민주적 형태로 나타날 확률이 높다. 때문에 학생들에게 교육하기가 적당치 않다고 생각될 수 있지만 한국형 토론은 미국식 토론과는 또 다른 맛이 있다. 미국식 토론은 '찬반 교차토론'으로 상대의 이야기를 모두 알고 하기 때문에 의지가 상대적으로 약해지는 반면, 한국형 토론은 '모둠식 찬반토론'으로, 자기가 있는 곳이 바로 주장의 출발선이 되기 때문에 의지가 분명해지고 시간이 지날수록 열기가 뜨거워진다. 또 한국형 모둠찬반토론이 주목받고 있는 이유는, 현재 우리나라 교육현장은 토론교육을 하기에 벅찰 정도로 많은 인원이 하나의 교실에 수용되고 있다는 현실과, 제약조건이 많으면 안 되는 토론식 수업을 원활히 하기 위해 한국형 모둠찬반토론은 적합한 진행방법을 가지고 있기 때문이다.

토론공화국이 열리다

2003년 3월 9일, 전 국민들은 새로운 역사적 사건을 보려는 의욕으로 TV 앞을 떠나지 못했다. 고(故) 노무현 대통령이 취임하자마자 토론 공화국을 이야기하더니 얼마 지나지 않아 '평검사와의 토론'이라는 어마어마한 사건을 터뜨렸기 때문이다. 대통령과 평검사가 같은 자리에서 대화와 토론을 한다는 것은 그전까지는 생각조차 할 수 없는 일이었다.

대화가 오가고, 토론이 오가고, 저러다 무슨 일 터지는 게 아닐까 국민들은 손에 땀을 쥐고 TV를 뚫어져라 주시하고 있었다. 이전까지의 대통령은 법과는 무관한 무소불위의 위치에 있는 사람이었는데, 대들면 큰일 날 거라고 생각했는데, 평검사들은 대통령 앞에서 주눅 들지 않고 할 말을 다했다. 시청자의 한 사람으로, 한순간 앞장 선 검사가 미움 받아서 진급도 못할 뿐만 아니라 그만둬야 되는 건 아닐까 하는 걱정도 들었다. 만날 윗사람에게 찍히면 좋을 일 하나도 없다는 처세에 매몰되다 보니 드는 생각이었다.

그러는 동안 '대통령과 평검사의 토론'은 마침내 '토론의 달인'인 대통령이 '토론의 아마추어'인 평검사들을 가볍게 이기는 것으로 끝이 났다. 이는 획기적이고 거창했으며 충격적이었던 사건으로, 마침내 우리나라를 토론공화국으로 한 발짝 내딛게 만든 중요한 토론의 시작이기도 했다.

21세기는 토론의 시대, 모두가 주체인 시대

21세기는 토론의 시대이다. 우리나라는 반드시 토론공화국을 향해 갈 수밖에 없다. 정치가들이, 교육자들이 토론공화국을 말했기 때문이 아니라, 다양한 의사 수렴의 과정과 국민 각자의 주체적 합의가 가능할 때야 말로 비로소 국가 경쟁력을 가지는 사회가 될 수 있기 때문이다.

사람들은 20세기를 웅변의 시대라 하고 21세기를 토론의 시대라고 한다. 웅변이 20세기를 풍미한 교육 내용이라면 토론은 21세기를 풍미할 미래의 교육 내용인 것이다. 무슨 이야기인가 하면, 20세기는 이분법의 시대로 흑백 논리와 이데올로기가 주된 무기가 되었던 시대였다는 말이다. 따라서 적과 동지가 확연하게 갈라지고, 너와 내가 확연히 갈라졌다.

이러한 시대의 메커니즘은 교육에도 정확히 관통되었다. 즉, 적과 동지가 확연히 갈라지는 것처럼 교육의 주체와 비주체가 확연히 갈라지는 것이 정상이었던 것이다. 웅변을 예로 들면, 어떤 아이는 혼자 말하고 어떤 아이는 박수만 친다. 혼자 말하는 아이는 주체고 박수치는 아이는 비주체가 된다. 그리고 주체의 역할을 했던 그 친구들은 주로 반장, 부반장 · 회장, 부회장이었다. 주체와 비주체가 확연히 갈라지는 최고의 현상은 연극이다. 연극하는 배우와 연극을 보는 관객. 주체와 비주체가 확연히 갈라진다.

이에 비해 21세기는 디지털이 만들어내는 다양화의 시대로, 흑백논리보다는 통합의 논리가 무기가 되는 시대이다. 오늘의 동지가 내일의 적이 될 수 있고, 오늘의 적이 내일의 동지가 될 수 있다는 가능성을 항상 열어 두어야 하는 시대인 것이다.

당연히 21세기의 이러한 시대 메커니즘도 교육에 영향을 미친다. 즉, 다양화와 통합의 논리가 요구하는 것처럼 교육의 주체와 비주체로 나누어졌던 것에서 모두가 주체가 되는 교육으로 바뀌어야 정상이다. 요즘 연극에서 관객을 참여시키는 것처럼 말이다.

잠깐 과거의 반창회로 되돌아가 보자. 웅변에서 주체가 됐던 친구들이 회의를 주도한다.

"이번 반창회는 도봉산에서 한다. 그날 도봉산 입구에서 ○시에 만나기로 하고, ○○이는 음료수 사 오고 △△는 김밥 싸 와."

"그래, 그렇게 하자!"

바로 이게 과거의 정상적인 회의 모습이었다.

그렇다면 현재의 반창회는 어떨까? 웅변에서 주체가 됐던 친구들이 회의를 주도하려 하자 여기저기서 말이 나온다.

"야, 왜 니가 회의를 주도해? 지금 새로 회장 뽑아!"

어찌어찌해서 웅변의 주체가 된 친구가 회의를 주도하게 되었다고 치자. 그가 말한다.

"이번 반창회는 도봉산에서 한다. 그날 도봉산 입구에서 ○시에 만나기로 하고, ○○이는 음료수 사 오고 △△는 김밥 싸 와."

"야, 내가 왜 김밥을 싸 와야 해? 왜 니가 그걸 결정하는데? 그건 불합리하잖아?"

이렇게 반응하게 된다. 모두가 주체의 시대이기 때문이다. 주체와 비주체의 시대에는 주체가 모든 주도를 하기 때문에 권위적 결정도 받아들이게 되지만, 모두가 주체인 시대에는 모두가 주체이기 때문에 각자 자기의 목소리가 있고, 자기의 점유 위치가 있어 쉽게 합의에 도달할 수 없다. 민주적으로 도출하지 않으면 거부당하게 된다.

이처럼 모두가 주체요, 모두가 각자의 목소리를 갖고 있다면 어떻게 의사를 하나로 수렴할 수 있을까? 그것은 오직 토론만으로 가능하다. 웅변과 강변, 우기기가 아닌 토론과 논리적 따지기로만 될 수 있다. 토론만이 모두를 주체로 세우고 모두가 책임지는 사회로 나아갈 수 있게 된다. 때문에 21세기를 토론의 시대라고 하는 것이다. 그리고 토론의 시대에 필요한 교육은 바로 토론교육이다. 혼자서 떠드는 웅변력보다는 모두를 인정하면서 민주적으로 관점과 방향을 통일시켜 나가는 힘을 가진 사람만이 지도자로 우대받을 수 있다. 모두가 주체가 되게 하면서, 각자의 목소리에 의해 주체적 책임을 갖게 되어야 힘이 생긴다.

토론은 우리나라를 대표하는 마당극과 참으로 많이 닮아 있다. 모두가 주체가 되고 다양한 소리가 한 자리에서 허심탄회하게 쏟아져 나올 수 있는 자유공간이 바로 마당극이기 때문이다. 연극하는 배우와 연극을 보는 관객으로 나누어지기보다는 배우와 관객이 개방과 표현을 통해 혼연일체가 되는 마당극. 이러한 교육환경의 조성이 21세기가 지향하는 교육의 모습이 되어야 한다.

한국형 토론대회

한국형 토론의 대표적인 대회는 사단법인 한국청소년문화진흥협회가 개최하는 '국회의장상 타기 전국 고등학생(청소년) 토론논술축제'이다. 한국형 토론대회의 출발은, 몇몇 교수들에 의해 토론의 진정한 모습이 미국식 아카데미 토론형태인 것처럼 포장되는 것에 대한 위험성을 지적하고, 민족 정체성을 분명히 하겠다는 의지의 표명으로 시민단체(사단법인 한국청소년문화진흥협회)가 나서면서 시작되었다.

한국형 토론은 그 기원을 단군 고조선 시대의 만장일치회의인 화백회의와, 부여·고구려의 제가회의에 두고 있다. 단군 고조선 시대의 화백회의, 부여와 고구려의 제가회의에서는 왕을 중심으로 각 지역(부여는 마가·우가·저가·구가, 고구려는 계루부·절노부·관노부·소노부·연노부)의 대표성을 가진 사람들이 한 곳에 모여 한 해의 상황을 예측하고 더 많은 이익을 보장받기 위해 토론하였고, 그 모습은 백제의 정사암회의, 신라의 화백회의를 거쳐 마침내 조선시대에 와서는 정당정치의 형태를 띠는 노론·소론의 토론, 남론·북론의 토론의 모습으로 발전하게 되었다. 즉, 한국형 토론의 공통점은 정책의 결정권을 가지고 있는 사람을 중심으로, 많은 사람들이 한 자리에 모여 그 정책의 바름과 그름을 지적하는 각양각색의 소리를 냄으로써 올바른 정책이 입안될 수 있도록 하였던 것이었고, 이 모습은 한국형 토론대회의 전형이 되고 있는데, 이는 미국형 아카데미식 토론과는 또 다른 형태와 운영, 이론체계를 가질 수밖에 없도록 만드는 중요한 요소이다.

한국형 토론대회인 전국 고등학생(청소년) 토론논술축제의 개요

• 실시목적

청소년들의 재능을 더욱 높이고, 인격도야와 정서함양에 이바지하며 논리적인 문제해결 능력을 높이는 동시에 올바른 전공 적성 선택 및 구술면접의 실제를 경험할 수 있는 기회의 장을 제공하고자 함이다.

• 참가대상

전국 고등학생(청소년) 및 재수생.

• 논제

논술 : 문과·이과 각각 출제(당일 즉석 제시문 제공)

토론 : 축제요강 안내 시 공지

• 참여방법 및 내용

예선 : 서류심사(자기소개서, 인터뷰평가서)

본선 : 직접 참여(구술, 자기주장, 토론, 논술 실제 참여)

• 운영 방법

1팀 총 15명(2개 조로 각 조당 7명과 사회자 1명)으로 전체 4개 절차에 모두 참여하여야 함.

한국형 토론 대회의 장점

아카데미식 토론	기준	한국형 모둠식 찬반토론
입장표명 및 입장교차	입장정리	당일 투표로 결정
두 가지 다 준비	근거준비	두 가지 다 준비
정해짐	시간	정해지지 않음
교수	사회자	학생
교수	채점자	전문 지도자
2인 1조(2개 조 총 4명)	인원구성	7인 1조 총 15명 (사회자 1인 포함 2개 조)
자료를 보고 읽을 수 있음	자료	자료를 보고 읽을 수 없음
교차 때문에 약해짐	의지표명	시간이 갈수록 강해짐
약함	반박	강함
모두 발언, 제스처, 규칙준수, 세계관	감점기준	발언권독점행위, 토론독재행위, 발언방해행위

한국형 토론대회의 절차별 운영방법 및 자료

토론 심사위원 지침	
인원 구성	심사위원 1~3인 – 학생 13~17명
소요 시간	60분(제비뽑기 3분+토론 55분+투표 2분)
진행 순서	1. 심사위원 자리 확인 : 본인 자리 확인 2. 채점자 확인 ① 조 학생들 맞게 찾아 들어왔는지 확인(공통, 문과, 이과 각 과별로 토론 진행). ② 선택함에서 찬/반/사회자 제비뽑기. ③ 뽑은 입장표에 맞춰 자리 재 착석. –뽑은 입장표 다시 통에 넣기. 3. 토론 시작~종료 찬/반/사회자 선택 제비뽑기에 따라 찬성과 반대, 그리고 사회자가 자리에 앉으면 사회자의 진행으로 논제를 설명한 후 토론을 시작하게 한다(심사위원 개입 불가). 4. 투표용지 배포 ① 토론이 종료되면 학생용 토론 투표용지를 학생들에게 배포한다. ② 같은 조원 중 가장 잘한 사람의 이름을 써서 투표하게 한다(다른 조원 이름 무효). ③ 이름을 적은 투표용지는 4등분으로 접게 한 후 수거한다. 5. 채점 후 행위 ① "수고하셨습니다." 인사 ② 심사위원 또한 토론에서 가장 우수한 학생 1인을 투표용지에 이름을 적어 제출함. ③ 학생 투표용지와 심사위원 투표용지를 모두 조별 수거봉투에 넣어 봉인하고 겉에 심사위원 서명함. ④ 봉인된 봉투는 각 팀별 진행요원에게 전달.

토론 평가내용 및 기준	1. 심사위원은 객관적 입장에서 각 조원 중 가장 우수한 학생 1인을 골라 투표한다. 2. 선정기준 ①논리성 −논외의 주제로 주장을 하지 않는다. −논의의 발전을 이루지 못하고 자신의 준비한 몇 가지 논리로 반복된 주장을 펼치지 않는다. ②학생의 태도 −사회자의 통제나 진행을 충실히 따른다. −의사진행에 문제가 있을 시에는 의사진행 발언을 얻어 진행을 바로잡을 줄 안다. ③표현의 적절성 −자신의 주장을 함에 있어서 의미전달을 위해 적합한 단어를 선택한다. ④분석력/정의 −자신이 주장할 내용을 잘 정리하고 정의한다. −상대방의 주장에 대해 자신이 주장할 부분을 잘 판단한다. ⑤증거 −설득력 있고 정확한 최근의 증거와 통계적 자료를 사용한다. −증명되지 않거나 모호한 기준을 둔 증거들을 사용하지 않는다. ⑥반박 −상대편 반박에 대해 논리적 대변을 한다. −상대방의 논리적 오류에 대해 정확히 짚어낸다. ⑦구성 −주장과 증거에 대한 발언의 구성을 논리적으로 잘한다. ⑧전달 −의미의 전달이 제대로 된다. −토론이 진행되고 있는 상황에 맞게 주장을 한다. ⑨언어/스타일 −정확한 발음, 어눌하지 않은 말투, 고급 어휘사용, 문장 응용력이 좋다. ⑩발언 수 −전체적 발언의 빈도수가 높은 편이다.

구술면접 운영방법 및 자료

구술면접 심사위원 지침	
인원 구성	심사위원 2인 – 학생 1인씩 총 8명 이하 평가
소요 시간	60분(한 학생당 소요시간 : 6~7분)
진행 순서	1. 심사위원 자리 배치 확인 : 본인 자리 확인 2. 채점자 확인 : 학생 참가번호, 이름 확인 3. 채점 시작 ① 심사위원 2인이 학생 1인 평가. ② 학생 1명에게 주어진 시간은 최대 7분. ③ 문제 질문마다 중심심사위원과 보조심사위원이 정해지는데, 중심과 보조의 역할이 질문마다 바뀌는 것도 좋은 방법이다. 4. 질문 문제 선택 ① 학과 적성에 관련하여 세 가지 질문을 통해 전공수행능력과 창의력을 측정한다. ② 기본 질문 1개, 발전 질문 1개, 학과 연관 1개로 구성하는 것이 기본 질문 틀이다. ③ 학과 연관 질문은 심사위원이 알고 있는 질문 내용을 만들어서 질문해도 무관하다. 그러나 이과인지 문과인지 판별하여 연관 질문이 되도록 해야 한다. ④ 1학년 학생(특성화고 포함)의 경우 학과 선택이 된 학생은 주어진 자료를 보고 질문하고, 진로설정이 되어 있지 않은 대부분의 학생들에게는 기본 질문 2개, 발전 질문 1개 정도로 질문 틀을 만드는 것이 용이하다. 5. 측정 기준(주어진 질문을 통해) ① 학과 미 선택행위. ② 적성 미 판단행위. ③ 불분명한 비전 제시 행위 등을 판단할 수 있도록 한다. 6. 시간 안배 : 다음 조가 밀리거나 기다리지 않도록 시간 배려

7. 채점 후 행위

① "수고하셨습니다." 인사 후 평가 및 채점.

② 채점표는 수거 봉투에 넣어 봉한 후 겉에 심사위원 서명.

③ 테이프 밀봉처리.

④ 제출.

전공 구술면접 질문방법 및 예문

<table>
<tr><td rowspan="2">1
단
계</td><td rowspan="2">기본적인 질문으로 시작하여 인성 및 가치관에 관한 연쇄 질문을 던져 당혹스러운 질문에 얼마나 타당한 근거를 댈 수 있는지 파악해본다.</td><td>기본 질문 항목</td></tr>
<tr><td>–무슨 학과를 가려고 하는가?
–왜 가려고 하는가?
–자기 자신과 무슨 관련(취미, 적성, 선택 계기)이 있어서 선택했는가?
–진학하려는 학과는 무엇을 배운다고 알고 있는가?
–20년 뒤에 본인의 모습을 이야기해 보라.</td></tr>
<tr><td></td><td></td><td>발전 질문 항목</td></tr>
<tr><td></td><td></td><td>–자신을 PR해 보라.
–존경하는 사람은 누구인가?
–급훈을 말해 보라.
–학교 교가의 가사 중에 가장 마음에 드는 부분은?
–색깔에 비유한다면 당신은 무슨 색인가?
–자신의 가장 친한 친구와 자신을 비교하여 장·단점을 말해 보시오.
–자신의 가장 큰 장점은 무엇인가?
–자신의 가장 큰 단점은 무엇인가?
–자신의 좌우명은?
–지금까지 살면서 해본 실수 중 가장 후회가 남는 것은?
–환생이라는 것이 있다면 어떤 삶을 살고 싶은가?</td></tr>
</table>

1. 강한 나라의 전제조건, 토론공화국

		인문학부
2 단 계	각 전공별로 전공에 관한 심도 있는 질문을 통해 학생이 암기한 것인지 평소에 깊이 고민하고 있었는지 파악해 본다.	1. 우리나라가 아직도 노벨 문학상을 받지 못하는 이유는(국문·어문)? 2. 외우고 있는 시나 시조가 있다면 읊어보시오(국문·어문). 3. 인문학 위기의 시대라고 하는 이유와 해결의 방법은(인문계열 일반)? 4. '독도는 우리땅'이라고 주장할 수 있는 구체적인 사례를 말하시오(사학·사회). 5. 우리나라 문화 중 세계에 알리고 싶은 것은(사학)? 6. ASEM 회의 기간 중 전개된 NGO 단체들의 행동에 대해 어떻게 생각하는지 자신의 견해를 말하시오(사학·사회). 7. 우리는 유토피아적 사회를 꿈꾼다. 그렇게 되기 위해 정치, 경제적으로 필요한 것 세 가지를 말하시오(철학). 8. '동성동본 혼인 불가 판정'에 대해 자신의 견해를 말하시오(철학·사회일반). 9. 표현의 자유와 공공적 가치에 대해 말하시오(사회일반·종교). 10. 인간 복제의 문제를 종교적 또는 철학적 입장에서 설명하시오(종교·철학). 11. 종교다원에 대한 자기 견해를 말하시오(기독교·종교·철학·인류·사회일반). 12. 행복한 삶의 정의와 자신은 어떻게 살고 있는지 말하시오(종교·철학·인류학·사회 일반). 13. 정보화 사회가 진행됨에 따라 커지는 세대 간의 격차와 소외감을 해소할 수 있는 방안을 말하시오(사회·철학·종교·인류학). 14. 한국 사회의 문제점과 해결방안에 대해 설명하시오(사회·철학). 15. 한국에 청소년 문화가 존재한다고 생각하는가? 존재한다면 그 예를 들어보고, 존재하지 않는다면 그 이유를 말해보라(인류학·사회일반).

16. 미국 역사상 첫 흑인 대통령이 당선된 것에 대해 역사적으로 어떤 의미가 있다고 생각하는가?
17. '뉴라이트 운동'에 대해 어떻게 생각하는가?

외국어학부

1. 자기가 존경하는 외국 문학가의 문학관에 대해서 말하시오(전체).
2. '자녀 안심하고 학교 보내기 운동'에서 어법이 잘못된 부분을 지적하고 이러한 현상이 일어나는 이유를 말하시오(전체).
3. 자신의 지원학과를 외국어로 소개하시오(전체).
4. 지원학과 외국어로 외우고 있는 시를 읊으시오(전체).
5. 외국어를 잘하기 위해서 필요한 능력에는 어떤 것이 있는지 말하시오(전체).
6. 조기 유학에 대해 어떻게 생각하는가(전체)?
7. 자신이 존경하는 사람을 지원 외국어로 표현하시오(전체).
8. 우리나라 교육의 문제점을 말하시오, 또한 해결책이 있다면(전체)?

사회과학부

1. 사이버 공간에 빈번하게 일어나는 언어폭력의 원인과 대책에 대해 말하시오(전체).
2. 매스미디어의 부정적 영향에 대한 자신의 견해를 말하시오(전체).
3. 법이란 무엇이라고 생각하는가(법·경찰행정)?
4. 9.11 테러를 보면서 이 문제를 어떤 입장에서 접근해야 한다고 생각하는가? 그 이유는(전체)?
5. 새벽 2시에 횡단보도의 빨간 불을 무시하고 주행을 한 자동차에 대해 교통신호위반 범칙금 부과 통보를 한 경찰관의 행위가 정당한지, 만약 그 차가 생명이 위급한 환자를 싣고 있었다면 어떻게 해야 하는지 말하시오(법·경찰행정).
6. 민주주의 실현요소 3가지를 말하시오(전체).

7. 합리적인 소비자가 동일상품의 가격이 재래시장보다 백화
   점이 더 비싼 것을 알면서도 왜 백화점 상품을 구입하는지
   말하시오(경영·경제·무역·행정).

8. 북한 인권문제에 대해 어떻게 생각하는지 말하시오.

9. 의약분업의 문제에서 의사, 정부, 이익단체 중 가장 잘못이
   큰 쪽은 어디인지 말하시오(경찰·행정·법 일반·정치).

10. 서브프라임의 원인과 대책을 말하시오.

11. IMF 경제 위기의 원인은 어디에 있는지 말하시오(전체).

12. 태국 관광산업과 우리나라 관광산업의 차이점을 말하시오
   (호텔관광·국제무역·정치외교·경영·행정).

13. 일본이 군국화되고 있다는 우려가 세계적 이슈로 떠오르
   고 있다. 그 이유를 일본의 의도에 따라, 또는 국제적 역학
   관계에 따라, 일본 내부의 경제적 측면에 따라 분석하고 군
   인으로서의 자세와 입장을 밝히시오(육·해·공사).

14. 공공요금 인상에 대한 생각은?

15. 세종시에 대한 자신의 의견을 말하시오.

16. 지자체의 빚이 점점 늘어나고 있는데 그것에 대한 자신의
   의견을 말하시오(지자체 재정난).

17. 최근 이슈가 되고 있는 '화학적 거세' 에 대해 어떻게 생각
   하는가?

18. 부가가치세 적용범위의 증가가 서민들에게 미치는 영향은
   무엇이 있는가?

19. 광고와 인문학 사이에는 무슨 관계가 있을까(광고홍보)?

사범·교육학부

1. 태아는 유전과 환경 중 어느 쪽에 더 많은 영향을 받을지 말
   하시오(전체).

2. 교사(청소년과 관련된 직업)가 되고 싶어 하는 직접적인 계기
   는(전체)?

3. 왕따 현상은 개인적인 문제인가, 집단의 문제인가(전체)?

4. 열린교육이란 무엇이라고 생각하는가?

5. 영어 조기교육 열풍의 원인과 해결방안을 제시하시오(전체).

6. 청소년 범죄의 심각성과 집단화 경향에 대해 설명하시오(전체).

7. 바람직한 교사상에 대해 제시하시오(사범·교육).

8. 자폐아와 뇌성마비에 대해 아는대로 설명하시오(특수교육·유아교육).

9. 장애인들에 대한 편견을 사회적, 개인적으로 어떻게 버릴 수 있는지 말하시오(장애인들이 갖고 있는 뿌리 깊은 피해의식에 대해서도 이야기하시오)(특수교육). 10. 발효와 부패의 차이를 말하시오(가정교육·아동복지).

11. 부모의 양육태도와 자녀의 생활태도의 관계를 말하시오(전체).

12. 외국 음식업체가 국내에 들어오는 현상에 대해 어떻게 생각하는가(전체)?

13. 현행 사회복지제도의 문제점을 말하시오(전체).

14. 최근 들어 자주 언급되고 있는 핀란드 교육 혹은 유태인 교육방법에 대해 어떻게 생각하는가?

예·체능학부

1. 직업을 선택할 때 가장 중요하게 생각하는 항목은 무엇인가(전체)?

2. 많은 학생들이 일본 잡지를 보고 그것을 그대로 흉내내고 있어 사회적 문제가 되고 있다. 이 문제에 대해 나름대로 견해를 피력하시오(전체).

3. 학교에 좋은 음악 프로그램이 있었는가? 있었다면 그 이유는(음악)?

4. 현재 음악(미술·체육·무용·의상 등) 교육의 문제점은 무엇인가(전체)?

5. 월드컵 유치로 얻을 수 있는 경제적 효과와 체육 활성화 효과는(체육)?

6. 의류, 식품의 새로운 개발에 대한 자신의 견해를 말해 보라(미술·의상).

7. 주변에서 디자인이 잘못된 것을 말하고 그 이유를 설명하시오(미술·의상).

8. 자신에게 잘 맞는다고 생각하는 곡의 스타일을 말하라(음악).

9. 고려시대와 조선시대 미술양식의 차이점을 설명해 보라(미술 · 의상).

10. 예술과 기술의 차이를 설명하라(전체).

기초과학부

1. 컴퓨터 산업의 발달과 자동화로 기계가 인간의 거의 모든 일을 대신함에 따라 인간이 일하지 않아도 된다는 주장에 대해 어떻게 생각하는가?

2. 인터넷 종량제에 대해 어떻게 생각하는가?

3. 금속이 녹스는 이유와 스테인리스가 녹이 안 생기는 이유를 말하라.

4. 주기율표에서 원자번호가 같은 것은 무엇인지 말하시오.

5. 1년 동안 지구상에 떨어지는 빗방울의 개수를 모두 세려면 어떻게 해야 하는지 말하시오.

6. 유전공학을 전공하는 데 수학이 꼭 필요한지 말하시오.

7. 구의 부피를 구분구적법으로 증명하시오.

8. 연속함수와 미분가능함수에 대해 구체적인 예를 들고 관계를 설명하시오.

9. 콩과 쌀을 담은 가마니에서 각각의 부피를 10분 안에 구할 수 있는 방법을 말하시오.

10. 빛의 파동에 대해 말하시오(기계공학).

11. MS-DOS와 윈도의 가장 큰 차이점은(컴퓨터)?

12. 엘리베이터가 아래로 내려갈 때 체중계의 눈금 변화와 그 이유를 말하시오.

13. $y=X2$는 $y=2X$임을 증명하시오(전자 · 전기 · 컴퓨터공학).

14. 인공위성이 돌 때 안쪽 궤도와 바깥쪽 궤도 중 어느 쪽이 빠르며, 그 이유는 무엇인지 말하시오.

15. 주사위를 2번 던져 같은 수가 나올 확률과, 3번 던져 같은 수가 나올 확률을 각각 구하시오.

16. 스마트폰에 대해 어떻게 생각하는가?

17. SNS(소셜네트워크서비스)가 우리 생활 속에 더욱 자리 잡게 되다면 어떤 문제점이 생기게 되겠는가?

18. 대체에너지에 대해 설명하시오.

19. 이공계 기피현상에 대한 자신의 생각은?

20. 아이폰은 왜 혁신적인 제품이라 여겨진다고 생각하는가?

생활과학부

1. 1년 동안 지구상에 떨어지는 빗방울의 개수를 모두 세려면 어떻게 해야 하는지 말하시오

2. 금속재료(세라믹 재료, 고분자 화합물 재료)가 다른 것들과 구별되는 특징을 말하시오(재료공학).

3. 전자의 파동이나 입자 여부는 어떻게 알 수 있는지 말하시오.

4. 기계공학에서 발생되는 인간의 물량화 문제를 어떻게 해결할 수 있는지 말하시오.

5. 빛의 파동에 대해 말하시오.

6. 세상에는 여러 종류의 책들이 있는데, 책의 크기, 종이의 재질, 제본방법 등이 각각 다르다. 구체적인 예를 들어 그 차이점과 이유를 말하시오.

7. 플라즈마 상태에 대해 설명하고 핵융합의 과정을 말하시오.

8. 발명과 발견의 차이점을 말하시오.

9. 동강 개발 백지화에 대한 자기의 생각을 말하시오.

10. 정사각형을 9등분한 뒤 가장자리 4개를 무한정으로 제거해 나갈 때 생기는 프랙탈 도형의 면적이 0임을 증명하시오. 그리고 이 프랙탈 도형의 프랙탈 함수를 쓰시오.

11. 이상 기체 상태 방정식 PV=nRT에 대해 자세히 설명해 보시오.

12. 실생활에서 쉽게 접할 수 있는 과학 원리에 대해 말하시오.

13. 20~30년 전 석유의 최대 사용 가능 기간은 50년이었다. 그런데 지금도 여전히 우리가 사용할 수 있는 석유의 산유 기간은 50년이다. 이러한 모순이 어디서부터 비롯되었는지 말하시오.

14. 100개의 정수가 크기대로 정렬되어 있다. K라는 정수가 포
    함되어 있는지 알아볼 때 최악의 경우 몇 번까지 검색을 해
    야 하는지 말하시오

15. 전자매체가 발달함에 따라 서적이나 신문 등과 같은 활자
    매체가 소멸할 것이라고 생각하는가?

식품 · 생명 · 자원학부

1. 현대사회의 기상이변 원인과 대책에 대해 말하시오.

2. 유전자를 통한 암 정복이 어떻게 가능한지 그 구체적인 예를
   들어 말하시오.

3. 히포크라테스의 정신을 본인의 입장에서 피력하시오

4. 응용화학이 쾌적한 환경, 편리하고 환경친화적인 삶에 이용
   될 수 있는 방법을 말하시오.

5. 효소와 촉매의 공통점과 차이점을 말하시오.

6. 의학분야에서 큰 발견, 발전은 무엇이라고 생각하는가?

7. 의약분업에 대해 아는 대로 말하고 자신의 견해를 제시해 보
   라.

8. 인간 게놈프로젝트에 대해 말하시오.

9. UR 협정 이후 농산물의 EOGS 무역 과정에서 여러 가지 문
   제들이 발생되고 있다. 이러한 문제를 환경보전, 국민건강,
   국가 안보적 차원에서 말하시오.

10. 기아(飢餓)에 시달리고 있는 사람들에게 유전자 조작 식품
    을 먹여야 하는지 말아야 하는지 말하시오.

11. 노인문제에 대한 자신의 생각을 말하시오.

12. 응급환자가 들어왔는데 돈이 없어서 수술이 불가능한 경우
    본인은 어떻게 하겠는가?

13. 정부의 담배 판매 홍보와 금연운동의 모순에 대해 말해 보
    라.

14. DNA가 무엇인지 설명해 보라.

15. 인간복제에 대해 어떻게 생각하는지 말해 보라.

16. 의료보험 민영화에 대해 어떻게 생각하는지 말해 보라.

17. 대체의학에 대한 헌법재판소의 판결에 대해 어떻게 생각하
    는가?

자기주장하기 운영방법 및 자료

<td colspan="2">자기주장하기 심사위원 지침</td>	
인원 구성	심사위원 1인 – 학생 2인씩 팀당 ○○명 평가
소요 시간	팀당 60분 (두 학생당 소요시간: 6~7분)
자기 주장하기 심사위원 진행의 예	■ 시작할 때 –시사쟁점의 찬반을 정하도록 설명을 해 준다. 예) 최근 사형제도를 '폐지할 것이냐 말 것이냐' 하는 논란이 일고 있습니다. 종교단체나 인권사회단체 등은 인권 침해의 우려와 여러 가지 입장을 가지고 폐지를 주장하고 있고, 검찰이나 법관계자들은 날로 지능화되고 심각해지는 범죄에 경종을 울리기 위해서라도 계속 유지되어야 한다는 입장이 맞서고 있습니다. 자, 각자 입장을 정해 자기의 주장을 펼치시기 바랍니다. 예) 요즘 교육 현장에서 '사랑의 매' 논란이 일고 있습니다. 교사를 옹호하는 분들은 다수 학생의 수업권 보장과 교권확립이라는 입장, 학생을 옹호하는 분들은 인권 침해와 민주교육 실현이라는 입장에서 서로 대립하고 있습니다. 자, 각자 입장을 정해 자기의 주장을 펼치시기 바랍니다. ■ 입장이 정해지면, • "자신의 입장을 먼저 주장으로 펼칠 학생이 시작하시오."로 시작을 유도한다. • 자신의 입장과 같지 않아도 객관적인 입장에서 평가하는 것을 원칙으로 한다. • 자신의 입장 쪽으로 끌어들이려 해서는 안 된다. • 각각 시간을 비슷하게 책정해 돌아가며 연쇄 질문법을 사용하여 평가한다. • "방금 발언한 입장의 주장이나 반박을 하시오."로 논쟁을 유도한다. • 이때 각각 주장이나 논점을 세웠는지 평가, 체크한다. • 논쟁을 할 때 자신의 주장을 일관되게 하는지, 그 일관성이 논리성과 타당성을 갖고 있는지 평가, 체크한다.

자기주장 심사위원 태도의 원칙	■ 진행은 객관적이어야 한다. ■ 무엇을 물어봤는지, 논제를 정확히 파악하고 있는지. ■ 자기가 정한 입장을 논리적으로 이끌어 가는지. ■ 전체적인 진행 내용이 올바른 세계관에 입각했는지. ■ 말하는 방법이 설득력 있었는지. ■ 점수는 고르게 주려고 하지 마라. (예: 평가가 어렵다고 해서 애매하게 2점 처리하지 않도록 노력한다.) ■ 논점의 반대되는 내용을 두 학생에게 질문하여 자신의 주장을 얼마나 일관성 있게 펼치는지 판단한다.
진행 순서	1. 심사위원 자리 배치 확인 및 역할 분담 ① 본인 자리 확인 ② 질문의 중심에 설 심사위원을 정한다. 채점이 끝날 때마다 질문 중심의 심사위원을 바꾸는 것도 좋은 방법이다. ③ 질문 중심의 심사위원이 질문을 시작하고 나면 다른 심사위원들은 자연스럽게 질문에 개입한다. 2. 채점자 확인: 학생 참가번호, 이름 확인 3. 채점 시작 ① 2인 학생이 서로 찬반을 결정하게 한다. 찬반이 결정되지 않을 경우 가위바위보 등 복불복의 방법으로 결정한다. ② 이때 심사위원, 학생 이름 등을 기입한다. ③ 질문의 시간은 최대 6~7분 이내로 실시한다. ④ 채점은 학생의 찬반논쟁이 끝나고 자리에 일어날 때 보이지 않게 한다. ⑤ 채점을 할 때는 심사위원, 학생 이름 등을 반드시 기입하여야 한다. 4. 질문 문제 선택 ① 측정 문제 35가지 중 한 쟁점논제를 골라 제시한다. ② 시간이 남거나 학생들의 수준이 판가름되지 않으면 다른 논제를 골라 질문하여 측정해도 된다. 5. 측정 ① 찬반 입장을 정하도록 지시하고 찬반이 나뉘면 토론을 시작하게 하여 채점한다. ② 두 학생에게 시간을 고르게 배정하여 논점일탈행위, 입장편승행위, 일

관성포기행위 등을 판단할 수 있도록 한다.

③ 쟁점논제가 결정되면 어느 한 쪽의 학생이 잘 모를 수 있으므로 쟁점 사안이 무엇인지 기본적으로 알려주고 시작하게 한다.

④ 어느 한 쪽의 학생이 너무 기울면 자연스럽게 논리를 정리해 주고 내용을 덧붙여주어 논의를 풍부하게 이끌도록 한다.

⑤ 채점은 정확하게 잘한 학생에게 점수를 높이 주어야 한다.

6. 자기주장하기 채점 항목

① 질문의 요지를 정확히 파악하고 주제에 맞는 내용을 유지하는가?–논점일탈행위

② 자신의 생각을 분명히 가지고 있지 않으면서 상대의 주장에 편승하여 시간을 넘기려 하지는 않는가?–입장편승행위

③ 정해진 입장(찬성/반대)에서 최선을 다해 이기려는 노력을 쉽게 포기하지는 않는가?–일관성포기행위

④ 불안하거나 어수선한 행위가 동반되지는 않는가?

7. 시간 안배 : 다음 조가 밀리거나 기다리지 않도록 시간 지키기

8. 채점 후 행위

① "수고하셨습니다." 인사 후 평가 및 채점.

② 채점표는 수거 봉투에 넣어 봉하고 겉에 이름 서명.

③ 테이프 밀봉처리.

④ 제출.

제시 논제

1. 존엄사 합법화 추진 문제 없나?

2. 4대강 정비사업은 환경문제로 볼 것인가, 경제 문제로 볼 것인가?

3. 입학사정관제는 발전 가능성 있는 학생을 선발하는 제도인가? 돈 있는 집안의 학생을 선발하는 제도인가?

4. 교원평가제에 대한 입장은?

5. 극악무도한 살인범에게도 사형제도를 적용하면 안 되는가?

6. 방과 후 학교 강제 실시는 옳은가?

7. 인터넷 실명제를 실시해야 하는가?

8. CCTV 설치 영역 확대 어떻게 볼 것인가?

9. 연예인은 공인인가, 그냥 유명인일 뿐인가?

10. 스마트폰의 사용 증가로 트위터, 페이스북, 미투데이 등 SNS(소셜네트워크서비스) 이용자가 많아지고, SNS에 종속되는 사람들이 늘어나고 있다. 이는 스마트폰의 장점으로 봐야 되는가, 기계 종속이라는 미래 대재앙으로 봐야 하는가?

11. 간통죄는 폐지되어야 하는가, 존속시켜야 하는가?

12. 학력 위조, 개인만의 잘못인가?

13. 2년 기간제 도입을 통한 비정규직 보호법은 개악인가, 개선인가?

14. 대한민국 경제, 희망적인가?

15. 역사 교과서는 정말 편향적인가?

16. 대체의학에 대한 조건부 합헌이라는 헌법재판소의 판결은 과연 옳은 것인가?

17. 대한민국의 현재, 성장과 분배 어느 것이 먼저인가?

18. 다매체 시대, 대기업 진출 허용해야 하나?

19. 이공계 기피현상은 우리나라 현실에서 당연한 결과인가?

20. 부가가치세 적용범위 증가가 과연 서민들에게 혜택을 줄 수 있는가?

21. 한미 FTA는 꼭 해야 했던 것인가?

22. 의료보험 민영화를 꼭 해야 되는가?

23. 성범죄자들을 화학적으로 거세하는 제도를 허용해야 하나?

24. 인터넷 종량제 과연 옳은 것인가?

25. 공공요금의 인상을 어떻게 볼 것인가?

26. KBS 수신료 인상 옳은 것인가?

27. 반값 등록금 어떻게 볼 것인가?

28. 비상약(소화제, 감기약 등) 슈퍼 판매에 대한 나의 입장은?

29. 버려지는 아기들을 위한 베이비 박스 과연 필요한가?

30. 전교조 명단 공개 과연 해야 할까?

31. 학생의 인권인가, 선생님들의 교권인가?

32. 무상급식에 대한 나의 입장은?

33. 대한민국에 부는 오디션 열풍 어떻게 볼 것인가?

34. 희망버스로 보는 제3자의 개입은 노동쟁의에 필요한가?

35. 선택적 복지와 보편적 복지 어느 것이 더 효율적일까?

전국토론논술축제

1:2 자기주장하기
기준 및 채점표

참가번호	채 점 관	총점

평가 영역	평가기준	평가 항목	점 수		
			1	2	3
시사 일반	쟁점분석	① 질문의 요지를 정확히 파악하고 일관성 있는 태도를 유지했는가?			
		② 주장이나 논점을 적절하게 설정했는가?			
	세계관	③ '우리'를 생각하는 공동체적인 생각과 긍정적인 세계관의 소유자인가?			
	주장을 합리화하기 위한 쟁점지지 논거	④ 설명의 방법(정의, 예시, 비교·대조, 구분·분류, 분석, 인용, 약어정리)을 적절히 사용하여 주장했는가?			
		⑤ 증거나 통계 외에 실제 생활의 사례나 구체적인 지식을 통해 추상적인 주장을 제시하거나 강화하는 방법이 제시되었는가?			

전국토론논술축제

전공 · 적성관련 구술면접
평가기준 및 채점표

참가번호	채 점 관	총점

평가 영역	평가기준	평가 항목	점 수		
			1	2	3
전공 관련	전공수행 능력	해당분야와 관련된 기초 지식을 갖추었는가?			
	창의력	참신하고 창의적인 생각을 소유했는가?			
	적응력	의외의 질문에 대한 대처능력이 있는가?			
	스타일	신념을 자신 있는 모습으로 잘 드러냈는가?			

토론식 수업의 유형

교과별 토론식 수업 전에 토론교육은 반드시 해야 하는가?

교사 NTTP 연수를 다니다 보면 많은 질문을 받는 것 중 하나가 "교수님, 교과별 토론식 수업을 하기 전에 꼭 토론 수업을 해야 하나요?"이다. 아마도 토론 수업은 교과별 토론식 수업의 전단계라고 설명하다 보니 부메랑처럼 돌아오는 당연한 질문인 것 같다. 그리고 그 질문에 나의 대답은 언제나 변함없이 "네."이다.

필자는 《토론교과서》 1권에서 교과별 토론식 수업을 정착시키기 위해 1단계(발문트기), 2단계(토론 수업), 3단계(교과별 토론식 수업)를 제시하였다. 그 이유는 각각의 획득해야 할 내용이 따로 있기 때문에, 그리고 그동안 우리 어른들이 아이들에게 빼앗아간 발산능력을 극대화시키지 않으면 교과별 토론식 수업을 성공시킬 수 없기 때문에 주장하게 된 것이고, 단적으로 표현한다면 교육현장에서 고생하는 선생님들을 위한 것이었다. 즉, 각각의 단계에서 획득되어야 할 내용이 획득되지 않고 설렁설렁 넘어갔을 때 그 결과는 고스

란히 선생님들의 몫으로 돌아올 것이 불 보듯 뻔했기 때문이다.

3단계 중 굳이 뺀다면 1단계 정도는 가능하지만 2단계 토론 수업은 반드시 거쳐야 토론식 수업의 환경이 보장될 수 있다. 토론 수업은 발산능력 극대화 및 형식과 절차를 익히며 '수업의 규칙'을 배우는 단계이기 때문이다. 학생들이 서로를 인격적으로 존중하고, 다른 학생들의 학습 환경에 피해를 끼치지 않으며, 올바른 자세로 수업을 하겠다는 '수업의 규칙'을 받아들이고 체득화되어 있을 때만이 교과별 토론식 수업이 힘들지 않게 자리를 잡을 수 있다.

사실 보다 큰 문제는 2, 3단계를 학교 선생님들이 모두 다 해야 하느냐에 있다. 그렇게 된다면 업무과중, 시간배정의 문제, 재교육 등으로 교과별 토론식 수업의 실시는 아마 몇 년 뒤에나 가능하게 될 것이다. 이 문제를 해결하려면 2단계와 3단계의 책임주체를 분리하여 동시해 해나가야 한다. 즉, 2단계는 지역에서 활동하는 토론 전문가를 통해 방과 후 학교나 C · A 동아리 활동 등을 통해 익히도록 하면서, 선생님들은 학교에서 책임져야 할 3단계인 교과별 토론식 수업을 동시에 해나간다면, 2단계와 3단계에서 얻어야 할 각각의 결과물들을 무리 없이 얻으면서도 토론식 수업 정착에 필요한 시간을 많이 단축할 수 있게 된다.

토론 수업의 정체

"요즘 토론, 토론하는데 도대체 토론이 뭐야?"

"토론? 밥 먹으면서 하는 말이 토론 아니야? 그거 별거 아니잖아?"

"대화 자체가 토론이잖아?"

"결론을 안 내는 게 토론 아니야?"

요즘 여기저기서 토론, 토론하지만 아직도 우리 사회는 토론의 구체적인 모습을 찾느라 분주하기만 하다. 토론을 넓게 보면 앞의 이야기처럼 토의 또는 대화의 범위 속에 들어간다. 말이라는 음성언어를 기초로 하고 있기 때문에 이를 부정할 수는 없다.

그러나 왜 굳이 토론이라는 다른 이름을 붙였는가를 우리는 깊이 생각할 필요가 있다. 말, 대화, 토의와는 분명 갈라지는 선이 있기에 다른 이름을 붙였을 것이다. 토론만이 가지고 있는 독특한 성질, 즉 논쟁적일 것, 형식적일 것, 과정적일 것, 공정하고 엄격한 규칙과 절차, 형식이 바탕을 이룰 것 등이 바로 '토론'이라는 이름을 붙이도록 한 '토론의 성질'이다. 이러한 '토론의 성질'이 살아 있을 때 비로소 '토론'이라 할 수 있다.

논의를 좀 더 발전시켜서 '토론 수업'의 정체를 찾아보자. 앞의 내용을 미루어 짐작해 보면 '토론 수업'의 정체는 명확해진다. '토론의 성질을 그대로 가지고 있는 수업'을 말하며, '형식과 절차를 익히고 수업의 규칙을 배우는 준비단계로 설정되어 있는 수업'을 의미한다.

토론 수업의 종류

그렇다면 토론의 성질을 그대로 가지고 있으면서 토론식 수업의 전단계로 설정될 수 있는 '토론 수업'의 종류에는 무엇이 있을까? 기존에 있는 토론방식을 토론 수업으로 변형 적용해 보면 일제토론, 조별토론(버즈토론), 패널토론(변형하면 배심원제 토론), 원탁토론(변형하면 조별토론), 세미나, 공개토론(포럼), 단상토론(심포지엄) 등을 들 수 있다.

(1) 일제토론

학생들이 전부 교사를 향해 바라보는 상태에서 교사가 전체 학급을 상대로 토론을 진행하는 방식을 말한다. 강의식 수업과 구별되는 일제문답식 수업을 토론 수업에 포함시키는 사람이 있으나, 문답식 수업은 교과 내용을 얼마나 이해하고 있는가를 교사가 확인하고 평가하는 과정으로, 객관식 수업에 기초하고 있어 엄밀한 의미에서 토론 수업이 될 수 없다. 왜냐하면 토론은 공동의 문제나 의문사항을 상호작용을 통해 해결하는 주관식 과정이어야 하기 때문이다.

• 장점

−좁은 공간에서 많은 학생이 할 수 있다.

−교사 중심이기 때문에 주어진 시간 안에 운영의 묘를 살릴 수 있다.

−진도와 연관시키기가 쉽다.

−기록지를 사용하면 수행평가가 용이하다.

• 단점

−문답식 수업으로 변질될 가능성이 높다.

−무임승차나 발언 독점 현상이 심하게 나타난다.

−세심한 평가가 어렵다.

• 자리배치

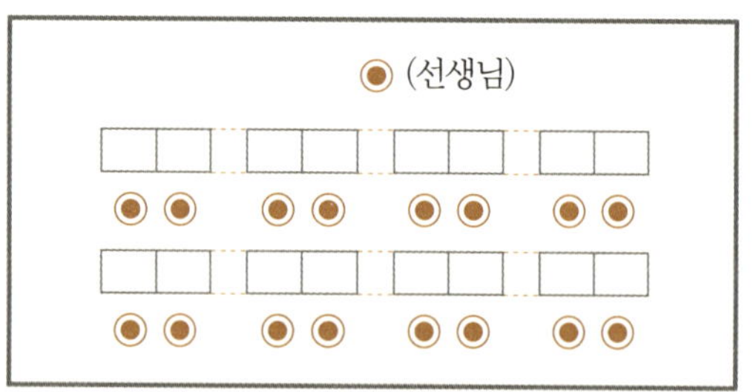

• 일제토론의 전개

① 전체 학급의 학생들을 교사가 마주보면서 진행.

② 탐구질문에 자신의 의견을 별도로 기록한 과제(A4용지에 작성한)를 미리 제출하도록 한다(자신의 의견이 기록된 개별 기록지는 수행평가에서 토론 준비도를 평가하는 기준으로 삼는다).

③ 각자가 미리 작성한 답을 바탕으로 탐구질문 순서에 따라 토론을 진행한다.

④ 소수의 학생이 발언을 독점하지 못하도록 교사의 진행능력을 발휘하고 가능하면 많은 학생들이 토론에 참여하도록 유도한다.

⑤ 꼭 필요한 경우를 제외하고 교사는 질문 등의 개입을 자제한다. 교사가 질문을 하면 토론의 흐름을 방해하게 되고 문답식 수업으로 변질될 가능성이 있다.

⑥ 토론의 진행 중 그동안 내용의 정리, 주장의 명료화 요구, 새로운 방향으로의 유도, 기울어진 편에 대한 배려, 이유 제시에 대한 요구 등이 있을 때에만 학생이 상처받지 않는 표현으로 개입한다.

⑦ 토론 종료 후 토론내용을 정리·요약, 고쳐야할 점, 칭찬받을 점 등을 나누어 피드백하고, 토론주제(탐구질문)와 관련하여 언급함으로써 그날 토론 수업의 주제를 명확히 한다. 그리고 미처 토론하지 못한 부분은 다음의 수업 내용임을 밝혀둔다.

(2) 조별토론

조별토론은 미시간대학의 필립스(J. D. Phillips)에 의해 고안된 것으로 '벌들이 윙윙거리는 소리'와 같다고 해서 버즈(Buzz) 토론 또는 6명이 6분간 토론한다

고 해서 6·6법이라고도 하며, 시끄러운 학습상황을 강조하여 일명 '와글와
글 학습'이라고도 한다.

　학급의 학생들을 여러 소집단(조별)으로 나누고 조별로 문제를 해결하도록
하는 토론형식이다. 각 조마다 조장과 서기를 선정, 조장의 주도하에 토론을
진행하고, 서기는 합의한 내용을 기록하는 역할을 맡는다. 조별토론이 끝나
면 조별로 토론한 내용을 종합하고, 전체 종합토론은 교사(또는 학생 대표)가
진행하며, 조별로 합의된 내용을 서기로 하여금 발표하도록 하여 다른 조의
반응을 듣는 형식으로 연속 진행한다.

　조별토론은 일제토론에 비해서 학생들이 의견을 비교적 활발하게 제시한
다는 장점이 있지만, 40~50분 수업에서 모둠별 토론을 하고 다시 종합토론
을 하기에는 시간이 부족하다는 문제점이 있다. 따라서 2시간 연속 수업 등
을 통해 문제점을 극복해야 한다.

　• 장점
　-개인별 수업 참여도가 높아진다.
　-토론이 요구하는 발산능력이 극대화된다.
　-의견 종합을 통해 규칙을 받아들이는 훈련이 가능하다.
　-저학년부터 성인까지 적용할 수 있어 토론주제와 토론 적용범위가 다양
　　하다.
　-기록지를 사용하면 수행평가가 용이하다.

　• 단점
　-의견 종합 과정을 통하는 동안 개인의 주장이 사멸되어 토론의 의욕이

축소될 수 있다.

−소집단 사이에 분열이 일어날 가능성이 많다.

−토론주제에서 벗어날 경우 통제가 어렵다.

−다수의 의견을 중시하여 토의의 성격이 강해진다.

−익숙하지 않은 경우 시간이 낭비되는 측면도 있다.

−종합의 과정이 있기 때문에 충분한 수업시간이 확보되어야 한다.

• 자리배치

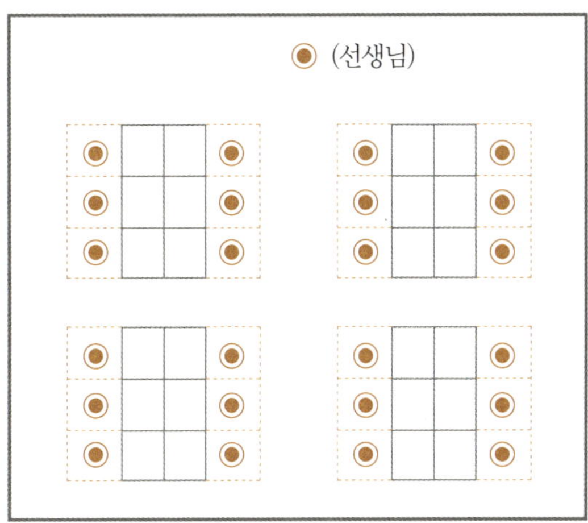

• 단계

소집단 형성 → 토론 주제와 기록자 선출, 문제 해결방안 모색 → 소집단 에서 합의된 내용을 전체 회의에 보고 → 전체 토론 및 질의·응답 → 종합 의견 도출.

• 조별토론의 전개

① 조 안에서는 학생들 스스로 토론, 마지막 종합토론에서는 교사(또는 학

생 대표)가 진행.

② 각 조마다 조장을 선정하고, 기록지(조원들의 이름이 기록된)에 모둠별 합의사항을 기록하여 종합토론에서 발표할 수 있도록 서기를 선정(모둠별 기록지는 모둠별 수행평가의 토론 결과에 활용할 수 있다).

③ 교사는 전체 학생들에게 토론할 때의 유의사항(아래 ④~⑩)과 끝내는 시간을 알려준다. 40분 수업의 경우 20~25분은 조별토론, 15~20분은 종합토론을 해야 적당하며, 수행평가를 하는 경우에는 평가기준을 미리 알려주어야 한다.

④ 조장은 각자가 이미 자신의 의견을 기록한 질문지를 가지고 조 안에서 토론을 진행한다(개별 기록지는 개인별 수행평가 중 토론 준비도를 평가하는 기준으로 삼으면 되는데, 이는 토론에 임하기 전에 작성하는 것이 수업진행에 원활하며, 토론할 때 작성하면 토론 진행 자체가 어려워진다). 또 각 질문에 대하여 조원들이 돌아가면서 자신의 입장을 간단히 피력하도록 한다. 이렇게 해서 입장이 정해지면 자신의 입장을 방어하기 위해 적극적으로 토론에 임하도록 한다.

⑤ 탐구질문 순서에 따라 토론을 진행한다. 질문의 난이도에 따라 적당한 시간을 할애하여 주어진 시간 안에 끝내도록 지도한다.

⑥ 조장은 조 안에서 의견 통일을 유도한다. 서기는 나중에 전체 종합토론에서 발표할 수 있도록 통일된 의견을 정리해 둔다. 통일된 의견이 안 나올 때에는 있는 그대로 정리한다.

⑦ 조장은 모두가 토론에 참여하도록 유도한다.

⑧ 조장은 사회진행에 집중하고 서기는 전체를 요약하여 정리한다.

⑨ 조장은 모둠 안의 의견이 한 쪽으로 쏠릴 때에는 반대 입장에 서는 것

이 원칙이다.

⑩ 종합토론으로 들어갈 때, 교사나 학생대표는 각 조장에게 자기 조에서
합의된 내용을 발표하게 하고, 발표가 끝나면 다른 조는 논평을 하도
록 한다.

(3) 패널토론

모 방송사 백분토론의 형태로 생각하면 이해가 쉽다. 2~4명으로 구성된 찬
반 토론자를 앞좌석에 서로 마주보고 앉도록 좌석을 배치하여 토론을 진행
하는 형태이다. 나머지 학생들은 토론자들을 바라보도록 배치하면 되고 찬
반으로 갈라서 앉을 필요는 없다. 사회자는 찬반 토론자의 중간에 서서 토론
을 진행한다. 토론 중간에 입장을 정하여 지원이라는 이름으로 깊이 개입하
게 하거나 또는 끝날 무렵에 청중들(논객)에게 정해지지 않은 입장으로 본인
의 생각을 개진하는 방식을 도입하여 승패를 결정짓는 역할이 주어지면 배
심원제 토론이 된다.

• 장점
－제한된 시간에 여러 명의 전문가로부터 주제에 대한 의견과 깊은 이해를
얻을 수 있다.
－전문가의 다양한 의견을 들음으로써 비판력이 강화된다.
－주제에 대하여 여러 측면으로 분석, 해석할 수 있어 동기유발이 된다.

• 단점
－여러 명의 전문가들 초청으로 비용이 많이 든다.

－토론 목적에 알맞은 전문가의 선정이 용이하지 않다.

－청중의 참여가 제한되며 전문가의 발표시간 지연으로 각자의 의견 발표로 그칠 가능성이 크다.

• 자리배치

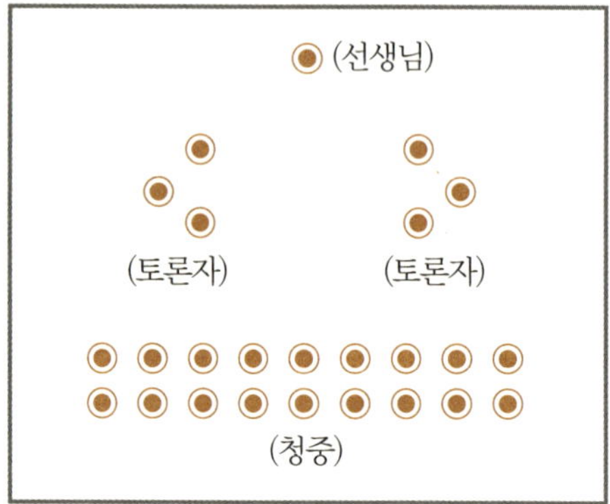

• 단계

토론 과제 설명, 토론자 소개(사회자) → 자신의 입장 설명, 서로 다른 정보 교환(토론자) → 토론 내용 요약, 청중의 질문 유도(사회자) → 토론자와 청중은 질의 · 응답, 결론 도출(청중, 토론자).

• 패널토론의 전개

① 토론주제는 미리 공개하고 찬반토론자도 미리 선정한다. 토론자들은 토론 문제를 충분히 연구해 오도록 사전 지시하고, 나머지 학생들도 주제에 맞는 생각을 준비하도록 당부한다. 예를 들어, "다음 시간에는 '연예인 특례입학'에 대하여 토론하겠습니다. 찬반 토론자로 지정된 사람은 각자 자신의 의견을 뒷받침하는 근거와 그에 따른 자료를 충분히

준비하여 상대방이 주장할 수 있는 내용을 반박할 수 있을 정도로 철
저히 준비하시기 바랍니다. 그리고 나머지 학생들도 그 문제에 대하여
찬반 양쪽을 다 생각해 보고 수업에 참가하기를 바랍니다.” 등으로 수
업준비를 지시한다.

② 토론이 시작되면 찬반토론자 모두에게 1~2분 정도 각자의 의견을 간
략하게 발표하게 한다.

③ 돌아가며 발표하는 동안 상대의 주장을 메모하여 토론에 활용하도록
한다. 교사는 발언하는 학생들의 의견을 간략하게 적어 내용 정리가
필요할 때 사용한다. 참가자들의 발표가 모두 끝나면 서로 상대방 의
견의 결점을 지적하면서 본격적으로 토론을 시작한다.

④ 토론이 끝날 무렵 교사는 참관하는 학생(논객)들에게도 찬반토론자에
게 직접 질문할 수 있는 기회를 준다.

⑤ 끝나면 찬반 토론자가 주장한 부분 중 토론이 미진한 부분이 없는지,
칭찬받을 내용은 무엇인지 피드백을 해준다.

• 발전 수업 모델–역할극 토론

‘동감댐 건설에 대하여’라는 논제의 토론을 한다고 할 때, 가상의 영월 군
수, 영월 주민, 서울 시민, 환경단체 소속 전문가, 국토해양부 관계자를 패널
로 선정하여 역할극 토론을 할 수도 있다. 역할극 토론을 할 경우, 정리단계
에는 청중의 질문이나 의견이 개진되도록 시나리오를 구성하는 것이 좋다.

(4) 원탁토론

테이블의 형태는 대화에 많은 영향을 준다. 테이블에서 상석은 회의나 협상

을 함에 있어 분위기를 유리하게 이끌어 나갈 수 있는 최적의 자리로, 국제 회의에 참석하는 사람들이 가장 고민을 하는 것이 출석자들의 좌석 위치라고 할 정도이다. 참가자의 입장에서 보면 어디에 앉느냐 하는 문제가 협상이라는 경기에서 어떻게 스타트를 하느냐와 직결되기 때문이다.

• 원탁의 정치적 기원

1967년 파리에서 열렸던 베트남 평화회담에서도 원형 테이블이 사용되었다. 이 회담이 시작되기 전 각 대표의 좌석 배치를 어떻게 할 것인가로 8개월 동안 시간을 끌었다고 한다. 회담을 각자 자기 나라에 유리하게 전개시키려면 협상에 유리한 좌석을 확보해야 했다. 자리 때문에 문제가 되자 결국 유리한 좌석, 불리한 좌석이 따로 없는 원형 테이블을 사용하기로 합의한 것이다. 원형 테이블에서는 상석을 만들기 어려우므로 특정인이 리더십을 발휘하기 어렵고, 참가자에게 대등한 발언기회가 부여되므로 모두가 화기애애한 분위기에서 자유롭게 의견을 내며 토론할 수 있기 때문이다.

• 역사적 기원

원탁(round-table)은 자유로운 토론을 상징한다. 원탁은 5~6세기경 영국의 실제 인물이었던 아서 왕과 그의 원탁에 모인 기사들의 활약을 그린 모험담인 《아서 왕과 원탁의 기사》에서 유래한다. 마법사 멀린은 원탁을 만들고 전국의 영주와 기사들을 불러 모아 왕에게 충성하며 서로 도움과 협력을 주고받겠다는 맹세를 하게 했다. 그는 원탁을 만들면서 그리스도의 사도 13명을 기념해 좌석을 13개 만들었는데, 이중 12개 좌석에만 명망이 높은 기사들이 앉을 수 있게 했다. 마지막 13번 째 자리는 배신자 유다를 상징하는 자리로 그곳만큼은 언제나 비워두었다고 한다. 원탁토론은 이 모험담에서처럼 10명 내외의 소규모 집단이 서로 평등한 입장에서 자유롭게 의견을 나누는 방식으로 진행된다.

• 기본 운영 방법

5~10명이 원탁을 사이에 두고 참가자의 서열(序列) 구분 없이 모두가 평등한 입장에서 상호 관심사에 대하여 서로 마주보면서 자유롭게 토론하는 형식이다. 원탁토론이라고는 해도 사실상 탁자의 모양은 문제가 되지 않는다. 사회자가 없는 것이 일반적이지만 편의상 사회자를 따로 정할 수도 있다. 원탁토론에서는 일상생활에 관한 것에서부터 세계적으로 중요한 정치, 경제, 사회적인 문제까지도 화제(話題)로 다룰 수 있다. 학교 안에서의 동아리 활동이나 기업체 등 조직에서 어떤 문제를 가지고 의사결정을 할 때 자주 쓰이는 유형으로, 창의적인 방향으로 나아가는 데 좋은 효과를 거둘 수 있다.

• 장점
–참가자의 발언이 활발해진다.
–결과에 대한 합의 도출 과정에서 형식과 규칙을 경험할 수 있다.
–다양한 생각을 접할 수 있다.

• 단점
–합의의 도출 과정에서 토론의 성질이 약해질 수 있다.
–참가자의 지식 수준 정도, 대화 능력의 차이로 토론이 실패할 가능성이
　크다.

−시간이 많이 걸릴 수 있다.

−자칫하면 무책임한 태도나 의견으로 토론 결과의 질이 저하되기 쉽다.

−발언이 특정인에게만 편중되는 현상이 일어나기 쉽다.

• 자리배치

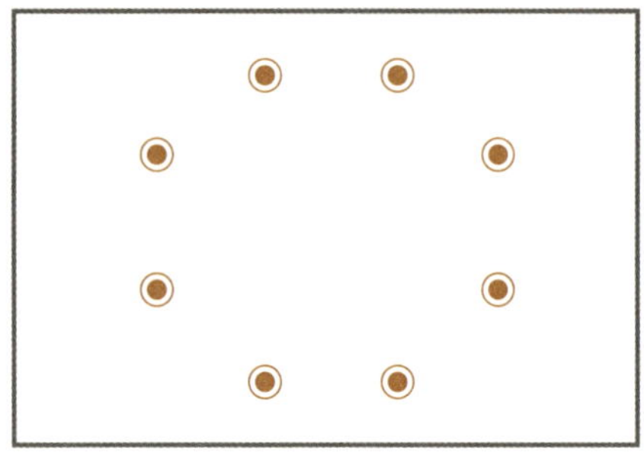

• 단계

자유로운 의견 교환, 토론할 문제 선정 → 의견을 교환하면서 문제에 대한 중요성 인식 → 주어진 문제에 대한 해결방안 모색 → 해결방안을 평가한 후 최선의 해결안 선택.

• 원탁토론의 전개

① 토론주제는 미리 공개, 찬반토론자도 미리 선정한다. 토론자들에게는 토론주제에 대해 충분히 연구해 오도록 사전 지시하고, 나머지 학생들도 주제에 맞는 생각을 준비하도록 당부한다.

② 토론이 시작되면 다음과 같이 진행한다.

−1차 발언(3분) : 자신의 의견, 입장(관점)을 돌아가며 자유롭게 밝히게 한다. 이 부분은 아카데미 토론방식에서의 입론이라 할 수 있다.

-2차 발언(2분) : 상대방의 입장에 반박, 질문을 집중적으로 하는 시간
을 가진다. 반박과 질문을 받은 토론자는 자신의 해결방안(대안)을 제
시한다. 질문을 받았을 때 바로 답하지 않고 자신의 차례가 오면 대
답을 하고 반박도 한다.
-3차 발언(3분) : 2차 발언의 심화된 토론의 단계로 제시된 여러 해결
방안을 집중적으로 토론하여 최선의 해결안을 도출(선택)하도록 지도
한다.
③ 방청석 질의 및 숙의 시간(2분) : 방청석에서 질문을 하도록 유도한다.
또는 지금까지 토론의 내용에 대한 이의를 제기하거나, 공감의 표현을
하거나, 보충 설명을 할 수 있게 한다. 반면 질문을 받은 토론자는 반
드시 대답을 해야 할 의무가 없기 때문에 자유롭게 진행한다.
④ 4차 발언(2분) : 최종 마무리를 하고 토론의 소감을 말한다. 모두에게
1~2분 정도 각자의 의견을 간략하게 발표하도록 진행한다.
⑤ 끝나면 찬반토론자가 주장한 부분 중 토론이 미진한 부분이 없는지,
칭찬받을 내용은 무엇인지 피드백해 준다.

• 발전 수업 모델-조별(버즈)토론

교실에서는 분임토론방식인 소집단 조별 활동으로 변형하여 수업에 적용
할 수 있다. 운영방식과 토론 수업의 성질 자체가 전체 의견 통합이라는 토
의적인 성격이 강하기 때문이다.

(5) 세미나

세미나는 대학 전공수업 또는 대학원 논문수업에서 많이 채택하는 토론 수

업 유형이다. 참여한 그룹의 공통 관심사에 대하여 문제점을 논의하는 방식을 취하고 있기 때문에, 한 사람이 어떤 주제에 대해 발표하면 다른 참여자들이 자유롭게 질의하고 토론하는 형식을 취하는 것이 보통이다. 따라서 참가자들은 어느 정도 토론의 내용을 공유하고 있으며, 토론주제에 대해 일정한 지식 수준을 가지고 있는 사람들로 구성되어 있다.

• 장점
- 토론주제에 대한 심층적 연구와 전문연수의 기회를 경험할 수 있다.
- 참여자의 흥미유발, 전문성 제고의 효과가 있다.
- 주제발표의 준비과정부터 실제 토론 및 추후계획 등이 전 구성원의 상호협력에 의해 이루어지기 때문에 참가자들의 다양한 참여가 가능하다.

• 단점
- 토론주제에 대한 전문적 식견과 정보, 배경지식이 떨어지는 참가자는 활용성이 떨어진다.
- 공통의 관심사를 가지고 있는 전문인을 한 자리에 모으기가 쉽지 않다.

• 자리배치

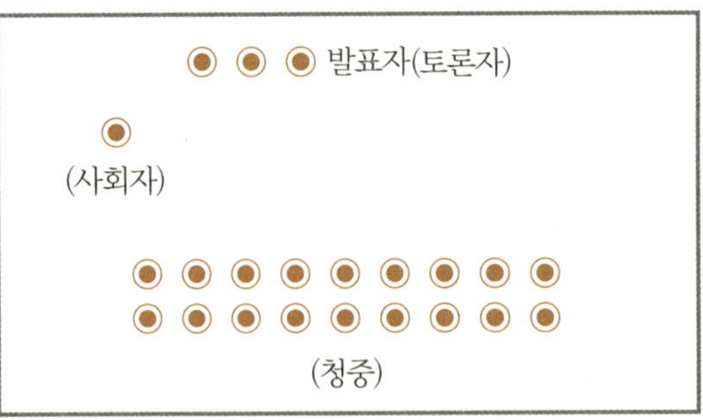

• 단계

의제와 사회자 소개(사회자) → 각자 차례로 발표(발표자) → 토론자의 질의 · 응답(청중, 발표자).

• 세미나의 전개

① 토론주제는 미리 공개하고, 찬반토론자도 미리 선정한다. 토론자들은 토론주제에 대해 충분히 연구해 오도록 사전 지시하고, 나머지 학생들도 주제에 맞는 생각을 준비하도록 당부한다. 사회자에게는 유인물의 배부, 주제발표자의 소개를 통해 토론주제를 환기시키는 역할임을, 토론자들에게는 토론의 성격, 영역과 범위, 목적과 내용, 방법, 평가, 평가의 실제, 유의점, 참고 및 제언 등으로 나누어, 체계적인 자료 준비 및 주제발표 내용에 대한 동의와 보완 또는 반대 의견을 말하고, 개선점이나 발전적인 방향을 제시해야 하는 역할임을 알려준다.

② 토론이 시작되면 찬반토론자 모두에게 토론주제에 맞추어 10~20분 정도 각자의 의견을 발표하도록 한다.

③ 돌아가며 발표하는 동안 상대의 주장을 메모하여 토론에 활용하도록 한다. 교사는 발언하는 학생들의 의견을 간략하게 적어 내용 정리가 필요할 때 사용한다. 참가자들의 발표가 모두 끝나면 서로 상대편 의견의 결점을 지적하면서 본격적으로 토론을 시작한다.

④ 토론이 끝날 무렵 교사는 참관하는 학생(논객)들에게도 찬반토론자에게 직접 질문할 수 있는 기회를 준다.

⑤ 끝나면 찬반토론자가 주장한 부분 중 토론이 미진한 부분이 없는지, 칭찬받을 내용은 무엇인지 피드백해 준다.

(6) 공개토론(포럼)

공공의 광장에서 공공의 문제에 대해 공개적으로 하는 토론방식으로, 제시된 한 가지의 주제에 상반된 견해를 가진 동일분야의 전문가들이 사회자의 주도하에 청중 앞에서 토론하는 형태이다. 1~3인 정도의 전문가 또는 토론지원자가 10~20분간 공개적인 발표를 한 후, 이를 중심으로 발표자와 청중 사이에 질의와 응답을 주고받으면서 진행한다. 청중은 질의에 자유롭게 참여할 수 있고, 사회자는 의견을 종합하는 역할을 한다. 심포지엄의 한 형태라 할 수 있다. 회의 진행자 아래 참석자들이 자유롭게 토론하는 것이 특징으로 성인들을 대상으로 하는 교육강좌에 많이 활용되고 있으며, 지역 안건이 걸린 청문회 등에서 자주 볼 수 있는 토론 유형이다.

심포지엄이 연사가 먼저 강연을 하고 청중이 질의응답을 통해 참여하는 형식이라면, 포럼은 처음부터 청중의 참여로 이루어진다는 것이 가장 큰 차이다. 또, 포럼에서는 토론을 위한 간략한 주제발표가 있을 뿐 강연이나 연설은 하지 않는다는 것도 큰 특징이다. 포럼에서 사회자는 청중의 질문을 재차 반복해서 들려줄 수도 있고, 질문 시간을 조정할 수도 있으며, 산회(散會) 시간을 결정할 수도 있다.

• 장점
- 참가자 모두가 적극적으로 참여할 수 있다.
- 진행이 자유로워 주제 확인 작업, 추가 정보 획득 작업 등에 효과를 거둘 수 있다.
- 참가자 모두의 공통 주제를 다루기 때문에 토론학습효과가 높다.

• 단점

−토론주제를 이해 못하면 산만해진다.

−토론의 주제가 집단의 관심도와 다소 거리가 있을 경우 집중력이 떨어
 진다.

−진행능력이 약할 경우 소란스러워질 수 있다.

• 자리배치

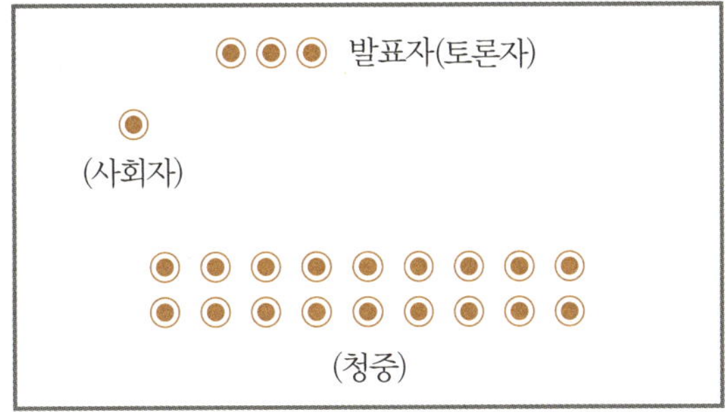

• 단계

의제 소개(사회자) → 각자 차례로 발표(발표자) → 토론자의 질의·응답(청중, 발표자).

• 공개토론(포럼)의 전개

① 교사는 공개토론에 참여할 학생 수를 파악하고 토론자의 자세로는 문제의 핵심 정리 및 발표, 본인의 입장 결정과 청중의 질문에 대한 성실한 답변이 중요하다는 것을, 사회자의 자세로는 발표에 다루어질 전체 내용을 미리 접수하고 인지해야 할 것과 토론 시 요약 및 정리, 부드러운 말투와 시간 조절이 중요하다는 것을 알려준다. 토론 시 첨예한 대

립 양상이 심화되거나 의견 대립이 심각할 때는 서면 질의를 유도하는 것도 방법임을 소개하고, 청중 중에서 질문을 혼자 독점하거나 질문이 또 하나의 발표가 되지 않도록 조절할 것을 당부한다.

② 1~3인 정도의 전문가 또는 토론 지원자가 10~20분간 공개적인 발표를 하도록 한다.

③ 발표자와 청중 사이에 질의와 응답을 주고받도록 한다.

④ 사회자는 의견을 종합하고 이의신청을 받거나 다른 사람에게 질의 기회를 준다.

⑤ 끝나면 찬반토론자가 주장한 부분 중 토론이 미진한 부분이 없는지, 칭찬받을 내용은 무엇인지 피드백해 준다.

(7) 단상토론(심포지엄)

희랍어 Symposion(향연)에서 유래되었다. 전문가나 권위자 몇 사람(2~5명 정도)이 동일 또는 서로 연관 있는 주제를 가지고 찬반의 관점에서 토론하는 방식이다. 토론주제에 청중도 참가하여 참석자 전체가 토론한다. 포럼과 비교하여 보다 형식을 갖추며, 청중의 질의 기회는 상대적으로 적다는 것이 공개토론(포럼)과의 가장 큰 차이다. 그러나 청중은 문제 전체에 대한 체계적이고 권위 있는 설명을 들을 수 있는 기회를 가지게 된다. 심포지엄에서 사회자는 토론할 문제를 소개하고 그 중요성을 지적함으로써 청중들이 주제를 잘 파악하도록 하는 역할을 맡는다. 또 연사 소개, 발언 요약을 통한 청중의 이해도를 높이는 역할을 맡는다. 강연과 유사한 형태로 진행되는 심포지엄은 규모가 큰 학술대회에서 채택되는 토론 유형이다.

• 장점

−다양한 견해, 토론주제의 깊은 이해를 얻는다.

−제한된 시간에 주제에 대한 다양한 의견 청취가 가능하다.

−다양한 비판력이 형성된다.

• 단점

−전문가 선정이 어렵다.

−비용이 많이 든다.

−발표시간 지연 시 의견 제시로 끝날 위험이 있다.

−시간 제약으로 청중의 참여가 제한된다.

• 자리배치

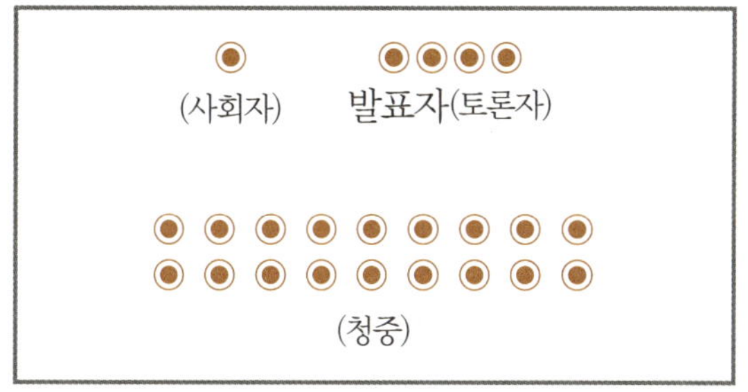

• 단계 :

문제와 발표자 소개(사회자) → 순서에 따라 발표(발표자) → 다른 토론자와
질의 · 응답(발표자) → 발표 내용 요약 · 정리(사회자) → 청중과 질의 · 응답.

• 단상토론(심포지엄)의 전개

공개토론(포럼)의 방식과 동일하다.

교과별 토론식 수업에 대한 제안

수업 진행에 따른 교과별 토론식 수업
악마의 질문 시리즈 6가지

 《선생님을 위한 토론교과서》에서 필자는 이미 교과별 토론식 수업 악마의 질문 시리즈 10가지를 소개한 적이 있다. 토론의 성질을 가지면서 수업으로 활용할 수 있는 변형된 형식을 동적인 방법과 정적인 방법으로 나누고, 동적인 방법은 인원수에 따라, 선생님과 학생들의 역할에 따라 각각 분류하여 제시하였다.

 여기서는 그 책에 수록하지 못한 새로운 모델인 악마의 질문 6가지를 수업의 발전단계에 맞춰 소개하려고 한다. 교육현장에서는 수업의 진행에 따라 그 발전단계를 보통 4단계로 분류하고 있기 때문에, 그 분류에 따라 악마의 질문 6가지를 잘 활용할 수 있는 방안을 다음과 같이 제시한다.

수업 발전 4단계		악마의 질문 6가지
수업 계획단계	1	질문 던지기
수업 전개단계 (자기주도학습)	2	어휘박사
	3	줄줄이 말해요
수업 정리단계 (협동참여수업)	4	모둠별 골든벨
	5	창과 방패
수업 평가단계 (개인별 평가)	6	골든벨을 울려라

악마의 질문 1단계 – 질문 던지기

'교과별 토론식 수업=자기주도적 협동수업' 진행의 시작은 질문 던지기로부터 시작된다. 수업을 준비하는 선생님들 입장에서는 '어떻게 하면 종합적인 질문을 던짐으로써 앞으로 수업이 쉽게 전개되고 마무리에서 얻어지는 것이 많도록 만들 수 있을까'를 고민하지 않을 수 없다. 이 질문이 수업의 질을 좌우하게 되며, 아이들에게 개념을 명확하게 잡아줌으로써 개개인의 실력적 편차를 줄여주게 되므로, 몇 날 며칠을 고민하고 노력하여 의미심장한 질문을 던지게 된다.

나는 개인적으로 이 질문 던지기에서 그 수업의 80% 이상은 끝나게 된다고 생각한다. '어떻게 질문을 던질 것인가'하는 고민 속에는 '수업을 어떻게 이끌어갈 것인가? 개념은 어떤 방식으로 잡아주고 진도는 어떻게 뽑을 것인가? 마무리는 어떻게 하고 평가는 어떤 방식을 취할 것인가' 하는 종합적인 수업 진행의 모습이 이미 포함되어 있기 때문이다. 그리고 이는 수업계획을 수립하는 단계에 해당한다.

　수업을 여는 질문이 이렇게 중요한데, 이것에서부터 수업이 시작되는 것임에도 불구하고, 많은 책들이 그 포문을 여는 방법을 제시하기보다는 질문을 던진 뒤 진행하는 방법인 '왜 그랬을까?', '두 가지를 비교해 보라'는 등의 수업 진행 과정형만 나와 있어, 실제로는 현장에서 적용하기 어렵다는 말들이 종종 들린다. 따라서 여기서는 질문 던지기를 어떻게 구해 올 것인가에 대한 근원적인 문제와, 어떻게 시작하는 것이 무리 없는 수업 열기인지를 구체적으로 제시하고자 한다.

　질문 던지기 수업 계획은 1단계로 수업 목표를 정하고, 2단계로는 여러 가지 방법을 찾아서, 3단계로 학생들이 다양한 생각을 가질 수 있도록 하는 스토리텔링화를 거치면 무리가 없다.

　질문 던지기가 끝나면 수업의 방향은 학생들의 답변에 따라 흘러가게 되는데, 이때부터 필요한 것이 교사의 전문성이다. 교사의 전문성이 잘 발휘되어 포괄적이면서도 다양성이 살아 있는 질문이 이어진다면, 학생들은 교사의 실력을 인정할 것이고, 주관식 교육이 가지고 있는 신뢰와 존경이 살아나는 행복한 교실이 될 수 있으리라 확신한다.

　학생들이 질문 던지기를 받고 나서 일어날 수 있는 현상은 크게 두 가지로 나타난다. 하나는 질문을 계속할 수 있는 긍정적 상황, 또 하나는 조금도 진전되지 않는 부정적 상황이다. 긍정적 상황이 전개된다면 무엇보다 쉬운 교육환경이 조성되겠지만, 부정적 상황이 전개된다면 교사의 전문성과 순발력이 극도로 요구된다고 볼 수 있는데, 그럴 때에는 질문의 수위를 더 낮추거나 개념에 좀 더 가까이 가는 스토리를 풀어내 주면 해결될 수 있다.

질문 던지기 수업 계획안

수업 목표	진행방법
질문 던지기 찾아내어 스토리를 만드는 방법	① 생활 속에서 찾기. ② 흥미를 가지고 있는 물건 또는 사건에서 찾기. ③ 게임에서 찾기. ④ 딜레마, 난센스, 유머에서 찾기. ⑤ 속담, 고사성어에서 찾기. ⑥ 수학사, 과학사 등 과목 연관 역사에서 찾기.
답변에 따라 진행하기 −긍정적 진행이 가능한가?	계속 진행이 가능한 답변으로 바로잡기를 할 필요 없이 '왜'라는 질문으로 계속 이어갈 수 있는 개방적 답변 → 자연스럽게 진행.
답변에 따라 진행하기 −부정적 진행이 될 수 있어 바로잡기를 할 것인가?	대답을 못하거나, 주제와 전혀 다른 답변을 하거나, 너무 낮은 수준으로 '왜'라는 질문을 계속 이어갈 수 없는 폐쇄적 답변→질문 수위를 낮추거나 개념에 좀 더 가까이 가는 스토리로 풀어 해결한다.

질문 던지기의 예1) 생활 속에서 찾기

수업 목표	민주주의에 대한 올바른 이해
질문던지기 찾아내어 스토리를 만드는 방법	−소크라테스 산파술 이야기 중에서 소크라테스는 그리스 아테네의 '아고라'라는 광장에 나가 아무하고나 대화하는 것을 좋아했어. 그날도 아고라에 나갔는데 어떤 젊은이가 있는 거야. 그래서 다가가 "우리! 이야기 좀 하지." 하면서 젊은이를 조용한 골목으로 데리고 갔어. 조용한 가운데 깊이 논의하고 싶었던 거지. 골목으로 데려갔다니까 이상한 상상 말고! 그리고 그 친구에게 첫 질문을 했어. "민중이란 누구인가?"

답변에 따라 진행하기 –긍정적 진행이 가능한가?	청년이 대답했지. "가난한 사람들을 말합니다." 다시 소크라테스가 물었어. "가난한 사람이란 어떤 이들이지?" 청년은 "항상 돈에 쪼들리는 사람들을 말합니다"라고 말했어. 그러자 소크라테스가 또 다시 질문을 던진 거야. "부자들도 대개 돈이 부족하다고 늘 아우성인데, 그러면 부자도 가난한 사람 아닐까?"
답변에 따라 진행하기 –부정적 진행이 될 수 있어 바로 잡기 할 것인가?	

질문 던지기의 예2) 흥미를 가지고 있는 물건 또는 사건에서 찾기

수업 목표	부력, 무게, 질량, 부피 이해하기
질문 던지기 찾아내어 스토리를 만드는 방법	–울산 현대조선소를 다녀와서 신혼여행으로 전국일주를 하면서 울산 현대조선소에 들른 적이 있었어. 정주영 회장의 오백 원짜리 거북선 일화도 있고 해서 몇 번이나 가려고 하다가 신혼여행으로 들르게 된 것이야. 여기저기 둘러보면서 어마어마하게 큰 배를 보고 입을 다물 수가 없었어. 그리고 그때 생각했어. '인간의 힘은 정말로 위대하다!'라고. 저렇게 큰 배를 만들 수 있다니? 정말 어마어마하거든! 근데 돌아오면서 이런 생각이 드는 거야. '저 배가 어떻게 바다에 뜨지? 분명 저 배는 쇳덩어리로 되어 있는데? 어떻게 뜰 수 있는 것일까?' 자, 누가 선생님의 이 궁금증을 풀어줄 거니?

답변에 따라 진행하기 -긍정적 진행이 가능한가?	
답변에 따라 진행하기 -부정적 진행이 될 수 있어 바로잡기를 할 것인가?	-학년이 낮거나 수준이 낮은 반일 경우 돌과 나무 중 물속에 잠기는 것은 어떤 걸까? "돌이요(아이들의 답변)." "왜 그럴까(선생님의 질문)?" "돌은 무겁고 나무는 가볍기 때문에요(아이들의 답변)." "무겁고 가볍다는 차이는 무엇일까(선생님의 질문)?" "(아이들의 답변)?" "돌 1kg과 나무 1kg 중 어느 것이 무거운가(선생님의 질문)?" ⋮ ⋮ ⋮

질문 던지기의 예3) 고사성어에서 찾기

수업 목표	소설의 구성 요소 이해하기
질문 던지기 찾아내어 스토리를 만드는 방법	−달마대사 이야기 중 칠전팔기(七顚八起)와 면벽구년(面壁九年)에 대해서 식당에 가면 많이 걸려 있는 그림 있지? 머리 벗겨지고, 거지옷을 입은 못생긴 사람 그림 말야! 그 그림 이름이 뭐냐? 그래 달마도 맞아. 오늘은 그 달마도에 대한 이야기 좀 하려고 그래. 달마도가 왜 그렇게 효험 있고 유명한 건지에 대해 말하려고……. "달마대사는 본시 남인도 향지국의 셋째 왕자로 태어났어. 부왕으로부터 왕위를 계승받았으나 형에게 양보하고 반야다라의 법통을 이어받아 선종(禪宗)의 시조가 되었어. 그러는 동안 얼마나 시간이 흘렀겠어. 늙은 몸이 되어서도 인도 뱅갈만을 떠나 불교가 융성한 중국으로 건너가는데, 마음으로 깨우치는 선종(禪宗), 즉 선불교(仙佛敎)를 전파하기 위한 것이었어. 달마대사는 소림사의 동굴 안에 들어앉아 자그마치 9년이나 참선을 했는데, 오직 동굴의 벽만을 바라보고 있었기 때문에 면벽구년(面壁九年)이라는 고사성어가 생겼고, 일곱 번 넘어지면 여덟 번 정진한다고 해서 칠전팔기(七顚八起)라는 말도 생겼어. 또 밑이 무거워서 아무리 넘어져도 오뚝오뚝 일어난다해서 오뚝이 장난감이 생기기도 했다는 거야." 고사성어에는 이런 스토리텔링이 있거든. 소설이 가지고 있는 구성요소를 가지고 있는 거지. 이렇게 스토리를 만들어내기 위해서는 무엇이 필요한지 이 내용 속에서 찾아 이야기해 볼 사람!
답변에 따라 진행하기 −긍정적 진행이 가능한가?	

답변에 따라 진행하기 −부정적 진행이 될 수 있어 바로잡기를 할 것인가?	−학년이 낮거나 수준이 낮은 반일 경우 다음 주어진 사진을 보고 이야기를 만들어 보자. →"동명이가 발표해 봐(이야기를 만들면 돌아가면서 발표하게 한다)." →"자, 지금 이야기를 하다 보니 공통적으로 들어가는 게 있네. 뭘까? 일단 사람이 들어가지 않으면 이야기가 안 된다는 거야. 근데 사람만 등장하는 것은 아니고 또 다른 것들이 있어. 잘 살펴보면……."

질문 던지기의 예4) 속담에서 찾기

수업 목표	진화론과 창조론 이해하기
질문 던지기 찾아내어 스토리를 만드는 방법	−원숭이도 나무에서 떨어질 날이 있다 어느 따뜻한 봄날 동물원에 놀러가게 되었어. 여기저기 둘러보고 아이스크림도 사 먹고 하는데, 유독 사람들이 모여 있는 데가 있는 거야. 선생님이 누구냐? 궁금하면 못 지나가는 거! 가 봤지. 그랬더니 서유기에 나오는 손오공이 거기에서 나무를 타고 놀고 있는 거야. 황금원숭인데 정말 손오공하고 똑같더라고. 그런데 사람들이 한꺼번에 다 웃는 사건이 터졌어. 이 원숭이가 나무를 타고 놀다가 "원숭이도 나무에서 떨어질 날이 있다."는 말처럼 아래로 곧장 떨어져 버린 거야. 나무를 잘 탈 줄만 알았던 원숭이가, 그것도 손오공 원숭이가 곧장 떨어져서 땅바닥에 머리를 박는 모습을 보니 사람들이 배꼽잡고 웃을 수밖에! 근데 그때 '그럼 손오공이라 떨어진 건가?' 하는 생각이 들더라고. 왜 그런 생각이 들었냐 하면 서유기에서 손오공은 사람처럼 말을 하면서 원숭이의 모양도 하고 있는, 그러니까 원숭이와 사람 중간 단계쯤 되는 설정이잖아. 그래서 그런 거 같았어. 그러면서 '동물원 원숭이가 진화하면 나중에 인간이 될 수 있는 거 아닌가? 우리가 나중에 사람이 될 짐승을 동물원에서 웃음거리로 만드는 죄를 짓고 있는 건 아닐까?'

1. 강한 나라의 전제조건, 토론공화국

	하는 그런 생각이 막 이어지는 거야. 이 풀리지 않는 숙제를 도와줄 흑기사 손들어 주세용!
답변에 따라 진행하기 -긍정적 진행이 가능한가?	
답변에 따라 진행하기 -부정적 진행이 될 수 있어 바로잡기를 할 것인가?	-학년이 낮거나 수준이 낮은 반일 경우

악마의 질문 2단계 1-어휘박사

사회나 과학을 가르치다 보면 개념은 둘째 치고 어휘력이 부족하여 진도를 못 따라잡는 학생들이 많다. 이 방법은 그런 문제를 해결하기 위한 것과 동시에, 악마의 질문 중 정적인 수업 부문의 '교과 궁금 노트'를 하기 전에 사용하면 효과가 더 증폭되는 방법이다.

• 어휘박사의 준비과정

−3~6명의 모둠을 만든다.

−각 모둠들이 다음에 나갈 단원의 내용 중 모르는 단어나, 다시 한 번 다
지고 가야 할 단어를 찾아 쓰도록 한다.

−찾은 단어의 뜻을 빠른 시간 내에 정리하게 한다.

−각 모둠별로 돌아가며 발표하게 한다(이때 다른 모둠들은 자신들이 찾은 단어
와 같은 것이 있으면 지우고 남은 내용만 가지고 발표하도록 한다).

교실에 항상 사전을 비치하거나 스마트폰을 이용하면 쉽게 진행할 수 있
으며, 모둠 별로 찾은 단어를 가지고 퍼즐을 만들어 발표하는 것도 좋은 방
법이다.

단 어	뜻 풀이

악마의 질문 2단계 2 – 줄줄이 말해요

'줄줄이 말해요'는 원래 발문트기 교육을 위해서 모 방송사 텔레비전 프로그램에서 차용한 것으로 원래의 방법은 다음과 같았다.

<table>
<tr><td>대한민국에 왔더니</td></tr>
<tr><td></td></tr>
<tr><td align="right">에 놀랐다.</td></tr>
</table>

그러다가 본격적으로 교과별 토론식 수업을 연구하면서 '줄줄이 말해요'가 '교과 궁금 노트'보다 기초와 개념을 잡아주는 방법에 사용하면 더 효과가 크다는 것을 알게 되었다.

이 과정은 기초와 개념을 잡아주기 위한 단계이다. 따라서 기존의 방식과는 180° 반대되는 방향에서 고민을 시작해, 다양한 답과 학생들이 논의할 수 있는 적절한 폭을 만들어 줄 수 있어야 한다. 그렇게 수업과정이 자기주도적 협동수업이 될 수 있도록 배려해야 살아 있는 토론식 수업으로 활용할 수 있는데, 그 방법은 문제 내는 방식을 뒤집는 것이다.

• '줄줄이 말해요'의 준비과정

교사는 미리 강의할 내용을 어떻게 진행해 나갈 것인가 정리를 한다. 또는 독서한 책의 내용을 아래 형식에 맞추어 정리를 한다.

－3~6명의 모둠을 만든다.

－각 모둠원들끼리 논의하여 모둠의 정답을 만든다.

−모둠별 대표가 돌아가며 발표한다.

−발표하는 가운데 개념을 유도하거나 모든 모둠별 대표의 발표가 끝난 후 취합하여 개념 강의를 진행해도 좋다.

구체적인 예)

1. 시의 운율을 만드는 방법은

라고 생각한다.

2. 김소월 시인은 '엄마야 누나야 강변살자'라는 문장을 처음과 끝에 반복 사용함으로써

효과를 얻으려고 하였다.

3. 대구법이 사용된 '뜰에는 반짝이는 금모래 빛. 뒷문 밖에는 갈잎의 노래'라는 문장은

라는 효과를 거두고자 사용한 것 같다.

악마의 질문 3단계 1(협동참여수업)-모둠별 골든벨

이 단계는 궁금 노트를 다양하게 이용하는 방법으로 사용하거나, 궁금 노트 작성 후 조별로 문제를 만들고 전체적으로 공유하는 방법이다.

• 모둠별 골든벨의 준비단계

–모둠은 1조당 4명~6명 정도로 꾸린다.

–각 모둠별로 양식에서 보여지는 것처럼 문제 만들 주제는 정해 주고, 문제는 스스로 만들게 한다.

–전체적으로 만든 문제를 발표하게 한다.

–단원에서 다루어질 중요한 부분이나 빠진 부분은 교사가 챙겨서 강조한다.

1조 시의 정의에 대한 문제 5개를 만드시오
2조 시의 종류에 대한 문제를 3개 만드시오.

3조 시를 해석하는 방법에 대한 문제를 4개 만드시오.

4조 시의 특징에 대하여 문제 3개를 만드시오.

5조

6조

'악마의 질문 3단계 2(협동참여수업)' – 창과 방패

학습목표 : 입장정리 및 생각 발견하기

① 찬반입장이 결정되면(제비뽑기나 가위바위보로 정함) 각 팀별로 서로의 소리가 잘 들리지 않는 정도의 거리로 떨어진다(교실이라면 한 팀은 창문 쪽, 한 팀은 벽 쪽).

② 팀장 또는 리더십을 발휘하는 학생을 중심으로 상대팀이 우리 팀을 공격할 내용 검토, 공격받을 내용에 대응하는 답변 준비, 상대팀을 공격할 내용 개발하면서 자연스럽게 생각을 나눈다.

③ 생각을 나누면서 토론 시 예상되는 내용들을 미리 적는다.

반대 팀	VS	우리 팀

악마의 질문 4단계 – 골든벨을 울려라

'골든벨을 울려라'는 개별적으로 최종 평가를 하기 위한 방법이다. 최종 평가는 개인의 수준이 어디까지 도달했는지를 평가하는 것이기 때문에 교사가 기본적인 주제를 제공하고, 개인별로 만들어 돌아가며 발표하게 하거나 리포트로 제출하게 하면 된다.

어휘박사, 줄줄이 말해요, 교과궁금노트, 모둠별 골든벨, 창과 방패의 과정을 통해 얻어진 내용을 바탕으로 개인이 문제를 내는 방식을 취하는 것이 종합적이면서 복습의 효과를 극대화시킬 수 있다.

골든벨을 울려라	학교 학년 반 번
1. 원숭이가 인간이 될 수 없는 이유를 쓰시오.	
2. 쇠로 만든 배가 물 위를 떠서 항해하는 이유를 쓰시오.	
3. 소설이 이야기를 만들어내는 '이야기 구성의 3요소'를 문제로 만들어 제출하시오.	

토론·논술에 강해지기

토론·논술을 잘하게 만드는 법

    어느 토론 책에서는 상대방의 감정을 불러일으키고, 논제의 초점을 흔들어 버리고, 나아가 정 못 이길 상황이면 장군멍군으로 버티라고 가르친다. 사실 이 책에서 주장하는 것처럼 토론은 이겨야 제맛이다. 그럼에도 불구하고 '토론에서 억지로라도 이기는 기술'을 가르치는 것이 개운치 않은 이유는 무엇일까?

    우리가 청소년들에게 필요하다고 생각하는 것은 '토론교육'이다. 즉, 우리는 교육의 방식으로 정착시키기 위해 토론교육을 하는 것이지 싸움에서 이기기 위해 토론교육을 주장하는 게 아니기 때문이다. 다른 사람의 뛰어난 사고와 그 전개의 뛰어남에 감화되어 자신의 패배를 인정할 수 있는 합일의 자세를 가르치는 것이 교육의 올바른 모습이기 때문에 개운치 않은 것이다.

    많은 사람들은 토론을 몸싸움이나 하는 '정치인과 여의도', 결코 상대를 인정하지 않는 '100분 토론'의 모습으로 기억하고 있다. 이 같은 척박한 상황에서 토론의 올바른 교육적 함의(含意), 교육적 화두(話頭)를 대한민국에 정착시키는 일은 쉽지 않다. '타인을 존중하고, 타인의 생각을 경청하고, 타인을 설득하기 위해 절차와 예의를 지키고, 마침내 다름에서 같음(合一)을 만들어내는 일'에 대한 교육적 함의가 자리를 잡을 때 이 나라는 진정한 민주주의 국가가 될 것이고, 흩어져 사라져 버리는 다양한 목소리를 사회적 에너지로 전환시킬 수 있다.

토론을 잘한다는 것은 '단순하게 상대방을 이기는 것을 넘어 토론에 숨어 있는 정신을 훌륭하게 실천하는 모습을 보일 때 성립될 수 있는 말'이다. 때문에 우리는 토론이 말싸움이 되지 않고, 말기술이 되지 않고, 말잔치가 되지 않도록 '토론을 잘하게 하는 방법'을 익히고 있어야 한다.

(1) 상대방 의견을 '경청(傾聽)하는 힘'을 키워준다

"경청의 힘을 키워주어야 토론에 승리한다."

토론은 웅변이나 연설처럼 일방적인 말하기가 아니라 자신과 상반된 논리를 펼치는 상대를 대상으로 논리적 허점을 찾아내어 반박하는 과정으로 이루어져 있는 말하기다. 따라서 토론에서 '듣기'는 매우 중요한 수단이 된다. 하지만 우리는 자기 생각을 일방적으로 표현하는 데 익숙해져 있어 상대의 말을 자기의 생각에 맞추어 버린다. 이야기를 다 듣지도 않고 "네 생각 다 알고 있으니 그만해!" 하며 정리하거나, "내가 먼저 말할 테니까 너는 나중에 해."라고 잘라 버리고는 자신의 주장만 이야기하는 경우가 많다는 것이 그 사실을 증명한다.

이런 현상은 산업화 시대를 거치면서 성과에만 급급해하던 사회 환경에서의 '대화에 대한 조급증'과, '듣기'는 굳이 특별한 훈련이 없어도 시간이 지나면 저절로 습득될 수 있는 것이라고 가볍게 치부해 버렸기 때문에 발생한 일이며, 이는 결국 토론에서조차도 상대의 말을 진지하게 경청하려는 자세를 갖추지 못하는 결과로 이어진 것은 아닌지 생각하게 된다.

그렇다면 경청하는 능력은 어떻게 향상될 수 있을까? 그것은 상대방의 말을 이해하는 과정으로, 세계와 대상을 이해할 수 있어야만 되는 능력을 뜻하기 때문에, 의도된 훈련과정의 설정과 경험의 축적 없이는 향상될 수 없다. 여기서 의도된 훈련과정이란 '아무 말 없이 상대방을 응시하며 듣는' 연습을 말하는 것이 아니라, '상대방의 말을 의식적으로 들으며, 상대 주장의 핵심을 간파하여 논리의 허점을 찾아내는' 훈련과정을 의미하는 것이다. 간단히 정리하면 '잘 듣는 훈련과정'이라고도 할 수 있는데, 다음의 두 가지를 기억해야 한다.

주제와 관련하여 정확히 알아야 한다

주제에 대해 정확히 알고 토론의 자리에 있는 것과 그렇지 않은 상태에서 토론을 하는 것에는 큰 차이가 있을 수밖에 없다. 토론의 주제에 대해 정확히 알고 있지 못하면 상대방의 주장이 어떤 관점에서 말하고 있는지, 주장은 논리정연한지를 알 수가 없다. 상대의 말을 이해할 수 있는 배경지식이 없다는 말인데, 그것은 결국 그 이야기를 분석하거나 핵심을 간파할 수 있는 힘이 없을 뿐만 아니라, 눈만 껌벅이며 자리만 지키고 앉아 있거나, 엉뚱한 이야기만 하는 상황을 연출하게 된다. 따라서 상대방이 주제와 관련하여 말하고 있는지 의도적으로 집중하여 경청하려면 먼저 주제에 대해 정확히 알고 토론에 참석해야 한다.

표현의 오류에 대해 알고 있어야 한다

세상에는 완벽한 논리도, 완벽한 주장도, 완벽한 표현도 없다. 이 말을 뒤집어서 생각하면 모든 것은 불완전하고 공격당할 수 있다는 말이 된다. 이 내용은 토론학의 시조라 불리는 프로타고라스의 '수업료 반환청구소송'에서도 잘 보여준다.

어느 날 에우아틀루스라는 청년이 찾아와서 프로타고라스에게 제자로 받아 줄 것을 간청했다. 그러나 그 청년에게는 수업료를 지불할 능력이 없었다. 때문에 우선 수업료의 반을 내고 에우아틀루스가 소정의 교육과정을 마친 뒤 첫 번째 소송사건에서 이기면 나머지 반을 지불하기로 계약을 맺었다. 그런데 교육과정을 마친 뒤에도 제자는 소송사건을 맡으려 들지 않았고, 프로타고라스는 밀린 수업료를 받을 길이 없자 급기야 제자를 상대로 수업료 반환청구소송을 제기하게 되었다.

법정에서 프로타고라스는 이렇게 주장했다.

"만일 네가 이 재판에 이기면 너는 나와 맺은 계약에 따라 밀린 수업료를 갚아야 한다. 만일 네가 재판에 지면 법정 판결에 따라 밀린 수업료를 갚아야 한다. 그런데 너는 재판에 이기든지 지든지 둘 중의 하나다. 그러므로 너는 어떤 경우든 밀린 수업료를 갚아야 한다."

그러자 에우아틀루스가 말했다.

"만일 내가 재판에 이기면 법정 판결에 따라 밀린 수업료를 갚지 않아도 됩니다. 반대로 내가 재판에 지면 스승과 맺은 계약(이기면 갚는다는 계약)에 따라 밀린 수업료를 갚지 않아도 됩니다. 그런데 나는 재판에 이기든지 지든지 둘 중 하나입니다. 그러므로 나는 어떤 경우든 밀린 수업료를 갚지 않아도 됩니다."

　프로타고라스는 제자를 양도추리(보통 궤변이라고 함), 즉 딜레마 논법으로 공격하였고, 제자인 에우아틀루스는 '반대 딜레마로 반박하기'라는 방법으로 스승을 공격하였다. 상대방을 궁지에 몰아넣기 위해서 프로타고라스는 타당하지 못한 양도추리를 사용했는데, 에우아틀루스는 딜레마 논법에서 빠져 나올 수 있는 세 가지 방법(선언명제의 오류를 지적하며 빠져 나오는 '뿔 사이로 피하기', 가언명제의 오류를 지적하여 빠져 나오는 '뿔로 잡기', 주어진 딜레마와 똑같은 형식으로 빠져 나오는 '반대 딜레마로 반박하기') 중 마지막 방법을 사용하여 빠져 나왔던 것이다.

　이렇듯 표현의 오류를 공부하고 상대방의 말을 들으면 주제에서 벗어났는지, 일관성이 없는지, 억지로 꿰맞추었는지, 확대 적용을 했는지, 감정과 동조를 이끌어내려고 하는지 등 모든 것이 파악되는데, 이렇게 되었을 때 경청은 비로소 의미 있는 행위가 된다. 세상은 아는 만큼만 보이는 것처럼 토론도 본인이 습득한 지식만큼, 준비한 노력만큼만 보이게 되어 있다.

　상대방의 이야기에 대응하지 않고 말 없이 듣고 있다고 해서 모두 다 경청이라고 말할 수는 없다. 잘 듣는 것, 즉 상대방의 이야기를 들으면서 깊이 생각하고 문제점을 파악하며 듣는 것이 진정한 경청의 자세인 만큼 표현의 오류를 이해하고 토론의 자리에 앉아야 한다.

(2) 주장을 뒷받침하는 자료와
   예시를 충분히 준비하는 습관을 키워준다

정말 재미있고 훌륭한 토론이 되기 위해서는 내가 많은 것을 알고 있어야 한다. 그러러면 토론논제와 관련된 자료를 풍부히 준비해야 하는데, 그렇게 되면 다음과 같은 몇 가지 장점이 생긴다.

자신감이 충만해진다

자료는 상대방과 싸울 때 총과 총알의 역할을 한다. 즉, 무기인 것이다. 좋은 준비를 한 사람은 좋은 무기를 가지고 있는 것과 같고, 당연히 자신감이 넘치게 되며, 그 싸움은 보지 않아도 누가 이길지 예측할 수 있다.

다양한 주장을 준비할 수 있다

풍부한 자료는 남이 생각하지 못한 부분을 찾아낼 수 있고, 상대방을 당혹시킬 공격의 칼을 준비할 수 있다. 자신이 준비한 것을 상대방은 준비하지 못했다면 그것보다 유리한 싸움은 없을 것이다.

상대방의 주장을 예측할 수 있다

본인이 주장할 내용을 정리하다 보면 자연스럽게 상대방이 주장할 내용이 보인다. 즉, 토론의 상황이 머릿속에서 미리 그려지며 상대방의 주장을 예측할 수 있다.

내가 공격당할 내용이 무엇인지 짐작하고 준비할 수 있다

토론의 자료를 준비하고 주장을 정리하다 보면 자연스럽게 본인의 약한 부분이 발견된다. 상대방이 유리한 점은 나의 불리한 점이고, 나의 유리한 점은 상대방이 불리한 점이므로 공격당할 부분은 명확하다. 공격당할 부분까지 준비가 된 싸움은 이미 이기는 싸움과 같다.

그렇다면 어떤 자료가 좋은 자료일까? 그것은 논제와 연관되어 있어야 한다. 그러면서도 객관성이 확보된 자료, 모두가 아는 친근한 자료, 최근 이슈가 되는 자료, 사례로 사용할 수 있는 자료, 상대방이 공격하기 어려운 타당성(주관성이 들어가 있는)이 확보된 자료가 토론에서의 좋은 자료라 할 수 있다.

(3) 표현능력을 키워준다

표현능력이란 자신의 생각을 '정확하게, 오래도록, 감동스럽게 전달할 수 있는 능력'을 말한다. 그렇다면 토론의 자리에서 상대방을 긴장시킬 뿐만 아니라, 그 자리에 모인 청중들이 '저 친구 정말 똑똑하다'라는 생각을 가질 수 있도록 하는 표현능력이란 과연 무엇일까?

명이한 단어의 사용 능력을 키워야 한다

명확하면서도 누구나 쉽게 이해할 수 있는 단어의 사용 능력을 말한다. 명이한 단어를 정확하게 사용할 수 있다는 것은 상대방이 걸어올 언어적 시비를 막으면서 청중들로부터 많은 호응을 얻을 수 있다. 자신의 주장에는 명이한 단어를 사용하여 논리를 전개하고, 상대방의 모호한, 애매한 용어 사용에는 정확한 뜻을 정의하도록 요구하는 능력은 표현능력의 첫걸음이다.

관용어 사용 능력을 키워야 한다

관용어란 오랜 시간을 거치면서 압축된 표현으로, 습관적으로 사용하는 표현을 말한다. 즉, 그 말이 아니어도 되지만 꼭 그 말만 사용해야 뜻이 통하는 표현으로, 예를 들어 '개밥에 도토리'처럼 '소밥에 도토리'나 '닭밥에 도토리'는 안 되는 표현을 말하는 것으로, 정리하면 속담이나 고사성어를 뜻한다. 고사성어나 속담은 오랜 시간을 거쳐 압축되었고, 또한 그 배경으로 인해 많은 것을 함축하여 전달할 수 있는 표현이다.

토론은 긴 시간 동안을 다투는 논쟁이다. 그 시간 속에서 쏟아지는 말들을 한마디의 관용어로 빈틈없이 정리해 내는 사람을 만나면 등골이 오싹해질 뿐만 아니라 그 지식의 깊이에 감탄하게 된다. 따라서 긴 토론의 과정 속에서 고사성어나 속담을 잘 사용하는 것은 매우 돋보이는 표현방법 중 하나다.

통계수치와 사례의 사용 능력을 키워야 한다

수치는 언제 들어도 빈틈이 없고 객관적이라는 느낌을 준다. 또한 외국의 사례나 신문방송의 사례는 미리 공격을 차단할 수 있는 대중성을 확보하게 된다. 토론은 자신의 주장에 대하여 타당성을 확보하는 과정으로, 많은 부분에서 객관성을 확보할 때 더욱 큰 힘을 받을 수 있다. 통계와 수치의 사용, 구체적 사례의 사용은 객관성을 담보하는 좋은 무기이자 표현방법이다.

명명법의 사용 능력을 키워야 한다

필자가 말하는 명명법이란 '복잡하고 긴 표현으로 자칫 본뜻이 흐려질 수 있는 것을 간단한 단어나 문장으로 표현하는(이름을 만들어 붙이는) 방법'을 말한다. 명명법은 고사성어 사용 능력처럼 길고 복잡한 내용을 간단하면서도 빈틈없이 정리하는 모습을 가지고 있으면서도 창의적인 표현이 돋보이는 또 하나의 표현방법이다. 왜냐하면 짧은 시간에 아무도 생각하지 못한 표현을 만들어내는 것이기 때문이다.

예를 들어 2011년 어느 날 한 지상파 방송에서 아이돌 육상대회가 방영되었을 때, 사회를 보았던 김제동이 '아이돌 인간탄환 쇼'라며 그날의 많은 내용들을 정리하는 장면이 나오는데, 바로 이런 것이 명명법이다. '일본군 위안부 할머니'들의 사건을 그냥 '위안부 사건'이라 표현하면 억울하게 고통을 당한 우리 할머니들의 역사와 그 본질이 잘 드러나지 않지만, '일본 정부 주도 집단 강간 사건'으로 표현하면 그 본질이 명확하게 드러나게 된다. 이러한 힘을 가진 명명법을 잘 사용하면 정리 능력과 함께 창의적 표현의 달인으로 인식될 수 있다.

감정을 통제하는 힘을 키워준다

토론교육은 민주주의 교육으로 과정과 절차를 소중히 생각하고 그것을 몸에 익히도록 하기 위한 교육이다. 그러나 토론을 잘못 이해하고 반드시 이겨야만 한다는 생각에 비논리와 말꼬리 잡기, 비꼬기, 마침내는 감정으로 비기기를 시도하는 경우가 있다. 그러다 보면 기본적으로 찬반의 논쟁을 중심으로 하는 토론에서는 감정이 격앙될 수 있는 상황이 벌어지게 된다. "당신, 논제나 알고 나온 겁니까?", "그것도 주장이라고 떠드시는 겁니까?" 등 토론 중에 언어적 도발이 쏟아지면 누구라도 이성보단 감정이 앞설 수밖에 없다.

그러나 토론은 청중이 평가를 하는 것이며, 참여한 모든 사람들이 평가하는 게임임을 한시도 잊어서는 안 된다. 상대가 격양되게 시비조로 나오더라도 차분하게 논리적으로 주장을 펼치고 반박함으로써 분위기를 주도하고 이끌어 나가는 모습으로 임할 때 오히려 본인의 주장을 인정받을 수 있게 되는 것이다.

좋은 목소리의 소유자로 키워준다

필자가 아는 사람 중에 토론의 달인이라고 불리는 사람이 있다. 이 사람은 평소에는 목소리가 높고 말의 속도도 빠른 편이다. 그런데 토론의 자리에만 앉으면 목소리의 톤이 달라지면서 눈에서 안광을 내뿜는다. 말을 시작하면 모든 사람들이 집중하게 되며, 그가 말을 시작하면 이상하리만치 분위기가 진중해진다. 무게가 있고 품위가 묻어나는 목소리의 톤에 상대방은 중압감을 느끼며 겁을 먹는다.

토론 시 분위기를 주도하는 방법에는 언어적 요소와 비언어적 요소가 있는데, 비언어적 요소가 55% 정도를 차지한다. 비언어적인 요소는 다시 표정, 눈빛, 체스처, 목소리 정도로 나눠지며, 그 중 가장 큰 비중을 차지하는 것이 목소리이다. 같은 톤의 말보다는 높낮이가 분명한 목소리, 무게가 있고 품위가 넘치는 목소리가 청중의 '집중'을 이끌어내고 좌중을 압도한다.

그렇다면 타고난 목소리를 고칠 수 있는가? 앞에서 평소의 대화와 토론 시 목소리가 다른 사람의 예를 든 것으로도 알 수 있듯 좋은 목소리로의 성형은 가능하다. 그러려면 우선 정확하게 발음되지 않는 부분을 찾아서 고쳐야 한다. 드라마에서 주연 역할을 하는 탤런트 김현주 씨는 발음이 좋지 않아 주연 역할 오디션에서 번번이 떨어졌다고 한다. 하지만 마침내 고쳐야 할 발음을 찾아내 그 발음을 교정하기 위해 볼펜을 물고 훈련을 해서 고침으로써 드라마 주연을 맡기 시작하게 되었다고 밝힌 적이 있다.

또 하나는 복식호흡을 훈련해야 한다는 것이다. 저음과 고음, 강약의 조절, 길고 짧게 하는 발성을 자유자재로 할 수 있도록 만들어 주는 게 복식호흡이다. 복식호흡이란 토끼가 숨 쉬는 것처럼 뱉을 때 배가 꺼지는 호흡을 의미한다. 이를 훈련하는 방법은 여러 가지가 있는데, 많이 알려진 방법이 뮤지컬이나 민요를 부르면서 하는 방법이다. 하지만 어떤 사람은 수영장에서 잠수하는 방법으로 연습했다는 이야기로 미루어 보아 등산, 달리기 등도 자연스럽게 복식호흡을 할 수 있는 훈련이라 할 수 있다. 각자에게 가장 쉽고 적당한 방법을 선택하여 복식호흡을 훈련한다면 누구나 좋은 목소리를 가질 수 있다.

토론·논술에 강해지는 방법 1
상식과 약어 사용 능력을 위한 어휘 익히기

경제원칙 인간의 욕망은 무한하나 이를 만족시키는 수단인 재화와 용역은 유한하기 때문에 인간은 최소 비용으로 최대 효과를 얻기 위해 계획과 행동을 하게 되는데, 이와 같은 합리주의 정신과 행동원리를 경제원칙 또는 경제주의라 한다.

공청회 국가나 공공단체가 중요 안건을 의결함에 있어서 일반 국민이나 이해당사자 및 전문가 등으로부터 공개 석상에서 의견을 듣기 위해 개최하는 회의로서, 행정적 구속력은 갖지 못하나 정치적, 도의적인 구속력을 지닌다.

공황 경제공황의 줄임말로 넓은 의미에서 경제생활의 교란을 말하는데, 이런 의미로 보면 시대와 장소에 구애됨이 없이 발생했다. 자본주의 이전 사회에서도 역병이 돌거나 천재지변이 일어나면 생산물의 수급, 유통 등에 문제가 발생할 수밖에 없었다. 오늘날 좀 더 엄밀한 의미로 사용되는 이 말은 자본주의 경제 경기 변동의 한 단계로서 발생하며, 경제계가 갑자기 혼란 상태에 빠져 산업이 침체하고, 금융이 원활하지 못해서 일어나는 경제적 혼란 현상을 말한다. 이 시기에는 생산이 소비보다 훨씬 많아 물가가 떨어지게 마련이고, 기업가가 파산하면서 실업자가 많이 생겨나게 된다. 자본주의 경제에서 생산은 각 기업의 재량에 달린 문제이므로 생산과 소비의 균형이 깨지는 경우가 자주 생기는데, 소비보다 생산이 훨씬 많으면 갑자기 물가가 떨어져 사업을 계속할 수 없게 되고, 경제계는 큰 혼란에 휩싸이게 된다.

구조조정　비교 열위 업종이 점차 도태되면서 고부가가치 산업을 중심으로 산업구조가 고도화되어 가는 과정. 그러나 정책적인 의미에서는 이 같은 산업구조의 조정 과정에서 나타나는 기업의 도산이나 대량 실업 등의 부작용을 줄이면서 경제 여건에 맞는 고부가가치 산업으로 이행하도록 세제, 금융 지원을 해준다는 적극적인 의미를 가진다.

국부론　영국의 고전 경제학자 애덤 스미스(Adam Smith, 1723~1790)가 저술한 책으로 1776년 간행되었다. 경제학사상 뛰어난 고전의 하나로 꼽히며, 원래 제목은 '제국민의 부의 성질과 그 원인에 관한 한 연구'이다. 자본주의 경제에 대하여 최초로 포괄적, 과학적으로 분석하여 고전 경제학을 성립시킨 이 책은 초기 자본주의 내지 매뉴팩처(mamufacture, 공장제 수공업) 시대의 경제를 체계적으로 정리한 것으로, 경제학도들의 연구의 출발점이다. 분업과 자유방임주의를 주창한 그는 각 인간의 이기심에 의한 경제활동이 전체 사회에서는 '보이지 않는 손'에 의하여 조화롭게 조절될 수 있다고 믿었다. 자유 경쟁의 조건만 마련되면 경제가 저절로 잘 운용될 것이라고 본 것은 이후의 역사에서 잘못된 생각이었음이 판명되었다. 19세기 자본주의는 그의 주장대로 자유방임주의의 길을 걸었는데, 그 시대 노동자 계급의 고통은 엄청난 것이었다. 자유방임주의는 산업혁명기에 부르주아 계급의 이론적 무기로서 절대 군주와 영주, 그리고 독점 상인들과 싸우는 데 이용되었을 뿐이다.

국수주의 대개 국가주의는 자국의 국민적 특수성을 가장 우수한 것으로 믿고 행동하며 타국을 배척하는 정신적 경향을 이를 때 쓰이는데, 이는 국가주의의 극단적인 한 형태로, 1888년 일본에서 간행된 잡지 〈일본인〉에 게재된 시가의 논문에서 일반화된 용어이다(논문은 적극적인 서양 문화의 도입에 의하여 근대화를 도모한 일본 메이지 정부의 정책을 유럽화라 비난하고 자국민 본래의 장점을 중시할 것을 주장하고 있다). 당시 일본에서는 전통주의, 배외주의, 천황제 옹호 등의 입장에 선 극우의 행동원리가 작동하는 일종의 광신적 애국주의가 지배하고 있었다. 우리나라가 이것의 열풍에 휘말린 것은 쇄국정책을 펴야만 했던 여러 배경이 있지만, 그 때문에 국제사회에서 더욱 고립되고 결과적으로 스스로의 힘으로 근대화를 이루지 못해 일제 식민 통치를 불러들이는 한 요인이 된 것은 분명한 사실이다.

국제통화기금(IMF) 통화에 관한 국제협력과 국제무역을 촉진하기 위하여 1944년 미국의 브레튼우즈에서 설치가 결정되어 1945년 발족하게 된 단기 금융을 담당하는 유엔 전문기구이다.

군산복합체 군부와 독점 대기업 사이의 상호 의존 체제를 가리키는 것으로, 이는 냉전시대 미국사회의 한 특징이었다. 1961년 아이젠하워 대통령은 고별 연설에서 이 말을 처음 사용하면서, 이것의 지속적인 영향력 행사에 따라 미국 국민의 자유에 위협이 가해지고 있다고 경고한 바 있다. 제2차 세계대전 후 미국에서는 군부와 결탁한 독점 대기업의 군수산업이 역사상 유래를 찾아볼 수 없게 성장하여 사실상 미국의 지배자로 등장하였다. 데탕트(긴장완화, 화해) 분위기가 무르익은 뒤 세력을 잃은 듯 보였지만, 걸프전에서도 드러났듯 여전히 세계적으로 막강한 영향력을 미치고 있다. 일본에서의 록히드 사건(항공기 제작업체인 록히드 사가 일본의 전직 수상 다나카 카쿠에이에게 5억 엔의 뇌물을 준 사건으로 1983년 그에게 실형이 선고되었고, 1987년에는 항소가 기각되었다)은 이것이 해외에까지 그 영향력을 행사한 대표적인 사건 가운데 하나다.

군주론 마키아벨리 사후인 1532년에 간행된 저서로 근대 정치학의 고전으로 간주되기도 한다. 이탈리아 귀족 출신으로 외교관 생활을 한 마키아벨리는 메디치 가문이 피렌체를 다시 집권하게 된 후 시골 생활을 하면서 분열된 이탈리아를 통일하고 부강한 나라를 만들 수 있는 길을 제안했는데, 그것이 바로 이 책이다. 여기에서 그는 국가의 통일과 독립을 위해서 군주가 종교나 도덕 등 정치 외적 구속에서 벗어나 권력에의 야심과 무인적인 결단력을 가지고 모든 것을 수단으로 삼아 통치해야 한다는 주장을 폈다. 권모술수라고 풀이되는 마키아벨리즘의 효시자로 부정적인 이미지가 강하지만, 그의 사상은 당시 이탈리아의 혼란한 현실을 충분히 고려한 후에 이해될 필요가 있다.

글로벌 본드 미국, 아시아, 유럽 등 세계 주요 금융시장에서 함께 발행되어 유통되는 국제 채권. 미국의 양키본드, 유럽의 유로달러본드, 일본의 사무라이본드 등을 동시에 발행하는 효과가 있고, 지역 본드에 구애받지 않고 전 세계적으로 발행된다는 의미에서 글로벌 본드라고 한다. 그런 만큼 대규모의 기채(起債, 채권을 발행하는 것)가 가능하고 유동성이 높은 것이 장점이다.

금융실명제 금융 거래의 정상화와 합리적 과세 기반을 마련하기 위한 제도이다. 이것이 실행되면 은행 예금이나 증권투자 등 일체의 금융거래를 할 때 실제의 명의로 해야 하며, 가명 및 무기명 거래는 인정을 받지 못한다. 이 제도는 음성적인 금융 거래를 방지하는 한편 지하경제를 정상화하는 데 목적이 있다. 우리나라는 1993년 8월부터 김영삼 정부가 전격적으로 시행하여 실시되고 있다. 1982년에도 시행하려는 시도가 있었으나 일부 부유층의 반발로 보류되었고, 1989년 4월에도 내무부 내에 이 제도 실시 준비단을 발족, 가동시켜 1991년 1월 1일부터 완전한 시행을 하려 하였으나 또다시 보류된 바가 있다.

기업 퇴출 관련 제도 현재 이 제도로는 파산, 화의, 회사 정리, 회사 청산 등이 있다. 파산은 법원이 채무자의 재산을 현 시가로 계산하여 채권자에게 골고루 나누어 주는 제도이고, 화의는 기업의 정상화가 가능한 경우 빚의 전부나 일부를 유예시켜 주는 제도이며, 회사 정리는 회생 가능성이 있는 주식회사의 회생을 법적으로 뒷받침하여 기업 도산에 따른 경제적 손실을 방지하기 위한 장치이다. 또 회사 청산은 상법에 따라 남은 재산을 공평하게 분배하여 주주나 채권자 등의 피해를 최소화하는 제도이다.

네오마르크시즘 1920년대 이탈리아의 그람시(Antonio Gramsci, 1881~1937), 헝가리의 루카치(György Lukács, 1885~1971) 등으로 대변되는 정통 마르크스주의의 변종. 특히 1930년대 독일의 호르크하이머(Max Horkheimer, 1859~1973)를 중심으로 마르크스(Karl Marx, 1818~1883)와 프로이트(Sigmund Freud, 1856~1939)의 이론적 접촉을 주장하던 프랑크푸르트 학파 등의 신 좌익사상을 말한다.

노동가치설 상품가치의 크기는 그것을 생산하기 위하여 사용되는 노동량 또는 노동시간에 의하여 결정된다고 보는 경제학상의 이론이다. 고전 경제학자인 애덤 스미스와 리카도(David Ricardo, 1772~1823)를 거쳐 마르크스에 이르러 확고해졌다. 생산되는 상품의 가격이 높고 낮음은 그 상품이 완성될 때까지 투입된 노동의 양으로써 결정하고, 이 노동의 양은 노동의 시간으로 결정한다는 것으로, 그 노동시간의 크기는 개개의 상품 생산자가 상품을 생산하는 데 소용한 개별적인 노동시간에 의하여 결정되는 것이 아니라, 사회적으로 필요한 노동시간에 의하여 결정된다는 학설.

뉴딜 정책 미국의 32대 대통령 루스벨트(Franklin Roosevelt, 1882~1945)가 당시 전 세계의 경제대공황을 타개하고 미국 내의 실업자 구제, 산업의 발전을 목표로 실시한 경제, 사회정책을 총칭하는 말로서 수정자본주의의 전형적인 예로 꼽힌다.

다국적 기업 사업 활동이 한 나라 국내가 아니라 다수의 나라에 걸쳐 추진되는 기업체이다. 세계 각지에 자회사와 지사와 공장을 소유하고 생산과 판매를 세계적으로 전개하는데, 종업원도 세계 각국 사람들로 구성된다. 1960년 경부터 미국의 거대 기업은 유럽경제공동체(EEC)의 발족에 따라 유럽 시장에 생산과 판매의 거점을 다투어 설치하였다. 여기에 유럽과 일본도 가세해 해외 투자에 적극 참여하였다. 이러한 국제화가 이루어지게 된 까닭은 시장 규모와 생산 규모의 불균형이었다. 생산 규모에 버금가는 시장 규모를 확보하기 위해 세계를 시장으로 삼는 기업 활동으로 발전해 나간 것이다. 이 기업체는 국가 간의 상호 의존 관계를 강화시키고 기술 이전이 이루어지는 등 긍정적인 측면이 분명히 있지만, 세율이 낮은 제3국에 자회사를 설립하여 탈세를 꾀하거나, 환율 변동을 이용해 투기를 하는 등 국가 주권의 침해와 기업 활동의 모순을 일으키는 측면도 있다.

독점자본 카르텔이나 트러스트(동일 업종의 기업 간에 경쟁을 없애고 시장을 독점할 목적으로 기업이 합동한 조직) 등의 형식을 취한 거대한 기업 및 기업가를 말한다. 이 단계에서는 산업자본과 은행자본이 밀접하게 결합되어 금융자본을 형성한다. 또한 남는 자본을 투자할 곳을 찾아 식민지나 종속국으로의 진출을 꾀한다. 이 때문에 독점자본주의는 자본주의의 제국주의적 단계라고 규정되기도 한다.

드레퓌스 사건 1894년 프랑스 군 참모본부에서 일어난 사건으로 유태계 포병 대위 드레퓌스가 독일에 기밀서류를 매각했다는 혐의로 체포되어 비공개 군법회의에서 종신형에 처해진 사건. 후에 새로운 증거가 나타나 재심을 청구하는 작가 에밀 졸라(Emile Zola, 1840~1902)로 인해 자유주의적 지식인과 재심을 반대하는 우익 국수주의자가 대립하여 공화파 대 반공화파의 정치적

항쟁으로 발전했다. 군부에서 진범을 알면서도 은폐하고 사건을 조작하기까지 했다는 사실이 드러나 재심이 결정되고 결국 1906년 드레퓌스에게 무죄 판결이 내려졌다. 이 사건은 프랑스에서 공화정의 기반이 다져지고 좌파가 결속하는 계기가 되었다.

레임덕 현상 레임덕이란 임기 종료를 앞둔 대통령 등 지도자들이 재선에 실패한 후 정책에 일관성을 지니지 못한 경우를 일컫는 말이었으나, 최근에는 임기 말년에 정책이 잘 집행되지 않는 현상을 지칭한다. 대통령의 3선이 금지된 미국에서 2기째의 현직 대통령이 선거에서 집권당을 승리로 이끌지 못한 경우에, 새 대통령이 취임할 때까지 3개월 동안 국정이 정체상태를 빚거나 왔다갔다하는 것을 보고, 오리가 뒤뚱거리며 걷는 모양에 비유해 생겨난 말이다.

리보 금리 런던 국제금융시장에서 은행들 간에 돈을 빌려 줄 때 적용되는 금리로서, 이 금리는 국제 금융 거래에서 기준금리 역할을 한다. 리보 금리가 오르고 내리는 것은 해외 시장에서 자금조달조건이 달라짐을 의미한다.

마키아벨리즘 이탈리아 르네상스 시대의 사상가인 마키아벨리의 《군주론》에서 유래된 것으로, 그는 정치와 종교를 분리한 공화 정치의 확립을 주장함으로써 근대 정치학의 기초를 구축하는 한편, 이탈리아의 민족국가 실현을 위해서는 전제주의가 불가피하다고 생각하여 《군주론》을 집필했는데, 그 내용 중 '목적을 위해서는 수단을 가리지 않아도 된다'는 말에서 파생되었다.

매카시즘 극단적인 반공주의 및 이와 관련한 일련의 사상, 언론, 정치 활동을 억압하기 위해 1950년에서 1954년까지 미국을 휩쓴 일련의 반공산주의 선풍이다. "국무성 안에는 205명의 공산주의자가 있다."는, 당시 미국 공화당 상원 의원이었던 매카시의 연설에서 유래했다.

무정부주의(아나키즘) 개인을 지배하는 일체의 권력을 부정하여 정치적, 경제적, 사회적으로 한 개인을 절대 자유의 경지에 두려는 사상.

미등기 전매 부동산 거래에 있어 등기를 하지 않은 채 다른 사람에게 되파는 행위. 주로 부동산 투기로 이익을 남기려는 사람들이 세금을 피하기 위해 이를 행한다.

미필적 고의 어떤 결과가 발생할지는 모르나 경우에 따라 그렇게 되어도 상관없다고 생각하는 경우에 존재하는 고의로서 조건부 고의라고도 한다. 즉, 범죄 사실이 발생할 가능성을 인식하고도 이를 용인하는 것으로, 이런 경우에는 고의범으로 처벌을 받는다.

민족주의 어떤 민족이 자민족을 타민족과 구별하여 의식하려 하고, 스스로의 통일과 독립, 발전을 획책하려는 사상 및 운동이라고 정의될 수 있다. 용어상으로 달리 표현되는 국민주의나 국가주의 등은 비슷하기는 하지만 각각 다른 뜻도 다분히 포함하고 있다. 또한 한편으로는 자유 또는 독립에의 움직임을 나타내며, 다른 한편으로는 침략과 억압에 대한 경향을 나타내기도 한다.

베블렌 효과 허영심에 의해 수요가 발생하는 현상. 예컨대 다이아몬드는 비싸면 비쌀수록 여성의 허영심을 사로잡게 되어 가격이 상승하면 수요가 오히려 증가하게 되는 것 같은 현상을 말한다.

벤처캐피털 고도의 기술력을 가지고 있어 장래성은 있으나 경영기반이 취약해 위험이 크기 때문에 자금을 조달하기 어려운 경우, 이들의 기업 활동에 대해 주식 취득 등의 형식으로 모험적인 투자를 하는 기업이나 자본을 말한다.

복합 불황 부동산, 주식 가격의 하락에 따른 거품이 제거되면서 금융기관의 집단 부실화가 초래되고 실물 경기의 침체가 장기화되는 현상.

부메랑 효과 어떤 나라가 다른 나라에 제공한 투자나 원조의 결과 현지에서 제품의 생산이 이루어지고, 이어서 그 제품이 현지 시장 수요를 초과해 기술이나 자본을 제공하거나 투자한 나라로 역수입되어 그 나라의 산업과 경합하는 것.

비동맹주의 평화 공존, 민족 독립운동의 지지, 동서의 군사 블록이나 조약에 불참하는 기본 정신으로 정책을 펼치는 개발도상국의 외교 노선.

4·19혁명 이승만 정권의 3·15 부정선거에 반대하여 1960년에 일어난 반정부 혁명. 자유당 정권의 독재와 부정부패가 갈수록 심화된 데다 미국의 원조에 의존하던 경제가 점차 파국을 맞이하게 된 상황에서 1960년 3월 15일 대통령 선거가 부정하게 치러지자 학생들을 중심으로 시위가 일어났고, 결

국 4월 26일에 이승만 대통령이 하야 성명을 발표했다.

사회주의 생산수단을 공유화(사회화)하여 자본에 의한 착취 및 경제적 불평등을 해소하고, 계획적인 생산과 평등한 분배를 하자는 주장 및 사상 또는 그러한 사회체제를 말한다. 무계급 사회의 건설을 목표로 하는 사회주의는 계급조직을 종식시키는 것을 역사적 사명으로 하며, 신성한 노동에 바탕을 두고 노동자들에게 지지를 호소한다.

삼진법 상습 흉악범을 사회에서 영원히 격리시킨다는 취지에서 탄생한 법률로 살인, 강간, 무장강도 등 흉악범죄를 세 번째 범한 상습범에게는 종신형에 처하도록 한 형법.

생존권 국민 각자가 인간다운 생활을 영위하는 데 필요한 모든 조건을 국가 권력이 적극적으로 관여하여 확보해 줄 것을 요청할 수 있는 권리로 생활권이라고도 한다. 자유권이 개인의 자유 영역에 대한 국가 권력으로부터의 침해를 배제한다는 소극적, 방어적 권리를 의미하는데 비해 생존권은 국가에게 요구하는 적극적인 권리라는 점이 특징이다.

선물거래 실물거래와는 달리 매도할 증권 또는 매수할 현금이 아닌 증거금만으로 매매 계약을 한 후 일정 기간이 지나면 실적에 따른 실물과 현금을 수수하게 되는 거래로, 이익이 발생할 수도, 손실이 발생할 수도 있다.

선진국 정상회의(G8) G7(미국, 일본, 영국, 프랑스, 독일, 이탈리아, 캐나다)과 러시아의 지도자들이 만나 벌이는 회담. 흔히 G7(Group of 7)으로 크게 불려온 서방 선진 7개국 정상회의가 1997년 6월 덴버 회의를 계기로 8개국 정상 회의로 확대, 개편된 것이다. 러시아의 참여는 지난 1997년 3월 빌 클린턴 미국 대통령과 보리스 옐친 러시아 대통령 간의 합의에 따른 것으로, 러시아가 나토의 동유럽 확대를 묵인하는 대가로 러시아에 G7 정회원 자격이 부여되었다. 그러나 러시아는 G7에 비해 경제력이 많이 뒤처져 경제 문제 협의에는 참가하지 않았는데, 이 때문에 주최국 미국은 공식 명칭을 G8이 아닌 8개국 정상 회담(Summit of the 8)으로 명명했다.

세계무역기구(World Trade Organization, WTO) 우루과이 라운드 이후의 세계 무역 질서를 이끌고 있는 새로운 다자간 무역기구이다. 1995년 1월에 출범하였으며 1944년부터 시작되어 오랫동안 세계 무역 질서를 이끌어 온 GATT(General Agreement on Tariffs and Trade, 관세와 무역에 관한 일반 협정) 체제를 대체하였다. WTO는 GATT가 보유하지 못한 세계 무역 분쟁 조정기능과, 관세 인하 요구나 반덤핑 규제 등의 법적 권한과 구속력을 행사할 수 있어 자유무역을 방해하는 국가에 대해 제재조치를 취할 수 있다. 세계무역기구 최대의 임무는 자유무역 환경을 조성하는 것이다.

소프트 산업 서비스업과 같은 비 물질적 산업을 말한다. 산업을 제1차, 제2차, 제3차로 분류한 클라크에 따르자면 제3차 산업이 곧 소프트 산업일 것이다. 그러나 산업이 발달하면서 제2차 산업에서도 자동차를 생산하는 경우처럼 디자인이나 마케팅 부분의 투자가 많아진 것과 같이 소프트한 요소가 증대되고 있다. 그리고 요즘은 리스 산업처럼 제2차 산업이나 제3차 산업 그 어디에도 분류하기가 어려운 서비스적 산업이 점차 증대되고 있다. 이 산업의 소프트화율을 측정하는 데에는 일반적으로 생산액에서 비 물질적 투입과 인건비를 합계한 것이 차지하는 비율이 지표가 된다. 소프트화율 40%를 기준선으로 하여 그 아래면 하드 산업으로, 그 위면 소프트 산업으로 분류될 수 있다.

쇼비니즘 자국의 이익만을 주장하는 극단의 국가주의. 프랑스의 나폴레옹 1세와 그 위업을 찬양한 소뱅의 이름으로부터 비롯되었다. 자국의 이익을 위해서는 방법과 수단을 가리지 않으며 국제 정의조차도 부정하는 배타적 애국주의를 말한다.

수퍼 301조 미국의 대외무역 불균형을 시정하기 위해 1988년 입법된 종합무역법의 한 조항. 미국과의 무역에서 상대국의 불공정 무역 관행에 대한 보복 조치를 규정한 통상법 301조의 내용을 강화시켰다는 의미에서 슈퍼 301조라 불린다.

스태그플레이션 1970년대에 들어오면서 일반화된 용어로서 침체(stagnation)와 물가 상승(inflation)의 합성어이다. 경기가 침체함에도 불구하고 오히려 물가가 상승하는 현상을 말한다.

스톡옵션제 회사가 임직원들에게 일정량의 회사 주식을 싸게 취득할 수 있는 권리를 부여하는 주식 매입 선택권 제도. 스톡옵션 혜택을 받은 임직원들은 주가가 상승했을 경우 옵션이 끝나는 시기에 주식을 되팔아 차익을 챙길 수 있으며, 반대로 주가가 하락했을 때는 옵션 권리를 포기하면 아무 불이익도 받지 않는다. 미국과 유럽에서 하이테크 기업이나 중견 기업들이 유능한 임직원들을 붙잡아 두거나 외부 인력을 스카우트하는 데 활용하는 사기 진작책이다.

신원권 가족의 한 구성원이 억울한 일을 당했을 경우 나머지 가족들이 그 진상을 밝혀내고 원한을 풀어 줄 수 있는 권리. 1993년 서울 고법이, 고(故) 박종철 씨의 유족들이 국가와 고문 경찰관들을 상대로 낸 손해배상 청구 소송에서 신원권의 개념을 도입하였다.

오이시디(OECD) 경제협력개발기구(Organization for Economic Co-peration and Development)의 약칭이다. 1961년에 경제 성장과 개발도상국에 대한 원조, 그리고 통상 확대를 주요 목적으로 발족됐다.

5 · 16 쿠데타 1961년 5월 16일 박정희 육군 소장이 중심이 되어 일으킨 군사 쿠데타. 이들은 당시 장면 정부의 무능으로 사회의 위기가 만연되었기 때문에 이를 극복하기 위한 것이라는 명분을 내세웠다.

우루과이라운드 1944년 GATT가 출범한 이래 모두 여덟 차례에 걸쳐 다자간 협상을 통해 자유무역체제의 기반을 다져 왔는데, 우루과이라운드는 도쿄라운드에 의한 단계적 관세 인하가 1987년에 종료됨에 따라 이를 대신하기 위해 협의를 시작해 1993년 말에 타결된 GATT의 마지막 다자간 협상을 말한다. 이 협상 결과 GATT 체제는 막을 내리고 WTO(세계 무역 기구) 체제가 출범하게 되었다. 이것을 수용하는 나라는 서비스 시장을 개방해야 하고, 자국의 특정 산업을 육성하기 위해 정부가 보조금을 지원하던 것을 중단해야 한다. 몇몇 분야에는 유예 기간이 주어지는데, 그동안 충분히 대비하지 못하면 국내 경제 기반이 붕괴될 위험성이 있다.

유럽연합(EU) 1999년 1월 1일까지 유럽의 완전한 통일을 위해 발족한 유럽 15개국의 연합기구이다. 유럽연합의 전신은 1967년 6월에 발족한 유럽공동체(EC)로 처음에 프랑스, 서독, 이탈리아, 벨기에, 네덜란드, 룩셈부르크 등 6개국이 참가했다. 이후 확대를 거듭해 세계 최대의 경제 블록을 이루었다. 한편 유럽에는 유럽공동체에 대항하는 북유럽 국가들이 중심이 된 유럽자유무역연합(EFAT)이 있었는데, 이 두 기구가 1994년 1월 1일 단일 시장인 유럽경제지역을 발족시켰다. 유럽공동체가 유럽연합으로 명칭을 바꾼 것은 이것이 계기가 되었다.

유추 해석 어떤 사항을 직접 규정한 법규가 없을 때에 그와 비슷한 사항을 규정한 법규를 적용하는 해석. 유추 해석은 법의 적용을 탄력적으로 하여 입법의 미비를 보충하는 장점이 있으나 법적 안정성을 해할 염려가 있다.

유통 혁명 대량생산과 대량소비가 정착되면서 상품의 유통구조와 거래 방식, 그리고 상업 습관이 많이 바뀌었는데, 바로 이를 두고 하는 말이다. 그 주된 방향은 슈퍼마켓, 디스카운트점 등 본부를 주축으로 많은 점포를 집중 관리하는 방식인 체인점 형태의 소매업을 대규모화하여 유통 및 판매의 주류로 정착시키는 쪽이다.

인민민주주의 혁명 식민지로 있던 나라들에서 민주주의 제도를 세우기 위한 혁명. 북한에서는 이 혁명의 기본 임무는 제국주의자들의 식민지 통치제도와 낡은 봉건적 질곡을 청산하고 사회 발전의 길을 열어 놓는 것이라고 설명한다. 한때 운동권 학생들이 이 이론을 신봉하여 투쟁하기도 하였다.

자본론 20세기의 공산주의 운동을 촉발시킨 칼 마르크스가 펴낸 경제학서로, 그 부제는 '정치 경제학 비판'이다. 마르크스는 유물사관에 입각한 이 필생의 대작을 통해 자본주의 사회의 경제적 운동법칙을 노동력의 상품화를 중심축으로 하여 구조적으로 해명하는 한편, 공산주의 이론의 기초를 닦았다. 제1부만 마르크스 자신이 1867년에 간행했고, 제2부와 제3부는 엥겔스가 마르크스의 유고를 정리하여 1885년과 1894년에 각각 간행하였다.

자본주의 근대 사회의 자본주의적 생산양식을 가능하게 한 것은 산업혁명이었다. 이것은 먼저 방직기계를 발명한 영국에서 전개되기 시작하여 (1770~1830년대) 점차 프랑스와 독일에 파급되었다. 그때까지의 생산방식은 매뉴팩처, 즉 분업과 도구를 사용하는 소규모 공장제 수공업이었다. 그러나 산업혁명에 의해 기술이 혁신적으로 발전하면서 기계제 대공업으로 전환하게 되었다. 이로 말미암아 생산수단과 직접 생산자가 분리되어 생산수단의 소유자인 자본가와 생산자인 노동자의 분화가 이루어지고, 상품으로서의 노동력을 파는 임금 노동자가 새로운 계급으로 출현하게 되었다.

자본축적과 잉여가치 잉여가치는 생산물의 가치와 그것을 생산하는 데 사용된 노동력의 가치와의 차가 있을 때 생겨난다. 자본축적은 이러한 잉여가치의 일부를 자본에 투입해서 생산 규모를 확대하는 것을 말한다.

재테크 기업에 있어서의 재무활동으로 자금의 조달과 운용의 고도화를 가리킨다. 현대의 기업들은 영업활동만으로는 부족하여 본래의 영업 외에 유가증권 등에 투자하거나, 주가의 등락에 따른 차액을 얻는 등 기업의 수익을 극대화하려는 경향이 있는데, 이런 활동을 재테크라 한다.

전체주의 개인이 전체의 이익을 위해서 행동해야 한다는 이념이다. 그리고 개인의 자유나 권리보다 국가나 민족의 이익을 우위에 두고 강력한 국가 권력에 의해 국민 생활을 통제하는 체제를 말하기도 한다. 역사적으로는 제2차 세계대전 이전의 독일과 이탈리아 파시즘의 지도적 이념을 말한다. 이것은 전체(이탈리아의 경우는 국가적 전체이고, 독일의 경우는 민족적 전체)를 궁극적인 실재라 보고 개인에 대한 우위를 주장한다. 독일의 히틀러, 로젠베르크, 시판, 그리고 이탈리아의 무솔리니나 젠틸레 등에 의하여 주장되었다.

제국주의 보통 19세기 말 이래의 열강 자본주의 각국 사이에 정치적, 경제적인 경쟁을 하던 자본주의의 새로운 단계를 말한다. 그러나 넓은 의미에서는 한 나라가 강제력을 동원하여 다른 민족과 국가와 영토를 병합하여 전체적 지배를 확립하는 것을 말한다.

제네바 협약 1949년 제네바에서 맺은 조약으로서 전쟁, 기타 무력 분쟁의 경우에 부상자, 환자, 평화적 인민 등을 전쟁의 재해로부터 보호하여 가능한 한 정쟁의 참화를 경감시키는 것을 목적으로 한다.

제4세계　개발도상국 중에서도 뒤처진 나라들로 석유와 같은 자원마저 가지고 있지 못한 나라들을 말한다. 1974년 4월 석유 파동에 대처하기 위하여 개최된 UN 자원특별총회 이후 비 자원 개발도상국을 가리켜 제4세계라 칭하게 되었다.

제3세계　아시아, 아프리카, 라틴 아메리카 등의 발전 도상에 있는 국가들을 아우르는 용어이다. 냉전체제에서 미국과 소련 어느 진영에도 가담하지 않고 비동맹주의 노선을 택한 나라들을 하나의 세계로 묶은 것이다. 한동안은 미국을 중심으로 한 선진 자본주의 국가들을 제1세계라 하고, 소련과 그 영향권에 있는 동구 사회주의 국가들을 묶어 제2세계라 하였다. 1970년대에 중국은 미국과 소련을 제1세계로, 서유럽과 일본을 제2세계로 새롭게 나누었다. 제1세계와 제2세계의 구분이 어떠하든 제3세계에 속하는 나라들은 대부분 가난하며, 북회귀선 이남에 위치하는 유색 인종의 국가라는 점이 특색이다.

종속이론　라틴 아메리카의 저발전에 대한 문제 의식에서 출발하여 서구의 발전 이론을 비판하면서 대두된 이론. 즉, 이 이론은 서구의 발전 모델이 역사적, 문화적 배경이 다른 아시아, 아프리카, 라틴 아메리카 등의 저개발 국가들의 경제발전을 오히려 저해한다는 점을 지적함으로써 발전에 대한 새로운 인식을 강화하였다.

주사파　주체사상파의 약칭. 북한 김일성 주석의 주체사상을 지도이념으로 남한 혁명을 수행하려는 운동권의 계보.

지적 소유권 지적 활동으로 발생하는 일체의 권리를 말한다. 이것은 독창적인 기술이나 지식 등 소프트한 지적재의 소유권을 인정하고 타인이 함부로 사용하는 것을 금지하는 권리이다. 이것은 크게 특허청의 심사를 거쳐 등록한 후 10~20년 동안 소유권이 인정되는 산업재산권과, 저자 사후 70년까지 권리를 인정받는 출판저작권으로 나눌 수 있다.

7·4 남북공동성명 남북한 관계를 개선하며 갈라진 조국을 통일하는 문제를 협의하기 위한 남북 고위급 비밀 회담의 결과로 1972년 7월 4일 서울과 평양에서 동시에 발표된 성명. 쌍방이 자주통일, 평화통일, 민주적 대단결의 조국통일이라는 3대 원칙에 대해 합의를 하였다.

카리스마적 지배 어떤 특정한 인격자의 신성성, 영웅적 권력, 이상적 모범성 및 그에 의해서 계시 또는 창조적 질서의 신성성 등에 대한 열렬한 신뢰에 기인하는 지배형식. '카리스마(charisma)'라는 말의 본뜻은 '기적을 행하며 예언을 할 수 있는 신으로부터 받은 능력'이라는 것이다.

캐스팅 보트 의회의 의결에서 가부 동수인 때에 의장이 가지는 결정권. 이 경우 부결된 것으로 보거나, 의장이 캐스팅 보트를 가지는 제도 등 두 가지 입법례가 있으나, 우리 국회는 부결된 것으로 본다. 또한 이 말은 두 당파의 세력이 균형을 이룬 상태에서 대세를 좌우할 열쇠를 쥔 제3당의 표를 지칭하기도 한다.

코아비타숑 보수, 혁신의 공존이라는 의미. 1986년 3월 16일 프랑스 국민의

회 총선거에서 사회당 미테랑 대통령 밑의 자크 시라크 수상이 이끄는 보수 당이 의회의 과반수를 차지한 데서 비롯되었다.

테크노크라트 기술이나 전문지식을 의미하는 테크놀로지(technology)와 관료를 뜻하는 뷰로크라트(bureaucrat)의 합성어로 전문 관료 또는 그 집단을 의미한다. 이들은 정책 결정과 집행에 있어 정치적인 고려나 판단보다 기술적 합리성과 전문지식을 신봉한다.

텔레크라시 텔레비전과 크라시(지배체제)의 합성어로 TV에 의한 정치체제를 지칭. 1994년 3월 이탈리아 총선 당시 포르차 이탈리아 당을 만든 실비오 베를루스코니가 자신의 소유인 민방 3사를 통해 선거 카르텔을 형성, 선거에서 승리를 거두자 유럽 언론들이 이를 빗대어 한 말이다.

토지 공개념 토지 사유권을 인정하는 자본주의 국가에서도 토지가 공공재로 인정되어 토지의 절대적 소유권을 제한할 수 있다는 개념. 우리나라의 헌법과 민법에서도 법률에 정하는 바에 따라 국가가 개인의 토지 소유권을 제한할 수 있도록 규정하고 있다.

팀제 최근 기업들이 경영혁신의 필요성을 절감하여 새로 도입하고 있는 경영기법으로, 종래의 부나 과와 같은 조직체계를 벗어나 하나의 팀으로 재구성하는 제도이다. 팀장은 인사권과 결재권 등 강력한 권한을 가지며, 팀원은 자신의 담당업무에 대해 팀장에게만 책임을 지는 구조이다. 변화를 예측하기 어려운 경제적 환경에 효율적으로 적응할 수 있는 제도라 할 수 있다.

파시즘　1919년 이탈리아의 무솔리니(Benito Mussolini, 1883~1945)는 국수주의적인 경향의 파시스트당을 결성하였다. 이것은 파시스트당의 이념으로 정치적으로는 독재주의를, 경제적으로는 노사협조주의를, 대외적으로는 민족주의 및 조국지상주의를 표방했다.

페레스트로이카　지금 소련이라는 나라는 존재하지 않는다. 1917년 레닌의 러시아 혁명을 기반으로 하여 스탈린이 1922년 연방을 구성함으로써 형성된 소비에트 연방공화국은 해체되어 이제는 구소련이라고 불릴 따름이다. 연방의 중심이었던 러시아가 이전의 소련을 대체로 이어받고 있긴 하지만 70여 년간 지속된 사회주의 체제는 더 이상 아니다. 페레스트로이카는 러시아어로 개혁을 뜻한다. 고르바초프 정권 내외 노선의 기본방침을 가리키는 것으로 글라스노스트(개방)와 함께 20세기 후반 역사에 엄청난 파장을 몰고 왔다. 고르바초프가 서기장에 선출되어 소련 최고 지도자로 역사의 전면에 떠오른 것은 1985년 3월 체르넨코가 죽은 다음이었다. 그는 이것과 글라스노스트로 요약되는 일련의 민주화 조치 후에 소련의 초대 대통령으로 당선되었다. 1990년에는 세계평화에 기여한 공로를 평가받아 노벨평화상을 수상하기도 한 인물이다. 그가 취한 일련의 정책은 자유주의 국가는 물론 공산주의 국가들로서도 의아함을 자아내기에 충분한 것들이었다.

풀뿌리 민주주의　민중의 구석구석에까지 미치는 대중적인 민주주의. 의회제에 의한 간접 민주주의에 반대하는 시민운동, 주민운동과 같이 직접 정치에 참여하고자 하는 방식을 참여 민주주의라고 하는 경우도 있다. 자연환경 보호를 주창하는 독일의 녹색당 등이 참여 민주주의의 계통에 속한다.

프로테스탄티즘의 윤리와 자본주의 정신 사회과학계의 마지막 천재라는 독일의 막스 베버의 대표적 저서이다. 1904년과 1905년에 두 편의 긴 논문 형식으로 출간된 이 책에서 베버는 서구에서 합리주의에 기반한 자본주의가 어떻게 성립할 수 있었는지를 규명하고 있다. 베버가 보기에 근대 자본주의는 개인의 영리 추구가 아니라 의무로서의 일에 대한 엄격한 책임의식에 기초를 둔 것이었다.

필리버스트 의회 등에서 여러 가지 방법을 써서 합법적으로 의사진행을 방해하는 일. 주로 '의사방해'라고 번역되는데, 의회에서 소수파에 의해 흔히 사용된다.

확신범 도덕적, 종교적, 정치적 의무 등의 확신이 결정적인 동기가 되어 행해진 범죄나 범인. 사회가 급격히 변동, 갈등하는 시기에 많이 나타난다. 사상범, 정치범 등의 범죄는 보통 확신범의 성격을 띠게 된다.

합영법 북한이 외국 자본과 기술을 유치하여 경제의 근대화를 추구하기 위해 1984년에 제정한 투자법.

핫머니 국제금융시장을 떠도는 단기자금을 말하는 것으로 정치적, 경제적으로 불안정한 나라로부터 도피하여 안정된 나라로 이동하려는 경향을 지니고 있다. 또는 각국의 금리 차이에 의한 이익 추구를 목적으로 하는 투기성을 지니기도 한다.

핵확산방지조약(Nuclear non-Proliferation Treaty, NPT) 핵무기의 확산을 막기 위한 조약으로서, 아직 핵을 보유하지 않은 나라가 핵무기를 보유하는 것과 보유국이 핵을 보유하지 않은 나라에 핵무기를 제공하는 것을 동시에 금지하고 있다. 이 조약이 마련될 수 있었던 것은 1966년부터 미국과 소련의 타협이 진전됨으로써였다. 국제연합 총회에서 채택되어 핵무기 보유국의 서명과 나머지 국가들의 비준을 거쳐 1970년에 발효되었다. 핵 보유국을 미국, 영국, 프랑스, 러시아, 중국 등 5개국으로 한정하고 있는 이 조약은 원자력 시설에 대한 국제 사찰을 인정하고 있기도 하다. 보유국과 비 보유국의 형평성 문제, 비 보유국의 안전보장 문제 등이 앞으로의 과제로 남아 있다.

헤지펀드(Hedge Fund) 개인이나 기관투자가들로부터 자금을 모아 운용하는 일종의 투자신탁. 헤지펀드가 미국의 일반적인 투자신탁 회사인 뮤추얼펀드와 구별되는 것은 주식, 채권뿐만 아니라 선물옵션 등 각종 파생금융상품 시장에서 자산을 운용한다는 점이다.

[사회 · 역사]

가부장제 가족주의적인 집안에서 명확한 세습적 규칙에 따라서 결정된 가장이 지배하는 제도이다. 부계 중심의 가족 제도에 있어서 아버지에 따라서 혈통을 따지며 모든 집안일에 남자인 가장이 권력을 가진다.

개량주의 일반적으로 혁명주의를 배격하고 점진적으로 사회 개량을 추구해 이상적인 사회를 만들고자 하는 사상을 말한다. 자본주의 체제의 범위 안에서 점진적으로 자본주의의 폐해를 제거하여 사회를 개량하고, 노동자 계급의 생활 상태를 개선하며, 여러 가지 사회 문제를 개량하려는 이론 및 행동으로서 사회개량주의라고도 한다. 다분히 상대적인 개념이라 할 수 있는 이것은 수정자본주의와 대비되는 개념으로 자주 사용된다.

개정 가족법 그 동안 여성단체 등에서 꾸준히 개정을 주장해 온 가족법 개정안이 1989년 12월에 정기국회를 통과하여 1991년부터 시행되었다. 이 개정안을 통해 그동안 비판을 받아 왔던 가부장적 가족제도와 남녀 불평등에 관한 조항들이 많이 시정되었다.

계급 계급의식, 계급투쟁, 계급과 민족의 상관관계 등의 문제를 이해하기 위해서는 먼저 이에 대한 정의를 시도할 필요가 있다. 이것은 일정한 경제체제에서 생산수단에 대한 관계 및 사회적 노동조직에 있어서의 부의 분배 방식과 수량의 차이, 또는 신분의 귀천이나 고저에서 생기는 인간의 집단을 가리킬 때 쓰인다. 즉, 사회 내부에서 세력의 불균형으로 인해 생겨난 상하관계, 즉 지배와 복종의 관계에 있는 사람들의 집단이라고 할 수 있다.

계급투쟁 계급 간의 모든 투쟁, 특히 생산수단을 소유하는 지배계급과 피지배계급 사이의 일체의 투쟁을 일컫는 용어이다. 마르크스는 원시공산제의 붕괴 이래 종래의 모든 사회의 역사는 계급투쟁의 역사에 불과하다고 주장하였다.

고독한 군중 미국의 사회학자 리스먼이 현대 대중사회에서의 갖가지 집단에 동조하는 타자 지향형의 대중을 일컬어 부른 말이다. 그는 사회구조와 사회적 성격과의 관계를 밝혀 전통 지향적, 내부 지향적, 타자 지향적 성격으로 구분했다.

공산당 선언 공산주의자 동맹의 강령이자 마르크스와 엥겔스가 기초한 선언으로 마르크스주의의 중요한 문헌 가운데 하나이다. 1847년 12월부터 1848년 1월에 걸쳐 씌어져 그해 2월에 발표된 이 선언은 지금까지의 사회의 역사를 계급투쟁의 역사라 규정하고, 자본주의 사회가 프롤레타리아(임금노동자)에 의해 타도되어 공산주의 사회가 온다고 보았으며, 노동자의 국제적 단결을 부르짖고 있다.

관료주의 관청을 비롯해 회사나 조합 등 조직체에 소속된 사람들에게서 볼 수 있는 경직된 행동양식과 의식 상태를 부정적인 의미에서 지칭할 때 주로 쓰이는 용어이다. 거대한 관료제에서 각 개인이 가질 수밖에 없는 무기력성의 한 증거라고 볼 수 있다. 복잡한 기계의 작은 톱니바퀴 정도로 자신을 인식하기 때문에 조직체의 다른 일에 관심을 두지 않고, 자기 한 몸만을 생각하며, 규칙과 절차를 내세우게 되는 것이다. 흔히 보신주의, 형식주의, 무사안일주의, 사대주의, 비밀주의 등이 특성으로 꼽힌다.

교조주의 교조란 보통 종교상의 신조(信條)나, 다른 분야이더라도 그에 버금가는 신조를 의미한다. 바로 그 주어진 신조를 맹목적으로 신봉하는 태도를 가리키는 말이다.

권력 이동 미국의 미래학자 앨빈 토플러가 《미래의 충격》, 《제3의 물결》에 이어 출간한 저서의 제목이기도 하다. 이 책에서는 동유럽과 소련 및 중국의 변화는 모두 국제적 정보의 홍수 때문이라고 풀이하고, 세계가 산업화 시대에서 정보화 시대로 옮겨 가면서 사회를 통어(統御)하는 권력의 원천이 돈과 권력에서 컴퓨터로 상징되는 지식과 정보로 바뀌는 권력 이동이 급속히 진행되고 있다고 분석하고 있다.

남녀고용평등법 1953년에 제정된 근로기준법에는 이미 고용에서의 남녀 평등과 모성 보호의 원칙을 법조문에 포함시키고 있다. 그러나 가장 핵심적인 동일 노동, 동일 임금이 누락되어 있어 여성계에서도 이에 대한 새로운 개정을 요구하고 있다.

노동귀족 원래는 산업기술의 고도화와 노무관리의 합리화 과정에서 높은 급료와 특권적 지위를 부여받아 계급적인 자각을 잃어버린 채 업주 측에 협조적인 기술 전문직 노동자를 말한다. 요즈음 우리나라에서는 상대적으로 급여를 많이 받는 대기업 노동자들을 지칭하는 말로 쓰이기도 한다.

노동기본권 자본가에 비해 상대적으로 불리한 위치에 있는 노동자들을 보호하고 생활을 보장하기 위하여 헌법에 정한 것으로 흔히 노동3권이라고도 한다. 여기에는 단결권, 단체교섭권, 단체행동권이 모두 포함되는데, 단결권은 노동단체(노동조합)를 결성할 권리를 말하고, 단체교섭권은 노동단체가 사용자 측과 협상을 벌일 권리를 말하며, 단체행동권은 사용자에게 압력을 가할 쟁의를 할 수 있는 권리를 말한다.

님비현상 지방자치제가 실시된 이후 우리나라에서 지역이기주의를 뜻하는 말로 자주 쓰이는 용어이다. 님비는 '내 뒷마당에는 안 된다(Not in my backyard)'라는 뜻이다.

동성동본의 결혼 헌법재판소 전원재판부는 1997년 동성동본의 혼인을 금지한 민법 809조에 대한 위헌법률심판 제청사건에서, 국회가 1998년까지 이 법을 개정하지 않으면 효력을 상실한다고 결정하여, 6만 쌍으로 추산되는 사실혼 관계의 동성동본 부부가 자유롭게 혼인신고를 할 수 있도록 조치했다.

동학혁명 1894년에 전라도 고부군에서 시작된 동학계 농민의 혁명운동이다. 한 해 가까이 지속된 이 혁명운동은 우리나라에서는 그 유례를 찾기 어려운 대규모 농민봉기로, 조선시대 말의 정세에 심대한 영향을 끼쳤다. 당시 전국의 백성들은 삼정(三政 : 전제, 군정, 환곡)의 문란과 가혹한 조세로 허덕이고 있었다. 곡성지대인 전라도 지방 또한 예외가 아니었다. 이 지역에 널리 퍼져 있던 동학인들은 교조 최제우의 사형과 고부군수 조병갑의 가혹한 수탈, 그리고 안핵사(조선 후기 임시 관직으로 지방에서 일어난 사건의 처리를 위하여 파견할 때 주는 벼슬) 이용태의 횡포 등에 격분하여 훗날 녹두장군으로 불리게 되는 접주 전봉준을 영도자로 하여 궐기했다.

러다이트 운동 1810년대 영국의 산업혁명으로 기계공업이 발달하여 대량생산이 이루어지자 이로 인해 실직한 수공업 노동자들이 공장의 기계를 파괴하는 운동을 벌였다. 나중에 이 운동이 탄압을 받자 노동조합운동으로 그 불만을 타개하였다.

리바이어던　성서 옵기에 나오는 바다 괴물로 1651년에 간행된 토마스 홉스의 저서 제목이기도 하다. 기존 질서의 동요 가운데 급변하는 17세기 전반의 유럽에서 근대국가의 성립을 목격한 홉스는 그러한 국가관의 상징을 리바이어던에 비유했다. 개인의 생존을 자연권으로 본 그는, 자연 상태에서 만인은 만인에 대한 투쟁 관계에 있는 인간이 이러한 투쟁으로 스스로 파멸하는 것을 피하기 위해, 개개인의 계약에 의하여 절대적 주권국가를 성립시켜야 한다고 주장하였다. 또한 이 책에서 홉스는 신분제적 발상을 깨고, 국가를 자유로운 인간에 의한 자유로운 계약으로 보는 근대사회계약설을 확립했다.

매천야록　구한말 시인이며 충절을 지킨 선비였던 매천 황현이 고종 원년(1864년)부터 1910년 한일합방 때까지의 비사를 편년체로 기록한 책이다. 해방 후에야 빛을 본 이 책은 구한말의 정치와 역사 연구에 중요한 자료로, 황현은 당시의 개화파와는 조금 다른 입장에서 집권세력을 비판하였다. 그는 대원군, 민비 등이 무능해서 국권을 빼앗기게 되었다고 생각했으나, 외세에 의존한 개화파 또한 강도 높게 비판하였다. 황현은 전통적인 유학사상에 근거하면서도 새로운 교육기관을 설립하고 후진 양성에 힘쓰는 등 개혁적인 면모를 보였으며, 위정척사파에 가까웠지만 개화파의 장점을 적극 받아들이고 있는데, 이는 다산 정약용의 사상에 맥이 닿아 있다고 할 수 있을 것이다.

멀티미디어　뉴미디어라고도 하며, 정보기술의 발달로 지금까지 각각 독립적인 역할을 한 여러 매체가 통합되어 복합적 기능을 가지게 된 것이다. 텔레비전과 컴퓨터, 혹은 텔레비전과 전화가 하나로 합쳐진다든지 하는 경우가 그 좋은 예이다. 20세기 후반부터 나타난 이것은 21세기 정보통신매체의 첨

병이 될 것이다. 한편 이것의 보급으로 기존 미디어에 의한 질서가 이미 붕괴되고 있다.

목민심서 다산 정약용이 고금의 여러 책들에서 지방 관리와 관련된 항목을 가려 뽑아 적은 책의 제목으로, 주로 백성을 다스리는 일에 대한 도리가 씌어 있다. 저자 다산은 순조 때 천주교 박해로 귀양간 전라도 강진에서 이 책을 저술했는데, 지방 관리의 폐해 제거와 지방 행정의 쇄신뿐만 아니라 농촌 경제의 활성화 문제도 포함하고 있다. 구성은 12편으로 되어 있으며, 각 편은 6조로 모두 72조로 엮어져 있다. 토호의 작폐, 서리의 부정, 농민 실태, 도서민의 생활상 등을 상세히 기술하고 있으며, 우리나라 사회 경제사 연구에 귀중한 자료가 되고 있다.

변형 시간근로제 주나 월 또는 년 단위로 근로시간을 정해 조업에 종사할 수 있도록 하는 제도. 예를 들어 1주일에 44시간제를 도입한다면 이번 주에는 1시간도 일하지 않고 다음 주에 88시간을 근무해도 법정 근로시간을 어기지 않는 것이 된다.

분서갱유 언론과 학문의 탄압을 상징하는 말로 자주 쓰인다. 중국 진시황이 책을 불사르고 유생(儒生)들을 구덩이에 파묻어 죽인 사건을 말하는 것으로, 재상인 이사의 뜻에 따라 학자들의 정치 비평을 막기 위해서였다. 당시 불태워지지 않은 책은 의술과 복술에 관한 것밖에 없다.

불확실성의 시대 미국의 경제학자 갈브레이스가 1977년 발표한 저서의 제목이기도 한데, 오일 쇼크 이후 앞날을 내다보기 어려운 시대를 지칭하는 말이다.

브나로드 운동 19세기 중엽 이후 러시아에서 일어난 민중계몽운동이다. 러시아 말인 브나로드는 '민중 속으로'라는 뜻으로, 주로 급진적인 젊은 지식층에 의해 추진된 농촌 중심의 계몽운동이었다. 이 운동에 가담한 젊은 지식층들을 나로드니키라고 하는데, 그들은 농민들로부터 호응을 얻지 못한 채 대부분 체포되고 말았다. 이 운동은 1920년대 이후 우리나라 민족운동에도 적잖은 영향을 주어 농촌계몽운동이 일어나는 계기가 되었다.

사대부 중국의 고대사회는 5계급, 즉 천자(天子) · 제후(諸侯) · 대부(大夫) · 사(士) · 서민으로 이루어져 있었다. 황제인 천자와 왕인 제후를 제외하면 대부와 사가 지배계급이었고, 그 아래 서민이 있었다. 송나라 때부터는 과거에 의한 관료계급이 형성되어 이를 사대부(士大夫)나 독서인(讀書人)이라 불렀는데, 우리나라에서는 송나라의 영향을 받아 고려시대에 귀족 외에 높은 벼슬아치 같은 문벌이 있는 자를 뜻했고, 조선시대에 와서는 주로 전 · 현직 관리를 중심으로 하는 유교적 지식계급을 가리켰다.

사보타주 파업과는 달리 출근하여 작업을 하는 대신 불완전 노동으로 사용자를 괴롭히는 쟁의방식. 즉, 불완전 제품을 만든다든지, 원료를 필요 이상으로 쓴다든지, 기계의 부속품을 망가뜨려 사용자에게 손해를 가하는 행위를 말한다.

사형 폐지론 사형은 형벌 가운데 가장 엄한 것이다. 범죄자의 생명을 빼앗는 까닭에 생명형이라고도 한다. 문화가 발달된 오늘날에는 총살이나 교살 등 고통이 비교적 적은 방법으로 개정되었지만, 옛날에는 공개된 장소에서 잔혹한 방법으로 행해지는 경우가 대부분이었다. 우리나라에서는 사형 선고 후 법무부 장관의 진행 명령으로 5일 이내에 교도소 내에서 교수형으로 집행된다. 사형제도는 인과응보, 범죄 예방 효과, 국민의 법 감정 등에 의해 지지받는다. 그러나 사형제도의 폐지를 주장하는 사람들도 있다. 그들은 '잔혹한 사형은 인도주의적인 견지에서 허용될 수 없다, 오판에 의해 사형이 진행되었을 경우 이를 되돌릴 수가 없다, 사형의 범죄 예방 효과는 일반인들의 기대만큼 크지 않다, 범인을 사형에 처한다고 해서 피해자를 구제하는 데 도움이 되는 것도 아니다'라며 사형제도를 반대하고 있다.

사회화 심리학 용어로서 인간이 다른 인간과의 상호작용을 통하여 사회의 가치관, 규범, 행동 양식, 역할 등을 학습하고 내면화해 가는 인간 형성 과정이자 사회 적응 과정이다. 인간의 성장은 보편적, 자생적 성장과정이 아니라 사화와의 상호작용 가운데 동화되어 가는 과정인 것이다. 사회화는 개인의 입장에서 보면 한 개인이 사회와 그 구성원이 기대하는 바에 맞게 자신을 형성하는 과정이고, 사회의 입장에서 보면 백지 상태인 아이를 사회의 구성원으로서 충분히 역할하도록 교육하는 과정이다. 사회화는 부모와의 동일시, 타인 모방 등을 통해 시작되는데, 여기에 상과 벌이 끊임없이 개입하여 적절한 방향으로 유도한다.

산업혁명 18세기 후반 기계의 발명과 기술의 변혁으로 산업의 기초가 전면적으로 바뀌어 공장제 수공업이 공장제 기계공업으로 전환된 일대 변혁을 맞았는데, 이를 산업혁명이라 한다. 넓은 의미에서는 중세적 산업에서 자본주의적 근대 산업으로의 변혁, 또는 중상주의 경제에서 자유주의 경제로의 변혁을 뜻하기도 한다. 이러한 혁명이 일어나기 위해서는 기계의 발명에서 제작에 이르는 기술상의 혁명이 선행되어야 하며, 여기에 앞서 과학이 발달되어 있어야 한다. 또 산업자본이 형성되어 있어야 하고, 노동력이 충분히 확보되어 있어야 하며, 충분한 원료와 시장이 확보되어 있어야 한다.

3C혁명 Communication(통신), Computation(계산), Control(제어)의 발달을 가리킨다. Car(차), Cooler(냉장고), Color TV(컬러 텔레비전) 등 현대인의 욕망을 충족시켜 주는 것을 가리키기도 한다.

3F시대 21세기의 흐름을 좌우할 것으로 예측되는 Female(여성), Feeling(감성), Fiction(가상)을 지칭하는 말. 21세기는 경제의 소프트화 및 정보화가 진행되고, 육체적 노동보다는 지적 능력, 미적 감각, 상상력이 중시되는 여성 특유의 감성과 창의성이 요구되는 지식문화산업이 국가 발전에 필수적 요소로 등장할 것으로 예측된다.

소호(SOHO, Small Office Home Office) 사무실은 작아지고 집이 사무실로 변하는 근래의 추세를 일컫는 말. 현대의 재택근무형태나 작은 사무실을 사업장으로 이용하는 소규모 아이디어 사업체를 뜻하기도 한다.

슈퍼우먼 신드롬 커리어우먼(직장 여성)에게서 볼 수 있는 심리적 경향으로 일종의 스트레스 증후군이다. 이 용어를 가장 먼저 사용한 사람은 미국의 정신위생학자 셰피츠이다. 사회생활에서 남성과 똑같은 역할을 수행하면서도 여성은 가사 문제에 더 많은 책임을 느끼고 있는 게 보통이다. 현대 여성들은 직장인으로서, 아내로서, 또 아이의 어머니로서 모든 역할을 완벽하게 해내려고 한다. 모든 분야에서 완벽한 역할을 해내야만 여성의 사회활동을 곱지 않게 보는 시선에 당당해질 수 있다고 믿는 것이다. 이럴 때 몸은 지치고 스트레스가 쌓이게 마련인데, 그럼으로써 외견상의 지위나 뛰어난 직무수행능력 뒤로 현기증이나 허탈감과 같은 증상이 감춰지게 된다.

시너지 효과 시너지는 원래 전체적 효과에 기여하는 각 기능의 공동작용과 협동을 뜻하는 말로 종합효과 또는 상승효과라 한다.

시민혁명 봉건사회의 막을 내리고 시민계급이 주체가 되어 근대사회를 확립하는 획기적 계기가 된 것으로 프랑스 혁명이 대표적이다. 근대사회의 주체자인 시민계급은 초기에 자국의 군주(왕)들과 협력관계를 유지했다. 군주들은 봉건영주들의 세력을 약화시키고 자신의 권력을 강화하기 위해서 시민계급에 의존하지 않을 수 없었다. 시민계급 또한 자신들의 이익을 옹호할 수 있는 정치체제의 수립을 도모할 수 있을 정도로 세력이 강하지 못했기 때문에 군주들을 지지해 중상주의적 부국강병책을 취하는 절대왕정체제에 협력하였다. 그러나 시간이 흘러 공장제 수공업이 발달하면서 군주의 간섭이 심해지고 발전이 억제당하자 시민계급은 절대왕권에 맞서지 않을 수 없게 되었는데, 그들은 노동자·농민의 협조를 받는 한편 계몽주의 사상가들의 지도를 받아 혁명을 일으키게 되었던 것이다. 시민혁명은 프랑스 혁명을 위시하여 유럽 각국에서 일어났으나 그 효시로는 청교도혁명(1640년~1660년)과 명예혁명(1688년)이 꼽힌다.

신데렐라 콤플렉스　신데렐라는 계모에게 학대받으며 천덕꾸러기로 살다가 친어머니 영혼의 도움을 받아 왕자와 결혼하게 된다는, 우리에게 아주 잘 알려진 동화의 주인공이다. 이 말은 여기에서 유래했으며, 자신의 능력과 인격으로 자립할 자신감이 결여된 여성이 신데렐라처럼 일시에 자신의 인생을 변화시켜 줄 왕자와 같은 멋진 사람을 만나게 되기만을 기다리는 심리적 성향 혹은 그러한 생활태도를 가리킨다. 이런 형의 여성은 왕자 격인 남성에게 의지하여 단번에 부와 명예를 쟁취하려고 한다. 물론 그 배경에는 남성 중심의 사회가 버티고 있다. 미국의 콜레트 다울링 여사가 그의 저서 《신데렐라 콤플렉스》에서 처음 쓰기 시작한 용어이다.

아노미　사회병리학의 기본 개념 가운데 하나이며, 법과 믿음의 부재를 뜻하는 그리스어 아노미아(anomia)에서 유래하였다. 흔히 사회의 동요와 해체에 따른 개인의 행동 및 욕구의 무규제 상태를 말한다. 좁게는 사회규범이나 법규범 또는 행위나 신념의 규범이 약화 내지는 상실된 사회 상태, 넓게는 개인이 자살이나 노이로제, 그리고 범죄 같은 탈선행위에 빠지기 쉬운 상태까지를 포함한다.

안락사　회복이 불가능한 환자의 고통을 제거하기 위해 죽음을 앞당기는 의료적 처치이다. 법률상 인위적으로 죽음을 앞당긴다는 것은 명백한 살인이라는 주장과, 죽음이 임박한 상태에서 고통이 격심하여 회복 가능성 또한 거의 없다면 본인이나 후견인의 동의에 따라 의사가 적절한 방법으로 처치하는 이것은 허용되어도 좋다는 주장이 있다. 반대하는 쪽은 그것이 허용되면 치료 가능한 환자까지도 살리려는 노력을 적극적으로 하지 않을 수 있다고 주장하는데, 이는 결국 인간 생명의 존엄성에 심대한 해를 끼칠 수 있다는 것이다. 찬성하는 쪽은 생명 연장 기구에 의해 생존만 해 있을 뿐 생활은 하지 못하는 사람을 무리하게 살리려는 노력은 환자의 고통만을 지속시킬 뿐이며, 가족들에게도 경제적으로 엄청난 부담이 된다는 점을 지적한다.

여성 해방 운동　여성의 해방을 목적으로 하는 일체의 운동을 의미한다. 여성의 지위는 지금의 상태로 고정되어 불변한 것이 아니라 역사적 시기마다의 경제 조직에 따라 변천을 거듭해 지금에 이르렀다고 할 수 있다. 생활 수준이 매우 낮았던 원시공유사회에서의 여성은 경제적 기여가 컸던 만큼 사회적 지위가 매우 높았다. 여성의 지위가 남성에 비해 떨어지게 된 것은 사유재산제도가 발달하면서부터로, 이후 불평등의 역사에 변화가 오기 시작한 것은 오랜 세월이 흐른 다음이었다. 유럽에서는 봉건제도가 무너지기 시작하는 한편 상공업계급이 성장함에 따라 개인주의 사상이 배태하였으며, 동시에 여성도 인간으로서 또한 시민으로서 남성과 평등한 지위를 차지하려는 기운이 널리 퍼져 갔다.

옐로 저널리즘　저속하고 선정적인 기사만을 주로 보도하는 수준 낮은 신문을 말한다. 1830년대 미국에서 시작된 것으로 노골적인 사진과 흥미 있는 기사 등을 게재하여 독자들을 유혹, 신문의 발행부수 확대를 노리는 것이다.

오렌지족 1990년대 들어 서울의 압구정동을 중심으로 배회하는 청년들을 일컫는 말로서, 고급 승용차를 타고 유흥가를 휩쓸며 약물이나 알코올에 의지하거나, 성적 탈선 등 퇴폐적 생활을 즐기는 젊은 세대를 지칭한다.

오피니언 리더 어떤 집단 내에서 개인적인 접촉을 통해 다른 사람들의 의견, 태도, 행동에 강한 영향을 주는 사람. 매스컴의 영향은 직접 개개인에게 행사되는 것이 아니라 오피니언 리더를 경유하여 점차 그의 주위에 영향을 미치게 된다.

유니섹스 1960년대 미국 사회에서 사용하기 시작한 말로 남녀의 동일화 현상을 일컫는다. 고도로 문명화된 사회를 혐오하고 본성에의 회귀를 추구하는 히피족의 출연이 유니섹스의 선구라고 할 수 있다.

인간개발지수(Human Development Index, HDI) 유엔개발계획(UNDP)에서 매년 각 나라 국민의 교육수준, 1인당 국민소득, 평균수명 등 206개 지표를 종합하여 점수를 매기는 것으로, 삶의 질을 나타내는 수치라고도 할 수 있는데, 2011년 우리나라는 총 187개국 중 15위를 차지했다.

자유로부터의 탈피 오랜 역사를 통해 자유를 쟁취하기 위해 투쟁해 온 인간들이 근대에 이르러 자유로부터의 도피 경향을 드러내는 현상을 해명하고자 한 에리히 프롬(Erich Fromm, 1900~1980)의 저서 제목. 이 책에서 저자는 이제 인간은 이전의 신과 권위로부터의 자유라는 소극적 의미의 자유보다 독립적이고 자발적인 의미의 자유로 나아가야 한다고 주장하고 있다.

자유론 영국의 철학자이자 경제학자인 존 스튜어트 밀(John Stuart Mill, 1806~1873)의 책 제목이다. 1859년에 간행된 이 책에서 밀은 정치적 전제와 여론의 전제에 대항하는 개인의 자유를 옹호하고 있다. 자유민주주의의 고전적 저서 가운데 하나로 꼽히는 이 책에서 그는 개인은 그의 행위가 그 자신 이외의 어느 누구의 이해와도 관계되지 않는 한에 있어서는 사회에 대해서 책임을 질 필요가 없다고 말한다. 충고하는 것, 교시하는 것, 설득하는 것 또는 다른 사람들이 그들 자신의 이익을 위하여 필요하다고 생각할 때에는 그 행위를 피하는 것 같은 행위에 대해서 다수라는 이유로 억압해서는 안 된다는 것이다. 하지만 다른 사람의 이익을 해치는 행위에 대해서는 개인에게 책임이 있고, 사회가 그 방위를 위해서는 사회적 징벌이나 법률적 형평을 필요로 하며, 개인은 그 중 어떤 처벌을 받게 되어도 무방하다고 주장한다.

정보화 사회 후기산업사회 혹은 탈산업사회라고도 불린다. 정보화 사회는 산업혁명에 의해 형성된 산업사회와는 전적으로 다르다는 의미이다. 산업사회를 생산자가 중심이 된 체제라고 한다면 이 사회는 소비자가 중심이 되는 체제이다. 산업사회를 역사의 뒤안길로 몰아내고 정보화 사회가 전면에 나선 것은 컴퓨터로 대표되는 정보통신기술의 급속한 발달에 의해서이다. 과학기술과 공업을 기반으로 한 산업사회는 물품이나 재화의 생산이 중심이었으나, 20세기 후반으로 오면서 산업구조가 바뀌어 정보와 서비스의 생산이 구축되었다. 정보화 사회란 모든 면에서 정보기능의 비중이 점차 커져 간다는 점을 강조한 말이다.

정의론 존 롤스(John Rawls, 1921~2002)의 책 제목이다. 정의의 원리를 개인적 자유라는 전통적인 자유주의자의 이념과, 부와 권력의 보다 평등한 분배라는 평등주의적 이념을 혼합한 것으로 파악했다. 그는 정의의 두 원칙을 밝혔는데, 제1원칙은 평등한 자유의 원칙으로 모든 사람을 다른 사람의 자유를 침해하지 않는 한도 내에서 광범위한 자유를 누릴 권한을 가진다는 것이고, 제2원칙은 기회균등의 원칙으로 불평등으로 생겨난 이익은 최소 수혜자에게 최대의 이익이 되게 하되 공정한 기회균등의 조건을 가져야 한다는 것이다.

제로섬 사회　매사추세츠 공대(MIT) 레스터 서로우(Laster C. Thurow, 1938~) 교수의 저서에 나오는 용어. 제로섬이라는 것은 통상 스포츠나 게임에서 승패의 득실점을 모두 합하면 0이 되는 것을 말한다. 어느 한쪽이 이익을 얻으면 다른 한쪽이 반드시 손해를 보게 된다는 이론으로 에너지, 환경, 인플레이션 등의 난제를 해결하려고 하면 반드시 어느 계층의 이해와 충돌하여 문제의 해결이 곤란하게 되는 사회를 말한다.

제로 성장 사회　경제성장률이나 인구성장률이 제로인 사회를 이르는 용어이다. 이 용어가 처음 사용된 것은 로마 클럽이 발표한 보고서 〈성장의 한계〉에서였다. 로마 클럽은 1968년에 서구의 정계, 재계, 학계의 지도급 인사들이 인구, 자원, 환경 등 세계의 미래와 직결되는 문제들의 해결을 위해 결성한 국제적인 미래 연구 기관이다. 여기에서 미래에 대한 모델로서 제로 성장 사회를 제시했다. 이후 이 사회에 대한 논의가 활발했는데, 이것이 대안이 될 만한 안정된 사회냐 또는 정체된 사회냐에 대한 논의는 견해에 따라 제각각이었다. 한편 이것은 석유 파동이 있은 뒤부터 세계적 불황 속에서 실제 경제성장률이 제로가 되었거나 마이너스가 된 경제 사회의 실체를 가리키는 용어로도 사용되고 있다.

제4계급   언론인에 대한 별칭으로 1928년 영국의 매콜리(Thomas Macaulay, 1800~1859) 경이 기자석을 가리키며 한 말에서 유래되었다. 국방성 기밀문서 사건이 터지자 국민의 알 권리를 옹호하는 제4계급이라는 말이 생기게 되었다.

제3의 물결   사회비평가인 앨빈 토플러가 1980년에 출간한 책 제목. 그는 농업혁명을 제1의 물결, 산업혁명을 제2의 물결, 정보화 혁명을 제3의 물결이라 부르고, 앞으로는 전자공학, 우주공학, 컴퓨터 산업 등 첨단기술에 의한 제3의 물결이 이 사회를 움직일 것이라고 미래사회를 예견했다.

창안제도   행정능률의 향상, 예산의 절감, 국민 편익의 증진을 도모하기 위하여 공무원의 창의적인 역량 발휘를 유도하기 위한 제도. 공무원은 누구나 제안을 제출할 수 있다.

청소년 문제   현대사회의 급격한 가치관 변화에서 기인한 사회 문제의 하나이다. 그러나 문제의 원인을 사회에만 모두 돌릴 수는 없다. 육체적으로는 거의 성인에 가깝지만 아직까지 가치관이 정립되지 않은 청소년들은 이런 불균형에 의해 충동적으로 행동할 소지가 많다. 이러한 상황에서 기성 사회의 타락은 청소년들이 자신들의 비뚤어진 행동을 정당하게 여기도록 만든다.

탈공업사회 공업사회 다음으로 상정된 사회이며, 정보와 지식이 고부가가치를 생산하는 사회이다. 정보화 사회라고도 한다.

페미니즘 남성 위주로 성립된 사회체제가 주는 억압으로부터 여성을 해방시키는 것을 목적으로 하는 사상이다. 20세기에 여성의 권리신장론이 정치적 참여권의 획득에 목표를 두었던 것에 비해 근래의 여성운동은 여성의 근본적이면서도 전반적인 권리를 획득하기 위해 사회체제의 개혁운동을 지향하고 있다.

피터팬 신드롬 이 말은 1970년대 후반 미국에서 생겨났다. 당시 미국에서는 사회 적응을 제대로 하지 못하는 남성들이 대량으로 발생했는데, 이들이 나타내는 심리적인 증후군을 표현하기 위해 이 용어가 사용된 것이다. 이러한 남성들이 급증한 것은 이전부터 계속된 여성의 꾸준한 지위 향상에 따른 사회 가치관의 빠른 변화가 주요한 요인으로 작용하였으리라 추측된다.

화이트컬러 정신적 · 지적 노동을 주로 하는 노동자의 속칭. 현대 국가의 발전과 더불어 등장한 새로운 중간계급으로 사무 노동자나 기술자 등이 이에 해당한다. 이에 대해 육체적 노동에 종사하는 계층을 블루컬러라고 한다.

황화론 황색 인종이 서구 백인사회를 위협한다고 주장하는 이론. 이 같은 말을 처음 발설한 사람은 1865년 청일전쟁 당시의 독일 황제 빌헬름 2세이다. 서구 백인사회에서는 보수세력들에 의해 이런 이론이 이따금 거론되었는데, 인종적 이기주의를 강화하기 위한 방편으로 사용되었다.

고엽제 제초제 가운데 염기화다이옥신(TCDD)을 함유한 독극물로 인간에게 기형이나 암을 유발시킨다. 미국이 베트남 전쟁에서 이를 대량 살포하여 많은 사람들에게 신체적 장애가 생기게 되는 후유증을 남겼다.

과학혁명 1. 17세기 서유럽에서 일어난 지적혁명은 자연학상의 여러 이론 모델을 새로운 이론 모델로 바꾸어 놓았다. 그리스 이래 비잔틴, 이슬람, 중세 라틴 세계를 통하여 유지 발전된 천문학상의 천동설, 운동학상의 아리스토텔레스 이론, 의학에서의 갈레노스 이론 등이 갈릴레이의 지동설, 갈릴레이 · 데카르트 · 뉴턴의 역학, 하베이의 혈액순환론 등으로 대체되면서 서구 사회는 세계사의 중심 무대로 등장할 지적 기반을 갖출 수 있었다. 2. 1960년대 이후 주류가 된 과학사 연구의 특징을 잘 나타내는 개념이다. 여기에는 어느 시대나 사회의 전체적, 지적 상황은 도외시한 채 과학적인 이론이나 개념의 진보를 연속적으로 추적하려는 낡은 역사관에 대한 강한 거부감이 담겨져 있다. 보통명사로서의 그것은 과학의 역사를 패러다임(인식틀) 교대의 역사로 파악하고 그 교대현상을 가리킨다. 토마스 쿤(Thomas Kuhn, 1922~1996)은 그의 저서 《과학 혁명의 구조》에서 과학이 직선적인 진보를 하는 것은 아니라고 보았다. 과학의 역사를 직선적인 진보로 보지 않고 사물에 대한 사고방식이나 문제를 설정하는 법을 지배하는 패러다임이 교대하는 역사로서 파악한 쿤은 그 교대현상을 일컫기도 했다.

국제원자력기구(International Atomic Energy Agency, IAEA) 원자력의 평화적

이용을 위해 유엔 산하에 설립된 국제기구. 1953년 유엔총회에서 미국의 아이젠하워 대통령이 제안, 1957년 7월 정식 발족했다. 설립 목적은 원자력의 평화적 이용을 촉진하고 원자력이 군사적으로 전용되는 것을 통제하는 데 있다. IAEA는 핵확산금지조약(NTP)의 준수를 감시하고 있다. 본부는 오스트리아의 빈에 있으며, 우리나라는 1957년에, 북한은 1974년에 가입했다가 1994년 6월 13일 탈퇴했다.

그린라운드 환경보존을 주제로 한 다자간 국제협상으로, 무역 규제를 통해 환경 문제를 해결하려는 주장을 담고 있다. 다자간 협상에 환경 문제를 상정해 먼저 국제적으로 합의된 환경기준을 만들고, 이어 이 기준에 미달하는 무역 상품에 대해서는 높은 관세를 부과해 제재를 가하자는 것으로 미국 등 선진국에서 제기되었다. 이것은 환경기준을 가지고 무역을 규제하는 것이기 때문에 선진국에 비해 개도국에는 또 하나의 무역장벽으로 작용할 가능성도 있다. 개도국으로서는 선진국으로부터 공해방지기술의 지원을 받거나 유보 기간을 확보하지 못할 경우 이것을 선뜻 받아들이기 힘들 것이다.

그린피스 남태평양 폴리네시아에서 벌어진 프랑스의 핵 실험에 항의하기 위해 선박을 출항시켜 저지운동을 한 것을 계기로 1970년에 조직된 국제적 환경보호단체이다. 네덜란드의 암스테르담에 본부를 두고 있으며 유럽 여러 나라 외에 미국, 캐나다, 오스트레일리아, 뉴질랜드 등에 연대 조직을 두고 있다. 회원 수가 3백만 명을 넘는 이 단체가 펼치는 운동은 주로 원·수폭 반대 뿐 아니라 원자력 발전의 반대, 그리고 멸종 위기에 처한 야생 동물 보호 등이다. 최근에는 대만 핵폐기물의 북한 이전에 대해 강력하게 항의한 바 있다.

나비효과　아마존의 정글에서 날개를 파닥거리는 나비의 힘이 얼마 후 미국 텍사스 주에 폭풍우를 일게 할 수 있다는 이론. 미국의 기상학자 에드워드 로렌츠의 주장으로 약간의 변화가 지구 기상을 극적으로 변화시킬 수 있다고 했는데, 이처럼 혼돈 속에 감추어진 질서가 카오스 이론의 전제가 되었다.

녹색당　반핵과 환경보호를 표방하는 독일의 정당이다. 유럽에서는 환경보호, 원자력 발전 반대, 성장만능주의 비판 등 시민운동이 활발한데, 정치적 조직체로서는 활약이 단연 두드러지고 있다. 이 정당은 젊은 층과 인텔리 층을 중심으로 지구를 파멸의 길로 몰아가는 군비 확장을 반대하는 한편 대기업 활동의 규제, 노동환경의 개선, 관리사회화에 따른 인간 소외의 고발 등을 내세워 기성 정당들에 도전했다. 조직상의 특성은 직접민주주의를 채택하여 상하관계가 존재하지 않으며, 기본 이념은 인간과 자연과의 조화를 위해 성장제일주의 생산구조의 변경을 주장하고 있다.

녹색 GNP　새로운 경제발전 측정방법으로 경제 성장 과정에서 훼손된 환경을 원상태대로 환원하는 데 드는 비용을 계상하여 GNP에서 덜어내는 방법으로 산출한다.

뇌사　뇌 기능의 완전 정지 상태를 말한다. 의학계에서는 오랫동안 심장 정지를 죽음의 판정기준으로 삼았다. 그런데 의학이 발달되고 인공호흡기가 개발됨에 따라서 이 기준에 대한 논의가 일어나게 되었다. 전통적으로 심장과 호흡이 정지된 상태를 사망으로 보았는데, 뇌가 기능을 잃은 상태에서도 인공호흡기에 의해 심장을 움직일 수 있게 됨으로써 이 문제가 부각되기 시작했다.

대기오염지수 대기의 오염 정도를 시민들이 쉽게 알 수 있도록 각종 오염 물질의 대기 중 농도를 종합, 산정해 1~5의 지수로 표시하는 것으로 1은 깨끗한 자연 상태, 2는 약간 오염된 상태, 3은 생물에 피해를 주기 시작하는 상태, 4는 심하게 오염된 상태, 5는 사람이 피해야 할 극심한 오염 상태를 나타낸다.

대체 에너지 현재 이 지구상에서 가장 대표적인 에너지로 꼽히는 것은 화석 에너지의 하나인 석유인데, 바로 이 석유를 대체할 수 있는 에너지원을 말한다. 이것이 국제적인 관심사가 된 것은 두 차례의 석유 파동 때문이었다. 1973년 제1차 석유 파동과 1978년 제2차 석유 파동 이후 석유를 대체할 에너지를 개발하는 것은 선진 산업국 등에 있어서 초미의 관심사가 되지 않을 수 없었다. 석유수출국기구(OPEC)가 생산량을 조절해 석유 가격을 급상승시킨 것은 자원민족주의 차원에서였다. 이후 에너지 소비가 많은 선진 산업국과 비산유국에서는 대체 에너지원으로 원자력이 급부상했고, 요즘에는 태양열, 수력, 풍력, 조력 등 무한정하면서도 재생이 가능한 자연 에너지에 대한 관심이 높아지고 있다.

로마 클럽 1968년 이탈리아의 실업가 아우렐리오 페체이(Aurelio Peccei)의 제창으로 스위스 공식 법인으로 출범한 미래 연구 기관. 천연자원의 고갈, 공해에 의한 환경 오염, 개발도상국의 인구증가 등 인류의 위기와 그 타개책을 모색하고 널리 알리는 게 주된 활동이다.

메가로폴리스　몇 개의 대도시가 이어져 이루어진 큰 도시군이다. 대도시권이 지리적으로 가까이 있을 때 서로 밀접하게 사회적, 경제적, 문화적 기능을 연결시켜 하나의 생활권으로 확대되는데, 이를 한데 묶어서 부르는 말이다.

몬트리올 의정서　날로 심각해지는 지구 오존층 파괴를 막기 위해 프레온 가스의 사용을 금지하고, 대체 물질 및 후진국으로의 기술 이전을 골자로 한 협약. 1985년 채택된 빈 협약에 근거해 1987년 캐나다 몬트리올에서 비준된 것으로 우리나라는 1992년에 가입했다.

미래학　미래를 여러 방면으로 연구하여 현재의 문제점을 지적하고 그 개선방안을 제시하는 학문으로, 사회의 조기 경보 시스템 역할을 한다. 새로운 학문 조류의 하나로서 사회과학, 자연과학 등 여러 분야의 협력 아래 미래의 사회와 인간을 종합적으로 연구한다. 미래 예측에 여러 학문이 협력하기 시작한 것은 고도산업사회가 되면서부터인데, 이 학문이 각광받게 된 배경에는 환경 오염, 선진국과 후진국의 격차, 세대 간 단절, 새로운 미디어가 지구촌을 하나의 네트워크로 묶었다는 점, 인간의 미래 조작 능력이 증대했다는 점 등으로 위기감과 자신감이 묘하게 결합되었기 때문이라고 할 수 있다.

밀레니엄 버그　2000년 버그. 컴퓨터 기억 용량의 극대화를 위해 연도의 앞두 자릿수를 생략하고 뒤의 두 자리만으로 표기함으로써, 2000년이 되면 컴퓨터가 앞의 두 자리 20을 인식하지 못하고 뒤의 두 자리 99만 00으로 바뀌게 되어, 1999년에서 1900년으로 돌아감에 따라 발생하는 문제를 말한다. 그냥 방치할 경우 2000년 첫날 교통, 금융, 항공, 방위, 행정 시스템에 커다란 혼란이 야기될 것이라며, 그 해결에 드는 비용을 6천억 달러로 추정하기도 했는데, 이는 컴퓨터의 연도 표시를 두 자리에서 네 자리로 바꾸는 프로그램을 배포함에 따라 별다른 문제 없이 넘어가게 되었다. Year 2000 problem, Y2K라고도 칭했다.

바이오닉스 바이오닉스는 생명의 단위라는 그리스어에서 유래한 말로 1958년 미국의 항공우주학자 스틸이 처음 사용했으며, 생체의 기구와 기능을 공학적으로 연구하여 거기서 얻은 지식을 기술적 문제에 응용하는 학문을 뜻한다. 인공심장을 비롯한 각종 인공장기의 제작이 그 대표적 예이다.

바이오테크놀로지(biotechnology) 바이올로지(biology, 생물학)와 테크놀로지(technology, 기술)가 합성된 조어로, 생체 및 그 기능을 직접 혹은 시뮬레이트(모의실험)하여 이용하는 물질생산기술을 말한다. 의학, 농학, 생물학 등 여러 분야에 커다란 영향을 미치고 있으며, 큰 발전을 가져올 것으로 여겨진다.

밴쿠버 선언 1976년 캐나다 밴쿠버에서 열린 유엔인간거주회의에서 마련된 인간거주선언. 공평하고 평등한 세계 질서의 확립, 식민지 및 인종 차별주의의 철폐, 점령지로부터 추방당한 주민의 복귀, 천연자원에 대한 주권, 외자규제 등이 주요 내용이다.

복잡계 이론 미국과 일본의 경제·경영학계에서 활발히 연구되고 있는 새로운 과학 이론. 혼돈 속에서도 규칙을 찾으려는 기존 카오스 이론과는 달리 '세상에서 예측 가능한 현상이나 예측을 가능케 하는 원리란 없으며, 때문에 사회 현상은 분석 대신 전체를 있는 그대로 봐야 한다'는 것을 전제로 한다. 이 이론은 1984년 설립된 미국 산타페 연구소에서 처음으로 정립, 여기에서 도출해 낸 경영이론은 분석하지 말고 전체를 통찰할 것, 조직을 관리하려 하지 말고 개개인의 변화력을 높일 것, 미래를 예측하려 하지 말고 창조할 것, 사회 질서를 믿거나 만들려고 하지 말고 사회 요소들이 조화롭게 각자 발전하도록 놔둘 것 등이다.

복제인간 단일 세포로부터 무성생식으로 만들어낸 동일한 세포군을 클론(복제)이라고 한다. 이미 오래 전에 식물로는 배양세포를 개체로까지 기르는 데 성공하였다. 복제인간은 물론 무성생식으로 탄생하는 이론상의 인간에 지나지 않는다. 그러나 복제양 돌리의 탄생과 함께 인간의 체세포를 플라스크 안에서 배양하여도 인간이 되지 못한다는 오랜 믿음은 수정되기에 이르렀다. 수정된 난세포에서 핵을 제거한 다음, 그곳에 체세포에서 꺼낸 핵을 넣어 자궁에 옮겨 배양하면 자신과 완전히 동일한 유전자를 가진 인간이 탄생하게 되는데, 이것이 복제인간으로 오랫동안 이론상으로만 가능할 뿐이라고 생각되었다. 인간의 유전자에는 조절 유전자가 유전 정보 발현을 조절하고 있기 때문에 개개의 세포는 특수한 기능과 형태밖에는 가질 수 없다는 이유에서였다.

불확정성의 원리 양자역학에서 입자와 파동의 이중성을 독일의 하이젠베르크가 고전적 입장에서 유도한 원리로 위치와 운동량, 시간과 에너지와 같이 서로 관계가 있는 한 쌍의 물리량을 동시에 정확하게 기술하려고 하는 고전역학의 기술방법은 결국 성립하지 않는다는 것을 나타낸다.

사이버네틱스(cybernetics)   생물이나 기계 등에 나타나는 제어와 통신의 문제를 다루는 종합적인 학문 분야이다. 1948년 미국의 수학자 위너(Norbert Wiener, 1894~1964)가 정보의 커뮤니케이션과 통제를 중심으로 생물의 반응과 기계의 작동을 통일적으로 설명하기 위한 자신의 이론을 가리켜 처음 사용한 말로, 조타수를 뜻하는 그리스어에서 비롯되었다. 이 말은 위너의 저서 《사이버네틱스—동물과 기계에 있어서의 통신과 제어》로 유명해졌다. 이 분야의 기술은 오토메이션이나 자동제어이론, 정보통신이론, 컴퓨터이론과 직접적인 관련이 있다. 신경계 또한 일종의 통신계로 보아 생리학이나 심리학에도 적용이 되며 사회학, 경제학 등으로까지 확장되고 있다.

사이버스페이스(cyber space)   주로 전 세계적인 네트워크를 가리키는 말로, 인공두뇌학을 뜻하는 사이버네틱스의 앞부분과 공간을 뜻하는 스페이스를 합쳐 만든 것. 가상공간이라고 번역되기도 한다. 미국의 윌리엄 깁슨(William Gibson, 1948~)이 1984년에 자신의 소설 《뉴로맨스》에서 이 단어를 처음 사용했다. 당시 컴퓨터를 전혀 다룰 줄 몰랐으면서도 그는 상상을 통해 사이버스페이스를 '여러 나라의 수십 억에 달하는 인간들이 매일 사용하는 합의에 기반한 환상, 모든 컴퓨터 자료 은행에서 끌어낸 자료들의 시간적 재현, 상상을 초월하는 복잡성, 별무리 같은 자료 더미 사이를 배회하는 빛줄기, 희미하게 멀어져 가는 도심의 불빛'으로 묘사해 냈다. 컴퓨터와 모뎀으로 출입하는, 정보로 가득 찬 공간으로 오락, 쇼핑, 뱅킹은 물론 교육, 의료, 행정, 상거래 등을 컴퓨터와 정보통신 시스템으로 실현하는 공간을 말한다. 시간과 공간의 제약을 받지 않는 것이 특징으로 전세계 어느 곳이든 정보를 교환하고 통신을 할 수 있다.

사이보그(cyborg) 사이버네틱(Cybernetic)과 오르가니슴(Organism)의 줄임말로서 인공장기나 자동기계 등을 몸에 부착해 초인적인 힘을 발휘하는 인간을 뜻한다. 우주 공간과 같은 특수한 환경에 적응할 수 있도록 기관의 일부가 전자기기로 되어 있는 인공적인 인간, 혹은 개조 인간이라 할 수 있겠다.

4차원의 세계 아인슈타인이 제창하고 발전시킨 상대성 이론은 그 이전까지의 시간과 공간에 대한 관념을 바꾸어 버렸다. 시간과 공간이 분리되어 공간 3차원과 시간 1차원이 구분된다는 생각이 없어지고 시간과 공간의 연속체 개념이 제기되었다. 즉, 시간과 공간이 아니라 시공간이 되어 버린 것이다. 4차원이란 이렇게 시간과 공간이 결합된 시공간을 말한다.

상대성 이론 아인슈타인에 의해 확립된 물리학의 기본 이론으로 운동 중인 물질에 대해 시간과 공간이 상대적이라는 것이 핵심 내용이다.

생명공학 생명공학기술은 정보통신기술과 함께 21세기를 이끌어 갈 첨단 핵심기술로, 살아 있는 생명체를 이용하여 산업적으로 유용한 물질을 생산하는 모든 기술을 말한다.

생태학 생태계, 곧 생물과 환경을 조사, 연구하는 학문을 말한다. 생태계란 어떤 지역 내의 동·식물군과 이들을 지배하고 있는 기상, 토양, 지형 등의 환경까지 포함하여 지칭한 것이다. 인간을 생태계의 한 요소로 파악하면서 인간의 이해에 사로잡히지 않고 생태계 전체를 지키려는 운동이 바로 환경운동이다.

스모그 현상 연무 또는 매연 현상으로 연기(smoke)와 안개(fog)의 합성어이다. 주로 대도시나 공장지대의 연기나 자동차의 배기가스 등이 지표 가까이 쌓여 안개처럼 보이는 현상으로, 호흡기 계통의 병을 악화시키며, 폐가 약한 사람의 경우 사망에 이르는 사례도 있음이 보고되었다.

신과학 과학이란 무엇인가? 이 물음은 근대 과학이 탄생하고도 200년이 지난 20세기에 들어와서야 진지하게 고찰되기 시작했다. 화이트헤드(Alfred North Whitehead, 1861~1947)는 《과학과 근대 세계》에서 근대 과학은 수세기에 걸쳐서 물질에 입각한 유물론을 그 세계관으로 삼았기 때문에 물질과 정신의 이원적 분열에 빠져 있다고 주장하면서, 이 분열을 극복하고 물질과 정신 중의 어느 한쪽이 아닌 세계의 궁극적 구성요소를 과정의 유기체로 보는 객관적 일원론을 역설했다. 이러한 화이트헤드의 생각은 과학사상을 근본적으로 반성하고 새로운 세계관에 입각하여 정립하려는 신과학과 밀접한 관계가 있다. 신과학은 현대 문명의 근간이 되는 뉴턴의 기계론적 물질관과 데카르트의 심신이원론이 자연과 인간을 잘못 해석하고 있으며, 그 결과가 오늘날의 병폐와 연결된다고 본다.

에이즈(Acquired Immune Deficiency Syndrome, AIDS) 후천성면역결핍증후군. 에이즈 바이러스에 의해 전염되는 병으로 면역력을 저하시켜 사망에 이르게 하는 병으로, 1980년 미국에서 처음 발견되어 지금은 전 세계에서 발견되고 있다. 남성 동성애자나 마약 주사, 이성 간의 성 접촉 및 에이즈에 걸린 혈액의 수혈 등으로 전염된다. 난치병으로서 거의 발병 3년 이내에 사망하는 병이었으나 최근에는 면역력 저하를 억제하는 치료제가 개발되어 만성질환의 개념으로 인식되고 있다.

엔트로피(entropy) 물질계에서 열의 가역적 상태를 나타내는 물리량의 하나. 열이 높은 쪽에서 낮은 쪽으로 이동하듯이 불안정한 물질이 안정된 상태로 되려 할 때 엔트로피는 증대된다. 자연계의 현상은 반드시 엔트로피가 증대되는 방향으로 나아가는데, 이를 열역학 제2법칙이라 한다.

엔트로피의 법칙 이 법칙에는 제1법칙과 제2법칙이 있는데, 제1법칙은 '우주에 있어서의 물질과 에너지의 총화는 일정하여 결코 더 이상 조성되거나 소멸되는 일이 없으며, 또한 변화하는 것은 형태뿐이고 본질은 변치 않는다'는 유명한 에너지보존법칙이다. 제2법칙은 '물질과 에너지는 하나의 방향으로만, 즉 사용이 가능한 것에서 사용이 불가능한 것으로, 혹은 이용이 가능한 것에서 이용이 불가능한 것으로 또는 질서 있는 것에서 무질서한 것으로 변화한다'는 것이다. 요컨대 제2법칙은 우주의 전체는 체계와 가치에서 시작되어 끊임없이 혼돈과 황폐로 향한다고 설명할 수 있다. 엔트로피란 일종의 측정법으로 그것에 의해 이용이 가능한 에너지가 이용이 불가능한 형태로 변환되는 정도를 측정할 수 있다. 그리고 엔트로피의 법칙에 의하면 지구나 우주의 어디에서 질서가 이루어질 경우, 주변 환경에는 더욱 큰 무질서가 발생한다고 한다. 엔트로피는 그리스어의 변화를 의미하는 말에서 나온 과학용어로 보통 물질계에서 분자운동의 무질서도를 측정하는 기준으로 쓰인다. 이것은 큰 계에서는 이용 가능한 양이 적은데, 자연현상은 이것이 커지는 방향으로만 진행되며, 이에 따라 이용 가능한 에너지는 감소하므로 계가 무질서하게 될수록 커지게 되는 것이다.

엘니뇨 현상 수년에 한 번씩 발생해 1~2년간 지속되는 태평양 적도 해상에서의 해수 온도 급상승 현상으로 기상이변을 초래한다. 반대로 적도 표면 해수의 온도가 갑자기 낮아지는 현상을 라니냐 현상이라 하는데, 이도 세계의 기상이변을 가져온다.

오존층 지상 약 30km에서 오존을 많이 함유한 채 지구를 둘러싸고 있는 층으로 태양에서 나오는 자외선의 대부분을 흡수하는 역할을 하고 있다. 지구에 인간을 비롯한 여러 생명체가 생존할 수 있는 것은 바로 이것 덕분이다. 학자들은 수중에서 먼저 생겨난 생물이 육상으로 올라오게 된 시기는 광합성에 의해 산소가 충분히 만들어져 오존층이 형성되고 난 후일 것으로 추정한다. 이것이 파괴되면 태양의 자외선이 지구에 직접 도달하여 생명체에 큰 위협이 된다. 오존층이 파괴되면 피부암이 증가하고 대기의 운동도 영향을 받아 엄청난 기후변동을 일으킬 가능성이 있어 우려되고 있다.

온실효과 대기 중 미량의 가스가 지표면에서 방출되는 적외선을 흡수하여 우주 공간으로 방출되는 열을 다시 지구 표면으로 되돌려서 기온을 상승시키는 현상. 화석 연료의 소비가 급증함에 따라 가스의 양도 급증하여 생태계의 균형을 파괴하고 해안의 도시를 침수시키는 등 심각한 문제를 유발할 수 있다.

원자력 공해 원자력 발전소, 원자력 잠수함, 핵연료를 제조 · 처리하는 공장이나 방사성 동위원소를 사용하는 시설로부터 배출되는 방사성 물질이 해양, 대기, 토양에 방출되어 일어나는 공해로 주민들에게 암을 유발시킬 우려가 있다.

유네스코 '게놈 선언' 채택 유엔문화과학기구(UNESCO)는 1997년 11월 10일 열린 전체 회의에서 게놈 연구와 응용에 대한 인류 최초의 윤리기준을 담은 '인간 게놈과 인권 보호에 관한 국제 선언'을 만장일치로 채택했다. 25개의 조항으로 구성된 이 선언문에는 인간 유전인자를 모든 인류의 유산으로 규정, 금전적 목적으로 이용할 수 없으며, 특히 인간의 존엄성을 해치는 인간 복제행위는 허용할 수 없다고 규정되어 있다. 이번 '게놈 선언'은 법적 구속력은 없지만 유네스코 회원국들이 여기에 근거해 국내 법률을 보완할 것으로 보여 앞으로의 인간 유전인자 연구에 많은 영향을 끼칠 것으로 보인다.

UN 인간환경회의 1972년 광범위한 환경 문제를 토의하기 위하여 하나밖에 없는 지구를 주제로 스웨덴의 스톡홀름에서 열린 국제회의로 환경에 관한 권리와 의무, 천연자원과 야생 동물의 보호, 핵무기의 파기 등 26개 항목에 기초한 인간환경선언을 채택하였다.

유전공학 유전을 좌우하는 본체인 유전자는 일정한 염색체로 일렬로 나란히 배열되어 있다. 염색체는 주로 핵단백질, DNA, RNA 세 물질로 구성되어 있는데, 이 중에서 DNA가 유전정보를 전하는 역할을 한다. DNA는 2중 나선의 고분자 구조로 되어 있다. 한 유전자는 DNA의 1분자의 일정 영역이라고 추측된다. 특정한 DNA에 의해 특정한 단백질이 만들어지고, 특정한 효소가 되어 특정한 화학변화를 일으킴으로써 특정의 유전형질이 나타나게 되는 것이다. 이러한 유전자의 특성을 연구하여 유용한 유전자를 선택적으로 재조합해 이용하는 기술이 바로 유전공학으로 의료, 환경, 농업 등 여러 방면에서 응용이 가능하다.

자동화 사람이 직접 다루지 않고 기계가 스스로 판단해 조정하면서 일하는 것 또는 그러한 장치를 말한다. 공장에서는 대량생산이 가능하기 때문에 이 것을 많이 택하고 있다. 이 기술은 기계의 점검은 물론 먼 곳의 기계가 움직이는 것까지도 자동으로 조절할 수 있을 만큼 진보되어 있다. 또한 생산공정 뿐만 아니라 기계 가공 분야나 사무 분야에까지 보급됨으로써 근로자들을 대신하는 경우가 많아졌다. 이 산업의 새로운 국면을 제2의 산업혁명이라고 도 한다.

적조현상 바닷물 속의 플랑크톤이 이상 번식하여 바닷물이 적색, 황색, 갈색 으로 변하는 현상. 비가 계속 내려 바닷물의 농도가 낮아진 뒤 햇볕이 강하 게 내리쪼이거나 또는 생활하수, 공장폐수 등으로 바닷물이 부영양화 현상 을 보일 때 발생한다.

정보통신산업 정보산업은 정보의 생산과 유통에 관련된 산업을 말한다. M. 플라토는 《정보 경제 입문》에서 산업을 우선 정보 부문과 비정보 부문으로 크게 나누고, 정보 부문은 제1차 정보 부문과 제2차 정보 부문으로 나누어 정보산업이 곧 제1차 정보 부문이라고 규정했다. 그리고 일반 산업에도 정 보를 다루는 부문, 즉 제2차 정보 부문이 있음을 밝혀냈다. 이 산업은 이러 한 정보산업과 요 근래 부각된 통신산업이 결합된 형태이다. 오늘날 탈산업 사회 혹은 후기산업사회라는 말이 나오게 된 것은 바로 이 산업의 비약적인 발달 결과이다. 또한 관광산업 등과 함께 21세기에 고부가가치를 낳을 산업 으로 주목되고 있다.

직업병 특정한 직업에 종사하는 사람에게 생기는 병적 증세를 말한다. 주로 육체의 혹사, 노동환경의 불량, 보호장비 미비 등으로 발생한다. 부자연스러운 자세로 작업하거나 신체의 일부에 지나친 부담이 가는 경우가 있고, 또 작업환경에 따라서 물리적, 화학적, 미생물학적 요인들이 있을 수 있다.

퍼지 이론(fuzzy theory) 퍼지는 사전에 '애매모호한, 경계가 명확하지 않은'으로 풀이되어 있다. 이것은 불확실함의 양상을 수학적으로 다루는 이론이다. 이 이론의 기초가 된 것은 캘리포니아 버클리 대학의 로프티 A, 자데((Loft A. Zadeh) 교수가 제안한 퍼지 집합의 개념이다. 오늘날의 컴퓨터는 모든 것을 참과 거짓으로 명확하게 구분하는 이율배반의 논리에 따르고 있다. 그런데 이러한 체계로는 우리 인간 언어의 뜻을 올바르게 파악하여 인간과 동일한 수준에서 추론, 연상하는 것이 거의 불가능하다. 이러한 난점을 해결하기 위하여 정립된 것이 바로 이 이론이다. 인공지능이나 지식 처리 분야와는 별개의 관점에서 현재까지 진행되어 온 퍼지 이론은 주로 지식공학이나 프로세스 같은 분야에서 응용되고 있다.

프레온 가스 염소와 불소가 결합된 탄화수소로 된 무색, 무취의 가스로 냉매나 발포제 등에 쓰이는데, 이 가스가 대기 중에 올라가 오존층을 파괴함으로써 자외선을 막지 못해 기상에 이상을 초래하여 피부암을 일으키게 하고, 농작물 경작에도 막대한 지장을 주게 된다.

해커 컴퓨터 운영 시스템을 잘 알아 관련 분야의 일에 거의 광적으로 몰두하는 인간을 말한다. 사전적인 의미는 '도끼 같은 것으로 절단하는 사람, 또는 악착같이 일하는 사람'이다. 이것이 은어로 쓰이기 시작한 것은 1960년대 중반 미국 MIT 공대 학생들 사이에서인데, 이때는 '아무런 이득을 바라지 않고 무수한 시행착오를 통해 시스템에 대한 정보를 탐구하는 사람'이란 의미로 쓰였다. 그러나 요즘에는 다른 시스템에 침입하고, 침입한 시스템을 다운시키거나 데이터를 파괴하는 사람으로 이해되고 있다. 이처럼 부정적인 면이 강조되어 있지만, 지금과 같은 컴퓨터 운영체계나 소프트웨어를 개발해내는 데 큰 공헌을 한 것만은 분명하다.

환경선언　환경 오염은 전 지구적인 차원의 문제이다. 그동안 산업화와 함께 지구의 생태계는 심각하게 파괴되어 더 이상 방치해 둘 수 없는 지경에 이르렀다. 1970년대 이후 전 지구적인 차원의 대책 마련을 위한 환경회의가 여러 차례 열렸다. 환경회의에서 채택된 선언 가운데 인간환경선언과 리우선언이 특히 잘 알려져 있다.

휴먼 게놈 프로젝트　휴먼 게놈(human genome)은 인간의 세포 속에 간직된 유전정보를 의미한다. 인간의 유전정보는 세포핵 속에 있는 23쌍의 염색체 속에 들어 있으며, 하나의 염색체 속에는 DNA 사슬이 중층적으로 얽혀 있는데, 이러한 DNA 사슬의 염기 배열 순서를 밝혀내고자 하는 연구 프로그램을 말한다.

[철학 · 언어]

공리주의 인생의 궁극적 목적을 사회 구성원들의 '최대 다수의 최대 행복'에 두고 그것을 추구하자는 사상이다. 벤담(Jeremy Bentham, 1748~1832)이 공리주의 철학의 근본 원리로 이론화시킨 이것은 행위의 목적과 선악 판단의 기준을 공리를 증진시키는 데 두고 있다.

구조주의 프랑스의 인류학자인 레비 스트로스(Claude Levi Strauss, 1908~2009) 등에 의해 제창된 이론으로, 사회를 존속시키기 위해 작용하는 상호 의존의 기능적 관계를 구조로 파악하여, 그 구조를 밝히면서 인류 전체의 문제를 해결하려는 철학을 말한다. 생산력과 생산관계만으로 사회의 구조를 생각하는 마르크시즘과 대립되는 사상이다.

노자 기원전 4세기경 춘추시대 주나라의 사상가이다. 《도덕경》에 그의 사상이 잘 나타나 있는데, 그는 인위(人爲)를 버리고 무위(無爲) 자연의 도에 따르면 사회는 평화롭게 되며 사람들은 행복하게 된다고 보았다. 그의 사상은 도가(道家)라 일컬어지는 열자, 장자 등에 의해 계승되어 공자, 맹자의 유고와 함께 중국 사상의 한 축을 이루게 되었다.

니체(Friedrich Wilhelm Nietzsche, 1844~1900) 독일의 철학자로 생의 철학(인간을 포함한 모든 것의 '생'은 합리적 · 과학적 사고가 아닌 직관이나 체험에 의해 파악될 수 있다고 주장한, 19세기 후반부터 20세기 초까지 유행하던 유럽의 철학적 사조)의 전형적인 한 사람이다. 25세라는 젊은 나이에 바젤 대학 고전문헌학 교수가 된 그는 그 무렵 음악가 바그너를 알게 되었는데, 기독교를 적대시한 그에게 바그너의 이교적 사상은 많은 영향을 끼친 것으로 보인다. 병과 함께 대학 생활을 시작한 뒤에도 활발하게 저작활동을 계속한 그는 만년에 정신착란에 빠져 고독한 나날을 보내야 했다. 신의 죽음을 선언한 그는 현대의 정신 상황을 니힐리즘(허무주의)이라고 했다. 낡은 가치체계를 고집하는 노예 도덕에서 탈피하여 권력에의 의지에 바탕을 둔 현실의 삶을 그 추악성과 함께 긍정하는 한편, 이 세계의 영겁회귀(永劫回歸, 시간은 원형을 이루고, 그 원형 안에서 모든 사물이 그대로 무한히 되풀이되며, 그 같은 인식의 발견도 무한히 되풀이된다는 니체의 사상)마저 기꺼이 맞이해야 한다고 했다. 선인은 그가 이상적인 모습으로서 설정한 새로운 인간형이었다. '반 그리스도'를 통한 니체의 기독교 비판은 서구인이 행한 서구 비판이라고 할 수 있다.

디스토피아(dystopia) 유토피아의 반대를 말한다. 현대 사회의 부정적인 측면들이 극단화되어 초래할지도 모를 암울한 미래상이라고 할 수 있다. 핵 위협, 군비 경쟁, 공해 문제, 아프리카의 가뭄 사태로 야기된 제3세계의 위기와 오랜 제국주의 침략의 후유증 등은 일견 인류의 미래를 부정적인 눈으로 바라보게 만들기도 한다. 또한 현실 어디에도 없는 나라를 뜻하는 가상의 이상향 유토피아와는 반대로 가장 부정적인 암흑세계를 그려 현실을 예리하게 비판하는 문학작품 내지는 사상을 가리키기도 한다. 올더스 헉슬리의 《멋진 신세계》, 조지 오웰의 《1984년》 등이 대표적 작품인데, 이들 디스토피아는 현대 사회 속에 있는 위험한 경향을 미래 사회에 확대 투영함으로써 현대인이 무의식중에 받아들이고 있는 위험을 분명히 지적하는 점에서 지극히 유효한 방법을 쓰고 있는 셈이다. 미래를 진지하게 논하려는 사람은 유토피아와 디스토피아의 양쪽 시점을 이해할 필요가 있다.

딜레마 이러지도 저러지도 못하는, 즉 진퇴양난과도 같은 상황을 뜻한다.

리비도(Libido) 생의 본능인 에로스의 에너지이다. 무의식의 창고에 있으며 여기에서 심리의 흐름이 시작된다. 이 흐름이 억압당하면 본래의 것이 아닌 상징적인 것에서 만족을 구하는데, 이를 승화라고 부른다. 유아 시절에 애착을 가지던 대상에 계속 머물러 있을 때는 고착이라 하고, 예전의 애정 대상으로 되돌아가는 것을 퇴행이라고 한다. 그리고 리비도가 억제당하는 것을 억압이라고 한다.

무위자연 중국의 도가철학에서 자주 이야기되는 무위(無爲)는 인위적인 것이 배제된 자연 그대로라는 뜻이다. 노자나 장자 등은 인간이 욕심을 내어 무언가 하려고 하면 오히려 세상이 혼란해지기 때문에 자연에 따라야 한다고 주장했다.

법가(法家) 중국 전국시대 제자백가 가운데 한 사람으로 엄한 법으로 나라를 경영하고 백성을 다스릴 것을 주장했다. 예(禮)를 내세운 유가(儒家, 공자의 학설과 학풍을 신봉하고 연구하는 학자나 학파)와는 대조적이라고 하겠다. 법치사상을 하나의 학설로 정착시킨 신불해(申不害)는 왕이 본심을 감추고 신하를 대해야 하는 술책, 즉 권모술수의 필요성을 주장하였다. 법가사상을 완성시켰다고 할 수 있는 사람은 한비자이다. 표면적으로는 이사 등의 주장이 진시황에 의하여 받아들여져 정치에 적용된 것이 전부이지만, 실제 정치에 있어서는 오랫동안 법가가 영향을 미쳤다고 할 수 있다.

변증법　변화와 발전을 설명하는 이론이며 흔히 정반합의 이론으로도 통하고 있다. 원래 그리스에서는 대화하는 두 사람이 서로 반대되는 자기 의견을 내세워 대립하는 과정에서 상호 모순되는 두 주장을 버리고 새로운 개념을 도출해 내는, 즉 개념의 발전 방식을 뜻했다. 사유에서 하나의 개념(테제)은 부정개념(안티 테제)을 필요로 하며 ,부정개념 또한 개념을 필요로 한다. 사유는 이 둘 사이를 왔다갔다하다가 마침내 개념도, 부정개념도 아닌 제3의 개념을 도출해 낸다. 이것이 바로 변증법 이론이며, 정반합의 법칙이다.

부조리　알베르 카뮈의 《이방인》에 잘 드러난 실존주의 철학 용어로, 인생에서 의미를 찾으려는 인간의 욕구와 세계의 비합리성과의 괴리를 뜻한다.

분석철학　언어를 논리적으로 분석하여 그 의미를 밝히려는 것으로 논리실증주의에서 비롯되었다. 형이상학적 명제들은 경험적으로 검증되지 않은 무의미한 것으로서, 이러한 무의미한 명제들은 철학자들이 애매한 일상언어를 부당하게 확대하여 사용한 데서 생겨났다고 보고 의미의 이론, 언어의 논리적 분석을 전개하여 '기호논리학'을 발전시켰다.

불가지론　인간의 이성은 제한된 것으로서 사물의 참된 본성은 인식되지 않는다는 주장으로, 우리에게 알려지는 세계는 우리의 감각기관과 이성의 인식 결과에 불과할 뿐 사물의 본질은 아니라는 이론이다.

사회계약설 프랑스 혁명에 사상적 근거를 제공한 루소(Jean Jacques Rousseau, 1712~1778)의 저서 가운데 《사회계약론》이 있다. 1762년에 간행된 이 책에서 루소는 개인의 자유와 평등이 양립할 수 있는 이상 국가를 모색하고 있다. 이것은 바로 이 《사회계약론》의 저자 루소를 비롯해 17, 18세기경 영국의 홉스(Thomas Hobbes, 1588~1679)와 로크(John Locke, 1632~1704) 등에 의해 전개된 합리주의적인 사상으로, 시민계급의 이론적 무기가 되어 시민혁명에서 실천적인 임무를 해냈다.

산파술 그리스 철학자 소크라테스가 사용한 대화에 의한 철학의 방법으로, 대화 상대자로 하여금 무지를 자각하도록 유도한 후, 거듭된 질문과 대답을 통해 대화의 상대자가 자신도 의식하지 못한 채 잠재적으로 가지고 있는 진리를 인식하게 하는 대화술을 말한다.

생기론(Vitalism , 生氣論) 물리·화학적으로 생명현상을 해석하는 기계론적 세계관과는 달리 특수한 힘에 의하여 나타나는 합목적적 체계로 생명을 보는 학설이다. 한편 생기설은 세계 속에 무수한 영이 존재하여 생명이나 사물에 붙거나 윤회하게 한다는 주장을 뜻하기도 한다.

성리학 송나라 때 확립된 유학의 한 계통이다. 중국 사상의 주류를 이루는 유학이지만, 초기에는 아직 종교나 철학 등의 측면이 분화되지 않은 도덕사상이었다. 이러한 유학은 송나라 때 와서 형이상학적(관념론적)인 면이 강화되면서 나타나게 되었다.

소피스트 고대 그리스에서 활약한 지식인들을 호칭하는 말로서, 이들은 변론 술과 입신출세에 필요한 백과사전적 지식을 가르쳤다. 궤변학파라고도 한다.

스토아 학파 아리스토텔레스 뒤에 생겨난 그리스 철학의 한 파로 흔히 극기 파라고 불린다. 이 학파의 주장은 스토이시즘이라고 하며, 엄숙주의와 금욕 주의가 주된 내용을 이룬다. 또한 감정을 자제해 좋은 일이나 나쁜 일에도 냉철할 수 있는 극기주의자를 스토익이라고 한다.

실존주의 19세기의 합리주의적 관념론 및 실증주의에 대한 반동으로 일어 났다. 주체적 존재로서의 실존을 중심 개념으로 하는데, 사르트르의 "실존은 본질에 선행한다."는 말이 이를 잘 대변한다. 제2차 세계대전 이후 성행했으 며 창시자는 키에르케고르(Søren Kierkegaard, 1813~1855)와 니체이다. 이들 두 사람은 모두 도덕의 합리적이고 보편적인 규준들을 포기하고, 인간의 의 지적 행위만이 가치를 창조할 수 있다고 믿었다.

아웃사이더 존 오스본(John Osborne, 1929~. 영국의 극작가), 존 블레인 등과 함 께 앵그리 영맨(1950년대 영국의 전후세대 작가들) 그룹에 속하는 영국의 콜린 윌슨(Colin Henry Wilson, 1931~)의 책 제목이기도 하다. '아웃사이더'란 한 사 회의 정신적 이방인이며 문화의 국외자이다. 콜린 윌슨은 기성 사회를 맹인 의 나라에 비유한다. 지배계급에게는 이 사회가 질서 정연해 보이지만 아웃 사이더는 이런 세상으로부터 '깨어나서 혼돈을 본 인간'이라는 것이다.

에토스(ethos)와 파토스(pathos) 에토스는 성격이나 관습을 뜻하는 그리스어에서 비롯된 철학 용어로 예술의 감성적 요소인 파토스에 대립되는 개념이다. 인간의 혼을 지성적 부분과 비지성적 부분으로 나눈 것은 아리스토텔레스였다. 그는 이 비지성적 부분 중에서 습관에 의해 지성적 부분으로 변하는 감정적 능력을 에토스라 일컬었다. 이리하여 이것은 사람에게 도덕적 관념을 갖게 하는 보편적인 도덕적, 이성적 요소와 윤리 규범을 가리키는 말이 되었다. 파토스는 정감, 정념, 격정, 고뇌 등으로 번역되는 철학 용어이다. 에토스와 대립할 뿐만 아니라 로고스(logos)와 대립되기도 한다. 인간에 있어서의 비이성적 측면을 가리키는 파토스는 '작용을 받다'라는 뜻의 동사에서 유래한 말이다.

연기설(緣起說)　인연생기(因緣生起)의 준말로 모든 현상의 변화는 직접적, 간접적 인연에 의한 결과라는 것이며, 단독적으로 우연히 이루어지는 변화란 절대 있을 수 없다는 설이다. 사물의 존재양식을 12개 항목으로 제시한 12연기설이 있는데, 이러한 입장에서 보면 이 세상에 실제로 존재하는 것은 하나도 없게 된다.

Y이론　인간은 본능적으로 외적 강제나 처벌 등의 위협이 없더라도 조건만 갖추어지면 자시실현(self-realization)의 욕구를 충족시키기 위해 일을 하게 된다는 이론이다. 이것의 반대가 X이론인데, 이는 원래 인간은 일을 싫어하여 통제와 감시에 의하지 않으면 기업의 목적을 달성할 수 없다는 이론이다.

우상과 편견　영국의 경험론 철학자 베이컨(Francis Bacon, 1561~1626)이 말한 것으로 선입견적인 편견을 우상이라 부르고, 거기에는 다음과 같이 네 가지가 있다고 했다. 즉 종족의 우상(세상의 모든 일을 인간의 관점에서만 보는 데서 발생하는 편견), 동굴의 우상(개인적 경험이나 성격적 편견으로 세상을 바로 보지 못함으로써 나타나는 편견. 동굴 안에 갇혀 있는 것에 비유), 시장의 우상(잘못된 언어의 사용으로 인해 발생되는 편견), 극장의 우상(권위나 전통을 비판 없이 받아들이고 의지하는 데서 발생하는 편견)이 그것이다.

원돈성불론(圓頓成佛論)　고려시대 보조국사 지눌(知訥, 1158~1210)이 화엄(華嚴, 불법의 광대무변함을 비유적으로 표현하는 말)의 대의를 밝힌 책이다. 지눌은 화엄과 선의 근본이 다르지 않다며, 이러한 주장을 바탕으로 중국의 선 사상을 적극적으로 받아들였다. 지눌의 사상은 교종과 선종의 조화를 이룬 선교일치의 완성된 철학체계로 신라시대의 원효(元曉, 617~686)가 제창한 화쟁사상(和諍思想, 혹은 원융회통사상)에 맥이 닿아 있다고 하겠다. 조계종의 개조(開祖)인 지눌은 지혜를 구하는 한편 중생을 구제한다는 불교 본연의 자세를 잃어버린 채 타락해 가던 당시 불교계를 비판하면서, 불교 수행의 중심을 이루는 두 요소인 정과 혜를 함께 닦자는 실천운동을 전개하였다(계는 정과 혜의 기본). 이 정혜쌍수(定慧雙修)의 바탕이 되는 이론이 돈오점수(頓悟漸修, 단번에 깨달음을 얻은 후에도 계속 닦아 나간다는 뜻)이다. 돈오는 인간의 마음이 곧 부처의 마음이라는 것을 깨닫는 것이고, 점수는 깨달은 뒤에도 오래 몸에 밴 나쁜 습성에서 벗어나기 위해 꾸준히 수행해야 한다는 것이다.

유물론　만유의 궁극적 실재는 물질이기 때문에 모든 정신적·관념적 현상이 물질에 의하여 규정된다고 주장하는 이론. 유심론이나 관념론과 대립하는 개념이다. 변증법과 결부된 것을 유물변증법이라고 하는데, 유물변증법은 인간의 의식에서 독립하여 존재하는 현실의 변증법적 발전을 인정하며, 사유의 변증법이 그것의 반영이라고 보는 세계관이다.

유토피아 현실에는 존재하지 않는 곳, 즉 공상의 이상 사회를 뜻하며, 이상향을 추구하는 사상이기도 하다. 이것은 현실에 대한 비판과 불만의 해결방법을 찾지 못할 때에 주로 나타난다. 플라톤(Platon 또는 Plato, BC 427~347)의 《국가》와 아우구스티누스(Aurelius Augustinus, 354~430)의 《신국》에도 이 사상이 배어 있다고 할 수 있는데, 특히 르네상스기에 토마스 모어(sir Thomas More, 1478~1535)가 이상의 성을 유토피아라 부르고 그것을 자신의 저서(《유토피아》, 1516년) 제목으로 삼으면서 널리 알려졌다.

이데올로기 역사적, 사회적으로 규정된(제약된) 관념형태 혹은 의식형태를 뜻하는 독일어이다. 그 개념을 가장 명확히 규명한 마르크스에 의하면, 사회의 현실적 토대로서의 경제구조에 규정되어 성립하고 있는 법률적 · 정치적인 사회제도, 사회제도의 제약을 받으면서 존재하는 종교 · 예술 · 철학 · 도덕 등의 정신적 · 문화적인 여러 형태라는 두 가지로 나누어진다.

이드(id) 리비도의 원천으로서 완전히 무의식적이다. 리비도는 쾌락 원칙에 따라 움직이는 반면에 이것은 인간이 출생 시에 갖고 있는 정신적 자질의 전부가 포함되어 있다. 유전에 의하여 부모에게서 물려받은 생물적 체질에 입각하고 있으며, 이것의 실체는 꿈이나 정신질환의 경우처럼 의식의 장막이 걷혀질 때 잠시 모습을 드러낼 뿐이다.

EQ(Emotional Quotient) 감정적 지능, 즉 정신과 다른 사람의 감정을 이해하는 능력 및 삶을 풍요롭게 하는 방향으로 감정을 통제할 줄 아는 능력을 일컫는다.

일원론과 다원론 일원론은 우주 만유의 본체로 유일한 무엇을 상징하는 학설이다. 때로 이것은 단 하나의 원리로 모든 현상을 설명하려는 사고방식을 뜻하기도 한다. 이원론은 대상을 고찰할 때 서로 대립하는 두 원리로써 설명하는 입장이다(주관과 객관, 내용과 형식, 의식과 존재, 하늘과 땅, 영혼과 육체). 데카르트(René Descartes, 1596~1650)는 물질과 정신 두 실재가 우주의 근본 원리를 이룬다고 보았다. 다원론은 우주 만유의 본체가 각 사물마다 다 다르게 존재하며 그것들이 조화를 이뤄 세계가 구성된다고 보는 입장이다.

존재와 시간 독일의 철학자 하이데거(((Martin Heidegger, 1889~1976)가 쓴 책의 제목이기도 하다. 그는 20세기 독일 실존주의 철학의 대표적 인물이며, 1923년 젊은 나이로 대학 교수가 되었고, 후에 프라이부르크 대학 총장을 지내기도 했다. 한때 나치에 협력한 전력으로 교직에서 추방되었으나 복직되어 강의와 저술에 전념할 수 있었다. 그는 불안에 휩싸인 인간에게 인간 존재에 대한 이해와 불안을 극복할 수 있는 전망을 제시하고자 이 글을 썼다. 존재의 규명을 철학의 주제로 삼은 그는 존재를 '과거가 아닌 미래를 향하는 현재의 존재'라고 규정하였다. 또 하이데거는 훗날 실존철학의 근본 개념 가운데 하나가 되는 '세계 내 존재'라는 개념을 정립하였다. 세계 내 존재는 다른 존재자와 교섭하는 가운데 존재하는 인간이, 존재자 일반을 초월한 존재 의미의 기반인 세계 안에 위치한다는 점을 뜻하는 개념이다. 하이데거의 저서에는 이외에도 《칸트와 형이상학의 문제》, 《숲속의 길》 등이 있다.

종말론 종교인들 중에는 세상의 죄악으로 신이 심판을 내려 이 세계를 끝낼 것이라고 믿는 사람들이 많다. 바로 이들의 믿음을 말하는데, 기독교의 것이 가장 대표적이다. 1992년 10월 28일 휴거를 내세운 다미선교회 등에 의해 시한부 종말론이 주장되면서 종말론이 한동안 주요한 논란거리가 된 적이 있다.

주변인 이질적 사회집단이나 문화의 경계에 위치하며 어느 쪽에도 귀속할 수 없는 사람. 경계인이라고도 부르는데, 이질적인 문화와의 접촉이 잦은 현대인은 이런 주변인적 상황에 놓여 있다고 볼 수 있다. 예컨대 이민자나 혼혈인처럼 하나의 문화에 속하지 못하고 서로 다른 문화의 경계에 서서 내적 갈등을 겪게 되는 사람들을 말한다.

초자아(superego , 超自我) 사회에서 요구하는 도덕률이나 터부로 구성되는 한편, 일부는 부모로부터 받은 교육을 토대로 형성된 도덕관념에 의해 지배된다. 초자아라는 개념은 1923년 프로이트가 소개했는데, 이것을 현실에 의해 지배되는 자아로부터 떼어내 생각하는 까닭은, 이것이 대개 부모로부터 교육되며, 부모의 초자아를 더 많이 본받게 되기 때문이다.

코페르니쿠스적 전환 칸트(Immanuel Kant, 1724~1804)가 자신의 인식론상의 입장을 나타내는 데 사용한 말. 그는 인식은 대상에 의거한다고 생각되던 것을 역전시켜, 인식은 우리들 주관 구성에 의해 비로소 가능하게 된다고 주장했다. 종래에 믿어 왔던 천동설에 대한 코페르니쿠스의 지동설에 관한 주장처럼 인식론상의 전환을 가져온 데서 비유된 말이다.

파랑새증후군 정신적으로 성장이 정지해 버린 현상. 일반적으로 어머니에게 의존하는 정도가 지나친 청소년들에게서 발견된다. 환경이나 집단에 순응하기만 하고 자아를 주장하지 않는 현대인의 심리를 말하기도 한다.

한계상황(극한상황) 철학자 야스퍼스(Karl Jaspers, 1883~1969)가 사용한 용어로 실존이 거기로부터 도피할 수 없는, 그러면서도 그 이유를 놓칠 수 없는 궁극적이면서도 유연적인 상황을 말한다. 한계상황의 예로는 죽음, 고뇌, 투쟁 등이 있다.

해방신학 남아메리카의 역사와 사회적 상황 속에서 생겨나 주로 제3세계를 중심으로 확산된 혁신적인 신학체계이다. 이것은 예수 그리스도의 복음을 피압박자의 해방(구원)으로 해석하는데, 여기에는 민중해방운동이 바탕에 깔려 있다. 이것이 출발하는 계기는 1968년 콜롬비아에서 열린 제2 라틴아메리카 사교회의에서였다. 이때 남미 사람들의 비참한 현실을 극복하기 위해 성직자들이 행동해야 한다는 선언이 나왔는데, 남미의 가톨릭 성직자들이 유럽의 전통적인 신학에 반발하며 피억압자나 차별받는 자의 입장에 선 것이다. 이 같은 움직임에 대한 로마 교황청의 반응은 부정적이었으나, 1986년 3월에 이르러 교황청은 이 신학체계에 긍정적인 태도를 보이기 시작했다.

형이상학 경험적인 현 세계를 초월하여 그 뒤에 숨은 것의 참된 본질이나 근본적 원리를 체계적으로 탐구하는 학문으로 신학, 논리학, 심리학 등이 여기에 속한다. 이에 반해 형이하학은 눈에 보이는 대상을 연구하는 학문으로 물리학, 생물학 따위가 속한다.

호연지기 도의에 뿌리박은, 지극히 크고 굳세며 곧은 마음으로, 조금도 부끄러운 바가 없는 도덕적 용기를 뜻하는 말로 맹자로부터 비롯되었다.

회의주의 인간은 확실한 것을 알 수 없다는 입장으로 소피스트들에서 그 원형을 찾아볼 수 있다. 헬레니즘 시대의 대표적 회의론자인 피론(Pyrrhon, BC 360?~270?)은 인간은 보편타당한 판단기준을 가질 수 없다는 이유로 진리의 존재를 부정하고 어떤 판단이나 설명도 해서는 안 된다는 '판단 중지(epoche)'를 주장했다.

[문학·예술]

대중문화 대중이 당사자가 되는 문화형태를 말한다. 매스컴의 발달과 함께 꽃 핀 20세기 문화의 특성을 지칭하는데, 여기에는 유행성과 향락성이 강조되어 있다. 문화의 형태와 내용이 평준화하고 획일화된 것은 대량생산과 매스커뮤니케이션의 발달, 그리고 중간층의 확산에 의해서이다. 문화의 생산자와 향유자가 분리된 대중문화는 향유층인 대중의 기호에 따라 저속화하기도 한다. 문화를 상품화시키는 이 문화는 대중을 감성화, 정서화하여 몰개성적으로 만드는 측면이 있다.

리얼리즘　사실주의 혹은 현실주의라고 번역되며, 낭만주의와 이상주의에 대응된다. 주관보다 객관을 중시하고 현실을 있는 그대로 재현하려는 예술상의 경향인데, 문학에서 사실주의가 의식적인 예술상의 수법으로 명확하게 제창된 것은 1850년경 프랑스에서 낭만주의에 대한 반동이 일어난 뒤부터였다. 유기적인 통일성이 있는 일군의 소설들에 사회의 총체상을 담으려는 장대한 기획을 가졌던 발자크(Honore de Balzac, 1799~1850), 리얼리즘 소설을 예술로서 완성시킨 플로베르(Gustave Flaubert, 1821~1880), 자연주의의 가치를 들고 리얼리즘을 한 걸음 넘어서려고 했던 졸라(Émile François Zola, 1840~1902), 그리고 러시아의 톨스토이((Lev Nikolayevich Tolstoy, 1828~1910)와 고리키(Maksim Gor'kii, 1868~1936) 등이 이 경향에 속한다. 미술에서는 19세기 중엽 쿠르베(Gustave Courbet, 1819~1877)가 처음으로 이것을 표방하여 광명을 얻었다. 우리나라에서는 1980년대에 문학계에서 현실주의에 입각한 예술창작과 실천운동이 활발히 전개된 바 있다.

리얼리즘–모더니즘 논쟁　1960년대 이후 평론가들 사이에 일어난 문학의 본질과 방향에 대한 논쟁. 문학은 사회, 역사, 현실과 밀접한 관계를 맺고 있으며 작가는 사회와 역사의 단면을 계속 작품 속에 반영해야 한다는 입장에 맞서, 문학이 도구나 사회운동의 슬로건으로 전락할 수 없다는 입장이 대립되었다. 이후 리얼리즘은 민중문학론으로, 모더니즘은 포스트모더니즘으로 이어져 논쟁이 계속되고 있다.

마조히즘과 사디즘　변태성욕의 하나로 꼽히는 마조히즘은 이성에게 성적 학대를 받음으로써 오히려 쾌감을 느끼는 것이다. 이와 반대로 사디즘은 이성을 학대함으로써 성적 만족과 쾌감을 느끼는 변태성욕의 하나다.

매너리즘 문학, 예술의 표현수단이 일정하여 독창성 없이 타성적으로 반복되는 형태나 상태를 말한다. 더 이상 진보하지 못하고 제자리에 머물러 답보 상태를 벗어나지 못하는 경우를 이르기도 한다.

모더니즘 우리말로는 근대주의나 현대주의로 번역될 수 있는데, 기존의 도덕과 권위를 부정하고 기계문명과 도시적 감각, 자유와 평등을 중시하고 추구하는 사조를 일컫는다. 예술에 있어서는 제1차 세계대전 이후 시대적 특색을 표현하며 생겨난 표현주의, 미래주의, 다다이즘, 형식주의 등을 모두 포함할 정도로 넓은 의미를 갖고 있다. 이합 핫산(Ihab Hassan, 1925~)은 이것을 도시주의, 기술주의, 소외, 원초주의, 에로티시즘, 실험주의 등과 동일시했다. 이 시대 작가들이 시시각각으로 변하는 현대에 대응하는 한편, 현대를 표현하기 위해 온갖 새로운 형식이나 이론을 구하는 경향이라는 식으로 이것을 폭넓게 이해할 필요도 있다.

문화상대주의 개개 문화의 고유 가치를 인정하는 관점이라고 할 수 있다. 자민족 중심주의가 자신의 문화적 가치로 타 문화권을 판단하려는 경향을 나타내는 데 반해, 이것은 각 문화의 기준과 가치는 다를 수밖에 없으며 상대적으로 존중되어야 한다는 입장을 취한다. 자민족 중심주의는 어느 정도 보편적인 문화현상이라 할 수 있다. 왜냐하면 대부분의 인간은 자기가 습득한 관습과 가치가 진실되고 도덕적이라 믿기 쉬워 자문화가 타 문화보다 우월하다고 믿는 경향을 알게 모르게 가지기 때문이다. 따라서 대부분의 인간은 타 문화권의 어떤 구체적 행위에 대해서는 이질적이고 야만적으로 여기게 된다. 요 근래 문화인류학은 대체로 이러한 자민족 중심주의에 반대하여 문화적 다양성과 상대성을 존중하는 입장을 취한다.

문화어 북한이 표준말로 삼고 있는 평양 중심의 말. 여기에는 상당수의 함경도 사투리가 섞여 있고, 된소리가 많아 거칠고 공격적인 것이 특징이다.

민족문학 창작의 정신적 기반을 민족에 두고 민족을 위한 문학을 수립하고자 하는 문학. 현대 문학사에서 이 경향을 띤 문학이 나타난 것은 1926년경으로 카프(Korea Artista Proleta Federatio, KAPF. 일제시대 활동했던 문학예술가 조직으로 조선프롤레타리아예술가동맹의 약칭)와 대립되는 개념으로 출현하여 국민문학이라고도 불렸다.

민중문학 문학의 본질이 삶의 반영을 통한 인간성의 구현을 표현하는 것이라고 할 때, 그것은 한 사회의 계급 가운데 대다수를 차지하는 민중의 이익과 관점을 충실히 반영해야 한다고 믿는 문학. 1970년대에 등장하여 문단에 새로운 기풍을 조성하였으며, 1980년대로 넘어가면서 노동문학, 분단문학 등의 형태로 구체화되었다.

삼강오륜(三綱五倫) 삼강은 유교 도덕의 기본이 되는 세 가지 원칙으로 임금과 신하, 부모와 자식, 그리고 남편과 아내 사이에 지켜야 할 도리이다. 즉 근위신강(君爲臣綱, 임금은 신하의 근본), 부위자강(父爲子綱, 어버이는 자식의 근본), 부위부강(夫爲婦綱, 남편은 아내의 근본)이며, 오륜은 유교 도덕의 실천적인 면,

즉 부자유친(父子有親), 군신유의(君臣有義), 부부유별(夫婦有別), 장유유서(長幼有序), 붕우유신(朋友有信)의 다섯 가지다.

샤머니즘 무당을 중심으로 한 신앙체계로서, 무당(샤먼)은 춤이나 노래를 되풀이하여 황홀의 경지(엑스터시)에 이르러 신이나 영혼과 직접 접촉함으로써 초자연적인 신령계에서 오는 정보를 전달하거나 그 힘으로 악령을 제거하기도 하고, 점을 치거나 병을 치료하기도 한다.

세기말 문자적으로 보아 한 시대의 끝을 나타내는 말이다. 어떤 사회의 몰락기에 나타나는 비정상적인 상태나 경향을 나타내는 말인 것이다. 문학에서의 이것은 기성 도덕과 사회 이념을 부인하고 물질적 향락과 퇴폐적 경향이 드세어지던 19세기 말의 풍조를 뜻한다. 이즈음 우리 사회를 보면 새로운 세기말을 살고 있다는 것을 실감하지 않을 수 없다.

신사고 고르바초프가 사용하기 시작한 외교 용어로, 핵전쟁의 위기가 상존하는 현대에 있어서 종래의 전통적인 사고에 구애받지 않고 새로운 국제정세 전반을 이해해야 한다는 것이 그 내용이다.

아방가르드 프랑스어로 원래 전위대를 뜻하는 군대 용어였다. 지금은 보통 인습적인 권위와 전통에 반항하며, 혁명적인 예술 정신의 가치를 내걸고 행위하는 예술운동을 뜻한다.

앙가주망 '사회 참여'를 뜻하는, 프랑스 실존주의 학파가 쓴 용어로, 일반적으로 예술지상주의의 문학에 비해 사회적·정치적 입장을 명확히 내세우는 문학. 사르트르에 의하면 작가는 상황을 폭로함으로써 세계의 변혁을 시도하고, 독자는 폭로된 대상 앞에서 책임을 져야 하므로 작가와 독자 모두가 필연적으로 사회적인 입장을 취하게 된다.

애니미즘 정령설로 번역되곤 하며, 혼의 존재를 인정하고 그것이 인간이나 사물에 붙어 영향력을 미친다고 보는 신앙 형태이다.

저널리즘 대중매체를 통하여 뉴스와 논평을 전하는 활동이다. 주로 시사적인 문제를 다룬다는 점과 매일 혹은 정기적으로 다룬다는 점이 특징이다. 대중을 상대로 정기적으로 커뮤니케이션 활동을 함으로써 현대인의 사회환경을 조성하는 역할을 한다. 여기에 종사하는 사람을 저널리스트라고 하는데, 일반적으로는 미디어 기업에 고용되어 보도, 논평 등의 직무에 종사하는 기자, 아나운서, 캐스터 등을 말한다.

지식산업 대중의 지적 욕구에 부응하는 산업, 즉 출판, 영화, 음악, 방송 등이 여기에 속한다.

지식집약산업 연구개발, 디자인, 전문적 판단 등 지적 활동의 집약도가 높은 산업. 구체적으로는 연구개발산업, 고도 단위산업, 패션산업, 지식산업 등으로 나뉜다. 단순노동집약산업이나 자본집약산업과 대비되어 사용되는 말이다.

초현실주의 20세기 전반기에 생겨난 문학 및 예술운동으로, 현실과 꿈을 뒤섞는 등 자유로운 상상과 사고를 펼쳤다. 경험 세계를 뛰어넘고자 애썼으며, 현실을 본능적이고 잠재적인 꿈의 세계와 뒤섞어 우리의 시각을 넓히는 데 공헌했다.

카타르시스(정화) 아리스토텔레스(Aristoteles, BC 384~322)의 《시학》에서 비극이 인간에게 주는 효과를 설명하기 위해 사용된 용어로 감정의 정화작용이란 뜻을 지니고 있다. 원래 의학용어였던 이 말은, 사람들이 비극을 볼 때 인생의 슬픔과 운명 앞에 패배하는 인간의 모습을 보며, 그 파국의 과정에서 연민과 공포를 느끼게 되어 감정 밑바닥에 깔려 있던 불순한 부분이 사라져 버리게 된다는 뜻을 가지게 되었다.

토테미즘(totemism) 토템은 인디언의 말에서 나온 것으로 원시부족 및 씨족이 자신들과 친연관계를 맺고 있다고 보아 신성시한 특정의 자연물 같은 것을 의미한다. 바로 이러한 토템에 의하여 형성된 신앙형태를 말한다.

패러디 저명한 작가나 상품의 사상, 문체, 내용 등의 모작을 만들거나 풍자하는 것으로, 예술의 한 형식으로 인정받고 있다. 여기에는 단순한 모작 수준에서 새로운 창조 수준까지 폭이 넓다. 기성 작품의 명성을 이용하려 할 때는 예술 정신의 타락을 목격할 수 있을 따름이다. 일찍이 그리스에는 호메로스(Homeros, BC 800?~750)의 《일리아드》를 흉내낸 서사시가 있었다고 하며, 스페인의 세르반테스(Miguel de Cervantes, 1547~1616)가 지은 《돈키호테》가 중세 기사문학의 패러디라는 주장도 있다.

포스트모더니즘 모더니즘 뒤에 태어난 예술문화의 사상 및 운동을 말한다. 이것은 통일된 사상이나 운동이 아니라고도 하는데, 그만큼 다양한 경향이 뒤섞여 있기 때문이다. 생겨나게 된 주요 동기는 20세기 전반부터 모더니즘을 통하여 형성된 고급문화와 저급문화의 엄격한 구분, 각 예술 장르 간의 폐쇄성에 대한 반발이다.

풍수사상 한국과 중국의 전통적인 지리과학이자 토지관으로, 음양오행 사상을 기반으로 하며 《주역》의 체계를 기본적인 논리구조로 삼고 있다. 우주와 인간을 본질적으로 동일한 주제로 보고 양자의 조화를 추구하는 자연조화의 정신을 바탕으로 하고 있으나, 세속적으로 샤머니즘과 결합되어 기복신앙의 형태를 띠게 되었다.

허무주의(니힐리즘) '없음'을 뜻하는 라틴어인 'nihil'에서 유래된 말로 절대적인 진리나 도덕, 가치 같은 것이 존재하지 않는다고 보는 입장이다. 니힐리즘은 일체의 주의, 주장을 무시하고 인생에는 아무런 의미도 없다고 보는 절망적 입장과, 자유로운 삶과 자유에의 길을 적극적으로 모색하는 능동적 입장으로 구별하는데, 실존주의는 후자에 해당된다.

효(孝) 일상적인 차원에서는 부모를 모시는 일이라고 할 수 있다. 그러나 단지 그 차원에 머물지는 않는다. 이것은 유교의 덕목 가운데 하나로 《논어》는 효제(孝悌)가 인(仁)의 근본이라 밝히고 있고, 《맹자》도 요순의 도는 효제 바로 그것이라고 하였다. 유교 사회에서는 이것이 부모를 섬기는 도리일 뿐 아니라 사회의 중심이 되는 원리, 즉 통치이념이기도 하였다. 《효경》에 천자가 자신의 이것을 실천함으로써 천하를 다스린다고 한 것은 바로 통치이념으로서 이야기하고 있는 것이다. 효는 왕조시대가 막을 내리면서 퇴색했고, 가족 윤리로서의 효도 사회의 급격한 변화에 따라 흔들리고 있다. 그러나 그 사상의 가치는 분명 긍정적인 것이다. 반면 변화된 사회체제에 맞게 재편되지 않는다면 현실적인 의의를 상실하게 될 것이다.

[주요 용어]

토론(debate) 정해진 규칙에 따라 긍정(찬성), 부정(반대)으로 대응하는 두 팀 간에 주어진 논제에 대해서 논거에 의한 주장과 검증을 거듭하여 의논을 되풀이함으로써 이성적 판단을 내리는 과정.

레토릭(rhetoric) 논변학(論辨學). 매체를 이용한 커뮤니케이션을 통해 사리를 판단하는 학문. 말을 효과적으로 다듬는 학문인 수사학을 포함하고 있다.

문답법(dialectics) ① 질의와 응답을 통해 모순을 배제하고 진리를 규명하는 방법. ② 명제와 사고의 속성으로 찬(thesis, 正)과 반(antithesis, 反)의 이성적 작용을 통해 진리를 규명하는 방법. ③ 헤겔의 변증법으로서 그리스의 문답법 개념을 인류 역사 변천에 원용하여 정·반·합에 의해 변화한다고 본 방법. 마르크스에 영향을 끼침.

프로타고라스(Protagoras) BC 486~410. 그리스 수사학자, 철학자, 토론학과 인식론의 창시자로 일컬어진다. "인간은 만물의 척도이다. 그 만물은 그런 것과 그렇지 않은 것으로 이루어졌다."라는 명제로 후세 철학에 큰 영향을 주었다.

아리스토텔레스(Aristoteles) BC 384~322, 그리스의 철학자. 플라톤의 제자로 아카데미에서 수학하였으며 알렉산더 대왕의 스승이다. 400여 권의 저서로 전 학문 분야에 영향을 끼쳤는데, 특히 레토릭, 정치학, 윤리학, 시학을 동시에 저술하여 토론의 정치적 기능 및 사회적 윤리와 언어적 특성을 동시에 가르쳤다.

토론의 세 가지 주제 아리스토텔레스는 토론의 주제를 크게 정책토론, 가치토론, 사실토론 세 가지로 분류하였다. 정책토론은 미래의 정책결정을 주로 다루고, 가치토론은 현재 공동체의 가치에 대한 옳고 그름을 따지며, 사실토론은 법정토론처럼 과거에 일어난 행위의 유무를 다룬다.

NDT 'National Debate Tournament'의 약자로 1947년부터 열리고 있는 미국 대학생 토론대회를 말한다. 정책 주제를 토론의 논제로 삼았으며, 이후 토론학에서 일반명사화되었다.

CEDA 'Cross Examination Debate Association'의 약자로 1971년부터 열리고 있는 미국 대학생 토론대회를 말한다. 주로 가치 주제를 토론의 논제로 삼았으나 지금은 정책 주제를 토론의 논제로 삼고 있으며, 이후 토론학에서 일반명사화 되었다. 일명 교차조사토론이라고도 한다.

논제(resolution) 논제란 논란(controversy)들 가운데 가장 핵심적인 사안을 명료하게 구분해 주는 진술문이다. 논제를 둘러싸고 긍정 측은 현 상태의 변화를 바라는 입장이 되는 반면 부정 측은 현 상태를 유지하려는 입장을 취하게 된다.

증명의 부담(burden of proof) 긍정 측 첫 번째 입론자는 논제가 성립되기 위한 필요조건(requirement)을 증명해야 하는 증명의 부담을 안는다. 이는 '문제를 제기하는 사람이 증거도 제시해야 한다'는 원칙에 의한 것이다.

필수 쟁점(stock issues) 논제에 내재되어 있기 때문에 반드시 설정해야 한다고 주장하는 긍정 측의 사실, 혹은 가치와 관련된 진술들을 말한다. 가치토론에서 필수 쟁점은 정의적 쟁점(definitive issues) 및 지시적 쟁점(designative issues)의 두 가지로 구분할 수 있다. 정책토론의 경우는 필수 쟁점으로 정당화(justification), 정책방안(plan), 정책 도입에 따른 이익(advantage)의 세 가지 요소가 반드시 제시되어야 한다.

교차조사(cross examination) 교차조사는 상대 토론자의 논리상에 나타나는 문제를 부각시키는 심문과정이자 논리적인 취약 부분을 탐색하는 토론의 감리과정이다.

반증의 부담(burden of rebuttal) 긍정 측이 증명의 부담이 있다면 부정 측은 반증의 부담을 안고 있다. 부정 측이 반박하지 않은 쟁점은 '침묵은 곧 동의를 의미한다'는 토론의 원칙에 의하여 긍정 측의 논리가 받아들여진 것으로 간주된다.

대체방안(counterplan) 긍정 측이 제시한 해결방안보다 더 많은 이익을 초래할 수 있는 방안으로 부정 측에 의해 제시된 대안(alternative)을 말한다.

CEDA(Cross Examination Debate Association) 형식 현재 미국의 대학 간 토론대회에서 가장 널리 사용되고 있는 토론형식, 찬·반, 혹은 긍·부정 양 팀은 각각 두 사람으로 구성되며, 토론자 개개인은 각각 세 번의 발언 기회를 갖게 된다. 즉, 각각 한 번씩의 입론과 반박, 그리고 한 번씩의 교차조사를 하게 된다.

플로차트 플로차트는 CEDA 형식의 토론이 전개되는 상황을 단계별로 보여주는 흐름표이다. 토론이 진행되는 동안 주장, 논박, 수용의 흐름을 철저히 분석할 수 있게 해 준다.

링컨-더글러스 토론(Lincoln-Douglas debate)형식 가치토론의 가장 대표적인 형식이다. CEDA와는 달리 이 토론형식은 가치 평가의 대상 규정, 주요 평가 개념 정의, 평가항목과 기준 설정, 가치 구조의 설정과 정당화 등을 필수 쟁점으로 삼는다.

의회토론(parliamentary debate)형식 1820년대에 생긴 옥스퍼드와 캠브리지의 학생회가 행하던 토론형식에 기초를 둔 것으로, 영국 의회의 특징을 반영한다. 보통 한 쪽 팀에 두 사람이 참여하며, 그 중 한 사람(수상과 야당 당수)이 각각 두 번의 발언 기회를 갖고, 다른 한 사람(여당 의원과 야당 의원)이 한 번의 발언 기회를 갖는 것이 보편적 형태이다. 그러나 세 명의 토론자가 참여하여 각각 한 번씩의 발언 기회를 갖는 형식도 가능하다.

칼 포퍼 토론(Karl Popper debate)형식 철학자 칼 포퍼의 이념에 기초를 두고 1994년에 만들어진 토론방식이다. 주로 고등학생에게 비판적 사고, 자기 표현, 그리고 다른 의견에 대한 관용(tolerance)의 자세를 길러주기 위해 만들어진 것으로, 세 명이 한 팀을 이루어 각 팀이 한 번의 입론과 두 번의 반론을 하며, 마지막 반론을 제외하고는 매 스피치마다 교차조사가 진행되는 토론 방식이다.

토론 평가 아카데미식 토론의 평가는 사고의 합리성과 유연성, 논리의 역동성, 듣기를 통한 분석 능력 및 창의적인 설득 과정을 총체적으로 측정하는 것을 원칙으로 한다. 이 같은 토론 평가에 중요하게 작용하는 세부 기준들은 각 토론형태 및 대회에 따라 다르며, 심지어 심사위원 개인의 성향에 따라 다르게 적용될 수도 있다.

CEDA 토론 평가 분석력 및 정의, 증거, 반박, 교차조사, 구성, 전달력, 언어 및 스타일 등 7가지 항목을 각 5점 척도로 하여 총 35점 만점으로 평가하고 있다.

의회토론 평가 논증력과 분석력, 내용, 반박, 조직, 스타일 및 수사, 팀워크, 보충 질의 등의 항목을 기준으로 1~30점 범위 내에서 개별 토론자 점수를 총체적으로 부여한다.

논증(arguementation) 논증이란 받아들여진 사실(data)로부터 논거(warrant)를 통해 주장(claim)으로 이동하는 것을 의미한다.

사실(grounds 혹은 data) 사실은 논증이 기초로 하고 있는 자료나 정보로서, 목표인 주장에 이르는 수단이라 할 수 있다.

주장(claim) 주장이란 어떤 사람이 정당화시키고자 하는 논증의 결론이자 목적지라고 할 수 있다.

논거(warrant) 논거란 사실로부터 주장으로의 논리적 이동이 적법한(legitimate) 것인가를 보장해 주는 기준이 된다.

논거 보강(backing) 논거에 포함된 가정을 확인해 주기 위한 추가적인 증빙 자료라고 할 수 있다.

유보 조건, 혹은 반증(reservation) 유보 조건은 사실이 주장을 정당화시키지 못하는 구체적인 상황이나 조건을 제시하는 것이다.

확률치(modality) 확률치는 사실로부터 논거로의 비약이 지닌 강도를 나타낸다.

실재적 주장(substantive arguments) 외부 세계의 현상들 사이에 존재하는 관계에 관한 가정에 의존하는 주장.

권위적 주장(authoritative arguments) 사실을 획득하게 된 출처의 질에 관한 가정에 의존하는 주장.

동기적 주장(motivational arguments) 듣는 사람들의 행동을 촉발시키는 내면적 가치, 열망, 욕구와 관련된 가정에 의존하는 주장.

논리적 오류 논증에 있어서 저질러지는 잘못을 일컫는다. 주로 전제에 잘못이 있거나, 전제와 결론 사이에 연관성이 부족하거나, 결론이 전제의 범위를 초월해 도출되는 경우에 발생한다.

수사적 논리 견해나 주장의 적절하고 효과적인 표현과 실행방법을 중요시함으로써 청중의 문화적, 경험적, 관습적 호소까지 허용하는 인식적이고 창조적인 언어 사용방법을 의미한다.

어휘의 수사 크게 비유법, 강조법, 변화법 등으로 구분된다.

화용론적 수사 사유의 수사 기법을 의미하며 명명기법, 슬로건, 인용, 속담, 통계, 예증, 유추, 설명, 묘사, 극화, 아이러니 및 패러독스, 문화 텍스트 이용, 동일시, 수사적 질문 등으로 구분된다.

비언어적 행위(nonverbal) 크게 음성적 행위이면서 뜻이 없는 경우와 비음성적 행위이면서 뜻이 있거나 없는 경우로 나눌 수 있다.

유사 언어 행위(paralanguage) 음성 행위로서 비언어적 행위를 말한다. 유사 언어 행위는 음성의 요소(vocalic quality)와 비언어적 소리(vocalization)로 구분된다.

동작학(kinesics) 인간이 의사소통할 때 나타나는 동작을 체계적으로 연구하는 분야이다. 크게 몸짓과 자세로 구분된다.

토론 · 논술에 강해지는 방법 2
인용을 위한 어휘 훈련(고사성어, 속담, 명연설문)

[속담 100선(選)]

가는 날이 장날이다 뜻하지 않은 일이 우연하게도 잘 들어맞다.

가는 말이 고와야 오는 말이 곱다 내가 남에게 좋게 대해야 남도 내게 잘한다.

가랑비에 옷 젖는 줄 모른다 재산 같은 것이 조금씩 없어지는 줄 모르게 줄어들다.

가랑잎이 솔잎더러 바스락거린다고 한다 제 결점이 큰 줄 모르고 남의 작은 허물을 탓한다.

가재는 게 편이라 됨됨이나 형편이 비슷하고 인연 있는 것끼리 서로 편이 되어 어울리고 사정을 보아주다.

가지 많은 나무에 바람 잘 날 없다 자식 많은 사람은 걱정이 떠날 때가 없다.

간에 가 붙고 쓸개에 가 붙는다 조금이라도 이로운 일이라면 체면과 뜻을 어기고 아무에게나 아첨하다.

간에 기별도 안 간다 조금밖에 먹지 못해 제 양에 차지 않는다.

간이 콩알만해지다 겁이 나서 몹시 두렵다.

갈수록 태산이다 어려운 일을 당하면 당할수록 점점 어려운 일이 닥쳐온다.

같은 값이면 다홍치마 이왕 같은 비용이 든다면 자기에게 이익이 많은 것을 택한다.

개구리 올챙이 적 생각 못한다 자기의 지위가 높아지면 전날의 미천하던 때의 생각을 못한다.

개밥에 도토리 여럿 속에 어울리지 못하다.

개천에서 용 난다 변변치 못한 집안에서 훌륭한 인물이 나오다.

고기는 씹어야 맛이요, 말은 해야 맛이라 마음속으로만 애타하지 말고 할 말은 속 시원히 해야 한다.

고래 싸움에 새우 등 터진다 힘센 사람들끼리 서로 싸우는 통에 공연히 약한 사람이 그 사이에 끼여 아무 관계없이 해를 입다.

고양이 목에 방울 달기 실행하기 어려운 일을 공연히 의논함.

공든 탑이 무너지랴 정성을 다하여 한 일은 헛되지 않아 반드시 좋은 결과를 얻는다.

구더기 무서워 장 못 담글까 다소 방해되는 일이 있다 하더라도 마땅히 할 일은 해야 한다.

구슬이 서 말이라도 꿰어야 보배 아무리 훌륭한 일이라도 완전히 끝을 맺어 놓아야 그 가치가 생긴다.

귀에 걸면 귀걸이, 코에 걸면 코걸이 한 가지의 것이 여러 분야에 해당되어 정하는 사람 마음대로이다.

그림의 떡 보기는 하지만 먹을 수도 없어 실제에 아무 소용이 없다.

금강산도 식후경 아무리 좋은 것, 재미있는 일이 있더라도 배가 부르고 난 뒤에야 좋은 줄 안다. 곧, 먹지 않고는 아무리 좋은 것도 좋은 줄 모른다.

까마귀 날자 배 떨어진다 아무 관계없이 한 일이 공교롭게도 다른 일과 때를 같이하여 둘 사이에 무슨 관계라도 있는 듯한 의심을 받다.

꿩 대신 닭 자기가 쓰려는 것이 없을 때 그와 비슷한 것으로 대신 쓰다.

꿩 먹고 알 먹기 한 가지 일을 하고 두 가지 이익을 보다.

남의 잔치에 감 놓아라 배 놓아라 한다 쓸데없이 남의 일에 일일이 간섭하다.

낫 놓고 기역자도 모른다 아무것도 모르고 몹시 무지하다.

낮말은 새가 듣고 밤말은 쥐가 듣는다 아무리 비밀로 하는 말도 새어 나가기 쉬우므로 말을 항상 조심해야 한다.

내 코가 석 자 내 사정이 급해서 남의 사정까지 돌볼 수가 없다.

누워서 침 뱉기 남을 해하려다 도리어 자기 자신이 해를 입는다.

늦게 배운 도둑질이 날 새는 줄 모른다 나이 들어 시작한 일에 몹시 집중하다.

다 된 죽에 코 풀기 거의 완성된 일을 망치다.

달면 삼키고 쓰면 뱉는다 제게 이로우면 이용하고 필요치 않으면 버린다.

닭 잡아먹고 오리발 내민다 나쁜 일을 하고 간사한 꾀로 숨기려 하다.

도둑이 제 발 저리다 죄 지은 자가 그것이 폭로될까 두려운 나머지 알지 못하는 가운데 스스로 죄책감을 나타내다.

돌다리도 두들겨 보고 건너라 아무리 잘 아는 일이라도 조심하여 실수 없게 하다.

되로 주고 말로 받는다 남을 조금 건드렸다가 도리어 일을 크게 당하다.

등잔 밑이 어둡다 제게 가까운 일을 먼 데 일보다 오히려 모르다.

땅 짚고 헤엄치기 아주 쉽게 할 수 있는 일.

똥 묻은 개가 겨 묻은 개 나무란다 자기는 더 큰 흉이 있으면서 도리어 남의 작은 흉을 탓하다.

뛰는 놈 위에 나는 놈 있다 아무리 재주가 있다 해도 더 나은 사람이 있다.

마른 하늘에 날벼락 뜻밖에 입는 재난.

말 한마디에 천 냥 빚을 갚는다 말을 잘하면 큰 빚도 갚을 수 있다는 말로, 그만큼 말이 중요하다.

목구멍이 포도청 먹고 살기 위해서는 어떤 일이라도 하게 된다.

못된 송아지 엉덩이에 뿔난다 되지 못한 사람이 건방지고 좋지 못한 짓을 한다.

믿는 도끼에 발등 찍힌다 믿던 사람에게 배신을 당하거나, 믿고 하던 일이 뜻밖에 실패하다.

밑 빠진 독에 물 붓기 아무리 노력을 하고 애써도 보람이 나타나지 않다.

바늘 도둑이 소 도둑 된다 나쁜 행실일수록 점점 더 크고 심하게 되므로 나쁜 행동은 아예 처음부터 바로잡아야 한다.

배보다 배꼽이 더 크다 마땅히 작아야 할 것이 오히려 더 크다.

백지장도 맞들면 낫다 아무리 쉬운 일이라도 혼자 하는 것보다 협력하여 하는 것이 더 낫다.

벼룩의 간 빼먹기 극히 적은 이익을 부당한 수단을 써서 착취하다.

병 주고 약 준다 일이 안 되도록 방해하고는 도와주는 척하다.

보기 좋은 떡이 먹기도 좋다 겉모양이 좋으면 속의 내용도 좋다.

부부 싸움은 칼로 물 베기 다투다가도 이내 풀려 아무 틈이 생기지 않는다.

빛 좋은 개살구 겉만 번지르르하고 실속이 없다.

사공이 많으면 배가 산으로 올라간다 간섭하는 사람이 많으면 진행 중인 일이 잘 안 된다.

새 발의 피 지극히 적은 분량.

서당 개 삼 년에 풍월을 읊는다 무지한 사람이라도 유식한 사람과 오래 지내면 자연히 견문이 생긴다.

세 살 버릇 여든까지 간다 한번 길들여진 버릇은 오래 가므로 어려서부터 좋은 버릇을 들여야 한다.

소문난 잔치에 먹을 것 없다 소문이 많이 난 일이 실제로는 보잘것없다.

소 잃고 외양간 고친다 이미 일을 그르치고 난 뒤에는 뉘우쳐도 소용이 없다.

쇠뿔도 단김에 빼랬다 하고자 한 일은 망설이지 말고 바로 시작한다.

수박 겉핥기 내용이나 참뜻은 모르면서 그냥 대충 일하다.

식은 죽 먹기 어떤 일을 하기가 매우 쉽다.

십 년이면 강산도 변한다 세월이 흐르면 세상에 변하지 않는 것이 없다.

싼 게 비지떡 무슨 물건이고 값이 싸면 품질이 좋지 못하다.

아는 길도 물어 가라 익숙한 일이라도 남에게 물어보고 조심해야 한다.

아니 땐 굴뚝에 연기 나랴 원인이 없는 결과는 없다.

아닌 밤중에 홍두깨 예고도 없이 뜻밖의 일이 생기다.

약방에 감초 어떤 일에나 빠짐 없이 참여하다.

어물전 망신은 꼴뚜기가 시킨다 못난 사람은 같이 있는 동료를 망신시킨다.

열 길 물속은 알아도 한 길 사람 속은 모른다 사람의 마음만큼은 알아내기가 어렵다.

열 번 찍어 안 넘어가는 나무 없다 여러 번 계속해서 애쓰면 어떤 일이라도 이룰 수 있다.

오뉴월 감기는 개도 안 걸린다 여름철에 감기 걸린 사람을 조롱하는 말.

오르지 못할 나무는 쳐다보지도 마라 될 수 없는 일은 바라지도 말라.

옥의 티 좋은 일에 생겨난 작은 결점을 이르는 말.

우물 가서 숭늉 찾는다 일의 순서도 모르고 성급하게 덤비다.

울며 겨자 먹기 싫어도 억지로 하지 않을 수 없는 경우를 나타내는 말.

원수는 외나무다리에서 만난다 남에게 악한 일을 하면 그 죄를 받을 때가 반드시 온다.

원숭이도 나무에서 떨어진다 자기 일에 능숙한 사람도 실수할 때가 있다.

윗물이 맑아야 아랫물이 맑다 윗사람이 올바르게 해야 아랫사람도 따라서 올바르게 된다.

자라 보고 놀란 가슴 솥뚜껑 보고 놀란다 무엇에 한 번 혼난 사람이 그와 비슷한 것을 보고 깜짝 놀라다.

나무는 떡잎부터 알아본다 크게 될 사람인지 아닌지는 어릴 때의 행동으로도 알 수 있다.

작은 고추가 더 맵다 겉으로는 대수롭지 않게 보이는 사람이 하는 일이 더 다부지다.

종로에서 뺨 맞고 한강 가서 눈 흘긴다 욕을 당한 자리에서는 아무 말도 못하고 딴 데 가서 화풀이를 한다.

좋은 약은 입에 쓰다 잘 되라고 하는 말이 귀에 거슬리더라도 제 인격 수양에는 이롭다.

쥐구멍에도 볕 들 날이 있다 아무리 고생만 하는 사람도 언젠가 좋은 시기를 만날 때가 있다.

지렁이도 밟으면 꿈틀한다 보잘것없는 사람이라도 너무나 업신여기면 성을 낸다.

천 리 길도 한 걸음부터 모든 일은 시작이 중요하므로 차분하게 해야 한다.

콩 심은 데 콩 나고 팥 심은 데 팥 난다 모든 일은 원인에 따라 결과가 생긴다.

티끌 모아 태산 작은 것이라도 모이면 큰 것이 된다.

핑계 없는 무덤 없다 잘못하고도 여러 가지 이유로 책임을 회피하려 하다.

하늘의 별 따기 지극히 어려운 일.

하늘이 무너져도 솟아날 구멍이 있다 아무리 큰 재난에 부딪히더라도 그것에서 벗어날 길은 있다.

하룻강아지 범 무서운 줄 모른다 아직 철이 없어서 아무것도 모르다.

한 귀로 듣고 한 귀로 흘린다 남이 애써 일러 주는 말을 유념해서 듣지 않고 건성으로 듣다.

첫 술에 배 부르랴 무슨 일이고 처음에는 큰 성과를 기대할 수 없다. 힘을 조금 들이고는 큰 효과를 바랄 수 없다.

함흥차사 어떤 일로 심부름 간 사람이 한 번 떠난 뒤로 돌아오지 않거나 아무 소식이 없다.

호랑이도 제 말 하면 온다 마침 이야기하고 있는데 그 장본인이 나타나다. 그 자리에 사람이 없다고 하여 남의 흉을 함부로 보지 말라는 뜻.

[사자성어 100선(選)]

가렴주구(苛斂誅求 매울 가, 거둘 렴, 벨 주, 구할 구) 세금 등을 가혹하게 거두어 백성을 핍박하다.

각골통한(刻骨痛恨 새길 각, 뼈 골, 아플 통, 한할 한) 뼈에 사무치게 마음 깊이 맺힌

원한.

감탄고토(甘呑苦吐 달 감, 삼킬 탄, 괴로울 고, 토할 토) 옳고 그름에 관계없이 비위에 맞으면 좋고 안 맞으면 싫어한다.

갑론을박(甲論乙駁 갑옷 갑, 논할 논, 새 을, 얼룩말 박) 서로 자기의 주장만 내세우고 남의 주장은 반박함.

개과천선(改過遷善 고칠 개, 허물 과, 옮길 천, 착할 선) 잘못을 뉘우치고 착한 사람이 되다.

괄목상대(刮目相對 깎을 괄, 눈 목, 서로 상, 대할 대) 재주나 학식이 놀랍도록 성장함.

견강부회(牽强附會 당길 견, 강할 강, 붙을 부, 모을 회) 이치에 맞지 않는 말을 끌어다가 자기에게 유리하게 꿰어 맞춤.

결초보은(結草報恩 맺을 결, 풀 초, 갚을 보, 은혜 은) 죽어서도 은혜를 갚는다.

고진감래(苦盡甘來 괴로울 고, 다할 진, 달 감, 올 래) 고생이 다하면 즐거움이 옴.

공평무사(公平無私 공변될 공, 평평할 평, 없을 무, 사사로울 사) 공평하여 사사로운 점이 없음.

과대망상(誇大妄想 자랑할 과, 큰 대, 망령 망, 생각할 상) 턱없이 과장하여 엉뚱하게 생각함.

구우일모(九牛一毛 아홉 구, 소 우, 하나 일, 털 모) 아주 적은 부분.

기고만장(氣高萬丈 기운 기, 높을 고, 일만 만, 어른 장) 펄펄 뛸 만큼 성이 몹시 남.

낭중지추(囊中之錐 주머니 낭, 가운데 중, 갈 지, 송곳 추) 유능한 존재는 드러난다.

능소능대(能小能大 능할 능, 작을 소, 능할 능, 큰 대) 모든 일에 두루 다 능함.

동문서답(東問西答 동녘 동, 물을 문, 서녘 서, 대답 답) 묻는 말에 당치도 않는 엉뚱한 대답을 함.

동병상련(同病相憐 한가지 동, 병들 병, 서로 상, 불쌍할 련) 어려운 처지에 있는 사람끼리 서로 동정하고 도움.

마이동풍(馬耳東風 말 마, 귀 이, 동녘 동, 바람 풍) 남의 말을 귀담아 듣지 않음.

막무가내(莫無可奈 아닐 막, 없을 무, 가할 가, 어찌 내) 고집이 강하여 도무지 융통성이 없음.

맥수지탄(麥秀之嘆 보리 맥, 빼어날 수, 갈 지, 탄식할 탄) 고국의 멸망을 한탄함.

면종복배(面從腹背 낯 면, 쫓을 종, 배 복, 등 배) 겉으로는 복종하는 척하면서 내심으로는 배반함.

반신반의(半信半疑 절반 반, 믿을 신, 절반 반, 의심할 의) 얼마쯤 믿으면서도 한편으로는 의심함.

백년하청(百年河淸 일백 백, 해 년, 물 하, 맑을 청) 아무리 가도 일이 해결될 가망이 없음.

부화뇌동(附和雷同 붙을 부, 화할 화, 우뢰 뇌, 한가지 동) 일정한 주의, 주장이 없이 남의 주장을 덩달아 좇음.

사면초가(四面楚歌 넉 사, 낯 면, 초나라 초, 노래 가) 사방이 적으로 둘러싸여 포위되어 고립됨.

사상누각(砂上樓閣 모래 사, 윗 상, 누각 누, 누각 각) 어떤 사물의 기초가 튼튼하지 못하여 오래 가지 못함.

설상가상(雪上加霜 눈 설, 윗 상, 더할 가, 서리 상) 좋지 않은 일이 연거푸 일어남.

수주대토(守株待兎 지킬 수, 그루 주, 기다릴 대, 토끼 토) 융통성과 판단력이 부족함.

안하무인(眼下無人 눈 안, 아래 하, 없을 무, 사람 인) 성질이 방자하고 교만하여 사람을 업신여김.

양자택일(兩者擇一 두 량, 놈 자, 가릴 택, 하나 일) 두 사람 또는 두 사물 중에 하나를 골라잡음.

와신상담(臥薪嘗膽 누울 와, 섶 신, 맛볼 상, 쓸개 담) 뜻을 이루기 위해 어려움과 괴로움을 참고 견딤.

일장춘몽(一場春夢 하나 일, 마당 장, 봄 춘, 꿈 몽) 이룰 수 없는 한순간의 꿈, 즉 헛된 부귀영화.

일진일퇴(一進一退 하나 일, 나아갈 진, 하나 일, 물러날 퇴) 나아갔다 물러섰다 함. 좋아졌다 나빠졌다 함.

자격지심(自激之心 스스로 자, 부□칠 격, 갈 지, 마음 심) 어떤 일을 해 놓고 스스로 미흡하게 여김.

전전긍긍(戰戰兢兢 싸울 전, 싸울 전, 삼갈 긍, 삼갈 긍) 매우 두려워 조심함.

전화위복(轉禍爲福 구를 전, 재앙 화, 될 위, 복 복) 화가 바뀌어서 도리어 복이 됨.

점입가경(漸入佳境 점점 점, 들 입, 아름다울 가, 지경 경) 점점 썩 좋은 또는 재미있는 경지로 들어감.

조변석개(朝變夕改 아침 조, 변할 변, 저녁 석, 고칠 개) 어떤 일을 자주 변경함.

지록위마(指鹿爲馬 가리킬 지, 사슴 록, 될 위, 말 마) 윗사람을 속이고 권세를 마음대로 휘두름.

진퇴양난(進退兩難 나아갈 진, 물러날 퇴, 두 량, 어려울 난) 나아가지도 물러서지도 못함. 입장이 난처함.

창해일속(滄海一粟 푸를 창, 바다 해, 하나 일, 조 속) 매우 많거나 넓은 가운데 있는 보잘것없는 작은 존재.

천재일우(千載一遇 일천 천, 실을 재, 하나 일, 만날 우) 다시 얻기 힘든 좋은 기회.

청출어람(靑出於藍 푸를 청, 날 출, 어조사 어, 쪽빛 남) 제자가 스승보다 나음.

침소봉대(針小棒大 바늘 침, 작을 소, 몽둥이 봉, 큰 대) 조그마한 일을 크게 불려서 말함.

하석상대(下石上臺 아래 하, 돌 석, 위 상, 누각 대) 임기응변으로 어려운 일을 처리함.

함구무언(緘口無言 봉할 함, 입 구, 없을 무, 말씀 언) 입을 다물고 말이 없음.

허장성세(虛張聲勢 빌 허, 베풀 장, 소리 성, 기세 세) 실력도 없이 허세만 떠벌임.

호가호위(狐假虎威 여우 호, 거짓 가, 범 호, 위엄 위) 다른 사람의 권세를 빌어 위세를 부림.

회자정리(會者定離 만날 회, 놈 자, 정할 정, 이별 리) 만나면 반드시 헤어짐.

흥진비래(興盡悲來 흥할 흥, 다할 진, 슬플 비, 올 래) 즐거운 일이 다하면 슬픈 일이 닥쳐옴. 흥망과 성쇠가 바뀜.

환골탈태(換骨奪胎 바꿀 환, 뼈 골, 빼앗을 탈, 아기밸 태) 완전히 새로운 것으로 거듭남.

가담항설(街談巷說 거리 가, 말씀 담, 거리 항, 말씀 설) 거리나 항간에 나도는 소문.

각주구검(刻舟求劍 새길 각, 배 주, 구할 구, 칼 검) 세상 형편에 밝지 못하고 융통성이 없음.

감언이설(甘言利說 달 감, 말씀 언, 이로울 이, 말씀 설) 남의 비위에 맞도록 꾸민 달콤한 말과 이로운 조건을 내세워 꾐.

견마지로(犬馬之勞 개 견, 말 마, 갈 지, 수고할 로) 개나 말 정도의 하찮은 힘이란 뜻으로 최선을 다하는 자기의 노력을 낮출 때 사용.

경국지색(傾國之色 기울 경, 나라 국, 갈 지, 빛 색) 나라를 위태롭게 할 정도의 미모.

고육지계(苦肉之計 괴로울 고, 고기 육, 갈지, 셈할 계) 적을 속이기 위해 또는 어려운 사태를 벗어나기 위한 수단으로 제 몸을 괴롭혀 가면서까지 짜내는 계책.

고장난명(孤掌難鳴 외로울 고, 손바닥 장, 어려울 난, 울 명) 손바닥도 혼자서는 소리를 내지 못함. 혼자서는 일을 이루기 힘듦.

곡학아세(曲學阿世 굽을 곡, 배울 학, 언덕 아, 세상 세) 학문을 왜곡하여 세상에 아부함.

군계일학(群鷄一鶴 무리 군, 닭 계, 하나 일, 학 학) 평범한 사람들 중에 매우 뛰어난 사람.

권토중래(捲土重來 말 권, 흙 토, 무거울 중, 올 래) 한 번의 실패 후 다시 세력을 되찾음.

근묵자흑(近墨者黑 가까울 근, 먹 묵, 놈 자, 검을 흑) 악한 사람을 가까이 하면 물이 들기 쉬움.

남가일몽(南柯一夢 남녘 남, 가지 가, 하나 일, 꿈 몽) 덧없는 부귀영화와 인생.

내우외환(內憂外患 안 내, 근심 우, 바깥 외, 근심 환) 안에는 근심, 밖에는 재난.

녹의홍상(綠衣紅裳 푸를 녹, 옷 의, 붉을 홍, 치마 상) 젊은 여자의 곱게 치장한 옷.

등화가친(燈火可親 등잔 등, 불 화, 가할 가, 친할 친) 가을 밤은 글을 읽기에 좋음.

막역지우(莫逆之友 아닐 막, 거스릴 역, 갈 지, 벗 우) 아주 친하게 지내는 벗.

망양보뢰(亡羊補牢 망할 망, 양 양, 도울 보, 우리 뢰) 이미 실패한 뒤에는 뉘우쳐도 소용 없음.

명경지수(明鏡止水 밝을 명, 거울 경, 그칠 지, 물 수) 맑은 거울과 멈춰진 물. 즉, 맑고 깨끗한 마음.

목불인견(目不忍見 눈 목, 아닐 불, 참을 인, 볼 견) 딱하고 가엾어 차마 눈 뜨고 볼 수 없음.

방약무인(傍若無人 곁 방, 만약 약, 없을 무, 사람 인) 곁에 아무도 없는 것같이 거리낌 없이 행동함.

발본색원(拔本塞源 뺄 발, 근본 본, 막을 색, 근원 원) 폐단을 뿌리 뽑아 근원을 막음.

사고무친(四顧無親 넉 사, 돌아볼 고, 없을 무, 친할 친) 의지할 데가 전혀 없음.

선우후락(先憂後樂 먼저 선, 근심 우, 뒤 후, 즐길 락) 근심할 일은 남보다 먼저 걱정하고, 즐거워할 일은 남보다 나중에 기뻐함.

심심상인(心心相印 마음 심, 마음 심, 서로 상, 도장 인) 말없는 가운데 마음으로 서로 뜻이 통함.

삼순구식(三旬九食 석 삼, 열흘 순, 아홉 구, 밥 식) 가난하여 끼니를 많이 거름.

요산요수(樂山樂水 즐거울 요, 뫼 산, 즐거울 요, 물 수) 산수(山水)의 자연을 좋아함.

아전인수(我田引水 나 아, 밭 전, 당길 인, 물 수) 자기에게 이로운 데로만 생각함.

어부지리(漁夫之利 어부 어, 지아비 부, 갈 지, 이로울 리) 쌍방이 이해관계로 다투는 통에 제삼자가 이득을 봄.

오월동주(吳越同舟 오나라 오, 넘을 월, 한가지 동, 배 주) 사이가 좋지 못한 사람들이 같이 있음.

어불성설(語不成說 말씀 어, 아닐 불, 이룰 성, 말씀 설) 말이 전혀 사리에 맞지 않음.

우공이산(愚公移山 어리석을 우, 공변될 공, 옮길 이, 뫼 산) 어떤 일이라도 끊임없이 노력하면 반드시 이룰 수 있음.

음풍농월(吟風弄月 읊을 음, 바람 풍, 희롱할 농, 달 월) 바람과 달, 즉 자연을 읊으며 즐겁게 놀다.

인과응보(因果應報 인할 인, 실과 과, 응할 응, 갚을 보) 원인과 결과는 서로 맞닿아 있음. 좋은 일을 하면 좋은 결과가, 나쁜 일을 하면 나쁜 결과가 나타남.

재승덕박(才勝德薄 재주 재, 이길 승, 큰 덕, 엷을 박) 재주는 있으나 덕이 적음.

염량세태(炎凉世態 더울 염, 서늘할 량, 세상 세, 태도 태) 권세가 있을 때는 아첨하여 따르고, 없으면 푸대접하는 세상 인심.

자가당착(自家撞着 스스로 자, 집 가, 칠 당, 도착 착) 같은 사람의 언행이 모순되어 맞지 않음.

자강불식(自強不息 스스로 자, 강할 강, 아닐 불, 숨쉴 식) 스스로 힘써 쉬지 아니함.

자승자박(自繩自縛 스스로 자, 줄 승, 스스로 자, 묶을 박) 자기의 잘못으로 자기를 망침.

주경야독(晝耕夜讀 낮 주, 밭갈 경, 밤 야, 읽을 독) 낮에는 일을 하고 밤에는 공부함. 열심히 함을 뜻함.

진퇴유곡(進退維谷 나아갈 진, 물러날 퇴, 바 유, 골 곡) 나아갈 곳과 물러설 곳이 없음. 궁지에 빠짐.

천석고황(泉石膏肓 샘 천, 돌 석, 기름 고, 명치끝 황) 산수 자연을 몹시 사랑함.

천의무봉(天衣無縫 하늘 천, 옷 의, 없을 무, 꿰멜 봉) 시문 등이 자연스럽고 흠이 없음.

촌철살인(寸鐵殺人 마디 촌, 쇠 철, 죽일 살, 사람 인) 간단한 경구나 단어로 핵심을 찌름.

타산지석(他山之石 다를 타, 뫼 산, 갈 지, 돌 석) 남의 필요치 않는 것이라도 자기의 지덕과 품성을 쌓는 데는 도움이 됨.

풍수지탄(風樹之嘆 바람 풍, 나무 수, 갈 지, 탄식할 탄) 효도를 다하지 못한 채 부모를 여읜 자식의 슬픔.

필부필부(匹夫匹婦 짝 필, 지아비 부, 짝 필, 지어미 부) 보통 남자와 보통 여자.

파죽지세(破竹之勢 깨트릴 파, 대 죽, 갈 지, 기세 세) 세력이 강하여 적을 거침없이 물리치고 쳐들어가는 기세.

교언영색(巧言令色 공교로울 교, 말씀 언, 시킬 영, 빛 색) 듣기 좋은 말과 보기에 아름다운 모습.

과유불급(過猶不及 지날 과, 오히려 유, 아닐 불, 미칠 급) 모든 사물이 정도를 지나치면 도리어 미치지 못한 것보다도 좋지 않음.

1. 노무현 전 대통령의 독도와 한·일 관련 특별 성명 연설문

존경하는 국민 여러분, 독도는 우리 땅입니다. 그냥 우리 땅이 아니라 특별한 역사적 의미를 가진 우리 땅입니다. 독도는 일본의 한반도 침탈과정에서 가장 먼저 병탄된 역사의 땅입니다. 일본이 러일전쟁 중에 전쟁 수행을 목적으로 편입하고 점령했던 땅입니다.

러일전쟁은 제국주의 일본이 한국에 대한 지배권을 확보하기 위해 일으킨 한반도 침략전쟁입니다. 일본은 러일전쟁을 빌미로 우리 땅에 군대를 상륙시켜 한반도를 점령했습니다. 군대를 동원하여 궁을 포위하고, 황실과 정부를 협박하여 한일의정서를 강제로 체결하고, 토지와 한국민을 마음대로 징발하고 군사시설을 설치했습니다. 우리 국토에서 일방적으로 군정을 실시하고, 나중에는 재정권과 외교권마저 박탈하여 우리의 주권을 유린했습니다.

일본은 이런 와중에 독도를 자국 영토로 편입하고, 망루와 전선을 가설하여 전쟁에 이용했던 것입니다. 그리고 한반도에 대한 군사적 점령상태를 계속하면서 국권을 박탈하고 식민지 지배권을 확보하였습니다.

지금 일본이 독도에 대한 권리를 주장하는 것은 제국주의 침략전쟁에 의한 점령지 권리, 나아가서는 과거 식민지 영토권을 주장하는 것입니다. 이것은 한국의 완전한 해방과 독립을 부정하는 행위입니다. 또한 과거 일본이 저지른 침략전쟁과 학살, 40년간에 걸친 수탈과 고문, 투옥, 강제징용, 심지어 위안부까지 동원했던 그 범죄의 역사에 대한 정당성을 주장하는 행위입니다. 우리는 결코 이를 용납할 수 없습니다.

우리 국민에게 독도는 완전한 주권회복의 상징입니다. 야스쿠니 신사 참배, 역사교과서 문제와 더불어 과거 역사에 대한 일본의 인식, 그리고 미래의 한일 관계와 동아시아의 평화에 대한 일본의 의지를 가늠하는 시금석입니다. 일본이 잘못된 역사를 미화하고 그에 근거한 권리를 주장하는 한, 한일 간의 우호관계는 결코 바로 설 수가 없습니다. 일본이 이들 문제에 집착하는 한, 우리는 한일 간의 미래와 동아시아의 평화에 관한 일본의 어떤 수사도 믿을 수가 없을 것입니다. 어떤 경제적인 이해관계도, 문화적인 교류도 이 벽을 녹이지는 못할 것입니다.

한일 간에는 아직 배타적 경제수역의 경계가 획정되지 못하고 있습니다. 이는 일본이 독도를 자기 영토라고 주장하고, 그 위에서 독도기점까지 고집하고 있기 때문입니다.

동해 해저 지명 문제는 배타적 경제수역 문제와 연관되어 있습니다. 배타적 수역의 경계가 합의되지 않고 있는 가운데 일본이 우리 해역의 해저 지명을 부당하게 선점하고 있으니, 이를 바로잡으려고 하는 것은 우리의 당연한 권리입니다.

따라서 일본이 동해 해저 지명 문제에 대한 부당한 주장을 포기하지 않는 한 배타적 경제수역에 관한 문제도 더 미룰 수 없는 문제가 되었고, 결국 독도 문제도 더 이상 조용한 대응으로 관리할 수 없는 문제가 되었습니다.

독도를 분쟁지역화하려는 일본의 의도를 우려하는 견해가 없지는 않으나, 우리에게 독도는 단순히 조그만 섬에 대한 영유권의 문제가 아니라 일본과의 관계에서 잘못된 역사의 청산과 완전한 주권확립을 상징하는 문제입니다. 공개적으로 당당하게 대처해 나가야 할 일입니다.

존경하는 국민 여러분, 이제 정부는 독도 문제에 대한 대응방침을 전면 재

검토하겠습니다. 독도 문제를 일본의 역사 교과서 왜곡, 야스쿠니 신사 참배 문제와 더불어 한일 양국의 과거사 청산과 역사 인식, 자주독립의 역사와 주권 수호 차원에서 정면으로 다루어 나가겠습니다.

물리적인 도발에 대해서는 강력하고 단호하게 대응할 것입니다. 세계 여론과 일본 국민에게 일본 정부의 부당한 처사를 끊임없이 고발해 나갈 것입니다. 일본 정부가 잘못을 바로잡을 때까지 국가적 역량과 외교적 자원을 모두 동원하여 지속적으로 노력할 것입니다. 그밖에도 필요한 모든 일을 다할 것입니다. 어떤 비용과 희생이 따르더라도 결코 포기하거나 타협할 수 없는 문제이기 때문입니다.

저는 우리의 역사를 모독하고 한국민의 자존을 저해하는 일본 정부의 일련의 행위가 일본 국민의 보편적인 인식에 기초하고 있는 것은 아닐 것이라는 기대를 가지고 있습니다. 한일 간의 우호관계, 나아가서는 동아시아의 평화를 위태롭게 하는 행위가 결코 옳은 일도, 일본에게 이로운 일도 아니라는 사실을 일본 국민들도 잘 알고 있을 것이기 때문입니다. 우리가 감정적 대응을 자제하고 냉정하게 대응해야 하는 이유도 여기에 있습니다.

일본 국민과 지도자들에게 당부합니다. 우리는 더 이상 새로운 사과를 요구하지 않습니다. 이미 누차 행한 사과에 부합하는 행동을 요구할 뿐입니다. 잘못된 역사를 미화하거나 정당화하는 행위로 한국의 주권과 국민적 자존심을 모욕하는 행위를 중지하라는 것입니다. 한국에 대한 특별한 대우를 요구하는 것이 아니라 국제사회의 보편적인 가치와 기준에 맞는 행동을 요구하는 것입니다. 역사의 진실과 인류사회의 양심 앞에 솔직하고 겸허해지기를 바라는 것입니다.

일본이 이웃나라에 대해, 나아가서는 국제사회에서 이 기준으로 행동할 때, 비로소 일본은 경제의 크기에 걸맞은 성숙한 나라, 나아가 국제사회에서 주도적인 역할을 할 수 있는 국가로 서게 될 것입니다.

국민 여러분, 우리는 식민지배의 아픈 역사에도 불구하고 일본과 선린우호의 역사를 새로 쓰기 위해 부단히 노력해 왔습니다. 양국은 민주주의와 시장경제라는 공통의 지향 속에 호혜와 평등, 평화와 번영이라는 목표를 향해 전진해 왔고 큰 관계발전을 이루었습니다. 이제 양국은 공통의 지향과 목표를 항구적으로 지속하기 위해 더욱 더 노력해야 합니다. 양국 관계를 뛰어넘어 동북아의 평화와 번영, 나아가 세계의 평화와 번영에 함께 힘을 모아야 합니다. 그러기 위해서는 과거사의 올바른 인식과 청산, 주권의 상호 존중이라는 신뢰가 중요합니다.

일본은 제국주의 침략사의 어두운 향수로부터 과감히 털고 일어서야 합니다. 21세기 동북아의 평화와 번영, 나아가 세계 평화를 향한 일본의 결단을 기대합니다.

2. 미대통령 피어스의 주장에 대한 인디언 추장 시애틀의 편지

우리는 모두 형제들이다! 나와 함께 온, 지금 당신들 앞에 서 있는 한 무리의 이 사람들은 나의 부족이며 나는 그들의 추장이다.

우리는 왜 이곳에 왔는가? 연어 떼를 구경하기 위해서이다. 올해의 첫 연어 떼가 강물로 거슬러 올라오는 것을 축하하기 위해 여기에 왔다. 연어는 우리의 주된 식량이기 때문에 연어 떼가 일찌감치 큰 무리를 지어 강의 위쪽으로 거슬러 오는 걸 보는 일만큼 우리에게 즐거운 일은 없다. 그 숫자를 보고서 우리는 다가오는 겨울에 식량이 풍부할 것인가를 미리 안다. 오늘 우리의 마음이 더없이 기쁜 까닭은 그 때문이다. 수를 헤아릴 수 없을 만큼 많은 연어 떼가 햇살에 반짝이며 춤추는 것을 우리는 우리의 눈으로 직접 보았다. 또 한 번의 행복한 겨울이 우리를 찾아올 것을 짐작한다.

우리가 무리를 이루어 몰려왔다고 해서 전투를 벌이려고 온 것으로 생각하지 말아 달라. 나는 당신들이 우리의 땅에 온 것을 기쁘게 여기고 있다. 당신들과 우리는 모두가 이 대지의 아들들이며, 어느 한 사람 뜻 없이 만들어진 사람이 없다.

하지만 한 가지 묻고 싶은 것이 있다. 당신들은 이 땅에 와서, 이 대지 위에 무엇을 세우고자 하는가? 어떤 꿈을 당신들의 아이들에게 들려주는가? 내가 보기에 당신들은 그저 땅을 파헤치고, 건물을 세우고, 나무들을 쓰러뜨릴 뿐이다. 그래서 행복한가? 연어 떼를 바라보며 다가올 겨울의 행복을 짐작하는 우리만큼 행복한 것인가?

워싱턴의 대추장(대통령)이 우리 땅을 사고 싶다는 전갈을 보내왔다. 대추장은 우정과 선의의 말도 함께 보냈다. 그가 답례로 우리의 우의를 필요로 하지 않는다는 것을 잘 알고 있으므로 이는 그로서는 친절한 일이다. 그의 부족은 숫자가 많다. 그들은 초원을 뒤덮은 풀과 같다. 하지만 나의 부족은 적다. 마치 폭풍이 휩쓸고 간 다음에 드문드문 서 있는 들판의 나무들과 같다.

백인 대추장은 우리의 땅을 사고 싶다는 제의를 하며 우리에게는 아무런 불편 없이 살 수 있도록 하겠다고 덧붙였다. 우리는 그대들의 제안을 진지하게 고려해 볼 것이다. 우리가 땅을 팔지 않으면 백인이 총을 들고 와서 우리 땅을 빼앗을 것임을 우리는 알고 있다.

그대들은 어떻게 저 하늘이나 땅의 온기를 사고 팔 수 있는가? 우리로서는 이상한 생각이다. 공기의 신선함과 반짝이는 물은 우리가 소유하고 있지도 않은데 어떻게 그것들을 팔 수 있다는 말인가? 우리에게는 이 땅의 모든 부분이 거룩하다. 빛나는 솔잎, 모래 기슭, 어두운 숲 속 안개, 맑게 노래하는 온갖 벌레들, 이 모두가 우리의 기억과 경험 속에서는 신성한 것들이다.

나무 속에 흐르는 수액은 우리 홍인의 기억을 실어 나른다. 백인은 죽어서 별들 사이를 거닐 적에 그들이 태어난 곳을 망각해 버리지만, 우리가 죽어서도 이 아름다운 땅을 결코 잊지 못하는 것은 이곳이 바로 우리 홍인의 어머니이기 때문이다.

우리는 땅의 한 부분이고 땅은 우리의 한 부분이다. 향기로운 꽃은 우리의 형제자매이다. 사슴, 말, 큰 독수리, 이들은 우리의 형제들이다. 바위산 꼭대기, 풀잎의 수액, 조랑말과 인간의 체온 모두가 한 가족이다. 워싱턴 대추장이 우리 땅을 사고 싶다는 전갈을 보내온 것은 곧 우리의 아버지가 되고 우리는 그의 자식이 되는 것이다.

그러나 땅을 사겠다는 그대들의 제안을 잘 고려해 보겠지만, 우리에게 있어 이 땅은 거룩한 것이기에 그것은 쉬운 일이 아니다. 개울과 강을 흐르는 이 반짝이는 물은 그저 물이 아니라 우리 조상들의 피다. 만약 우리가 이 땅을 팔 경우에는 이 땅이 거룩한 것이라는 걸 기억해 달라. 거룩할 뿐만 아니라, 호수의 맑은 물 속에 비친 신령스러운 모습들 하나하나가 우리네 삶의 일들과 기억들을 이야기해 주고 있음을 아이들에게 가르쳐야 한다.

물결의 속삭임은 우리 아버지의 아버지가 내는 소리이다. 강은 우리의 형제이고 우리의 갈증을 풀어준다. 카누를 날라주고 자식들을 길러준다. 만약 우리가 땅을 팔게 되면 저 강들이 우리와 그대들의 형제임을 잊지 말고 아이들에게 가르쳐야 한다. 그리고 이제부터는 형제들에게 하듯 강에게도 친절을 베풀어야 할 것이다. 아침 햇살 앞에서 산 안개가 달아나듯이 홍인은 백인 앞에서 언제나 뒤로 물러났었지만 우리 조상들의 유골은 신성한 것이고 그들의 무덤은 거룩한 땅이다. 그러니 이 언덕, 이 나무, 이 땅의 흙은 우리에게 신성한 것이다.

백인은 우리의 방식을 이해하지 못한다는 것을 우리는 알고 있다. 백인에게는 땅의 한 부분이 다른 부분과 똑같다. 그는 한밤중에 와서는 필요한 것을 빼앗아 가는 이방인이기 때문이다. 땅은 그들에게 형제가 아니라 적이며, 그것을 다 정복했을 때 그는 또 다른 곳으로 나아간다. 백인은 거리낌 없이 아버지의 무덤을 내팽개치는가 하면 아이들에게서 땅을 빼앗고도 개의치 않는다. 아버지의 무덤과 아이들의 타고난 권리는 잊혀지고 만다.

백인은 어머니인 대지와 형제인 저 하늘을 마치 양이나 목걸이처럼 사고 약탈하고 팔 수 있는 것으로 대한다. 백인의 식욕은 땅을 삼켜 버리고 오직 사막만을 남겨놓을 것이다. 모를 일이다.

우리의 방식은 그대들과는 다르다. 그대들 도시의 모습은 홍인의 눈에 고통을 준다. 백인의 도시에는 조용한 곳이 없다. 봄 잎새 날리는 소리나 벌레들의 날개 부딪치는 소리를 들을 곳이 없다. 홍인이 미개하고 무지하기 때문인지는 모르지만, 도시의 소음은 귀를 모욕하는 것만 같다. 쏙독새의 외로운 울음소리나 한밤중 못가에서 들리는 개구리 소리를 들을 수가 없다면 삶에는 무엇이 남겠는가? 나는 홍인이라서 이해할 수가 없다.

인디언은 연못 위를 쏜살같이 달려가는 부드러운 바람소리와 한낮의 비에 씻긴 바람이 머금은 소나무 내음을 사랑한다. 만물이 숨결을 나누고 있으므로 공기는 홍인에게 소중한 것이다. 짐승들, 나무들, 그리고 인간은 같은 숨결을 나누고 산다. 백인은 자기가 숨 쉬는 공기를 느끼지 못하는 듯하다. 여러 날 동안 죽어가고 있는 사람처럼 그들은 악취에 무감각하다.

그러나 만약 우리가 그대들에게 땅을 팔게 되더라도 우리에게 공기가 소중하고, 또한 공기는 그것이 지탱해 주는 온갖 생명과 영기(靈氣)를 나누어 갖는다는 사실을 그대들은 기억해야만 한다. 우리의 할아버지에게 첫 숨결을 베풀어준 바람은 그의 마지막 한숨도 받아준다. 바람은 또한 우리의 아이들에게 생명의 기운을 준다. 우리가 우리 땅을 팔게 되더라도 그것을 잘 간수해서 백인들도 들꽃들로 향기로워진 바람을 맛볼 수 있는 신성한 곳으로 만들어야 한다.

우리는 우리의 땅을 사겠다는 그대들의 제의를 고려해 보겠다. 그러나 제의를 받아들일 경우 한 가지 조건이 있다. 즉, 이 땅의 짐승들을 형제처럼 대해야 한다는 것이다. 나는 미개인이니 달리 생각할 길이 없다. 나는 초원에서 썩어가고 있는 수많은 물소를 본 일이 있는데, 모두 달리는 기차에서 백인들이 총으로 쏘고는 그대로 내버려 둔 것들이었다. 연기를 뿜어대는 철마가 우리가 오직 생존을 위해서 죽이는 물소보다 어째서 더 중요한지를 모르는 것도 우리가 미개인이기 때문인지 모른다.

짐승들이 없는 세상에서 인간이란 무엇인가? 모든 짐승이 사라져 버린다면 인간은 영혼의 외로움으로 죽게 될 것이다. 짐승들에게 일어난 일은 인간들에게도 일어나기 마련이다. 만물은 서로 맺어져 있다.

그대들이 온 이후로 모든 것이 사라졌다. 이제 삶은 끝났고 살아남는 일만이 시작되었다. 이 넓은 대지와 하늘은 삶을 살 때는 더없이 풍요로웠지만, 살아남는 일에 있어서는 더없이 삭막한 곳일 따름이다. 그대들은 아이들에게 그들이 딛고 선 땅이 우리 조상의 뼈라는 것을 가르쳐야 한다. 그들이 땅을 존경할 수 있도록 그 땅이 우리 종족의 삶들로 충만해 있다고 말해 주라. 우리가 우리 아이들에게 가르친 것을 그대들의 아이들에게도 가르치라. 땅은 우리 어머니라고. 땅 위에 닥친 일은 그 땅의 아들들에게도 닥칠 것이니, 그들이 땅에다 침을 뱉으면 그것은 곧 자신에게 침을 뱉는 것이다. 땅이 인간에게 속하는 것이 아니라 인간이 땅에 속하는 것임을 우리는 알고 있다.

만물은 마치 한 가족을 맺어 주는 피와도 같이 맺어져 있음을 우리는 알고 있다. 인간은 생명의 그물을 짜는 것이 아니라 다만 그 그물의 한 가닥에 불과하다. 그가 그 그물에 무슨 짓을 하든 그것은 곧 자신에게 하는 짓이다. 그러나 우리는 우리 종족을 위해 그대들이 마련해 준 곳으로 가라는 그대들의 제의를 고려해 보겠다. 우리는 떨어져서 평화롭게 살 것이다. 우리가 여생을 어디서 보낼 것인가는 중요하지 않다. 우리의 아이들은 그들의 아버지가 패배의 굴욕을 당하는 모습을 보았다. 우리의 전사들은 수치심에 사로잡혔으며, 패배한 이후로 헛되이 나날을 보내면서 단 음식과 독한 술로 그들의 육신을 더럽히고 있다.

우리가 어디서 우리의 나머지 날들을 보낼 것인가는 중요치 않다. 그리 많은 날이 남아 있지도 않다. 몇 시간, 혹은 몇 번의 겨울이 더 지나가면 언젠가 이 땅에 살았거나 숲 속에서 조그맣게 무리를 지어 지금도 살고 있는 위대한 부족의 자식들 중에 그 누구도 살아남아서 한때 그대들만큼이나 힘세고 희망에 넘쳤던 사람들의 무덤을 슬퍼해 줄 수 없을 것이다. 그러나 내가 왜 우리 부족의 멸망을 슬퍼해야 하는가? 부족이란 인간들로 이루어져 있을 뿐 그 이상은 아니다.

인간들은 바다의 파도처럼 왔다가는 간다. 자기네 하느님과 친구처럼 함께 걷고 이야기하는 백인들조차도 이 공통된 운명에서 벗어날 수는 없다. 결국 우리는 한 형제임을 알게 되리라. 백인들 또한 언젠가는 알게 되겠지만, 우리가 알고 있는 한 가지는, 우리 모두의 하느님은 하나라는 것이다. 그대들은 땅을 소유하고 싶어하듯 하느님을 소유하고 있다고 생각할는지 모르지만 그것은 불가능한 일이다. 하느님은 인간의 하느님이며, 그의 자비로움은 홍인에게나 백인에게나 똑같은 것이다. 이 땅은 하느님에게 소중한 것이므로 땅을 해치는 것은 그 창조주에 대한 모욕이다.

백인들도 마찬가지로 사라져 갈 것이다. 어쩌면 다른 종족보다 더 빨리 사라질지 모른다. 계속해서 그대들의 잠자리를 더럽힌다면 어느 날 밤 그대들은 쓰레기 더미 속에서 숨이 막혀 죽을 것이다. 그러나 그대들이 멸망할 때 그대들을 이 땅에 보내 주고 어떤 특별한 목적으로 그대들에게 이 땅과 홍인을 지배할 권한을 허락해 준 하느님에 의해 불태워져 환하게 빛날 것이다.

이것은 우리에게는 불가사의한 신비이다. 언제 물소들이 모두 살육되고, 야생마가 길들여지고, 은밀한 숲 구석구석이 수많은 인간들의 냄새로 가득 차고, 무르익은 언덕이 말하는 쇠줄(전화선)로 더럽혀질 것인지를 우리가 모르기 때문이다.

덤불은 어디에 있는가? 사라지고 말았다. 독수리는 어디에 있는가? 사라지고 말았다. 날랜 조랑말과 사냥에 작별을 고하는 것은 무엇을 의미하는가? 삶의 끝이자 죽음의 시작이다.

우리 땅을 사겠다는 그대들의 제의를 고려해 보겠다. 우리가 거기에 동의한다면 그대들이 약속한 보호 구역을 가질 수 있을 것이다. 아마도 거기에서 우리는 얼마 남지 않은 날들을 마치게 될 것이다. 마지막 홍인이 이 땅에서 사라지고, 그가 다만 초원을 가로질러 흐르는 구름의 그림자처럼 희미하게 기억될 때라도, 기슭과 숲들은 여전히 내 백성의 영혼을 간직하고 있을 것이다. 새로 태어난 아이가 어머니의 심장의 고동을 사랑하듯이 그들이 이 땅을 사랑하기 때문이다.

그러므로 우리가 땅을 팔더라도 우리가 사랑했듯이 이 땅을 사랑해 달라. 우리가 돌본 것처럼 이 땅을 돌보아 달라. 당신들이 이 땅을 차지하게 될 때 이 땅의 기억을 지금처럼 마음속에 간직해 달라. 온 힘을 다해서, 온 마음을 다해서 그대들의 아이들을 위해 이 땅을 지키고 사랑해 달라. 하느님이 우리 모두를 사랑하듯이.

한 가지 우리는 알고 있다. 우리 모두의 하느님은 하나라는 것을. 이 땅은 그에게 소중한 것이다. 백인들도 이 공통된 운명에서 벗어날 수는 없다. 결국 우리는 한 형제임을 알게 되리라.

연어 떼를 보았으니 이제 나와 나의 부족은 행복한 얼굴로 돌아간다. 어쩌면 또 한 번의 행복한 겨울은 짐작에 그칠 뿐, 나의 부족에게 다시는 찾아오지 않을 꿈일지도 모른다. 당신들 백인들에게 밀려, 살아남기 위해 고통을 받아야 할 막막한 겨울 들판으로 뿔뿔이 떠나야 할지 모른다. 그러나 오늘 우리의 눈으로 직접 본 연어 떼의 반짝이는 춤을 나의 부족은 잊지 못할 것이다.

이것으로 내 말을 마친다.

3. 자유가 아니면 죽음을
–패트릭 헨리(1775. 3. 23. 버지니아주, 리치몬드, 성 요한교회)

방금 이 의회에서 연설하신 훌륭한 신사 여러분의 능력과 애국심을 나는 누구보다 더 존중합니다. 그러나 사람에 따라 같은 주제를 다른 각도에서 볼 수 있는 것이므로 그분들과 상반되는 의견을 가졌다고 해서 내가 그분들을 존중하지 않는다고 오해하지 마시기 바랍니다. 나는 허심탄회하게 거리낌 없이 내 생각을 말씀드리겠습니다.

지금은 점잔을 떨 때가 아닙니다. 우리 의회가 당면한 문제는 이 나라에도 매우 중요한 문제입니다. 나는 그것이 우리가 자유인이 되느냐 노예가 되느냐 하는 문제라고 생각합니다. 이 주제의 중대성에 비추어 볼 때 자유로운 토론이 보장되어야만 할 것입니다. 그래야만 우리는 진실에 도달할 수 있을 것이며, 우리가 하느님과 이 나라에 지고 있는 우리의 막중한 책임을 완수할 수 있을 것입니다. 이런 때에 내가 다른 사람들의 노여움을 살까봐 내 의견을 밝히지 않는다면, 그것은 우리나라를 배반할 뿐만 아니라 내가 이 세상의 어느 군주보다도 더 경외하는 하느님의 뜻을 거역하는 행위가 될 것이라고 생각합니다.

의장님, 인간은 희망의 환상에 빠지기 쉽습니다. 고통스럽다고 진실을 외면하고 요정의 노래에 귀를 기울이다가 끝내 우리는 요정에 의해 마수로 변모해 버리는 일이 많습니다. 이것이 자유를 위한 원대하고 험난한 투쟁에 나선 사람들이 할 짓입니까? 국가 중대사에 직면하여 눈이 있어도 보지 못하고, 귀가 있어도 듣지 못하는 그런 사람들의 대열에 우리도 끼려는 것입니까?

어떠한 정신적 고통이 따르더라도 나는 진실을 모두 알아내 최악의 사태에 대비하고자 합니다. 내가 가는 발길을 인도할 등불이 나에게는 딱 하나 있습니다. 그것은 경험의 등불입니다. 미래를 판단하는 기준은 과거밖에 없습니다. 지난 10년간 영국 정부가 한 일 중에 우리와 우리 의회가 흡족한 마음으로 위안을 삼을 만한 것이 무엇인지 이 사람은 알고 싶습니다.

우리의 청원서를 받아들이면서 그들이 보인 그 음흉한 미소입니까? 여러분, 그것을 믿지 마십시오. 그 미소는 여러분의 발목을 잡을 덫으로 판명될 것입니다. 키스로 배반당하는 고통을 받지 마십시오. 그들이 우리의 청원서를 점잖게 받아들이면서도 또 한편으로는 우리의 바다를 뒤덮고, 우리의 땅을 어둡게 하는 전쟁 준비를 하고 있는 것은 양립되는 일이라고 생각하십니까? 함대와 군대가 사랑과 화해의 일에 필요하단 말입니까? 우리가 화해할 의사가 없음을 얼마나 보였기에 그들이 우리의 사랑을 되찾기 위해 무력이 필요하단 말입니까? 여러분, 우리 자신을 속이지 맙시다. 이런 것은 군주가 마지막으로 사용하는 전쟁과 복종 강요의 도구입니다. 신사 여러분, 이 무력 배치가 그들이 우리들의 복종을 강요하기 위한 목적에서가 아니라면 도대체 무엇이란 말입니까? 그 밖의 어떤 다른 동기가 있다고 생각할 수 있겠습니까? 영국이 어떤 적을 가지고 있기에 하필이면 세계의 바로 이 구석에다 이렇게 많은 육군과 해군을 집중 배치한단 말입니까?

없습니다. 영국에게는 적이 없습니다. 그들의 군대는 바로 우리를 목표로 보낸 것이지 그 밖의 어느 누구도 아닙니다. 영국 정부가 오랫동안 만들어 온 쇠사슬로 우리를 묶고 못질하기 위해 그 군대는 보내진 것입니다. 그런데 우리가 그들에게 대항하기 위해서 가진 것이 무엇입니까? 그들과 논쟁을 할 것입니까? 여러분, 우리는 지난 10년간 그것을 시도해 왔습니다. 그 문제에 대해서 우리가 더 내놓을 새로운 무엇이 있습니까? 없습니다.

우리는 그 문제를 모든 가능한 각도에서 다 살펴보았으나 모두 허사였습니다. 그들에게 애걸복걸해 볼까요? 지금까지 우리가 쓰지 않고 남긴 말이 또 있습니까? 여러분, 이 사람은 호소합니다. 우리 자신을 더 이상 속이지 맙시다.

여러분, 우리는 밀려오는 폭풍을 피해 보려고 우리가 할 수 있는 모든 일을 다했습니다. 청원도 하고, 항의도 하고, 호소도 해보았습니다. 우리는 영국 국왕의 옥좌 앞에 꿇어 엎드리기도 했고, 영국 내각과 의회의 학정을 막

아달라고 왕의 중재를 간청도 해보았습니다.

우리의 청원은 무시당했고, 우리의 항의는 더 많은 폭력과 모욕을 가져왔을 뿐입니다. 우리의 호소는 무시당했고 우리는 왕의 발 아래서 모욕과 멸시를 받으며 쫓겨났습니다. 이런 일을 당하고도 우리는 평화와 화해의 헛된 희망에 매달려 있어야만 한단 말입니까? 평화에 대한 꿈을 갖는다는 것은 허사입니다.

우리가 자유를 유지하려면, 우리가 오랫동안 싸워 지켜온 수많은 불가침의 권리들을 보존하려 한다면, 우리가 오랫동안 수행해 온 신성한 투쟁, 우리의 영광스런 투쟁목표가 달성될 때까지는 결코 포기하지 않겠다고 맹세한 그 투쟁을 우리가 비열하게 포기하지 않으려면 우리는 싸워야 합니다. 무기에 호소하고 하나님께 호소하는 것만이 우리에게 남아 있는 유일한 길입니다!

여러분, 그들은 우리가 너무 약해 그렇게 강한 적과 맞설 힘이 없다고 합니다. 그러나 우리가 언제 더 강해진단 말입니까? 다음 주? 아니면 내년? 우리가 완전히 무장해제를 당하고 영국 경비병이 우리 모두의 집에 주둔하게 될 때입니까? 단호한 결의와 행동이 없이 우리가 어떻게 힘을 얻을 수 있단 말입니까? 적이 우리의 손발을 꽁꽁 묶어버릴 때까지 편안히 드러누워 환상적인 희망의 유령만을 껴안고 있으면 어떻게 우리가 효과적인 저항수단을 얻을 수 있겠습니까?

여러분, 대자연을 지으신 하느님이 우리에게 부여한 수단을 적절히 사용하면 우리는 결코 약하지 않습니다. 우리가 가진 이 나라에서 자유라는 신성한 목적을 위해 무장한 300만 명을, 우리의 적이 보낸 어떠한 힘도 이길 수는 없을 것입니다. 뿐만 아니라 여러분, 우리만이 외롭게 싸우지 않을 것입니다. 모든 나라의 운명을 관장하시는 정의의 하느님이 계시기 때문에 우리를 위해 같이 싸워줄 원군을 보내 주실 것입니다.

강한 자만이 싸울 수 있는 것은 아닙니다. 항상 경계하며, 행동하며, 용기를 가진 사람들도 싸울 수 있습니다. 여러분, 우리에게는 다른 선택의 여지가 없습니다. 만일 우리가 비열하게 다른 선택을 원한다 할지라도 우리의 투쟁에서 물러나기에는 이미 때가 너무 늦었습니다. 굴종과 노예화로부터의 후퇴 이외의 다른 후퇴란 있을 수 없습니다! 그들은 우리의 쇠사슬을 이미 만들어 놓았습니다. 그 쇠사슬이 철거덕거리는 소리를 보스턴 들판 위에서 들을 수 있을 것입니다! 이제 전쟁은 피할 수 없습니다. 전쟁이 불가피하다면 전쟁을 합시다. 다시 한 번 말씀드립니다. 전쟁을 합시다, 여러분!

사태를 완화시키려는 것은 이제 헛된 일입니다. '평화! 평화!'를 외치는 분들도 계실 것입니다. 그러나 평화는 없습니다. 전쟁은 사실상 시작되었습니다! 다음에 북쪽에서 불어올 강풍은 무기가 맞부딪치는 소리를 우리 귀에 들려줄 것입니다! 우리의 형제들은 이미 싸움터에 나가 있습니다! 그런데 왜 우리는 여기서 이렇게 빈둥거리고 있는 것입니까? 여러분이 원하는 것은 무엇입니까? 여러분이 갖게 될 것이 무엇입니까? 쇠사슬과 노예화란 대가를 치르고 사야 할 만큼 우리의 목숨이 그렇게도 소중하고 평화가 그렇게도 달콤한 것입니까? 전능하신 하느님, 그런 일은 절대로 없게 해주십시오! 다른 사람들은 어떤 길을 택할지 모르지만, 나에게는 자유가 아니면 죽음을 주십시오.

4. 스티브 잡스의 스탠포드 대학 졸업 축하 연설문

오늘 나는, 세계에서 가장 훌륭한 대학의 한 곳을 졸업하면서 새 출발을 하는 여러분들과 함께하는 영광을 가졌습니다. 나는 대학을 졸업하지 않았습니다. 사실을 말하자면, 이번이 내가 대학졸업식이라는 데 가장 가까이 다가간 경우입니다. 오늘 나는 여러분들에게 내 인생에 관한 세 가지 이야기를 하려고 합니다. 뭐 그리 대단한 것은 아닌, 그저 세 가지의 이야기입니다.

첫 번째 얘기는 점(點)을 잇는 것에 관한 이야기입니다.

나는 리드 대학이라는 곳을 첫 6개월 다닌 후 그만 두었습니다. 그 후 18개월 동안은 비정규 청강생으로 머물렀고 그 후 진짜로 그만두었습니다. 내가 왜 대학을 그만두었을까요?

이 얘기는 내가 태어나기 전부터 시작됩니다. 내 생모는 젊은 미혼의 대학생이었는데, 나를 낳으면 다른 사람에게 입양을 시키기로 결심했습니다. 생모는 내가 대학을 졸업한 부부에게 입양되어야 한다는 생각을 강하게 갖고 있었습니다. 그래서 나는 태어나면 바로 어떤 변호사 부부에게 입양되기로 되어 있었고, 그것으로 모든 것이 다 끝난 것처럼 보였습니다. 그러나 내가 태어났을 때 나를 입양키로 한 부부는 마음을 바꿔, 자신들은 여자아이를 원한다고 했습니다. 그래서 내 생모는 한밤중에 입양대기자 명단에 있는 다른 부부에게 전화를 걸어 "우리가 예기치 않은 사내아이를 갖게 되었는데 아이를 원하느냐."고 물었습니다.

이들 부부는 "물론"이라고 대답했습니다. 내 생모는 나중에야 내 어머니(양모)가 대학을 나오지 않았고, 내 아버지(양부)는 고등학교도 졸업하지 않았다는 사실을 알았습니다. 생모는 이 때문에 최종적인 입양서류에 서명을 하지 않다가, 몇 달 후 내 양부모가 나를 나중에 대학에 보낼 것이라는 약속을 하고서야 마음을 바꿨습니다.

17년이 지난 후 나는 정말 대학에 갔습니다. 그러나 나는 그때, 스탠포드와 거의 맞먹는 수준의 학비가 드는 대학을 선택했고, 노동자였던 내 부모(양

부모)는 저축한 모든 돈을 내 대학등록금에 써야 했습니다. 그렇게 6개월이 지난 후 나는 그만한 돈을 쓰는 데 대한 가치를 느낄 수 없었습니다.

나는 내가 내 삶에서 무엇을 하길 원하는지 알지 못했고, 대학이 그것을 아는 데 어떤 도움을 줄 것인지도 알지 못했습니다. 그런데도 내 부모들은 전 인생을 통해 저축해 놓은 모든 돈을 내 학비를 위해 쓰고 있었던 것입니다. 그래서 나는 대학을 그만두기로 했습니다. 나는 모든 것이 잘될 것이라는 믿음을 가졌습니다. 그 당시 그런 결정은 다소 두려운 것이기도 했지만, 지금 돌아보면 그것이 내가 지금까지 한 가장 훌륭한 결정 중 하나였습니다.

내가 학교를 그만두는 그 순간, 나는 내게는 흥미가 없었던 필수과목을 들을 이유가 없어졌고, 내게 흥미롭게 보이는 다른 과목들을 청강할 수 있게 되었습니다. 다 낭만적인 얘기는 아닙니다. 나는 기숙사에 방이 없었기 때문에 친구들의 방바닥에서 잠을 잤습니다. 음식을 사기 위해 되돌려주면 5센트를 주는 콜라병을 모으는 일을 했고, 해어 크리슈나 사원에서 일주일에 한 번 주는 식사를 얻어먹기 위해 일요일 밤마다 7마일을 걸어가곤 했습니다. 나는 그걸 사랑했습니다. 그리고 내가 나의 호기심과 직관을 따라가다가 부딪힌 것들 중 많은 것들은 나중에 값으로 매길 수 없는 가치들로 나타났습니다. 한 가지 사례를 들어 보이겠습니다.

내가 다녔던 리드 대학은 그 당시 미국에서 최고의 서예 교육기관이었다고 생각합니다. 캠퍼스 전체를 통해 모든 포스터, 모든 표지물들은 손으로 그려진 아름다운 글씨체로 장식되어 있었습니다. 나는 정규과목들을 더 이상 들을 필요가 없어졌기 때문에 이런 글자체들을 어떻게 만드는지를 배워 보려고 서체과목을 듣기 시작했습니다. 나는 세리프나 산세리프 활자체를 배웠고, 무엇이 훌륭한 활자체를 만드는지에 대해 배웠습니다. 그것은 과학이 알아내지 못하는, 아름답고 역사적이며 예술적인 미묘함을 갖고 있었습니다. 나는 거기에 매료되었습니다.

당시 나에겐 이런 모든 것이 내 삶에서 실제로 응용될 것이란 어떤 희망도 없었습니다. 그러나 10년 후, 우리가 최초의 매킨토시 컴퓨터를 만들 때 그 모든 것이 되살아났습니다. 우리의 맥 컴퓨터는 아름다운 글자체를 가진 최초의 컴퓨터가 되었습니다. 내가 만일 대학의 그 과목을 듣지 않았다면 맥 컴퓨터는 결코 다양한 서체를 가진 컴퓨터가 될 수 없었을 것입니다. (마이크로소프트의) 윈도즈는 맥 컴퓨터를 단지 베낀 것에 불과하기 때문에, 맥 컴퓨터가 그렇게 하지 않았다면 어떤 개인용 컴퓨터도 그런 아름다운 서체를 갖지 못했을 것입니다. 내가 만일 정규과목을 그만두지 않았고, 서체과목에 등록하지 않았더라면 개인용 컴퓨터는 지금과 같은 놀라운 서체를 갖지 못했을 것입니다. 물론 내가 대학에 있을 때는 미래를 내다보면서 점을 잇는 것은 불가능했습니다. 하지만 10년이 지난 후 과거를 되돌아볼 때 그것은 너무나 분명합니다.

다시 말하지만, 우리는 미래를 내다보면서 점을 이을 수는 없습니다. 우리는 오직 과거를 돌이켜 보면서 점을 이을 수 있을 뿐입니다. 따라서 여러분들은 지금 잇는 점들이 미래의 어떤 시점에 서로 연결될 것이라는 믿음을 가져야만 합니다. 여러분들은 어떤 것들에, 자신의 내면, 운명, 인생, 카르마, 그 무엇이든지 신념을 가져야 합니다. 이런 접근법은 나를 결코 낙담시키지 않았고, 내 삶의 모든 변화를 만들어내었습니다.

나의 두 번째 이야기는 사랑과 상실에 관한 것입니다.

나는 내 삶의 이른 시기에 하고 싶은 것을 발견한 행운을 가졌습니다. 우즈(스티브 우즈니액, 애플 공동창업자)와 나는 애플을 우리 부모님의 차고에서 시작했습니다. 그때 나는 스무 살이었습니다. 우리는 열심히 일했습니다. 10년이 지난 후 애플은, 우리 둘만의 차고에서 20억 달러에다 4,000명의 직원을 가진 회사로 성장했습니다. 우리는 우리의 가장 훌륭한 발명품인 매킨토시 컴퓨터를 1년 빨리 시장에 출시했는데, 그때 나는 막 서른 살이 될 때였습니다. 그리고 나는 해고를 당했습니다. 어떻게 자신이 만든 회사에서 해고를 당할 수 있느냐고요? 글쎄, 애플이 커가면서 우리는 회사를 운영할 어떤 사람을 고용했고 첫해는 그럭저럭 잘 되어 갔습니다. 그러나 그 후 우리들의 미래에 대한 관점에 차이가 나기 시작했습니다. 마침내 우리는 추락하기 시작했습니다. 우리 회사 이사회는 그를 지지했고, 서른 살이었던 나는 쫓겨났습니다. 성인으로서 내 삶의 초점이었던 모든 것들이 사라져 버리고, 나는 참혹함에 빠졌습니다.

첫 몇 달 동안 나는 무엇을 할지 정말 몰랐습니다. 나는 앞서의 기업가 세대는 물러나게 된다는 어떤 느낌, 지휘봉을, 내게 전해진 것처럼 그렇게 내려놓았다는 느낌을 가졌습니다. 나는 데이비드 팩커드와 밥 노이스를 만났고 그들을 그렇게 못살게 군 데 대해 사과했습니다. 나는 아주 공식적인 실패자였습니다. 실리콘 밸리로부터 도망쳐 떠나버릴까도 생각했습니다. 그러나 어떤 것이 내게 떠오르기 시작했습니다. 나는 여전히 내가 하는 일을 사랑하고 있다는 것이었습니다. 애플에서의 일이 그것을 조금도 바꾸진 않았습니다. 나는 거부당했지만 여전히 내 일을 사랑하고 있다는 것입니다. 나는 새롭게 출발하기로 결심했습니다. 그때는 전혀 몰랐지만, 애플에서 해고된 일은 내게 일어날 수 있었던 일 중 최고의 경우였습니다. 성공에 대한 부담은, 모든 것에 확신은 갖고 있지는 않았지만, 새롭게 다시 시작할 수 있다는 가벼움으로 대체되었습니다. 그것이 내가 내 삶에서 가장 창조적이었던 시기로 들어갈 수 있도록 자유롭게 해 주었습니다.

이후 5년 동안 나는 NeXT라는 회사, Pixar라는 이름의 다른 회사를 시작했고, 나중 내 아내가 된 한 여성과 사랑에 빠졌습니다. 픽사는 세계 최초로 컴퓨터 애니메이션 영화인 토이스토리를 만들었고, 지금은 세계에서 가장 성공적인 애니메이션 회사가 되었습니다. 사건의 놀라운 반전 속에서 애플은 넥스트를 사들였고, 나는 애플로 복귀했습니다. 그리고 내가 넥스트에서 개발한 기술은 애플의 현재 르네상스의 핵심이 되었습니다. 또한 로린과 나는 함께 한 가족을 만들었습니다.

내가 애플에서 해고되지 않았더라면 이런 일 중 어떤 것도 일어나지 않았을 것이라고 나는 확신합니다. 그것은 두려운 시험약이었지만, 환자는 그것을 필요로 하는 것이었습니다. 인생이란 때로 여러분들을 고통스럽게 하지만, 신념을 잃지 말기 바랍니다. 나를 이끌어간 유일한 것은 내가 하는 일을 사랑했다는 것이었다고 나는 믿습니다.

여러분들은 여러분이 사랑하는 것을 찾아야 합니다. 당신이 사랑하는 사람을 찾는 것과 마찬가지로 일에서도 같습니다. 여러분이 하는 일은 여러분 인생의 많은 부분을 채울 것입니다. 여러분이 진정으로 만족하는 유일한 길은 여러분 스스로 훌륭하다고 믿는 일을 하는 것입니다. 그리고 훌륭한 일을 하는 유일한 길은 여러분이 하는 일을 사랑하는 것입니다. 만일 그것을 아직 찾지 못했다면 계속 찾으십시오. 주저앉지 마십시오. 언젠가 그것을 발견할 때 여러분은 마음으로부터 그것을 알게 될 것입니다. 그리고 어떤 훌륭한 관계에서처럼 그것은 해가 지나면서 점점 좋아질 것입니다. 그러므로 그것을 발견할 때까지 계속 찾으십시오. 주저앉지 마십시오.

세 번째 이야기는 죽음에 관한 것입니다.

내가 열일곱 살이었을 때, 나는 이런 비슷한 것을 읽은 적이 있습니다.

"만일 당신이 매일을 삶의 마지막 날처럼 산다면 언젠가 당신은 대부분 옳은 삶을 살았을 것이다."

나는 그것에 강한 인상을 받았고, 이후 33년 동안 매일 아침 거울을 보면서 나 자신에게 말했습니다.

"만일 오늘이 내 인생의 마지막 날이라면 내가 오늘 하려는 것을 할까?"

그리고 여러 날 동안 그 답이 '아니오'라는 것으로 이어질 때 나는 어떤 것을 바꿔야 한다는 것을 알게 되었습니다.

내가 곧 죽을 것이라는 것을 생각하는 것은, 내가 내 삶에서 큰 결정들을 내리는 데 도움을 준 가장 중요한 도구였습니다. 모든 외부의 기대들, 모든 자부심, 모든 좌절과 실패의 두려움, 그런 거의 모든 것들은 죽음 앞에서는 아무것도 아니기 때문에 진정으로 중요한 것만을 남기게 됩니다. 당신이 죽을 것이라는 것을 기억하는 것은, 당신이 어떤 잃을 것이 있다는 생각의 함정을 피하는 가장 좋은 길이라고 나는 생각합니다. 여러분은 이미 벌거숭이입니다. 그러므로 여러분의 마음을 따라가지 못할 어떤 이유도 없습니다.

약 1년 전 나는 암 진단을 받았습니다. 나는 아침 7시 30분에 스캔을 받았는데, 췌장에 분명한 종양이 발견되었습니다. 당시 나는 췌장이라는 게 무엇인지도 몰랐습니다. 의사들은 이것이 치료가 불가능한 종류의 암이 거의 확실하다면서 내가 길어봐야 3개월에서 6개월밖에 살 수 없다고 했습니다. 의사는 내게 집으로 가서 주변을 정리하라고 충고했습니다. 의사들이 말하는 죽음의 준비입니다. 그것은 가족에게 작별을 고하는 것입니다.

나는 그 진단을 하루 종일 생각했습니다. 그날 저녁 늦게 나는 목구멍을 통해 내시경을 넣는 조직검사를 받았습니다. 몇 점의 세포를 췌장에서 떼어내 조사를 했는데, 의사들은 놀랍게도 나의 경우 매우 드물게도 수술로 치료할 수 있는 종류의 췌장암임이 밝혀졌다고 아내에게 말했습니다. 나는 수술을 받고 지금은 괜찮아졌습니다. 이것이 내가 죽음에 가장 가까이 간 경우였습니다. 그리고 나는 앞으로 몇십 년간은 그렇기를 바랍니다. 그런 과정을 거쳐 살았기 때문에, 나는 이제 죽음이라는 것을, 유용하긴 하지만 지적 개념만으로 알고 있었던 때보다는 좀 더 확신을 갖고 말할 수 있습니다.

누구도 죽기를 원하지 않습니다. 하늘나라 천국으로 가기를 원하는 사람조차 거기에 가기 위해 죽기를 원하지는 않습니다. 하지만 죽음은 우리 모두가 함께하는 목적지입니다. 누구도 거기에서 벗어나지 못했습니다. 죽음은 바로 그런 것입니다. 죽음은 생명의 가장 훌륭한 창조일 수 있습니다. 그것은 생명의 교체를 만들어내는 매개체입니다. 죽음은 낡음을 청소하고 새로움을 위한 길을 열어줍니다. 지금 이 순간, 그 새로움은 여러분들입니다. 그러나 미래의 어느 날, 지금으로부터 그리 멀지 않을 그때, 여러분들도 점차 낡음이 되고 청소될 것입니다. 미안하지만 이것은 진실입니다.

여러분들의 시간은 한정되어 있습니다. 그러므로 다른 사람의 삶을 사느라고 시간을 허비하지 마십시오. 과거의 통념, 즉 다른 사람들이 생각한 결과에 맞춰 사는 함정에 빠지지 마십시오. 다른 사람들의 견해가 여러분 자신의 내면의 목소리를 가리는 소음이 되게 하지 마십시오. 그리고 가장 중요한 것은 당신의 마음과 직관을 따라가는 용기를 가지라는 것입니다. 당신이 진정으로 되고자 하는 것이 무엇인지 그들은 이미 알고 있을 것입니다. 다른 모든 것들은 부차적인 것들입니다.

내가 젊었을 때, 《전 세계 목록》이라는 놀라운 책이 있었습니다. 우리 세대에게 그 책은 바이블과 같은 것이었습니다. 그 책은 이곳에서 멀지 않은 곳에 있는 스튜어트 브랜드라는 사람이 만든 것으로, 그는 시적인 면들을 가미해 책에 생명을 불어넣었습니다. 그 책이 나온 게 1960년대로, 그 당시에는 개인용 컴퓨터도, 데스크탑 출판도 없었기 때문에 모든 것이 타이프라이터와 가위, 폴라로이드 사진들로 만들어진 것이었습니다. 말하자면 종이책 형태의 구글 같은 것이었는데, 구글이 나타나기 35년 전의 일입니다.

스튜어트와 그의 팀은 이 책을 여러 번 개정했고, 결국 그 책의 역할을 다했을 때 최종판을 내었습니다. 그것이 1970년대 중반이었습니다. 바로 내가 여러분의 나이 때입니다. 그 최종판의 뒤표지에는 여러분이 탐험여행을 하다가 지나가는 자동차를 얻어 타기 위해 손을 드는 곳과 같은 이른 아침 시골길을 찍은 사진이 인쇄돼 있었습니다. 그 밑에 이런 말이 적혀 있었습니다. "늘 배고프고, 늘 어리석어라(Stay Hungry. Stay Foolish)." 이것이 그들이 책을 더 이상 찍지 않기로 하면서 한 작별의 메시지입니다. Stay Hungry. Stay Foolish. 나는 나 자신에게 늘 이러기를 바랐습니다. 그리고 지금 여러분이 새로운 출발을 위해 졸업하는 이 시점에서 여러분들이 그러기를 바랍니다.

5. 마틴 루터 킹 목사의 워싱턴 평화 행진 연설(1963년 8월 23일)

우리 역사에서 자유를 위한 가장 훌륭한 시위가 있던 날로 기록될 오늘 이 자리에 여러분과 함께하게 된 것을 기쁘게 생각합니다. 백 년 전, 한 위대한 미국인이 노예해방령에 사인을 했습니다. 지금 우리가 서 있는 이곳이 바로 그 상징적인 자리입니다. 그 중대한 선언은 불의의 불길에 시들어가고 있던 수백만 흑인 노예들에게 희망의 횃불로 다가왔습니다. 그 선언은 오랜 노예 생활에 종지부를 찍는 즐겁고 새로운 날들의 시작으로 다가왔습니다.

그러나 그로부터 백 년이 지난 오늘, 우리는 흑인들이 여전히 자유롭지 못하다는 비극적인 사실을 직시해야 합니다. 백 년 후에도 흑인들은 여전히 인종 차별이라는 속박과 굴레 속에서 비참하고 불우하게 살아가고 있습니다. 백 년 후에도 흑인들은 이 거대한 물질적 풍요의 바다 한가운데 있는 빈곤의 섬에서 외롭게 살아가고 있습니다. 백 년 후에도 흑인들은 여전히 미국 사회의 한 귀퉁이에서 고달프게 살아가고 있습니다. 그들은 자기 땅에서 유배당한 것입니다. 그래서 우리는 오늘 이 끔찍한 현실을 알리기 위해 이 자리에 나온 것입니다.

어떤 의미에서 우리는 국가로부터 받은 수표를 현금으로 바꿔야 할 시기에 온 것입니다. 미국을 건국한 사람들은 헌법과 독립선언에 훌륭한 표현들을 써 넣었습니다. 그들은 모든 미국인들이 상속하게 되어 있는 약속어음에 사인을 했습니다. 그 약속어음이란 모든 인간에게 삶과 자유, 행복 추구라는 양도할 수 없는 권리를 보장한다는 약속이었습니다. 그러나 오늘날 미국이 시민들의 피부색에 관한 한 이 약속어음이 보장하는 바를 제대로 이행하지 않고 있다는 것은 분명한 사실입니다. 미국은 이 신성한 의무를 존중하지 않고 흑인들에게 부도수표를 주었습니다. 이 부도수표는 자금이 충분하지 않다는 이유로 되돌아옵니다. 그러나 우리는 정의의 은행이 파산했다고 생각하지 않습니다. 우리는 이 나라에 있는 기회의 금고에 자본이 충분치 않다는 사실을 믿지 않습니다. 그래서 우리는 이제 이 수표를 현금으로 바꿔야 할 때에 다다른 것입니다. 이 수표는 우리가 요구하는 바에 따라 충분한 자유와 정의에 의한 보호를 우리에게 줄 것입니다.

또한 우리는 '바로 지금'이라고 하는 이 순간의 긴박성을 미국인들에게 일깨우기 위해 이 자리에 모였습니다. 우선 냉정을 되찾으라는 사치스러운 말을 들을 여유도, 점진주의라는 이름의 진정제를 먹을 시간도 없습니다. 지금 이 순간이 바로 민주주의의 약속을 실현할 때입니다. 지금이 바로 어둡고 외진 인종차별의 계곡에서 벗어나 햇살 환히 비치는 인종간의 정의의 길에 들어설 때입니다. 지금이 바로 신의 모든 자손들에게 기회의 문을 열어줄 때입니다. 지금이 바로 인종간의 불의라는 모래 위에서 형제애라는 단단한 바위 위로 올라서야 할 때입니다.

지금 이 순간의 긴박성을 간과하고 흑인들의 결의를 과소평가한다면, 그것은 이 나라에 치명적인 일이 될 것입니다. 흑인들의 정당한 불만이 표출되는 이 무더운 여름은 자유와 평등의 상쾌한 바람이 부는 가을이 찾아올 때까지 계속될 것입니다. 1963년은 끝이 아니라 시작입니다. 만일 이 나라가 다시 예전 상태로 돌아간다면, 흑인들이 좀 진정을 하고 자족(自足)해야 할 필요가 있다고 생각하는 사람들은 거친 방식으로 깨달음을 얻게 될 것입니다 . 흑인들이 시민으로서의 권리를 부여받기 전에는 미국에 휴식도 평온도 없을 것입니다. 정의가 실현되는 밝은 날들이 오기 전까지는 이 나라의 기반을 뒤흔드는 폭동의 소용돌이가 계속될 것입니다.

정의의 궁전으로 이르는 출발점에 선 여러분들에게 꼭 드리고 싶은 이야기가 하나 있습니다. 우리가 정당한 위치를 찾을 때까지는 나쁜 행동을 해서 죄인이 되어서는 안 되겠다는 점입니다. 비탄과 증오로 가득 찬 술잔을 들이키는 것으로 자유를 향한 갈증을 달래려 하지 맙시다. 위엄과 원칙이 있는 높은 곳을 향한 투쟁을 영원히 계속해야 합니다. 우리는 우리의 창의적인 항거가 폭력으로 변질되게 해서는 안 됩니다. 다시, 또다시 우리의 힘이 영혼의 힘과 맞닿을 수 있는 저 높은 곳까지 올라가야 합니다. 우리 흑인 사회를 휩쓸고 있는 저 새롭고도 훌륭한 투쟁정신이 백인들의 불신을 받는 데로 이어지지 않게 해야 합니다. 오늘 이 자리에 서 있는 백인들이 증명하듯이, 우리의 많은 백인 동지들은 그들의 운명이 우리의 운명과 이어져 있으며, 그들의 자유가 우리의 자유와 떼려야 뗄 수 없는 관계임을 깨닫고 있습니다. 우리 혼자서만 걸어갈 수는 없습니다.

이제 우리 앞으로 나아가면서 더 전진해야 한다는 맹세를 해야 합니다. 되돌아갈 수는 없습니다. 인권운동가들에게 '언제가 되면 만족하겠느냐'고 묻는 사람들이 있습니다. 흑인들이 경찰의 무지막지한 폭력의 공포에 희생되고 있는 한 우리에게 만족이란 없습니다. 흑인들이 여행하다가 피곤에 지쳤을 때 고속도로 근처의 여관이나 시내의 호텔에 잠자리를 얻을 수 없는 한은 우리는 만족할 수 없습니다. 흑인이 이주한다고 해야 고작 작은 흑인 거주지에서 더 큰 흑인 거주지로 가는 것이 전부일 때, 우리는 만족하지 못합니다. 미시시피의 흑인들이 투표권을 행사하지 못하고 뉴욕의 흑인들이 마땅히 투표를 할 이유를 찾지 못하는 한 우리는 만족할 수 없습니다. 안 됩니다. 안 됩니다. 우리는 만족하지 않습니다. 정의가 강물처럼 흐르고, 정당성이 힘찬 흐름이 될 때까지 우리는 만족할 수 없습니다.

저는 여러분들 중 어떤 사람이 재판을 받다가 여기 오게 되었다는 것에 신경을 쓰지 않는 것은 아닙니다. 좁은 감옥에서 나온 지 얼마 안 되는 사람들도 있습니다. 어떤 사람들은 자유를 추구하다가 도리어 기소되어 두들겨 맞거나, 경찰의 야만스런 폭력에 고통받는 지역에서 오기도 했습니다. 여러분들은 모두 그 새로운 방식으로 다가오는 갖가지 고통을 겪는 데는 베테랑들입니다. 그런 고생들이 명예를 회복하는 것이라는 신념으로 계속 일하십시오. 미시시피로 돌아가십시오. 앨라배마로, 사우스캐롤라이나로, 조지아로, 루이지애나로 돌아가십시오. 우리들의 현대적인 도시인 빈민가로, 흑인 거주지로 돌아가십시오. 상황이 달라질 수 있고, 달라질 것이라는 점은 명심하고 계십시오. 이제 절망의 계곡에서 뒹굴지는 맙시다.

나의 친구인 여러분들에게 말씀드립니다. 고난과 좌절의 순간에도 저는 꿈을 가지고 있다고. 이 꿈은 아메리칸 드림에 깊이 뿌리를 내리고 있는 꿈입니다. 저에게는 꿈이 있습니다. 언젠가 이 나라가 모든 인간은 평등하게 태어났다는 것을 자명한 진실로 받아들이고, 그 진정한 의미를 신조로 살아가게 되는 날이 오리라는 꿈입니다. 언젠가는 조지아의 붉은 언덕 위에 예전에 노예였던 부모의 자식과, 그 노예의 주인이었던 부모의 자식들이 형제애의 식탁에 함께 둘러앉는 날이 오리라는 꿈입니다. 언젠가는 불의와 억압의 열기에 신음하던 저 황폐한 미시시피주가 자유와 평등의 오아시스가 될 것이라는 꿈입니다. 나의 네 자녀들이 피부색이 아니라 인격에 따라 평가받는 그런 나라에 살게 되는 날이 오리라는 꿈입니다.

오늘 저에게는 꿈이 있습니다. 주지사가 늘 연방정부의 조처에 반대할 수 있다느니, 연방법의 실시를 거부한다느니 하는 말만 하는 앨라배마주가 변하여 흑인 소년, 소녀들이 백인 소년, 소녀들과 손을 잡고 형제자매처럼 함께 걸어갈 수 있는 상황이 되는 꿈입니다.

오늘 저에게는 꿈이 있습니다. 어느 날 모든 계곡이 높이 솟아오르고, 모든 언덕과 산은 낮아지고, 거친 곳은 평평해지고, 굽은 곳은 곧게 펴지고, 하느님의 영광이 나타나 모든 사람들이 함께 그 광경을 지켜보는 꿈입니다.

이것이 우리의 희망입니다. 이것이 제가 남부로 돌아갈 때 가지고 가는 신념입니다. 이런 신념을 가지고 있으면 우리는 절망의 산을 개척하여 희망의 돌을 찾아낼 수 있을 것입니다. 이런 희망을 가지고 있으면 우리는 이 나라의 이 소란스러운 불협화음을 형제애로 가득 찬 아름다운 음악으로 변화시킬 수 있을 것입니다. 이런 신념이 있으면 우리는 함께 일하고, 함께 기도하며, 함께 투쟁하고, 함께 감옥에 가며, 함께 자유를 위해 싸울 수 있을 것입니다. 우리가 언젠가 자유로워지리라는 것을 알기 때문입니다. 그날은 신의 모든 자식들이 새로운 의미로 노래 부를 수 있는 날이 될 것입니다.

"나의 조국은 자유의 땅, 나의 부모가 살다 죽은 땅, 개척자들의 자부심이 있는 땅, 모든 산에서 자유가 노래하게 하라."

미국이 위대한 국가가 되려면 이것은 반드시 실현되어야 합니다. 그래서 자유가 뉴햄프셔의 거대한 언덕에서 울려퍼지게 합시다. 자유가 뉴욕의 큰 산에서 울려퍼지게 합시다. 자유가 펜실베이니아의 앨러게니 산맥에서 울려퍼지게 합시다. 콜로라도의 눈 덮인 로키 산맥에서도 자유가 울려퍼지게 합시다. 캘리포니아의 굽이진 산에서도 자유가 울려퍼지게 합시다. 뿐만 아니라 조지아의 스톤 산에서도 자유가 울려퍼지게 합시다. 테네시의 룩 아웃 산에서도 자유가 울려퍼지게 합시다. 미시시피의 모든 언덕에서도 자유가 울려퍼지게 합시다. 모든 산으로부터 자유가 울려퍼지게 합시다.

자유가 울려퍼지게 할 때, 모든 마을, 모든 부락, 모든 주와 도시에서 자유가 울려퍼지게 할 때, 우리는 더 빨리 그날을 향해 갈 수 있을 것입니다. 신의 모든 자손들, 흑인과 백인 유태인과 이교도들, 개신교도와 가톨릭 교도들이 손에 손을 잡고 옛 흑인 영가를 함께 부르는 그날을 말입니다.

"드디어 자유, 드디어 자유, 전지전능하신 신이여, 우리가 마침내 자유로워졌나이다!"

토론 · 논술에 강해지는 방법 3

진학과 연관된 저자 이름과 책 제목 익히기

2012년 ○○대학교 모집단위별 추천 도서 목록

1. ○○대학교

학과(학부)	추천도서	저자	출판사	난이도
자율전공학부 (4년)	나의 문화유산 답사기	유홍준	창작과비평사	중
	논어	공자(황종원 역)	홍익출판사	상
	역사란 무엇인가	에드워드 카 저(이화승 역)	베이직북스	상
	그리스인 조르바	카잔차키스 저(이윤기 역)	열린책들	중
	죽음의 수용소에서	빅터 프랭클 저(이시형 역)	청아출판사	중
자율전공학부 (1년)	나의 문화유산 답사기	유홍준	창작과비평사	중
	논어	공자(김형찬 역)	홍익출판사	상
	죄와 벌	도스토예프스키 저(윤수천 역)	지경사	상
	죽음의 수용소에서	빅터 프랭클 저(이시형 역)	청아출판사	중
	자유론	존 스투어트 밀 저(서병훈 역)	책세상	상

2. 간호대학

학과(학부)	추천도서	저자	출판사	난이도
간호학과	레이첼 카슨 평전	린다 리어(김홍옥 역)	샨티	중
	마지막 여행	매기 캘러넌 저(이기동 역)	프리뷰	중
	나이팅게일의 간호론	플로렌스 나이팅게일 저 (김조자 외 역)	현문사	상
	생명 윤리 이야기 (꿈꾸는 과학, 도전받는 인간)	권복규	책세상	상

3. 경영대학

학과(학부)	추천도서	저자	출판사	난이도
경영학부	상도	최인호	여백	중
	위키노믹스	돈탭스코트 저(윤미나 역)	21세기북스	상
	미래 경영	피터 드러커 저(이재규 역)	청림출판	상
	만약 고교야구 여자 매니저가 피터 드러커를 읽는다면	이와사키 나쓰미 저(권일영 역)	동아일보사	하
	The Goal	제프 콕스, 엘리 골드렛 저 (김일운 외 역)	동양문고	상
경제학부	죽은 경제학자의 살아있는 아이디어	토드 부크홀츠(이승환 역)	김영사	상
	청소년을 위한 세계경제원론 1, 2, 3, 4	바라라 코트프리트 홀랜더 저 (김시래 외 1 역)	내인생의책	중
	청소년을 위한 경제의 역사	니콜라우스 피퍼 저(유혜자 역)	비룡소	하
	경제학 콘서트 1, 2	팀 하포드 저(이진원 역)	웅진지식 하우스	중
	세속의 철학자들	로버트 L. 하일브로너 저 (장상환 역)	이마고	상

4. 공과대학

학과(학부)	추천도서	저자	출판사	난이도
건축학부	알기 쉬운 건축	장정제	시공문화사	하
	나의 문화유산 답사기	유홍준	창비	중
	지진은 왜 일어나는가	매티스 레비 저(김용부 역)	기문당	상
	생각의 탄생	미셸 루트번스타인 외 1 저 (박종성 역)	에코의서재	상
	건축, 음악처럼 듣고 미술처럼 보다	서현	효형출판	중
	건축콘서트	이영수 외 12인	효형출판	상
	건축가가 되는 길	로저 루이스 저(김현중 역)	국제	상
기계시스템 공학부	창의력에 미처라	김광희	넥서스BIZ	중
	독서 천재가 된 홍대리	이지성, 정회일 저	다산라이프	중
	뉴턴도 놀란 영재들의 물리노트 1	도쿄 물리서클 저(영재들을 위한 과학교사 모임 역)	이치사이언스	중
	하라하라의 과학 블로그 1	이은희	살림	중
	청소년이 꼭 알아야 할 과학이슈 11	이은희, 이충환 외 8명	동아사이언스	중
산업공학과	생명의 그물	프리초프 카프라 저 (김용정 역)	범양사	중
	한국의 이공계는 글쓰기가 두렵다	임재춘	북코리아	하
	링크(linked)	알버트 라즐로 바라바시 저 (강병남 역)	동아시아	중
	스마트 스웜	피터 밀러 저(이한음 역)	김영사	중
	생각의 지도	리처드 니스벳 저 (최인철 역)	김영사	중

학과(학부)	추천도서	저자	출판사	난이도
신소재 공학부	부분과 전체	베르너 하이젠베르크 저 (김용준 역)	지식산업사	중
	춤추는 술고래의 수학 이야기	레오날드 믈로디노프 저 (이덕환 역)	까치	하
	파인만의 여섯 가지 물리 이야기	리처드 파인만 저 (박병철 역)	승산	하
	객관성의 칼날 (과학 사상의 역사에 관한 에세이)	찰스 길리스피 저 (이필렬 역)	새물결	중
	엔트로피	제레미 리프킨 저 (이창희 역)	세종연구원	중
고분자 · 섬유시스템 공학과	고분자화학 연구실에서 무슨 일이 일어나고 있을까?	진정일	양문	중
	천재들의 과학 노트	캐서린 쿨렌 저(최미화 역)	일출봉	중
	역사를 바꾼 17가지 화학 이야기	페니르 쿠터, 제이 버레슨 저(곽주영 역)	사이언스북스	하
	시크릿 스페이스	서울과학교사모임	어바웃어북	중
	평행우주	미치오카쿠 저(박병철 역)	김영사	상
생물공학과	조상 이야기 -생명의 기원을 찾아서	리처드 도킨스 저 (이한음 역)	까치	중
	미래혁명이 시작된다	홍순기 외 47	범우사	중
	과학자가 들려주는 과학이야기 015. 톰슨이 들려주는 줄기세포 이야기	황신영	자음과모음	중
	과학자가 들려주는 과학이야기 083. 퀴네가 들려주는 효소 이야기	이흥우	자음과모음	중
에너지자원 공학과	자원전쟁	김태희	영림카디널	중
	석유 욕망의 샘	김재명	프로네시스	중
	검은 눈물 석유	김성호	미래아이	중
	세상을 바꾼 다섯 개의 방정식	서윤호	경문사	중
	거의 석유 없는 삶	제롬 보날디 저(성일권 역)	고즈원	중

학과(학부)	추천도서	저자	출판사	난이도
응용화학 공학부	일상에서 과학을 보다1,2	사토긴페이 저(김종호 역)	한토미디어	하
	Chemical Engineering Changes the World, 세상을 변화시키는 화학공학 2판	한국화학공학회편찬위원	케이티링크	중
	역사를 바꾼 17가지 화학 이야기	페니르 쿠터, 제이 버레슨 저(곽주영 역)	사이언스북스	하
	천재들의 과학 노트	캐서린 쿨렌 저(최미화 역)	일출봉	하
전자컴퓨터 공학부	문명과 수학	리처드 만키에비츠 저(이상원 역)	경문사 (박문규)	중
	디지털 포트리스	댄 브라운 저(이창식 역)	북스캔	중
	세상에서 가장 재미있는 물리학	래리 고닉 저(전영택 역)	궁리	중
	지상 최대의 쇼	리처드 도킨스 저(김명남 역)	김영사	중
전기공학과	열정과 야망의 전기 이야기	김석환	대영사	중
	일렉트릭 유니버스	데이비드 보더니스 저(김명남 역)	생각의 나무	중
	NEW 전기를 알고 싶다	김형술, 박영식, 전찰환, 정중호	골든벨	중
	상상오디세이	최재천	다산북스	중
	지구온난화를 막는 50가지 방법	Green patriot Working Group	도요새	중
토목공학과	재미있는 흙 이야기	헤메노 켄지 외 1 저(이승호 외 1 역)	씨아이알	중
	토목을 디자인하다	시노하라 오사무 저(강영조 역)	동녘	중
	대한민국 건설 (불가능은 가능이다)	박길숙	지성사	중
	재미와 장난이 만든 꿈의 도시 꾸리찌바	박용남	녹색평론사	중
	물의 자연사	앨리스 아웃워터 저(이충호 역)	예지	중

학과(학부)	추천도서	저자	출판사	난이도
환경공학과	침묵의 봄	레이첼 카슨 저(김은령 역)	에코리브르	중
	땅 속 생태계	이본느 배스킨 저(최세민 역)	창조문화	중
	도둑 맞은 미래	테오 콜본 저(권복규 역)	사이언스북스	중
	숲 그리고 희망	브라이언 켈리, 마크 런던 저 (조윤경 역)	예지	중
	가이아의 복수	제임스 러브록 저(이한음 역)	세종서적	중

5. 농업생명과학대학

학과(학부)	추천도서	저자	출판사	난이도
농업경제학과	괴짜 경제학	스티븐 레빗 저(안진환 역)	웅진지식하우스	중
	죽은 경제학자의 살아있는 아이디어	토드 부크홀츠 저(이승환 역)	김영사	중
	경제학 패러독스	타일러 코웬 저(김정미 역)	랜덤하우스코리아	상
	농업이 미래다	성진근, 이태호, 김병률, 윤병삼	삼성경제연구소	중
	토지	박경리	나남	하
동물자원학부	애완동물학	안제국	부민문화사	중
	인간과 동물	최재천	궁리	하
응용생물공학부	처음 읽는 미래 과학 교과서3	박태현	김영사	중
	생명과학의 기초 DNA	일본 뉴턴프레스 저 (강금희 역)	newton highlight	하
	알고보면 간단한 화학반응	요네야마 마사노부 저 (우제열 역)	이지북	중
	생명의 미학	박상철	생각의 나무	상
	생물과 무생물 사이	후쿠오카 신이치 저 (김소연 역)	은행나무	중

학과(학부)	추천도서	저자	출판사	난이도
식물생명 공학부	생활 속 원예이야기	문원	에피스테메	상
	Feeding the world	Anne Rooney 저	SmartApple Media	상
	인간과 환경 이야기	윤성탁, 신동일	단국대학교 출판부	하
	환경을 살리는 농업, 농업을 살리는 환경	정지웅	서울대학교 출판부	중
	녹색희망 농업의 미래	임상규	매일경제 신문사	중
	식탁 위의 생명공학	농업생명공학기술바 로알기협의회	푸른길	하
	식물의 정신세계	피터 톰킨스 저(황금용 역)	정신세계사	중
	농업철학서설	J.D.힐 저(이은웅 역)	향문사	상
	이중나선	제임슨 왓슨 저(최돈찬 역)	궁리	중
지역 · 바이오시스템 공학과	거의 모든 것의 역사	빌 브라이슨 저(이덕환 역)	까치	상
	E=MC2	데이비드 보더니스 저(김민희 역)	생각의 나무	중
	천재들이 즐기는 수학 퍼즐 게임	한다 료스케 저(이정환 역)	일출봉	중
	바이오테크 시대	제레미 리프킨 저(전영택 역)	민음사	하
	괴짜 경제학	스티브 레빗 외 1 저(안진환 역)	웅진지식하우스	하
	아웃라이어	말콤 글래드웰 저(노정태 역)	김영사	중
	경제학 콘서트 1, 2	팀 하포드 저(이진원 역)	웅진닷컴	중
조경학과	침묵의 봄	레이첼 카슨 저(김은령 역)	에코리브르	상
	한국의 정원 선비가 거닐던 세계	허균	다른세상	하
	녹색도시를 꿈꾸는 저탄소 사회전략	고재경 외	한울아카데미	중
	조경생태학	안영희	태림문화사	중
	원예식재와 조경	노엘 킹스버리 저(이영병 역)	시그마프레스	중

학과(학부)	추천도서	저자	출판사	난이도
바이오에너지 공학과	이중나선	제임스 왓슨 저(최돈찬 역)	궁리	상
	이기적 유전자	리처드 도킨스 저 (홍영남 외 1명 역)	을유문화사	상
	우연과 필연	자크 모노 저(조현수 역)	궁리	중
	파인만 씨 농담도 잘하시네	리처드 파인만 저(김희봉 역)	사이언스북스	하
	생명이란 무엇인가	에르빈 슈뢰딩거 저(전대호 역)	궁리	상
	다윈의 식탁	장대익	김영사	중
	신재생 에너지	손재익, 강용혁	김영사	하
	엔트로피	제리미 리프킨 저(이창희 역)	세종연구원	중
	DNA 생명의 비밀	제임스 왓슨 저(이한음 역)	까치	중
	코드 그린-뜨겁고 평평하고 붐비는 세계	토머스 프리드먼 저(이영민 역)	21세기북스	하
	휴먼 임팩트	앤드루 가우디 저(손일 외 2명 역)	푸른길	상
산림자원학부	나무	베르나르 베르베르 저(이세욱 역)	열린책들	중
	종이로 사라지는 숲 이야기	맨디 하기스 저(이경아 역)	상상의숲	중
	씨앗의 자연사	조나단 실버타운 저(진선미 역)	양문	중
	나무야 나무야	신영복	돌베개	중
	숲에게 길을 묻다	김용규	비아북	상

6. 사범대학

학과(학부)	추천도서	저자	출판사	난이도
국어교육과	열하일기(청소년들아 연암을 만나자)	박지원(리상홍 역)	산문	중
	청소년을 위한 삼국유사	김봉주	두리미디어	중
	우리말의 상상력	정호완	정신세계사	중
	혼불	최명희	매안출판사	상

학과(학부)	추천도서	저자	출판사	난이도
영어교육과	그리스 로마 신화	토머스 불핀치 저(김경희 역)	브라운힐	하
	Justice: What's the Right Thing to Do?	Michael J. Sandel	Penguin Books	상
	여행의 기술	알랭 드 보통 저(정영목 역)	청미래	중
	불안	알랭 드 보통 저(정영목 역)	은행나무	중
	Walden	Henry David Thoreau	Oxford U.K	상
교육학과	에밀	J. J. Rousseau 저(정영하 역)	현암사	상
	민주주의와 교육	J. Dewey 저(이홍우 역)	교육과학사	상
	수레바퀴 아래서	헤르만헤세 저(김이섭 역)	민음사	하
	페다고지	P. Freire 저(남경태 역)	그린비	중
	섬머힐	A. S. Neil 저(백승관 역)	문음사	하
유아교육과	인간의 교육	프리드리히 프뢰벨 저 (이원영 외 1 역)	양서원	중
	모리와 함께한 화요일	미치 앨봄 저(공경희 역)	살림	중
	딥스(자아를 찾은 아이)	V.M. 헥슬린 저 (유아교육연구회 역)	시간과공간사	하
	신데렐라 천년의 여행	주경철	산처럼	상
	한 아이	토리 헤이든 저(이희재 역)	아름드리	하
역사교육과	교실 밖 국사여행	역사학연구소	사계절	중
	한국사카페 1, 2	장용준	북멘토	중
	통세계사 1, 2	김상훈	다산에듀	중
	한국사 기행	조유전, 이기환	책문	상
	미래를 여는 역사	한중일 3국 공동역사편찬위원회	한겨레신문사	상
지리교육과	살아있는 지리 교과서 1, 2	전국지리교사연합회	휴머니스트	중
	교실 밖 지리여행	노웅희, 박병석	사계절	하
	지도와 권력	아서 제이 클링호퍼 저(이용주 역)	알마	상
	지리교사들 남미와 만나다	지리교육연구회 지평	푸른길	중
	세계화 시대의 세계지리 읽기	옥한석, 이영민, 이민부	한울아카데미	중

학과(학부)	추천도서	저자	출판사	난이도
윤리교육과	정의란 무엇인가?	마이클 샌델 저(이창신 역)	김영사	중
	니코마코스 윤리학	아리스토텔레스 저(홍석영 역)	풀빛	상
	우리가 정말 알아야 할 우리 선비	정옥자	현암사	중
	도덕적인 인간과 비도덕적인 사회	라인홀드 니버 저(남정우 역)	대한기독교서회	중
수학교육과	페르마의 마지막 정리	사이먼 싱 저(박병철 역)	영림카디널	상
	수학의 오솔길	이정례	경문사	하
	학문의 즐거움	히로나카 헤이스케 저 (방승양 역)	김영사	하
	어느 수학자의 변명	G.H 하디 저(정회성 역)	세시	중
물리교육과	현대 물리가 날 미치게 해	프랭클린 포터, 크리스토퍼 야르고즈키	한승	상
	달걀 삶는 기구의 패러독스	정병훈	성우	상
	새로운 물리탐구의 세계	박종원 외	청문각	중
	조지 가모보의 즐거운 물리학	조지 가모보 저(곽영직 역)	한승	하
	파인만의 여섯 가지 물리 이야기	리처드 파인만 저(박병철 역)	승산	중
화학교육과	교실 밖 화학 이야기	진정일	양문	중
	나는 대한민국의 교사다	조벽	해냄	상
	화학의 발자취	휴 W. 샐츠버그 저(고문주 역)	범양사	상
	과학이란 무엇인가	A.F. 차머스	서광사	상
	발견하는 즐거움	리처드 파인만 저 (정무광 외 1명 역)	승산	중
생물교육과	이기적 유전자	리처드 도킨스 저 (홍영남 외 1명 역)	을유문화사	상
	이타적 유전자	매트 리들리 저(신좌섭 역)	사이언스북스	상
	DNA: 생명의 비밀	제임스 왓슨 저(이한음 역)	까치	중
	거의 모든 것의 역사	빌 브라이슨 저(이덕환 역)	까치	하

학과(학부)	추천도서	저자	출판사	난이도
체육교육과	존 우든의 부드러운 것보다 강한 것은 없다	존 우든 저(최의창 역)	대한미디어	중
	몸짓과 문화: 춤 이야기	신상미	대한미디어	하
	골프가 주는 9가지 삶의 교훈	마이크 린더 저(최의창 역)	대한미디어	하
	알고 달리자	체육과학연구원	대한미디어	하
지구과학 교육과	길들여지지 않는 날씨	존 린치 저(이강웅 외 역)	한승	중
	코스모스	칼 세이건 저(홍승수 역)	사이언스북스	상
	청소년을 위한 시간의 역사	스티븐 호킹 저(전대호 역)	웅진지식하우스	상
	한반도 30억년의 비밀 1부: 적도의 땅	유정아	푸른숲	중
	Newton	편집부	뉴턴코리아	상
	과학동아	과학동아	동아사이언스	하
	털없는 원숭이	데즈먼드 모리스 저(김석희 역)	네모북	중
가정교육과	나는 대한민국의 교사다	조벽	해냄	상
	차라리 아이를 굶겨라 1, 2	다음을 지키는 사람들	시공사	중
	즐거운 불편	후쿠오카 켄세이 저(김경인 역)	달팽이	하
	아이의 모든 인생은 가정에서 시작된다	래리 C. 해리스 저(강혜정 역)	다산에듀	중
	가족: 진정한 나를 찾아 떠나는 심리여행	존 브래드쇼 저(오제은 역)	학지사	상
	샤넬 미술관에 가다	김홍기	미술문화	상
음악교육과	Classics A to Z	민은기, 신혜승	음악세계	중
	내가 사랑하는 클래식 1	박종호	시공사	중
	내가 사랑하는 클래식 2	박종호	시공사	중
	내가 사랑하는 클래식 3	박종호	시공사	중
	열려라, 클래식	이헌석	돋을새김	하

7. 사회과학대학

학과(학부)	추천도서	저자	출판사	난이도
정치외교학과	대한민국사(1~4권)	한홍구	한겨레출판사	중
	민주화 이후의 민주주의	최장집	후마니타스	중
	거대한 체스판: 21세기 미국의 세계 전략과 유라시아	즈비그뉴 브레진스키 저 (김명섭 역)	삼인	중
	렉서스와 올리브 나무: 세계화는 덫인가, 기회인가	토머스 L. 프리드먼 저 (신동욱 역)	창해	중
	정치학으로의 산책	21세기 정치연구회	한울 아카데미	중
사회학과	프로테스탄티즘의 윤리와 자본주의 정신	막스 베버 저(박성수 역)	문예출판사	상
	몬 산토(죽음을 생산하는 기업)	마리 모니크 로뱅 저 (이선혜 역)	이레	중
	다르게 사는 사람들	김비 외 6인(윤수종 엮음)	이학사	중
	우리 시대의 소수자운동	윤수종	이학사	중
	극단의 시대-20세기의 역사(상)/(하)	에릭 홉스봄 저(이용우 역)	까치	중
	난장이가 쏘아올린 작은 공	조세희	이성과 힘	하
심리학과	죽음의 수용소에서	빅터 프랭클 저(이시형 역)	청아출판사	중
	설득의 심리학	로버트 치알디니 저(이현우 역)	21세기북스	상
	학습된 낙관주의	마틴 세리그만 저(최호영 역)	21세기북스	상
	월든 투	스키너 저(이장호 역)	현대문화	상
	인간이해	아들러 저(라영균 역)	일빛	중
문헌정보학과	히말라야 도서관	존 우드 저(이명혜 역)	세종서적	중
	지상의 아름다운 도서관	최정태	한길사	중
	도서관 그 소란스러운 역사	매투 배틀스 저(강미경 역)	넥서스북	중
	위대한 도서관 사상가들	고인철 외	한울아카데미	중

학과(학부)	추천도서	저자	출판사	난이도
신문방송학과	통제하거나 통제되거나	더글러스 러시코 저(김상현 역)	민음사	중
	미디어의 이해: 인간의 확장	마셜 매클루언 외1 저(김상호 역)	커뮤니케이션북스	상
	PD, who & how	홍경수 저	커뮤니케이션북스	하
	대중문화의 이해	김창남	한울아카데미	상
	미디어 공공성	미디어공공성포럼	커뮤니케이션북스	상
지리학과	택리지	이중환 저(이익성 역)	을유문화사	중
	인문지리학의 시선	정종환 외 3명	논형	상
	불편한 진실	앨 고어 저(김명남 역)	좋은생각	상
	공간의 힘	하름 데 블레이 저(황근하 역)	천지인	상
인류학과	문화의 수수께끼	마빈 해리스 저(박종률 역)	한길사	중
	총균쇠	제러드 다이아몬드 저(김진준 역)	문학사상	중
	처음 만나는 문화 인류학	김광억	일조각	상
	인류학의 거장들	제리 무어 저(김우영 역)	한길사	중
	천 번의 붓질 한 번의 입맞춤	이건무	진인진	하
행정학과	미디어의 이해	마셜 매클루언 저(박정규 역)	커뮤니케이션북스	중
	공리주의	존 스튜어트 밀 저(이을상 역)	지만지	상
	프로테스탄트즘의 윤리와 자본주의 정신(Max weber)	막스 베버 저(박성수 역)	문예출판사	상
	원숭이도 이해하는 자본론	임승수	시대의창	하

8. 생활과학대학

학과(학부)	추천도서	저자	출판사	난이도
생활환경 복지학과	모리와 함께한 화요일	마치 앨봄 저(공경희 역)	살림	하
	긍정의 힘	조엘 오스틴 저(정성묵 역)	두란노	상
	지선아 사랑해	이지선	이레	하
	잘가요 언덕	차인표	살림	중
	지도 밖으로 행군하라	한비야	푸른숲	중
식품영양 학과	노벨상이 만든 세상–화학	이종호	나무의 꿈	상
	젊음의 과학	존 몰리, 셰리 콜버그 저 (정주연 역)	미지북스	중
	희망의 밥상	제인구달 외 2 저(김은영 역)	사이언스북스	중
	오키나와 프로그램	브래들리 윌콕스 저(박정숙 역)	청림출판	중
	몸의 이해	EBS 지식채널 건강	지식채널	중
	존 로빈스의 100세 혁명	존 로빈스 저(박산호 역)	시공사	상
의류학과	세상에 감성을 입히다	장광효	북하우스	중
	무량수전 배흘림기둥에 기대서서	최순우	학고재	중
	세계 유명 패션디자이너 시리즈	박기완	노라노	중
	패션을 보면 세계가 보인다	김현좌	내 인생의 책	하

9. 수의과대학

학과(학부)	추천도서	저자	출판사	난이도
수의예과 (수의학과)	수의사가 말하는 수의사	김영찬	부키	상
	애완동물사육	안제국	부민문화사	하
	인간의 위대한 스승들	제인 구달 저(채수문 역)	바이북스	중
	최재천의 인간과 동물최재천	궁리	하	중
	제인 구달의 생명사랑 십계명	제인 구달 저(최재천 역)	바다출판사	중

10. 약학대학

학과(학부)	추천도서	저자	출판사	난이도
약학부	신약 오딧세이	심재우	위아북스	상
	생명과 약의 연결고리	김성훈	프로네시스	중
	마법의 탄환: 의학 역사를 새로 쓴 주황색 알약 글리벡 이야기	다니엘 바젤라, 로버트 슬레이터 (이충호 역)	해나무	중
	감정의 분자 (Molecules of Emotion)	캔더스 B 퍼트(Candace B. Pert) (김미선 역)	시스테마	상

11. 예술대학

학과(학부)	추천도서	저자	출판사	난이도
미술학과	고뇌의 원근법	서경식(박소현 역)	돌베개	중
	현대미술의 이해	임영방	서울대 출판부	상
	오주석의 한국의 미 특강	오주석	솔 출판사	중
	현대미술, 보이지 않는 것을 보여주다	프랑크 슐츠(황종민 역)	미술문화	중
	한국의 미술과 문화	안휘준	시공사	중
음악학과	쇼팽, 그 삶과 음악	제러미 니콜러스(임희근 역)	포토넷	중
	모차르트, 그 삶과 음악	제러미 시프먼(임선근 역)	포토넷	중
	베토벤, 그 삶과 음악	제러미 시프먼(김병화 역)	포토넷	중
	말러, 그 삶과 음악	스티븐 존슨(임선근 역)	포토넷	중
	말이 먼저, 음악이 먼저	정준호	삼우반	하
국악과	국악통론	장사훈	세광	상
	한국 전통 음악의 선율 구조	백대웅	어울림	상
	논어강설	이기동	성균관대학교출판부	상
	한 권으로 읽는 조선왕조실록	박영규	웅진지식하우스	중

12. 의과대학

학과(학부)	추천도서	저자	출판사	난이도
의예과 (의학과)	CEO 안철수, 지금 우리에게 필요한 것은	안철수	김영사	중
	의학의 역사	재컬린 더핀 저(신좌섭 역)	사이언스북스	상
	친구가 되어 주실래요?	이태석	생활성서사	하
	불량의학	크리스토퍼 완제크 저(박은영 역)	열대림	상
	과학혁명의 구조	토마스 새뮤얼 쿤 저(김명자 역)	까치	중
	확장된 표현형	리처드 도킨스 저(홍영남 역)	을유문화사	상
	과학의 변경지대	마이클 셔머 저(김희봉 역)	사이언스북스	중

13. 인문대학

학과(학부)	추천도서	저자	출판사	난이도
국어국문학과	훈민정음	박창원	신구문화사	상
	인문학 콘서트	김경동 외	이숲	중
	2012년 제36회 이상문학상 작품집	김영하 외	문학사상	중
	춘향전	송성욱	민음사	상
	광장	최인욱	문학과 지성사	하
영어영문학과	오이디푸스왕	소포클레스 저(황문수 역)	범우사	중
	허클베리핀의 모험	마크 트웨인 저(김욱동 역)	민음사	중
	젊은 예술가의 초상	제임스 조이스 저(이상옥 역)	민음사	상
	폭풍의 언덕	에밀리 브론테 저(김종길 역)	민음사	중
	언어: 이론과 그 응용	김진우	탑출판사	중
독일언어문학과	젊은 베르테르의 슬픔	괴테 저(박찬기 역)	민음사	중
	데미안	헤르만 헤세 저(전영애 역)	민음사	중
	변신	카프카 저(이재황 역)	문학동네	중
	향수	쥐스킨트 저(강명순 역)	열린책들	중
	먼 나라 이웃나라(독일편)	이원복	김영사	중

학과(학부)	추천도서	저자	출판사	난이도
불어불문 학과	어린왕자	앙투완 생텍쥐페리 저(김화영 역)	문학동네	중
	사진과 그림으로 보는 케임브리지 프랑스사	콜린 존스 저(방문숙 역)	시공사	중
	노트르담 드 파리	빅토르 위고 저(정기수 역)	민음사	중
	레 미제라블	빅토르 위고 저(임해진 역)	청목	상
	적과 흑	스탕달 저(이동렬 역)	민음사	상
	이방인	알베르 까뮈 저	건국대학교 출판부	상
	먼 나라 이웃나라(프랑스편)	이원복	김영사	중
중어중문 학과	중국의 신화	장기근	범우사	중
	한자의 역사	아츠지 데츠지 저 (김언종, 박재양 역)	학민사	중
	중국문화풍경	주성화	한림대학교 출판부	중
	삼국지연의	나관중 저(김구용 역)	솔	하
	아Q정전, 광인일기	노신 저(우인호 역)	신원출판사	하
일어일문 학과	겐지 이야기	무라사키 시키부 저(김난주 역)	한길사	상
	조선 선비의 일본견문록	신유한 저(강혜선 역)	이마고	중
	유시민과 함께 읽는 일본 문화 이야기	유시민	푸른나무	중
사학과	사기열전 1, 2	사마천 저(김원중 역)	민음사	중
	삼국사기 1, 2	김부식 저(이강래 역)	한길사	중
	역사란 무엇인가	에드워드 카 저(이화승 역)	베이직북스	중
	백범일지	김구	돌베개	중
	역사가의 시간	강만길	창작과비평사	중

학과(학부)	추천도서	저자	출판사	난이도
철학과	논어	공자(황종원 역)	서책	상
	국가	플라톤(박종현 역)	서광사	중
	소피의 세계	요슈타인 가아더(장영은 역)	현암사	하
	정의란 무엇인가	마이클 센들(이창신 역)	김영사	하
	미학 오딧세이	진중권	휴머니스트	중

14. 자연과학대학

학과(학부)	추천도서	저자	출판사	난이도
수학과	학문의 즐거움	히로나카 헤이스케 저(방승양 역)	김영사	하
	춤추는 술고래의 수학 이야기	레오날드 믈로디노프 저 (이덕환 역)	까치글방	중
	수학 문명을 지배하다	모리스 클라인 저(박영훈 역)	경문사	중
	아름다움은 왜 진리인가	이언 스튜어트 저 (안기연, 안재권 역)	승산	중
통계학과	생활 속의 통계	박병구, 이경은, 송중권 외 2명	자유아카데미	중
	괴짜가 사랑한 통계학	그레이엄 테터솔 저(한창호 역)	한겨레출판사	중
	세상에서 가장 재미있는 통계학	래리 고닉 저(전영택 역)	궁리	중
	통계의 미학	최제호	동아시아	중
물리학과	최무영 교수의 물리학 강의	최무영	책갈피	중
	발견하는 즐거움	리처드 파인만 저(승영조 역)	승산	중
	공부도둑 장회익의 공부의 즐거움	장회익	생각의 나무	하
	밤의 물리학	다케우치 가오루 저 (꿈꾸는 과학 역)	사이언스북스	상
	신의 입자를 찾아서	이종필	마티	중

학과(학부)	추천도서	저자	출판사	난이도
화학과	화학으로 이루어진 세상	메데퍼셀헤르만 외 1 저(권세훈 역)	에코리브르	하
	화학의 프로메테우스	섀런 버트시 맥그레인 저(이충호 역)	가람기획	중
	자연과학의 세계	김희준	궁리	중
	고교생이 알아야 할 화학 스페셜	서인호	신원문화사	하
생물학과	판스워스 교수의 생물학 강의	프랭크 H. 헤프너 저(윤소영 역)	도솔	상
	산책로에서 만난 즐거운 생물학	위르겐 브라터 저(안미라 역)	살림출판사	중
	하라하라의 생물학 카페	이은희	궁리	중
	내 몸 안의 작은 우주 분자생물학	하기와라 기요후미 저(황소연 역)	전나무숲	상
	이기적 유전자	리처드 도킨스 저(홍영남, 이상임 역)	을유문화사	상
	털없는 원숭이	데즈먼드 모리스 저(김석희 역)	문예춘추	하
	북극곰은 걷고 싶다	남종영	한겨레출판사	하
지구환경 과학부	정재승의 과학콘서트	정재승	동아시아	하
	야누스의 과학	김명진	사계절	중
	기후의 역습	모집 라티프 저(이혜경 역)	현암사	중
	땅 속에서 과학이 숨쉰다	장순근	가람기획	하
	(가족이 함께 떠나는) 주말 지질 여행	한국지구과학회	이치사이언스	하
	라이엘이 들려주는 지질조사 이야기	이한조	자음과모음	하
	천재들의 과학노트 5−과학사 밖으로 뛰쳐 나온 해양학자들	캐서린 클렌 저(양재삼 역)	일출봉	하
	직업으로 꿈꾸는 바다	신영태	넥서스	중
	아름다운 바다	앤드루 바이어트 외 2인 저 (김웅서 역)	사이언스북스	상
	바다는 희망이다	힐러리 비델스 저(김웅서 역)	수수꽃다리	중
	바다의 맥박 조석 이야기	이상용, 이석	지성사	중

학과(학부)	추천도서	저자	출판사	난이도
생명과학기술학부	조상 이야기-생명의 기원을 찾아서	리처드 도킨스 저(이한음 역)	까치	상
	정재승의 과학콘서트	정재승	동아시아	중
	과학자가 들려주는 과학 이야기 15. 톰슨이 들려주는 줄기세포 이야기	황신영	자음과모음	하
	과학자가 들려주는 과학 이야기 83. 퀴네가 들려주는 효소 이야기	이흥우	자음과모음	하
	정의란 무엇인가?	마이클 샌델 저(이창신 역)	김영사	상

15. 공학대학(캠퍼스)

학과(학부)	추천도서	저자	출판사	난이도
전기·전자통신·컴퓨터공학부	커넥션	제임스 버크 저(구자현 역)	살림	중
	일렉트릭 유니버스	데이비드 보더니스 저(김명남 역)	생각의 나무	중
	수학 천재를 만드는 두뇌 트레이닝	알폰스 봐이넴 저(임유영 역)	작은책방	하
	물리와 함께하는 50일	조앤 베이커 저(김명남 역)	북로드	상
	맛있고 간편한 과학 도시락	김정훈	은행나무	중
	만화로 쉽게 배우는 전자회로	Tanaka Kenichi 저(이도희 역)	성안당	중
	뇌를 자극하는 C프로그래밍	서현우	한빛미디어	중
기계·자동차공학부	한국의 이공계는 글쓰기가 두렵다	임재춘	북코리아	중
	뉴턴과 아이슈타인 우리가 몰랐던 천재들의 창조성	홍성욱	창비	중
	지식의 지배	레스터C. 서로우 저(한기찬 역)	생각의 나무	중
	수학, 문명을 지배하다	모리스 클라인 저(박영훈 역)	경문사	중
	생산력과 문화로서의 과학 기술	홍성욱	문학과지성사	중

학과(학부)	추천도서	저자	출판사	난이도
냉동공조 공학과	문명의 충돌	새뮤얼 헌팅턴 저(이희재 역)	김영사	중
	Barack Obama's 31 Great Speechs	YBM Si-sa	YBM-Sisa	중
	엔트로피	제레미 리프킨 저(이창희 역)	세종연구원	중
	북극곰은 걷고 싶다	남종영	한겨레출판사	중
	줄이 들려주는 일과 에너지	정완상	자음과모음	중
생명 · 화학 공학부	노 임팩트 맨	콜린 베번 저(이은선 역)	북하우스	중
	기후의 역습—2009 지구 환경 보고서	월드워치연구소 저 (생태사회연구소 역)	도요새	상
	괴짜 생태학	브라이언 클레그 저(김승욱 역)	웅진지식하우스	중
	물의 자연사	앨리스 아웃워터 저(이충호 역)	예지	중
	새롭고 적극적인 지구를 살리는 방법 50	존 자브나 외 2명 저(황성돈 역)	물병자리	하
	일상에서 과학을 보다 1, 2	사토 긴페이 저(김종호 역)	한티미디어	중
	역사를 바꾼 17가지 화학 이야기 1, 2	제이 버레슨 저(곽주영 역)	사이언스북스	중
	천재들의 과학노트	케서린 쿨렌 저(황신영 역)	일출봉	중
건축학과	20세기 건축(클라시커 50)	크리스티나 하베를리크 저 (안인희 역)	해냄출판사	중
	발칙한 건축학	왕리 저(송철규 역)	예문	중
	구조의 구조	함인선	발언	중
	건축, 음악처럼 듣고 미술처럼 보다	서현	효형출판	중
	행복의 건축	알랭 드 보통 저(정영목 역)	정영목	중
환경 시스템 공학과	노 임팩트 맨	콜린 베번 저(이은선 역)	북하우스	중
	기후의 역습—2009 지구 환경 보고서	월드워치연구소 저 (생태사회연구소 역)	도요새	중
	괴짜생태학	브라이언 클레그 저(김승욱 역)	웅진지식하우스	하
	물의 자연사	앨리스 아웃워터 저(이충호 역)	예지	중
	새롭고 적극적인 지구를 살리는 방법 50	존 자브나 외 2 저(황성돈 역)	물병자리	중

학과(학부)	추천도서	저자	출판사	난이도
의공학과	일렉트릭 유니버스	데이비드 보더니스 저 (김명남 역)	생각의나무	중
	과학 도시락(맛있고 간편한)	김정훈	은행나무	하
	수학 천재를 만드는 두뇌 트레이닝	알폰스 봐이넴 저(임유영 역)	작은책방	하
	커넥션	제임스 버크 저(구자현 역)	살림	중
	생명의 그물	프리초프 카프라 저(김용정 역)	범양사	중
해양토목 공학과	통계의 미학	최제호	동아시아	상
	과학으로 세상 보기	이창영	한승	중
	과학으로 수학보기, 수학으로 과학보기	김희준	궁리	중
	대한민국 건설: 불가능은 가능이다	박길숙	지성사	하
	불편한 진실	앨고어 저(김명남 역)	좋은생각	중

16. 문화사회과학대학(캠퍼스)

학과(학부)	추천도서	저자	출판사	난이도
국제학부 (일본학전공)	일본 입문	박순애	시사일본어사	하
	한국을 소비하는 일본	히라타 유키에	책세상	하
	조선 선비의 일본견문록	신유한 저(강혜선 역)	이마고	중
	겐지 이야기	무라사카 시키부 저 (김종덕 역)	지만지	상
	내가 만난 일본 미술이야기	안혜정	아트북스	상
국제학부 (영어학전공)	The art of loving	Erich Fromm	HarperCollins	중
	The conquest of happiness	Bertrand Russell 저 (편집부 역)	조은문화사	중
	그리스 로마 신화	토머스 불핀치 저(박경미 역)	혜원출판사	하
	언어와 문화	Claire Kramsch 저(장복명 역)	박이정	상
	신곡	단테 알리기에리 저(박상진 역)	민음사	중

학과(학부)	추천도서	저자	출판사	난이도
국제학부 (한중문화 학전공)	쉽게 이해하는 중국문화	김태만, 김창경 외 2명	다락원	중
	중국문화의 즐거움	중국문화연구회	차이나하우스	중
	논어	공자 저(김원중 역)	글항아리	중
	두 딸과 함께 한 중국문학기행	최경진	인터북스	중
	중국역사기행	김종원	경향뉴스원	중
경상학부	잭웰치 · 위대한 승리:WINNING	잭 웰치 저(김주연 역)	청림출판	상
	글로벌 기업의 조건	아르누 드 마이어 저(신문영 역)	교보문고	하
	THE GOAL	엘리 골드렛, 제프 콕스 저 (김일운 역)	동양문고	중
	인문의 숲에서 경영을 만나다	정진홍	21세기북스	하
	혼 · 창 · 통 (당신은 이 셋을 가졌는가)	이지훈	쌤앤파커스	중
문화콘텐츠 학부	미디어 아트	진중권	휴머니스트	중
	권력이동	엘빈 토플러 저(이규행 역)	한국경제 신문사	상
	부의 탄생	윌리엄 번스타인 저(김현구 역)	시아출판사	상
	모바일 혁명이 만드는 비즈니스 미래지도	김중태	한스미디어	중
	문화콘텐츠 스토리텔링	정창권	북코리아	중
시각정보 디자인학과	디자인과 시각 커뮤니케이션	브루노 무나리 저(노성두 역)	두성북스	상
	디자인이 브랜드를 만나다	유정미	시공사	중
	디자인의 디자인	하라켄야 저(민병걸 역)	안그라픽스	중
	인스퍼러빌리티: 최고의 크리에이터 40명이 말하는 나에게 영감을 주는 것들	맷 패시코우 저 (PLS AGENCY 역)	시드페이퍼	중
	카피 없는 광고	손별	커뮤니케이션 북스	중

17. 사범대학(캠퍼스)

학과(학부)	추천도서	저자	출판사	난이도
특수교육 학부	정의란 무엇인가	Michael J. Sandel 저 (이창신 역)	김영사	상
	인도기행	법정스님	샘터사	중
	딥스(자아를 찾은 아이)	버지니아 M. 액슬린 저 (주정일 외 1 역)	샘터	하
	용의 귀를 가진 아이들의 소리 없는 파이팅	조일연	상상의날개	중
	한 아이	토리 헤이든 저(이수정 역)	아름드리	중
	어느 자폐인 이야기	템플 그랜딘 저(박경희 역)	김영사	중

18. 수산해양대학(캠퍼스)

학과(학부)	추천도서	저자	출판사	난이도
해양기술 학부	Ships 배 이야기	헨드릭 빌렘 반 룬 저 (이덕열 역)	아이필드	중
	해파리의 경고: 아름답고 불가사의한 생물	야스다토루 저(윤양호 역)	전파과학사	중
	기상의 구조	추효상	전남대학교 출판부	중
	북극곰은 걷고 싶다	남종영	한겨레출판사	중
	세계의 바다와 해양생물	김기태	채륜	중
수산생명 의학과	뭐라고, 이게 다 유전자 때문이라고	리사 시크라이스트 치우 저 (김소정 역)	한얼미디어	상
	보이지 않는 지구의 주인 미생물	오태광	양문	중
	내 몸 안의 주치의 면역	히기와라 기요후미 저 (황소연 역)	전나무숲	중
	고마운 미생물 얄미운 미생물	천동식	솔	하
	정재승의 과학콘서트	정재승	솔	하

학과(학부)	추천도서	저자	출판사	난이도
식품공학 · 영양학부	인간이 만든 위대한 속임수 식품첨가물	아베 쓰카사 저(안병수 역)	국일	하
	식탁 위의 생명공학	농업생명공학기술 바로알기협의회	푸른길	상
	교실 밖 화학 이야기	진정일	양문	중
	내 몸 안의 지식 여행 인체생리	다나카 에츠로 저(황소연)	전나무숲	중
	세계사를 바꾼 전염병들	브린 바너드 저(김율희 역)	다른	중
	과자, 내 아이를 해치는 달콤한 유혹	안병수	인포마당	하
	화학으로 이루어진 세상	K.메데페셀헤르만 외 2 저 (권세훈 역)	에코리브르	상
	안현필의 건강교실	안현필	건강 다이제스트	중
해양경찰 학과	우리를 둘러싼 바다	레이첼 카슨 저(이충호 역)	양철북	중
	난중일기	이순신 저(노승석 역)	민음사	중

창의 에세이 쓰기

창의 에세이 쓰기의 기본

위인들의 명문장을 다섯 번씩 따라 쓰면서 마음속에 새긴다.

첫 단추를 잘못 끼우면 마지막 단추는 끼울 구멍이 없어진다.   – 괴테

철학자처럼 사색하고 농부처럼 일하라. 이것이 이상적인 인간상이다.　　　－ 루소

사고(思考)가 바뀌면 행동(行動)이 바뀌고, 행동이 바뀌면 습관(習慣)이 바뀌고, 습관이 바뀌면 성격(性格)이 바뀌고, 성격이 바뀌면 운명(運命)이 바뀐다. － 윌리엄 제임스

만나는 사람마다 교육의 기회(機會)로 삼아라.　　　　　－ 에이브러햄 링컨

신은 나에게 창조력을 주었다.　　　　　　　　　　　　　　－ 미켈란젤로

너의 최대의 적은 너 이 외에는 없다.　　　　　　　　　　－ 롱펠로우

성공한 사람이 될 수 있는데 왜 평범한 사람이 되려 하는가?　－ 베르톨트 브레히트

한 번도 실수한 적이 없는 사람은 한 번도 새로운 것에 도전한 적이 없는 사람이
다.
– 알버트 아인슈타인

구슬은 갈지 않으면 그릇이 될 수 없고, 사람은 배우지 않으면 도(道)를 알지 못한
다.
– 예기(禮記)

인간의 지식과 인간의 능력은 일치한다.
– 베이컨

비관론자는 모든 기회 속에서 어려움을 찾아내고, 낙관론자는 모든 어려움 속에서 기회를 찾아낸다.
– 윈스턴 처칠

멈추지 말고 한 가지 목표에 매진하라. 그것이 성공의 비결이다. – 안나 파블로바

하고 싶은 것을 해야만 성공할 수 있다. 이것이 유일한 성공비결이다. – 말콤 포브스

성공의 커다란 비결은 결코 지치지 않는 인간으로 살아가는 것이다.

– 알버트 슈바이처

성공은 자연 연소의 결과가 아니다. 먼저 자기 자신에게 불을 지펴야 한다.

– 레기 리치

영원히 살 것처럼 꿈을 꾸고, 내일 죽을 것처럼 오늘을 살아라. – 제임스 딘

주어진 단어로 짧은 글 짓기

보기에 주어진 단어를 최대한 많이 사용하여 짧은 글을 지어봅니다. 단, 단어의 활용은 자유롭습니다.

보기) 햇빛, 바람, 아파트, 농장, 화원, 자동차, 친구, 병원, 할아버지, 할머니, 불편하다, 감사하다, 슬퍼하다, 멋있다, 명령하다, 돕다, 만들다, 방해하다, 부끄럽다, 여위다

보기) 공장, 연기, 기계, 담벼락, 인부, 트럭, 파도, 수평선, 태양, 노을, 겸손하다, 교만하다, 꿈꾸다, 끝나다, 기다리다, 기억하다, 놀라다

보기) 텔레비전, 교회, 창문, 원두막, 물탱크, 파란 버스, 비포장 도로, 울창한 숲,
     개미, 가재, 개울, 바위, 자갈, 메아리, 오이, 물수건, 더럽다, 대화하다, 불편
     하다, 감사하다, 슬퍼하다, 멋있다, 명령하다, 돕다, 만들다, 방해하다, 부끄
     럽다, 여위다

보기) 배낭, 도서관, 책, 기둥, 주차장, 컴퓨터, 신문, 핸드폰, 화분, 책상, 코스모
     스, 기차, 아침, 산맥, 새, 태극기, 공사, 깃발, 학교, 아이들, 지나가다, 예쁘
     다, 그립다, 서먹서먹하다, 즐겁다, 어색하다, 노르스름하다, 배우다, 사랑스
     럽다, 울먹이다, 펄럭인다

보기) 조상, 후손, 처녀, 총각, 시간, 새벽, 요즘, 어제, 지금, 한 달, 위, 아래, 밖, 불확실한, 천천히, 화요일, 토요일, 계절, 구름, 별, 무지개, 설악산, 호수 경치, 깨끗하다, 깊다, 얕다, 홍수, 가뭄, 우산, 무겁다, 끝없이, 크다, 작다, 많다, 적다, 거의, 꽤, 반대하다

보기) 대학교, 교장, 선생님, 선배, 후배, 학사, 박사, 연구소, 칭찬, 교실, 운동장, 기숙사, 사전, 유식하다, 이해하다, 우정, 아프다, 강하다, 몸살, 위, 주사, 영양

보기) 남자, 여자, 아기, 어린이, 꼬마, 청년, 사나이, 맹인, 흑인, 홀로, 우리, 이름, 모두, 이웃, 괜찮다, 수고하다, 원하다, 좋다, 외아들, 삼촌, 조상, 후손, 처녀, 총각, 시간, 새벽, 요즘, 어제, 지금, 한 달, 위, 아래, 밖, 불확실한, 천천히, 화요일, 토요일, 계절, 구름, 별, 무지개, 설악산, 호수 경치, 깨끗하다, 깊다, 얕다, 홍수, 가뭄, 우산, 무겁다, 끝없이, 크다, 작다, 많다, 적다, 거의, 꽤, 반대하다, 도망가다, 실패하다, 성공하다, 걱정하다, 행복하다, 힘들다, 포기하다, 지나치다, 경험하다, 쉬다, 외치다, 쉽다, 눕다, 모이다, 흩어지다, 붉다, 파랗다, 서투르다, 초대하다, 과장하다, 비교하다, 시시하다, 자랑하다, 여전하다, 의지하다

보기) 대학교, 교장, 선생님, 선배, 후배, 학사, 박사, 연구소, 칭찬, 교실, 운동장,
기숙사, 사전, 유식하다, 이해하다, 우정, 아프다, 강하다, 몸살, 위, 주사, 영
양, 비행기, 고속도로, 건물, 질서, 엘리베이터, 고백하다, 사랑, 절, 성당, 진
리, 기도, 춤, 승마, 줄넘기, 농구, 수영, 한복, 디자인, 낭비하다, 가치, 세금,
경찰, 시청, 예를 들어, 찬성하다, 결심하다, 처음, 미루다, 부유하다, 정직
하다, 존경하다, 약속하다, 양보하다, 망설이다, 사라지다, 억울하다, 답답하
다, 어울리다, 우울하다, 기념하다, 위로하다, 훌륭하다, 당황하다, 필요하
다, 귀엽다, 외면하다, 아깝다, 유혹하다, 나누다, 조용하다, 인정하다, 추측
하다, 똑똑하다, 낯설다

보기) 햇빛, 바람, 아파트, 농장, 화원, 자동차, 친구, 병원, 할아버지, 할머니, 밀짚모자, 안경, 낡은 신발, 라면, 장독대, 텔레비전, 교회, 창문, 원두막, 물탱크, 파란 버스, 비포장 도로, 울창한 숲, 개미, 가재, 개울, 바위, 자갈, 메아리, 오이, 물수건, 나뭇가지, 그늘, 시계, 송아지, 강아지, 따뜻하다, 시원하다, 가볍다, 소중하다, 한없이, 넉넉하다, 준비하다, 두렵다, 느끼다, 능숙하다, 더럽다, 대화하다, 불편하다, 감사하다, 슬퍼하다, 멋있다, 명령하다, 돕다, 만들다, 방해하다, 부끄럽다, 여위다

보기) 공장, 연기, 기계, 담벼락, 인부, 트럭, 파도, 수평선, 태양, 노을, 하늘, 모래
사장, 비석, 표지판, 상점, 자전거, 인라인스케이트, 헬멧, 선글라스, 모자,
배낭, 도서관, 책, 기둥, 주차장, 컴퓨터, 신문, 핸드폰, 화분, 책상, 코스모
스, 기차, 아침, 산맥, 새, 태극기, 공사, 깃발, 학교, 아이들, 지나가다, 예쁘
다, 그립다, 서먹서먹하다, 즐겁다, 어색하다, 노르스름하다, 배우다, 사랑
스럽다, 울먹이다, 펄럭인다, 약간의, 멀다, 가깝다, 차갑다, 뜨겁다, 둥글다,
겸손하다, 교만하다, 꿈꾸다, 끝나다, 기다리다, 기억하다, 놀라다

창의 에세이 쓰기의 발전

왜 그랬을까?

주어진 상황에서 일어날 수 있는 일들을 상상하여 이야기해 보자. 다른 사람이 생각할 수 없는 재미있고 특별한 이야기라면 더욱 좋다.

　인숙이는 동생과 함께 운동을 하려고 집을 나섰다. 체육공원에 도착한 인숙이는 연못 앞에서 줄넘기를 했고, 동생은 조금 떨어진 곳에서 윗몸 일으키기를 하고 있었는데, 갑자기 어떤 아저씨가 와서 동생에게 말을 걸고는 금방 사라졌다. 이상하게도 그 후로 동생은 계속 주변을 둘러보며 두리번거렸다. 동생이 왜 계속 두리번거리는지 인숙이는 이해할 수가 없었다.

> - 그 아저씨가 인숙이 동생에게 숨바꼭질을 하자고 이야기하고 도망갔다.
> -
> -
> -
> -
> -
> -
> -

수업이 끝나고 친구들과 헤어진 원준이는 집으로 발걸음을 돌렸다. 아파트 입구에 도착해 10층을 올려다보니 베란다에서 어머니가 웃으면서 손을 흔들고 계셨다. 어머니를 본 원준이도 신이 나서 큰 목소리로 어머니를 부르며 손을 함께 흔들고는 곧바로 엘리베이터를 타고 올라가 현관문을 열었다. 그런데 어머니는 무척 화가 난 표정으로 원준이를 바라보았다. 아파트 입구에서 현관문까지는 3분도 채 걸리지 않았는데, 3분 전까지만 해도 자기를 보면서 환하게 웃고 계시던 어머니가 왜 갑자기 화가 난 것인지 원준이는 알 수가 없었다.

> - 원준이가 엘리베이터 안에 과자 봉지를 버린 것을 CCTV로 보시고는 화가 났다
> -
> -
> -
> -
> -
> -
> -

가족들과 즐거운 저녁 식사시간! 아버지, 어머니, 철희, 영희 이렇게 4명은 밥상 주위에 오순도순 앉아 단란한 저녁식사를 하고 있었다. 하하 호호 웃으며 즐겁게 이야기하던 가족들. 그런데 5분 후, 철희를 제외한 모든 가족이 눈물을 흘리고 있었다. TV는 켜져 있고, 오늘의 반찬은 맛있는 김치, 된장찌개, 김, 계란말이, 잡채, 생선구이 등 진수성찬이었다. 철희를 제외한 모든 가족들은 왜 울고 있을까?

> − 장난꾸러기 철희가 가족들에게 감사의 마음을 담아 저녁식사를 대접했고, 5분 동안 감사의 편지를 읽었다. 감동한 가족들이 울고 있었다.
> −
> −
> −
> −
> −
> −
> −

옛날이야기에서 보물을 찾아보자!

다음은 속담이 만들어진 배경을 상상하여 만든 이야기다. 이것을 참고하여 주어진 속담이 만들어진 배경을 상상하여 이야기를 꾸며보자.

- "가는 말이 고와야 오는 말이 곱다." : 자기가 남에게 말이나 행동을 좋게 하여야 남도 자기에게 좋게 한다는 말.

옛날 어느 마을에 '안영'이라는 사람의 말을 관리하는 사람이 살았는데, 그의 이름은 '정'이었다. 어느 날 안영이 살고 있던 마을의 아랫마을에서 노인 여럿이 찾아와 안영에게 머리를 조아리며 말하기를, "전쟁으로 많은 젊은이들이 죽고 늙은 노인들만 남은 마을이라 농사를 짓기가 힘드니 여러 필의 말 중 몇 마리를 주어 농사를 짓고 살게 해주십시오." 하고 부탁하였다.

말을 들은 안영은 정에게 일렀다.

"저들의 청을 거절하기 힘드니 암수 한 쌍의 말을 내어주도록 하되, 말들 중 가장 부실한 놈으로 골라서 저들을 달래어 보내거라."

이를 들은 정은 '지금 있는 말들 중에서 가장 부실한 놈으로 보내라면 이제 거의 다 죽어가는 말들을 주라는 건데, 올해도 넘기지 못할 말들을 저들에게 주어 어쩌라는 건가? 주인이라 해도 그 말을 따를 수는 없다'는 생각에 안영 몰래 가장 좋은 말 중 두 마리를 골라 노인들에게 내주었다.

노인들은 "이렇게 고운 말을 내리시니 안영이 인색한 사람이라는 소문은 거짓이군요." 하고 말하고는 말을 끌고 떠났다.

그 후 몇 해 지나 안영이 왕의 부름을 받아 궁으로 들어갔을 때 왕은 그에게 명령을 내렸다.

"이웃나라에서 올라온 선물에 대한 보답품으로 우리나라의 좋은 것을 보내려고 하는데, 짐이 듣기로는 그대의 말이 제일로 좋다고 들었으니 제일 좋은 말 한 쌍을 선물로 보내도록 하라."

안영이 집으로 돌아와 말들을 살펴보았지만 왕의 선물로 보낼 정도의 말은 눈에 띄지 않았다. 그는 정을 불러 왕에게 말 두 필을 바쳐야 하는데 모든 말들이 맘에 들지를 않으니 좋은 방법이 없겠느냐고 물었다. 정도 어찌할 바를 몰랐다.

그렇게 왕과의 약속시한만을 걱정하고 있던 차에 한 노인이 말 두 필을 끌고 안영을 찾아왔다. 노인이 끌고 온 말은 누가 보기에도 최고의 명마였다. 안영은 말을 바라보며 노인에게 말을 자신에게 팔라고 애원했지만 노인은 팔 수 없다며 일언지하에 거절했다.

안타까워하면서 안영이 이유를 묻자 노인이 말했다.

"안영 나리가 몇 해 전에 저희 마을의 농사를 위해서 저희 촌로들에게 고운 말 두 필을 주시어 3년 동안 농사를 잘 지었고, 그렇게 해서 생긴 곡식을 팔아 다시 말을 사고 하여 마을은 전에 없이 풍요롭게 되었습니다. 그래서 이전에 주신 말들이 낳은 새끼들 중 가장 훌륭한 놈들을 고마움의 표시로 선물로 드리려고 왔습니다."

안영은 '이전에 좋은 말을 주지 말라 하였는데 그리 되지 않은 것은 정의 생각이 깊었기 때문'이라고 생각하고는 정과 노인에게 큰상을 내리고 받은 말들을 왕에게 진상하였다.
이를 두고 세상 사람들이 말하길 '처음에 노인들에게 준 말이 고운 말이 아니었다면 어찌 이후에 선물로 온 말이 고울 수 있었겠는가? 사람에게 베풀 때는 최선의 성의를 다해야 한다'고 정을 칭송했는데, 이후 사람들 사이에는 베푸는 사람에게 성의를 다하라는 의미에서 "가는 말이 고와야 오는 말이 곱다."라는 속담이 생겼다.

• "가랑비에 옷 젖는 줄 모른다." : 가늘게 내리는 비는 조금씩 젖어들기 때문에 여간해서도 옷이 젖는 줄을 깨닫지 못한다는 뜻으로, 아무리 사소한 것이라도 그것이 거듭되면 무시하지 못할 정도로 크게 됨을 비유적으로 이르는 말.

- "뛰는 놈 위에 나는 놈 있다." : 아무리 재주가 있다 해도 그보다 나은 사람이 있으니 자랑하지 말라는 뜻. 다시 말해서 아무리 잘난 체를 해봐도 그보다 더 뛰어난 사람이 있는 것이니 겸손하라는 뜻이 담겨 있는 말.

다음 고사성어와 유래를 읽어본 후 그 뜻에 맞는 새로운 이야기를 만들어 보자.

- 마부작침(磨 : 갈 마, 斧 : 도끼 부, 作 : 만들 작, 針 : 바늘 침) : 도끼를 갈아 바늘을 만든다는 말로, 아무리 어려운 일이라도 꾸준히 노력하면 이룰 수 있다는 뜻.

유래

당(唐)나라 때 시선(詩仙)으로 불린 이백(李白)은 서역의 무역상이었던 아버지를 따라 어린 시절을 촉(蜀)에서 보냈다. 학문을 위해 상의산(象宜山)에 들어갔던 이백이 공부에 싫증이 나 산에서 내려와 돌아오는 길에 한 노파가 냇가에서 바위에 도끼를 갈고 있는 모습을 보게 되었다. 이상하게 생각한 이백이 물었다.

"할머니, 지금 무엇을 하고 계신 건가요?"

"바늘을 만들려고 그런단다."

노파의 대답을 들은 이백이 기가 막혀서 "도끼로 바늘을 만든단 말씀입니까?" 하고 큰 소리로 웃자, 노파는 가만히 이백을 쳐다보며 꾸짖듯 말했다.

"애야, 비웃을 일이 아니다. 중도에 그만두지만 않는다면 언젠가는 이 도끼로 바늘을 만들 수가 있단다."

이 말을 들은 이백은 크게 깨달은 바 있어 그 후로는 한눈 팔지 않고 글공부를 열심히 하였다고 한다. 그가 고금을 통하여 대시인으로 불리게 된 것은 이러한 경험이 계기가 되었기 때문일 것이다.

이야기 만들기

기완이는 공부하는 것을 싫어하고 노는 것을 좋아해서 매일 반에서 꼴지를 하는 친구이다. 그런데 어느 날 병원에 갔다가 마술사처럼 아픈 환자를 낫게 해주는 의사선생님을 보고 나서 의사가 되기로 결심하고는 그때부터 열심히 공부했다.

기완이의 그 모습을 본 친구들은 넌 할 수 없을 거라며 비웃고 놀려댔지만 기완이는 그런 말에 신경 쓰지 않고 꾸준히 공부해서 결국은 전교 1등을 놓치지 않는 실력을 갖추게 되었다. 마침내 어른이 된 기완이는 정말 의사가 되어 많은 사람들을 위해 일했다.

• 설상가상(雪 : 눈 설, 上 : 위 상, 加 : 더할 가, 霜 : 서리 상) : 눈 위에 서리가 덮인 격이라는 뜻으로, 어려운 일이 연거푸 일어남을 비유한 사자성어.

마조(馬祖) 도일선사(道一禪師)의 법사 중에 대양화상(大陽和尚)이라는 스님이 있었다. 어느 날 이(伊) 선사라는 중이 인사하러 오자 대양선사가 그를 보고 말했다.

"그대는 앞만 볼 줄 알고 뒤를 돌아볼 줄은 모르는구나!"

이 선사가 대답했다.

"눈 위에 다시 서리를 더하는 말씀입니다."

그러자 대양선사가 다시 말했다.

"피차 마땅치 못하도다."

이야기 만들기

창의 에세이 쓰기의 도약

부모님은 왜 나를 사랑할까? 그리고 내가 부모님으로부터 가장 많이 듣는 소리는?

심청이가 인당수에 빠진 후 심봉사는 어떻게 살아가야 현명하게 살아갔다고 할 수 있는가?

신호등의 불빛은 왜 빨강, 노랑, 녹색으로 정했을까?

컴퓨터를 재미있게 할 수 있는 방법과 훌륭하게 사용할 수 있는 방법을 각각 제시하시오.

하지 말라는 규칙은 왜 그렇게 많은가?

식빵 10개보다 샌드위치 1개가 더 비싼 이유는?

내 주변에 악마가 있다면 과연 누구일까? 5명을 고르고 이유를 쓰시오.

어떤 시점에서 사람이 사망했다고 해야 하는가? 본인은 장기기증을 할 생각이 있는가? 그 이유는?

고무장갑이 빨간 이유는 무엇 때문이라고 생각하는가?

잠자고 일어났더니 어른이 되어 있다면 제일 먼저 무엇을 할 것인가?

개미가 100만 배로 갑자기 커지면 어떤 일이 일어날 것인가?

따라하면 끝나는 실전 토론교과서

대한민국에 내리는 1년 동안의 빗방울의 수를 셀 수 있는 방법을 제시하라.

산 속에 친구와 둘이 있는 데 곰을 만났다. 내가 살 수 있는 방법은?

전 세계 물의 몇 퍼센트가 젖소에게 들어 있는가?

장래 희망이 없다고 생각되는 사람 5명을 쓰고 이유를 적으시오.

밥 한 그릇에 사람은 여러 명이다. 그리고 내가 가장 끝에 앉았다면 밥을 먹기 위해 어떻게 대처할 것인가?

1초에 100m를 갈 수 있는 신발이 발명된다면 그 신을 신고 어디를 제일 먼저 가고 싶은가? 그 이유는?

이 세상에 있는 바퀴가 모두 네모 모양이면 어떤 일이 생길까? 그리고 세상은 어떻게 변할까?

미래에서 온 사람이 내가 평소 존경했던 사람이다. 만난다면 제일 먼저 건넬 말과 그 이유를 쓰시오.

사람의 머리가 2배로 커진다면?

사람이 영원히 산다면 본인은 어떤 일에 종사하고 싶은가?

가족끼리 텔레파시가 통하고 다른 사람의 생각을 읽을 수 있다면 행복할까? 그리고 누구의 생각을 제일 먼저 읽고 싶은가? 그 이유는?

길을 가다 나와 똑같이 생긴 사람을 만난다면 어떤 생각이 제일 먼저 떠오를까? 그리고 첫마디는?

목도리 도마뱀처럼 사람이 물 위를 걸을 수 있다면 어떤 직업이 제일 먼저 사라질까? 그 이유는?

쉬는 날이 학교 가는 날보다 많다면 무슨 일이 일어날까?

스티브 잡스가 살아 돌아온다면 또다시 세계의 경제에 영향을 끼칠 수 있겠는가?

한글이 없었다면 현재 우리는 어떻게 말을 할까?

현시대의 정치인 가운데 동서양을 막론하고 세종대왕과 가장 닮은 사람은 누구인가?

우리나라는 사계절이 뚜렷한 특성을 가지고 있다. 그런데 한 계절만 있어야 한다면 어떤 계절이 있었으면 좋겠고, 왜 그렇게 생각하는지 말해 보라.

아주 잔인한 성폭행범이 있다. 만약 당신이 그 성폭행범에게 형벌을 내려야만 하는 판사의 입장이라면 어떤 형벌을 내리겠는가?

어린 시절 아인슈타인은 성적이 낮은 학생이었다. 천재 아인슈타인의 어린 시절을 변호해 보라.

어느 한 방송사의 시사프로그램 방영을 시작으로 과자가 건강에 끼치는 나쁜 영향
이 널리 알려졌다. 이로 인해 부모들은 아이들이 과자를 먹지 못하도록 하는 추세
이고, 그것의 대안으로 몸에 좋은 다양한 간식이 등장하고 있다. 그런데 만약 당신
이 유명한 과자회사의 대표라면 이 상황을 어떻게 대처해 나갈 것인가?

당신은 초등학교 시절부터 야구를 해왔고 대학에 입학해서도 명문대학의 야구부
생활을 하고 있다. 그리고 앞으로 프로야구선수가 되는 것이 꿈이다. 그런데 그런
당신에게 코치가 병역을 피할 수 있는 방법을 제시하고 그렇게 하는 게 어떠한지
제안해 왔다. 당신은 이러한 상황에서 어떻게 행동할 것인가?

자살을 결심하고 있는 친구가 있다. 그 친구를 설득해 보아라.

요즘 인지도가 높은 유명 아나운서들의 프리랜서 선언이 잦아지고 있다. 만약 당신이 한 방송국의 아나운서국장이라면 실력 있는 아나운서들을 잡기 위해서 어떠한 행동을 할 것인가?

한 학생이 지하철을 타고 가고 있었다. 그런데 자리에 앉아 있는 학생 앞에 무거운 짐을 잔뜩 든 할머니, 눈이 보이지 않는 고등학생, 다리 한 쪽이 없는 아저씨, 임신을 해서 배가 부른데도 아이를 업고 있는 아줌마가 서 있었다. 과연 이 학생은 누구에게 자리를 양보해야 한다고 생각하는가?

타임머신이 발명되었다. 타임머신을 발명한 사람을 비판해 보라.

어느 한 시인의 시를 읽은 독자가 그 시인을 죽인 살인 사건이 일어났다. 왜 시인을 죽였다고 생각하는가?

당신에게는 너무나 사랑스러운 다섯 살짜리 딸이 있다. 그런데 어느 날 병원으로부터 충격적인 소식을 들었다. 바로 그 딸이 당신의 딸이 아니라는 것이다. 병원의 업무 실수로 아이가 태어난 날 다른 아이와 바뀐 것이었다. 이 사실은 당신과 병원장만 아는 사실이다. 당신은 이 상황에서 어떻게 행동할 것인가?

심각한 취업난 속에서 어렵게 직장을 구한 K양. 그런데 일을 하다가 그 회사가 폐수를 몰래 흘려보내고 있다는 사실을 알게 되었다. 그래서 회사를 그만두고 이 일을 언론에 알리려고 하는 K양에게 같이 입사한 동기인 당신은 어떻게 이야기하겠는가?

어느 날 당신의 통장에 뜻밖에 거액의 돈이 입금되었다. 이 돈을 어떻게 하겠는가?

유괴범에게 전화가 왔다. 당신의 아이를 데리고 있다며 거액의 돈을 요구한다. 당신은 어떻게 행동할 것인가?

여자가 아이를 낳는 것이 당연하다고 생각하는가?

어느 사립고의 교장은 심각한 고민에 빠지게 되었다. 유명 대학 몇 군데로부터 자기들에게 얼마간의 돈을 주면 보다 많은 학생들의 입학에 특혜를 줄 것이라는 제안을 받게 된 것이다. 만약 당신이 이 교장이라면 어떻게 행동할 것인가?

춘향이가 이몽룡과 변학도 중에서 어떤 사람을 선택하는 것이 더 현명할까?

스타벅스 커피 가격은 타당한가?

외모지상주의 시대에 살고 있는 우리, 당신의 자녀가 계속되는 취업 실패로 성형
수술을 원한다. 성형수술을 해야 할까?

창의 에세이 쓰기의 완성

뒤집어 생각하기

주어진 두 가지 동화를 하나의 완성된 동화로 만드시오.

토끼와 거북이+백설공주

삼년 고개+은혜 갚은 까치

주몽 이야기+심청전

콩쥐팥쥐+신데렐라

이상한 나라의 앨리스+걸리버 여행기

4
입학사정관제
뛰어넘기

입학사정관제에 대한 개괄적 이해

　입학사정관제를 준비하는 것은 두려운 일이 아니라 즐거운 일이다. 아이들을 변별력 없는 객관식 점수로 줄 세우지 않고 내면에 숨 쉬고 있는 다양성을 평가하여 뽑는다는데 더 이상 무엇을 바랄 것이며, 그 조건에 맞는 내용(스펙)을 준비하는 것은 아이들의 특기적성에 맞춘 준비이니 이 또한 아이들에게 얼마나 행복한 교육과정이자 동기부여가 되겠는가!

　미국은 이 제도를 실시한 지 80년이 지났고, 서구는 100여 년이 되었다. 우리나라는 논술이라는 50% 주관식 교육과정을 20여 년 거쳤기에 입학사정관제와 구술면접은 그나마 부드럽게 연착하는 모양을 취하고 있다. 하지만 다른 나라에서 잘된 제도를 받아들여, 호랑이 그리려 했으나 고양이로 그린 적이 한두 번이 아니다 보니 아직도 찬반 논란의 과정을 거치고 있는 것이 현실이다.

　특히 입학사정관제는 명문대, 일반대, 2년제 대학 졸업자들의 취업이나 연봉 등 사회적 인식의 차이가 확연한 작금의 상황과, 그에 따른 부모들의 명문대 입학 중심 사고가 변하지 않는 현실에서는 '스펙 전쟁, 부잣집 자녀 줄 세우기'로 변질될 요소를 충분히 내포하고 있다. 그럼에도 불구하고 입학사정관제의 부정적인 요소들을 제거해 가면서라도 고쳐서 바로 세워 써야 하는 이유는 '대한민국의 미래 국가경쟁력 강화' 때문이다.

미국이 세계 최고의 강대국이자 경찰국가로 자리를 차지하고 있는 이유는 그것을 뒷받침하는 경제력과, 세계경제를 이끄는 사람들의 대다수가 미국에 있어 가능한 일이다. 이처럼 세계적으로 콧방귀를 뀌는 나라로 자리매김하려면 그에 걸맞는 인재를 키워내야 하는데, 입학사정관제는 그러한 지도자를 찾아내 키울 수 있는 제도라 볼 수 있다. 그야말로 교육이 지향하는, 해야만 하는 '백년대계'의 꿈을 이루어나가는 첫발인 것이다.

입학사정관제는 과거 성적 위주의 전형에서 서류 위주 전형으로의 변화를 의미한다. 즉, 서류(자기소개서, 우수성 입증자료)가 입학을 결정하는 중요한 부분을 차지하고, 그것이 진실인지 아닌지를 증명하는 구술면접(인터뷰)이 필연적인 절차이다. 그 서류에는 본인의 꿈은 무엇이고 언제부터 준비되었는지, 어느 수준으로 성장했는지를 알리는 내용으로 꾸며져 있어야 하며, 1:1 · 1:다(多) · 다(多):1 · 집단토론면접의 형태 중 한 가지에 의해 서류 속에 채워진 내용들이 진실인가 또는 거짓인가를 증명하는 과정을 혹독하게 거쳐야만 한다. 또한 입학사정관들에게, 그 학교에 입학하여 배우고 졸업한 후에 모교를 유명하게 만들 수 있는 사람인지에 대한 증명도 해야 한다. 발전 가능성에 대한 평가까지 받는 것은 어찌 보면 당연한 일이다.

입학사정관제를 뛰어넘겠다는 일념으로 본인의 역사를 사교육에 맡기거나 거짓으로 만들어서는 안 된다. 준비하지 않고 급조해 만들어진 자신의 거짓 역사는 아무리 외워도 소용이 없다. 대학을 대신해 지원자들을 평가하는 입학사정관들은 그러한 거짓이나 문제들을 찾아내기 위해 돈을 받고 근무하는 사람들이다. 질문 두세 개만 던져보면 서류에 쓴 내용과 맞는지 틀리는지를 금방 파악하는 능력을 가지고 있다. 애써 속이려 해 봐야 도로아미타불이 되고 만다.

이 문제들을 극복하는 방법은 오직 본인의 꿈에 맞추어 본인이 직접 활동하는 것밖에 없다. 그 속에서 수정도 하고, 변화하고, 발전시키면서 경험한 내용들을 진실하게 자기소개서(우수성 입증자료)에 담은 후 입학사정관들을 만나 구술면접을 하게 된다면 무엇이 두렵고, 무엇이 부족하겠는가?

다시 한 번 얘기하지만, 입학사정관제는 두려움이나 공포의 대상이 아니라 진실하게 준비하면 거뜬히 넘을 수 있는 절차일 뿐이다.

입학사정관제도

대학이 대입전형 전문가인 입학사정관을 육성, 채용, 활용하여 대학이나 모집단위별 특성에 따라 보다 자유로운 방법으로 학생을 선발하는 제도이다.

일반사정관제와 일반전형의 차이

일반전형	입학사정관제 전형
성적 위주	서류 위주

입학사정관이란?

입학사정관(Admissions Officer)은 대학이나 모집단위별 특성에 맞는 학생을 선발하는 것을 목적으로, ①고교 및 대학의 교육과정을 분석하여 관련 정보 및 자료를 축적·관리하고, ②효과적 전형방법을 연구하고 개발하며, ③다양한 전형자료를 심사, 평가하여 개별 지원자의 입학 여부를 결정하고, ④ 입학생 및 재학생의 학업과 학교 적응을 지원하는 전문가이다.

대입전형에서 입학사정관의 역할

대학마다 대입전형을 통해 선발하고자 하는 인재상이 다르고, 환경과 여건이 다르며, 지원자의 특성 또한 다르기 때문에 입학사정관의 역할과 활용 정도 역시 다르다. 따라서 각 대학의 전형방법에 의거하여 입학사정관이 합격 여부를 최종적으로 결정할 수도 있고, 전형의 일부 과정에만 참여할 수도 있으며, 전혀 개입하지 않을 수도 있다. 또한 전형에 참여하거나 전형방법의 개발 및 시행보다는 이미 입학한 학생들에 대한 사후적 관리활동에 보다 주력하도록 할 수도 있다.

입학사정관제 실시 배경 및 목적

지금까지 대학들은 학생부, 수능시험, 대학별 고사 등 성적 위주로 학생들을 선발해 왔다. 그러다 보니 초·중등학교에서는 지나친 점수 경쟁을 초래했고, 대학 입장에서는 대학이나 모집단위의 특성에 맞는 잠재력과 소질을 가진 학생을 선발하는 데 일정한 한계가 있었다. 따라서 대학의 학생 선발 권한을 확대하는 동시에 초·중등교육의 정상화를 함께 이룰 수 있도록 대입전형의 자율화·특성화 역량을 강화하고, 이를 지원할 필요성이 대두되었다.

성적 위주의 획일적 선발 방식에서 벗어나 학생의 잠재력, 대학의 설립이념 및 모집단위 특성 등 다양한 요소를 고려한 선발 방식으로 개편하고, 학교생활기록부, 수능성적, 각종 서류 등 다양한 전형요소를 해석하여 활용할 수 있는 대입전형 전문가 활용체제를 구축하게 된 것이다.

해외 대학의 예

■ UC 버클리(University of Califonia at Berkeley)

① 입학사정방법 : 학생 개인, 가족 정보, 교육이력, 과외활동, 시험성적, 자기 학업성적 기록 등 13개의 섹션으로 구성된 입학원서를 제출하도록 하고, 제출된 자료를 중심으로 각 평가요소에 대해 입학사정관이 1~5점의 점수를 부여한다.

② 입학 관련 및 조직인원 : 학생지원부(Student Affair) 내의 하부조직으로, 어시스턴트 디렉터(Assistant Director)들과 60명의 상근직원(Full time Staff)이 있으며, 입학사정 시기에는 이들 외에 30명 정도의 6~8개월 계약직 파트타이머(Part time reader)로 구성되어 있는데, 고등학교 상담교사, 퇴임교수, 고등학교 교장, 대학원 학생 등이 그 역할을 수행한다.

③ 담당업무 : 입학사정관 별로 담당지역이 있어 평시에는 담당지역 내 고등학교의 교육과정, 학생, 학부모, 지역 등에 대한 상세한 정보를 수집하고, 입학사정 시기에는 담당지역 출신 학생에 대한 사정을 담당한다.

■ 매사추세츠 주립대학(University of Massachusetts)

① 입학사정방법 : 고등학교 성적 및 생활기록부, 대학입학 자격시험〔Scholastic Aptitude Test(SAT), American College Test(ACT)〕 성적, 입학원서 등을 자료로 하되 학생들의 재능, 경험, 관심 등과 지역사회 및

대학에의 적응 가능성 등을 고려하여 사정한다.

② 입학 관련 및 조직인원 : 입학사정을 담당하는 조직과 입학업무를 지원하는 행정부서를 별도로 구성하여 운영하고 있는데, 입학사정담당 조직의 경우 관리자(Director) 1명, 어시스턴트 디렉터 8명, 임시직(Temporary reader) 약간 명으로 구성되어 있으며, 입학사정관의 자격으로는 전공과 관계없이 학사 정도의 학력만을 요구한다.

③ 담당업무 : 매년 9~11월 중에는 대학을 방문하는 입학 예정 학생 및 학부모, 주변 고등학교 대상 설명회 및 상담 등 홍보활동을 담당하고, 11월 이후에는 지원학생들에 대한 서류심사 및 인터뷰를 실시한다.

■ 애머스트 대학(Amherst College)

① 입학사정방법 : 입학 정원의 95% 정도를 학업성적 또는 시험점수에 의해 선발하고, 5% 정도는 비문학적 평가요소(비교과활동, 리더십, 특별활동, 수상경력, 사회봉사 등)에 의해 선발하는데, 학업성적 또는 시험점수로 선발하는 경우라도 비학문적 평가 영역이 우수하지 못한 경우 입학을 불허하며, 수준이 낮은 학교 출신의 지원자들은 발전 가능성 등을 고려해서 선발한다.

② 입학 관련 및 조직인원 : 입학 및 재정보조 업무를 담당하는 위원회가 구성되어 있다. 입학담당부서는 10명의 입학사정관(Admission Officer)과 10명의 직원(Admission Staff)으로 구성되어 있다.

③ 담당업무 : 학기 중에는 지원자들의 서류를 심사하며 학교에 대한 정보제공, 다양한 신입생 모집, 학교 소개 및 입학 관련 자료 출판 등의 일을 담당한다.

■ 매사추세츠 공과대학(Massachusetts Institute of Technology, MIT)

① 입학사정방법 : 개인신상정보부분(Part 1)과 학업성취(Part 2)로 구성된 입학원서를 접수하고, 학문적 요인(Numeric Index)에 대한 측정과 비학문적 요인(Personal Rating)의 두 축으로 나누어 지원자를 평가한다. 학문적 요인(Numeric Index)은 대학입학 자격시험(SAT 및 ACT), 평균성적(Grade Point Average, GPA), 그리고 석차(Class/School Rank)에 의해서 평가하며, 비학문적 요인(Personal Rating)은 수상실적, 비교과활동, 개인의 인성과 적성, 삶의 열정 등을 평가한다.

② 입학 관련 및 조직인원 : 입학사정을 총괄하는 학과장(Dean) 아래에 부문별 장(將, Associate Dean)이 6명, 중간 간부(Associate Director) 5~6명, 보조 관리자(Assistant Director) 4~5명이 근무하고 있으며, 그 외에 6개월 정도의 계약직원(Part Time reader)이 4명, 재학생(Student Worker)이 24명 이상 있으며, 지원자의 인터뷰를 도와주는 졸업생 자원봉사자(Alumni Volunteer)들 2,500명이 있다.

③ 담당업무 : 중간 간부(Associate Director)들의 임무는 출판(Publication), 상담관리(Communication Manage), 웹(Web) 관리, 소수 채용(Minority recruitment), 그리고 정보기술(Information technology) 총괄 등의 업무로 세분되어 있으며, 입학사정 시기에는 1차 서류 심사를 담당한다.

입학사정관제를
준비하기 위한 기본 알기

입학사정관제 통과를 위한 2가지 조건

	활동내용	세부내용	반드시 알아야 할 내용
조건(1) 본인 훈련 체득 사항	논술 능력	자기소개서 작성능력 극대화 교육	자기소개서를 통해 증명할 내용은 잠재력, 소질, 적성을 통한 미래 발전 가능성 등이다.
			자기소개서 쓰기는 낮은 차원의 논술능력이다. 평소에 글쓰기(논술) 훈련을 체계적으로 꾸준히 하면 누구든지 좋은 자기소개서를 쓸 수 있다.
			입학사정관들은 서류에 쓰여 있는 소개서 내용들이 정말 본인이 쓴 것인지 연쇄질문법을 통해 검토하기 때문에, 컨설팅 회사나 부모의 도움을 받아 쓰는 것은 아무 도움이 안 된다.
			부모가 직접 논술교육을 도와주는 것이 가장 좋은 방법이다. 아니라면 평소에 논술을 체험할 수 있는 방과 후 교실, 논술단체, 학원, 문화센터, 논술캠프 등을 통해 꾸준히 준비하게 하는 것이 필요하다.

조건(1) 본인 훈련 체득 사항	구술 면접 능력	인터뷰 해결능력 극대화 교육	자기소개서에 쓰여 있는 내용을 중심으로 입학사정관이 질문하면 거기에 맞추어 답변하는 시험과정으로, 합격 및 불합격이 좌우되는 결정적 절차이다.
			연쇄질문법을 통해 질문을 하기 때문에 본인이 직접 경험한 것을 중심으로 쓰는 것이 인터뷰에 유리하다.
			남의 도움을 받아 자기소개서를 쓴 것이 발각된 사람은 무조건 탈락이다.
			평소에 말로 표현하는 습관을 길러야 한다. 짧지만 강하게, 길지만 논리적으로, 누구와도 자연스럽게 표현하는 훈련을 통해 입학사정관과 맞닥뜨렸을 때를 준비해야 한다.
			인터뷰 과정에서 입학사정관이 고려하는 것은 단순히 내용만이 아니라 태도, 제스처, 표정, 억양, 진실성, 전달력 등 다양하다.

	활동내용	세부내용	반드시 알아야 할 내용
조건(2) 서류 준비 사항	특별 활동	청소년 기자단 활동	청소년 기자단 활동은 체험수기, 연구논문, 입학예상학과 관련기사 취재 및 제보 등에 포인트를 맞추어 진학할 학과와 연관하는 것이 좋다.
			청소년 기자단 활동은 취미, 적성과 전문성을 증명할 수 있는 중요한 활동이다.
			활동 시간 증명과 입학 시 포트폴리오로 제출할 게재 글을 확보해 놓아야 한다.
		봉사 활동	환경봉사활동, 이웃봉사활동 등 주변에서 본인이 지속적으로 할 수 있는 봉사활동을 찾는 것이 좋다.
			봉사활동 시간 증명이 중요하며, 학교에서 요구하는 기본 시간보다 월등히 많이 준비하는 것이 유리하다.
			대학뿐만 아니라 국제중, 특목고 입학에 가장 크게 쓰이는 상 중 하나가 봉사상과 효행상이라는 것도 잊지 말아야 한다.

조건(2) 서류 준비 사항	특별 활동	각종 캠프 및 문화 활동	리더십, 문학, 문화예술 캠프, 뮤지컬, 연극 등 진학방향과 가산점 등을 고려하여 꾸준히 준비하는 것이 좋다.
			본인이 도전정신을 가지고 변화의 노력을 통해 문제해결력을 얼마나 높였는지를 증명할 수 있는 중요한 활동이기 때문이다.
		여행 패키지 활동	첨단기술 체험활동, 해외 문화유산 체험활동, 해외 문학 탐방활동 등 여행사에서 실시하는 여행 패키지 상품을 이용하면 가능하다.
			중요한 것은 진학학과와 연관한 체험활동일 때 가치가 있다는 것. 그리고 반드시 사진과 체험활동 후 감상의 글을 남겨놓도록 한다.
		국제기구 연계 활동	해외 의료봉사활동, 해외 가난구제 봉사활동, 문화홍보활동 등은 국제문화교류단체와 연계하면 가능하다.
			글로벌한 이미지 확보와 다른 학생들보다 남다른 포트폴리오를 준비할 수 있다는 장점이 있는 반면, 고비용과 정규 수업 피해라는 단점이 있다.
			우리나라의 국제적 위상을 높이는 활동을 통해 본인의 미래 발전 가능성을 보여줄 수 있는 좋은 자료이다. 봉사 시간과 내용의 증명을 확보하고, 나아가 수상실적을 확보할 수 있도록 하는 것이 중요하다. 사진과 활동후기를 남기는 것도 잊어서는 안 된다.
	독서 이력철 인증 활동	독서활동	평소 꾸준히 책을 읽으면서 읽은 내용을 글로 남기고, 소실되지 않도록 잘 모아 두는 것이 중요하다.
			학교에서 독서 과제 후 이력을 증명받거나, 독서 단체와 연관하여 이력을 증명하는 것이 매우 중요하다.

수상 실적 준비 활동	각종 전국대회	본인 취미, 적성을 고려하여 꾸준하게 준비하는 자세가 필요하다.
		수상실적은 본인만이 가지고 있는 능력을 증명할 수 있는 매우 강력하고 중요한 포트폴리오다. 수상실적이 없더라도 자기가 진학할 학과와 연관한 대회를 꾸준히 참가함으로써, 진학하고자 하는 학과에 본인이 얼마나 많은 관심과 흥미를 가지고 준비해 왔는지를 증명하는 것도 포트폴리오 준비과정임을 잊어서는 안 된다.
		최근 사교육시장 형성 문제를 해결하기 위해 각종 대회의 수상을 생활기록부에 쓰지 못하도록 하겠다고 교육부가 발표하고 있으나, 너무 무리한 조치인 동시에 입학사정관제도의 취지와 반대되는 결정이므로 흔들리지 말고 준비하는 것이 좋다. 왜냐하면 생활기록부에 쓰이지 않더라도 자기소개서에는 어떤 형태로든지 쓸 수밖에 없기 때문이다.

입학사정관제에서 뽑는 4가지 유형 분석 및 입학전형

- 사회 봉사 및 리더형 : 학생부는 평범하지만 리더십이 탁월하고 사회에 봉사하는 학생을 뽑는 전형으로 중앙대 다빈치 인재 전형, 성균관대 리더십 전형, 건국대 KU 입학사정관 전형, 한국외대 리더십 및 사회통합 전형, 숙명여대 리더십 우수자 전형 등이 있다.

- 열정형 : 학생부는 평범하지만 지원학과와 관련하여 부단히 노력하는 학생을 뽑는 전형으로 건국대 KU 입학사정관 전형 Ⅱ, 경희대 과학인재 특기자 전형, 이화여대 특수재능 우수자 전형, 숙명여대 특정역량 우수자 전형, 한국외대 자기추천 전형 등이 있다.

- 역경 극복형 : 가정형편이 곤란함에도 학생부가 우수한 학생을 뽑는 전

형으로 서울대 기회균형 선발 전형, 연세대 사회적 배려 대상자 전형 및 연세 한마음 전형, 서강대 기회균형 선발제 전형, 경희대 사회적 배려 대상자 전형, 울산과학대 사회적 배려 대상자 전형 등이 있다.

- 통합적 리더형 : 학생부, 수상실적, 리더십 등 모든 부문에서 뒤처지지 않는 학생을 뽑는 전형으로 서울대 특기자 전형, 연세대 자유 진리 전형 및 글로벌 리더 전형, 고려대 세계 선도 인재 전형, 성균관대 글로벌 리더 전형, 중앙대 다빈치 인재 전형, 경희대 레오 르네상스 전형, 부산대 효원 인재 전형 등이 있다.

입학사정관들이 특별활동, 독서이력철, 수상실적을 중요시 여기는 이유

- 특별활동이 중요한 이유 : 특별활동에는 가장 보편적으로 봉사활동과 학교 임원활동이 있고, 그 외에 기자단 활동, 시민단체 활동 등이 있다. 입학사정관제에서 특별활동을 중요시 하는 이유는 모든 학교들이 '세계화에 필요한 창의적 인재'를 뽑아 학교의 위상을 드높이고 싶어하기 때문이다. 그렇다면 특별활동 속에는 '세계화에 필요한 창의적 인재'를 발굴하는 데 도움이 되는 어떤 의미가 숨어 있는지 생각해 볼 필요가 있다. 특별활동은 주로 남을 위한 활동이다. 나를 넘어서지 못한 사람은 특별활동을 하기가 쉽지 않다. 자기 자신을 사랑하는 힘이 약하기 때문이다. 즉, 자기 자신조차 사랑하고 있지 못하기 때문에 밖에 나서는 특별활동을 할 수 없는 것이다. 자기를 사랑하지 못하는 사람은 남을 사랑하기 어렵고, 남을 사랑하지 못하는 사람은 이웃과 사회와 세계를 사랑할 수가 없다. 특별활동을 한다는 것은 자기를 사랑하는 힘이 있다는 것과, 앞으로 세계를 중심으로 활동할 수 있는 인재로 발전할 수 있는 사

람이라는 것을 증명하는 것과 마찬가지다. 이러한 학생들이 성장하여 우리나라를 대표하는 반기문 유엔 사무총장 같은 사람이 된다는 것을 대학이나 특목고는 알고 있기 때문에 특별활동을 중요시 여길 수밖에 없다.

- 독서이력철이 중요한 이유 : 미래 발전 가능성, 창의성, 윤리성 등을 가지고 있다는 것을 증명하는 방법이기 때문이다. 학생들은 누구나 슬럼프 시기가 있다. 사춘기와 방황의 시기를 대부분 거친다. 따라서 그 시기에는 누구나 성적에 기복을 보이게 되어 있다. 그러나 어릴 때부터 많은 책을 읽으며 삶의 방향을 설정하고, 자아 정체성이 형성된 학생들은 방황의 상황을 윤리적인 관점에서 슬기롭게 극복해 낼 수 있다. 또한 책을 많이 읽은 학생은 창의적이라는 것도 미루어 짐작할 수 있다. 창의성은 책 속에 숨어 있기 때문이다. 윤리성과 창의성을 갖추고 있는 학생이 앞으로 무한히 발전해 나갈 것이라는 것은 불 보듯 뻔한 일이다. 독서의 질과 양이 미래 발전 가능성을 가늠하는 잣대라는 것을 입학사정관들은 잘 알고 있으므로 잠시 또는 어느 한때 성적이 기복이 있었다 해도 그보다 독서이력을 더 중요시 여기게 된다.

- 수상실적이 중요한 이유 : 우리나라는 아직도 노벨평화상을 제외하고는 다른 분야의 노벨상을 수상하지 못하고 있다. 지금 우리나라는 과학고 학생이 법대를 진학하고, 외고 학생이 의대를 진학하는 이상한 일들이 계속 벌어지고 있다. 흥미와 적성을 고려했다기보다는 공부를 잘하는 것에만 초점을 맞추었기 때문에 이런 일이 일어난 것이다. 또한 수능 성적이 발표된 후 그럴 듯한 간판만을 갖기 위해 부랴부랴 진학할 학교와 학과를 선택하게 만드는 줄 세우기식 입시제도와 사회 환경도 한몫

을 했다. 이런 상황에서는 아인슈타인 같은 인물의 탄생을 기대할 수 없다. 즉, 노벨상 수상은 꿈일 수밖에 없는 것이다. 아인슈타인 같은 인물이 나오려면 자기가 가장 잘하고 좋아하는 일을 즐거운 마음으로 할 수 있도록 할 때 가능하다. 즉, 그 일에 반쯤은 미쳐 있어야 가능하다는 말이다. 아마도 아인슈타인 같은 인물을 찾아내기 위해서는 적성과 전문성이 가장 큰 기준으로 작용할 것은 어쩌면 당연한 일일 것이다. 이런 면에서 수상실적은 바로 '내가 이 일에 깊은 관심을 가지고 있다는 것'과, '다른 학생들보다 월등한 전문성을 갖추고 있다는 것'을 증명하는 화룡점정(畵龍點睛)과도 같은 일이다.

입학사정관 평가방법 가상도

구 분	가산점 부여 및 우대 (%)	면접 시 참조 (%)	전혀 고려하지 않음	합 계
자격증	42.1	49.6	8.3	100
영어능력	40.5	43.0	16.5	100
인턴경험	24.8	65.3	9.9	100
해외유학(연수)	19.8	51.3	28.9	100
전공지식	19.0	58.7	22.3	100
한국어 능력	14.9	50.4	34.7	100
공모전 수상경력	14.0	71.1	14.9	100
사회봉사 활동	13.2	67.8	19.0	100
기업체험 프로그램	8.3	62.0	29.7	100

대표적인 입학사정관제 알기

연세대 창의인재 전형 중심으로

연세대 창의인재 전형 기본 요강

연세대는 특정분야에 뛰어난 재능을 가진 창의성 있는 학생들을 선발하기 위한 연세 입학사정관제 전형 창의인재 트랙을 2012학년도 수시모집에 신설했다. 총 30명을 선발하며, 지원하는 학생들은 형식에 구애받지 않고 한 논제에 대해 자신의 생각을 창의적으로 기술하는 창의 에세이 시험에 응해야 한다. 창의인재트랙으로 선발하는 모집단위는 문과대학, 사회과학대학, 상경대학, 이과대학, 생명시스템대학이며, 모집단위별로 최대 3명 이내에서 선발한다. 우선선발 대상이 된 학생은 일반면접 성적과 서류 및 창의에세이를 종합적으로 평가하여 최종 합격자를 선발하고, 일반선발 대상이 된 학생은 심층면접 구술시험과 서류 및 창의 에세이를 종합적으로 평가하여 최종 합격자를 선발한다.

다음은 창의인재 전형에 대한 연세대의 안내 Q&A이다.

Q 우수성 입증자료란 무엇이며 제한 없이 제출이 가능합니까?

A 연구보고서, 개인 홈페이지, 소프트웨어, 발표한 논문, 개인 창작물, 창의적 활동경력 등 지원자의 우수성을 입증할 수 있는 자료를 말합니다. 수시모집 대부분의 전형에서 국내 고등학교 출신자의 경우 우수성 입증자료 등 기타 서류를 일체 제출할 수 없지만, 연세입학사정관제 전형의 창의인재, IT 명품인재 트랙의 경우 예외적으로 2단계 평가 대상자에 한하여 우수성 입증자료를 최대 5가지 이내로 자유롭게 제출할 수 있습니다. 토플 등의 공인 외국어 성적은 입학사정관제 전형에서 우수성 입증자료로 제출이 불가합니다.

Q 학교 생활기록부 교과영역은 어떻게 반영합니까?

A 연세입학사정관제 전형 창의인재, IT 명품인재, 사회기여자 트랙과 특기자 전형 과학인재, 글로벌 리더, 언더우드학부, 아시아학부, 테크노아트학부 트랙은 교과성적을 기계적으로 계산하여 반영하지 않고, 서류 평가 시 종합적으로 고려하여 반영합니다.

연세대 창의인재 전형 창의에세이 기출문제

2012년 문제
1. "첫 단추를 잘못 끼웠다."라는 말을 보고 떠오른 단어를 5개 이상 나열하고 이유를 쓰시오. 2. 2040년에 세종대왕과 외계인이 만났다고 가정하고 그 대화가 어떻게 흘러갈지 쓰시오.

2013년 문제

1. 두 직선은 평행하다는 수학적 명제에 시나 소설, 콩트, 만화 등을 이용하여 문학적 감성과 연결시키시오.
2. 치타는 시속 90~100km로 달리고, 현재 올림픽 최고의 육상 달리기 선수인 우사인 볼트는 100m를 9.××초 만에 돌파한다. 그 둘에게 함께 100m 달리기 시합을 시킬 때의 3가지 시나리오를 근거를 들어 설명하시오

연세대 창의인재전형 합격의 예

	진학학과	우수성 입증자료 및 창의에세이 작성 내용
김○윤	철학과	철학을 바탕으로 한 영화감독의 꿈과 학업계획을 적극 어필해 우선선발 대상으로 철학과에 합격했다. 우수성 입증자료에는 영화와 철학분야 활동경험을 균형 있게 담았다. △자신의 영화작품과 시나리오, △방과 후 학교 고전강독 프로그램 참여, △학교 홍보동영상 촬영, △인터넷 문학카페 및 영화작품 유튜브 채널 운영, △철학적 영화비평 쓰기 활동 등을 썼다. 1. '첫 단추를 잘못 끼웠다라는 말을 보고 떠오른 단어를 5개 이상 나열하고 이유를 쓰시오'에 대한 답변 내용 영화적 구성에 철학적 사고를 녹여냈다. 영화시나리오를 쓴 경험을 살려 글을 전체적으로 구성했고, 각 키워드를 하나의 주제로 통일되게 쓰려고 노력했다. 첫 번째 에세이 주제에는 '실패', '마음', '운명', '반전', '성공'이라는 키워드를 유기적으로 연결해 하나의 스토리로 만들어냈다. 첫 단추를 잘못 끼우면 그 이후의 과정은 모두 실패인데, 이때의 마음가짐이 매우 중요하다. 때론 노력 여부와 관계없이 실패하는 경우도 있지만, 이런 시행착오로 '오버랩' 같은 영화기술을 발견한 것처럼, 반전적인 성공으로 이어질 수 있다는 맥락으로 글을 풀었다.

| 손○영 | 정치외교
학과 | 정치외교학과로 진학목표를 세우고 1학년 때부터 꾸준히 관련 비교과활동을 했다. 우수성 입증자료에는 △전교학생회장, △외교·정치·경제 포럼 참가, △청소년 정책을 제안하는 참여위원회 활동, △다문화가정 초등생 대상 멘토링 봉사 등을 담았다.

1. '첫 단추를 잘못 끼웠다라는 말을 보고 떠오른 단어를 5개 이상 나열하고 이유를 쓰시오'에 대한 답변 내용
평소 학교 논술수업과 독서를 통해 쌓은 배경지식을 바탕으로 사회 이슈와 연결해 논술형식으로 풀어냈다. 첫 번째 문제는 '도요타 리콜사태', '색안경', '찰리 채플린' 등을 썼다. 도요타 리콜사태는 '차량 제작단계의 결함에 빨리 대응하지 못하고 작은 비용을 아끼려 계속 끌고 가다 더 큰 문제를 일으켜 매몰비용이 발생했다'는 이야기를 썼다. 색안경은 선천적으로 타고나는 인종적 특성을 첫 단추에 비유하며, 인종적 편견이 만들어내는 사회적 비용의 문제로 풀어냈다. 두 번째 주제는 한글이 다른 문자보다 스마트폰 등 미래사회 기기에 빠르게 입력할 수 있다는 점을 예로 들었다. 언어의 우수성으로 한국이 강대국이 될 가능성을 과거 서구사회의 역사를 근거로 들며 썼다. |

연세대 선임입학사정관이 말하는 창의인재전형이란?

창의적 인재란?

학생들은 창의성이라고 하면 뭔가 남들과 다른 튀는 활동을 해야 한다고 생각하지만 꼭 그렇지는 않습니다. 자신의 환경과 상황 속에서 얻은 아이디어를 구체적 결과로 연결해 보세요. 거창한 활동이 아니어도 특정상황 속에서 노력한 부분이 중요합니다. 실제로 부모님이 피자 가게를 운영하는 한 지원자는 가게에 있는 케첩통의 케첩이 잘 나오지 않는 걸 보고, 그 부분을 개선하기 위해 고민한 과정과 결과를 소개해 좋은 평가를 받았습니다.

비교과 준비 노하우를 소개해 주세요

대학입시만을 위해 쌓은 비교과활동 스펙은 좋은 평가를 받기 어렵습니다. 입학사정관은 지원자의 비교과 활동이 진정성이 있었는지를 심층면접을 통해 알 수 있습니다. 대학입시를 위한 스펙 쌓기보다는 자신의 인생에서 하고 싶은 일이 무엇인지를 먼저 고민하세요.

토론면접 실시 대학 현황

대 학	우수성 입증자료 및 창의에세이 작성 내용
카이스트	1년에 4차례 신입생을 모집. 그 중 국내 일반고 3학년 학생이 응시할 수 있는 전형은 1차와 2차이며, 일반고 2학년 학생이 조기졸업을 전제로 응시하는 것은 2차 전형만 가능. 3차 및 4차 전형은 소수인원으로 외국고 전형 등임. 신입생 총 정원은 약 950 정도이며, 그 중 1차 전형은 일반고 3학년에게만 자격을 주는 입학사정관 전형임. 2차 전형이 메이저 전형으로 700명 정도 선발. 2차 전형은 합격생 중 80% 이상이 과학고를 조기졸업하는 학생들로 채워지고, 나머지가 일반고(고3, 고2 모두 응시가능) 학생 선발. 일반고 1차 전형은 5월 중하순에 원서접수. 학교장추천 전형, 입학사정관 전형이라고 함. 고등학교장의 추천을 학교당 1명씩 받아서 입학사정관이 각 고등학교에 직접 방문하여 1차 면접을 치른 후 1차 합격생을 선발. 그 이후 2차 심층면접을 카이스트로 불러 집단토론 및 개별 심층면접을 통해 1, 2차 점수를 합산, 최종 150명을 8월 하순에 선발.
건국 대학교	경기도 용인시 현대인재개발원에서 이틀간 2013학년도 'KU 자기추천 전형'의 합숙면접을 실시. 이날 합숙면접에는 1차 서류 평가를 통해 3배수로 선발된 202명이 참가. 1박 2일 동안 200여 명의 수험생들은 건국대 교수들의 △개별면접, △집단면접, △발표면접 등 모두 세 차례에 걸쳐 심층 면접고사를 치름.

가톨릭 대학교	'잠재능력우수자' 전형 1단계 합격자 900여 명을 대상으로 오전 8시부터 밤 11시까지 꼬박 15시간 동안 토론면접을 실시. 면접관이 사전에 준비한 주제를 던지면 수험생 3명이 토론하는 방식으로 진행됨. 여기에 수험생 1명에 교수 3명이 붙는 심층 인터뷰를 30분 가량 추가함.
동국대	Do Dream 전형은 동국대의 대표적인 입학사정관 전형임. 2010학년도의 자기추천전형이 발전된 형태로, 단과대학의 특성을 반영해 선발. 모집인원은 153명. 1단계에서 서류심사로 3배수를 뽑은 뒤 2단계에서는 1단계 성적(40%)과 전공수학능력평가(60%)를 합산한다. 전공수학능력에 대한 평가로 문과대학은 주제토론을 실시.
단국대	2013학년도 수시 1차 모집에서 입학사정관 전형으로 전체 모집 인원의 16%인 889명을 선발. 죽전캠퍼스는 △창의적 인재(190명), △IT · CT 인재(104명), △사회적 배려 대상자(30명), △기회균형선발(24명), △특성화고교 출신자(71명) 전형으로 419명을 선발. 면접평가에서는 입학사정관 및 전공교수 2~4명의 평가위원이 발표면접(창의적 인재), 토론면접(진취적 인재), Lab면접(IT · CT · BT인재), 자율면접(특성화고교 재학 중인 자), 심층면접(특성화고교 졸업자) 등 전형유형별 유연면접 평가시스템을 통해 학업역량, 창의적 역량, 진취적 역량 등을 평가함.

자기소개서 (우수성 입증자료) 쓰기에 강해지는 35단계

최근 수시와 입학사정관제로 인해 자기소개서 쓰기가 중요한 입시절차로 대두되면서 사교육 시장에서는 많은 돈을 받고 자기소개서를 대필해 주는 업체들이 극성을 부리고 있고, 어떻게든 소위 명문대학이라는 곳에 아이들을 보내고 싶은 부모들은 울며 겨자 먹기로 전문가라는 사람을 만나려고 줄을 서는 실정이다. 반면, 대학과 교육 관련 정부 부처에서는 대필을 잡아내기 위한 검색 시스템을 도입하는 등 사회적 문제가 발생하지 않도록 하기 위해 안간힘을 쓰고 있는 것이 우리나라 대입 시즌의 안타까운 현실이다.

자기소개서 쓰기의 다른 이름은 '자기 꿈 증명서'이면서 '주어진 조건을 해결하는 글'이자 '글로 하는 면접'이다. '자기 꿈 증명서'라고 이름 붙인 이유는, 자기소개서에는 '자기가 가지려는 직업, 그와 연관된 희망학과, 그것을 완성하기 위해 준비하고 쌓아온 나의 역사, 남들이 못 가지고 있는 나만의 문제해결력' 등으로 가득 차 있어야 하기 때문이다.

대학은 왜 학생의 꿈에 대하여, 그 크기에 대하여 알려 하고, 어떤 노력을 했는가를 확인하려 하는가? 그 이유는 아주 명확하다. 미래의 '스티브 잡스'를 찾기 위해서다. 지금은 완성되어 있지 않지만 학교가 도와주면 '아인슈타인'처럼 노벨상을 받아 오리라는 기대감을 갖게 하는 학생을 찾고 있는 것이다.

왜 미래의 '스티브 잡스'를 찾을까? 그것 또한 명확하다. 유명해지고 싶어서다. '스티브 잡스' 같은, '빌 게이츠' 같은, '아인슈타인' 같은 학생을 찾아내면 세계가 알아주는 명문대학으로 발돋움할 수 있기 때문에, 아직은 다소 미흡하더라도 조금만 도와주면 꽃을 활짝 피울 잠재력을 가진 학생을 찾아내려고 자기소개서다, 구술면접이다 하면서 전문인력을 동원해 좋은 학생을 찾아내려고 부단히 노력하는 것이다. 또한 그것은 우리나라 국가경쟁력과 정확하게 맞닿아 있기도 하다.

꿈은 정말 그렇게나 중요한 것인가? 당연하다. 꿈은 그 사람의 인생을 좌우하고, 인류의 미래를 좌우한다.

두 학생이 있다. 입학사정관이 두 학생에게 동시에 물었다.

"당신은 무엇을 하고 싶은가?"

"저는 많은 돈을 벌고 싶습니다."

두 학생이 동시에 한목소리를 냈다.

"왜 많은 돈을 벌고 싶은가?"

그 중 한 학생이 대답했다.

"저는 돈을 많이 벌어 동네에 치킨집을 낼 것입니다. 그래서 좋아 하는 통닭을 매일 실컷 먹을 것입니다."

다른 학생이 대답했다.

"저는 돈을 많이 벌어서 세계 여러 나라에 기부하는 재단을 만들 생각입니다. 노벨처럼 말입니다."

둘은 지금 똑같은 꿈을 이야기하고 있지만, 그 끝에는 어떤 차이가 있을지, 그 꿈을 이루기 위해 각각 어떤 노력을 할 것인지 보지 않아도 짐작할 수 있다. 꿈에 대한 확신과 그 크기는 후에 자신의 위치와 사회의 모습을 달라지게 만든다.

자기소개서는 또 '주어진 조건을 해결하는 글'이다. 몇 가지 풀어야 할 주어진 조건에 맞추어 써야만 합격할 수 있는 제한적 글이기 때문이다. 예를 들어 '……를 400자 내외로 쓰시오'라는 조건을 주었는데 2천 자를 쓴다면 그 학생의 노력을 가상하게 여겨 합격시켜 줄까? 그렇지 않다. 어느 대학도 주어진 조건조차 해석하지 못하는 학생은 뽑지 않는다.

또 다른 하나는 '글로 하는 면접'이다. 자기소개서는 실물보다 먼저 대학에 가서 입학사정관으로부터 심사를 받기 때문이다. 이때 앞에서 이야기한 주어진 조건에 맞추어 대학이 요구하는 내용을 정확하게 간파하고, 자기를 솔직하게 증명하는 내용들을 적어내려 감으로써, 심사하는 입학사정관들이 '이 글을 쓴 학생을 만나고 싶다'라는 생각이 들도록 해야만 합격에 다가갈 수 있다.

따라서 자기소개서에는 '내가 미래의 스티브 잡스다. 나를 뽑지 않으면 이 대학은 큰 손해를 볼 것'이라는 내용이 녹아 있어야 한다. 그리고 입학사정관들의 시선을 단번에 잡아 숨도 안 쉬고 끝까지 읽도록 구성해야 한다. 그들은 입시철만 되면 엄청난 양의 자기소개서와 싸워야 하기 때문에 글을 길게 볼 여유도, 똑같은 출발과 밋밋한 전개를 끝까지 읽을 기력도 없다.

그렇다면 어떤 구성이 좋을까? 입학사정관의 마음과 눈을 잡는 데에 왕도가 있을리 없겠지만, 그동안 대입을 치르는 제자들의 자세소개서 쓰기를 도와주면서 제일 좋은 결과로 이어졌던 방법은, 출발은 임팩트가 있으면서 짧게, 본론은 근거의 서술이 아니라 출발 시의 임팩트가 주는 궁금증을 풀어주는 내용으로 글을 진행하는 것이었다.

자기소개서 쓰기의 구체적인 예

서울대 공대 합격생의 예)

> **1. 자신의 성장과정에 대해 기술하고 가족을 소개해 주십시오.**
>
> 찢어질 듯한 비명과 둔탁한 소리 속에서 나를 꼭 껴안고 있던 우리 언니의 모습을 나는 지금까지도 잊을 수 없다. 지금은 비록 헤어지셨지만 내가 어렸을 때 어머니와 아버지는 거의 매일 싸우셨다. 어머니와만 살다가, 아버지와만 살다가, 다 함께 살다가, 다시 뿔뿔이 흩어지고를 몇 차례 반복했는지 기억도 나지 않는다. 그러다가 내가 초등학교 5학년 때부터는 아버지, 이제 곧 대학교를 졸업하는 언니와 함께 살아가고 있다. 아버지는 그 이전부터 붕어빵을 파는 일을 하셨다. 새벽부터 늦은 밤까지 사고로 얻은 허리 디스크를 안고 언니와 나를 키우기 위해 밤낮없이 일하셨다. 트럭 뒤 칸에 마련한 가대에서 아무것도 없이 달랑 의자 하나만 두고 추운 겨울 모자 하나와 외투 하나로 한 마디 군소리 없이 찬바람을 견디시던 아버지의 모습과, 철없이 어묵 꼬치 하나 뺏어 먹으며 즐거워했던 어린 나의 모습을 생각하면 아직까지 눈물이 흐른다.
>
> 나는 고등학교 1학년 때까지는 아버지가 병을 갖고 계신 줄도 몰랐다. 나는 그 사실을 아버지께 직접 들은 것도 아니고 선생님과 상담하던 중에 우연히 알게 되었다. 나는 늘 방 안에 아버지께서 처방받으신 약들이 수북이 쌓여 있는 것을 보면서도 아무 생각 없이 그냥 지나치던 불효녀였다. 지금은 몸이 아프셔서 무거운 것을 혼자 들거나 설거지를 해야 하는, 새벽부터 혼자 일어나 일해야 하는 붕어빵 굽는 일은 못하시고 택시 일을 하고 계시지만, 그것도 하루 수급액을 다 채우지 못해 늘 적자로, 근근이 수급자 생활비와 무료 식품권으로 생활하고 있다.

아버지께서 늘 말씀하신다.

"우리 ○○이, 좋은 메이커 신발도 사 줘야 하고 두꺼운 점퍼도 사 줘야 하는데……."

당신 옷은 없어서 늘 얇게 입고 다니시면서 오로지 딸 걱정만 하시는 우리 아버지를 볼 때마다 눈시울을 적신다. 옛날 사진을 보면 우리 아버지는 정말 요즘 말하는 꽃미남인데 지금은 주름도 깊게 패이고 팔다리가 삐쩍 말라 많이 늙으신 모습을 보면서 언니와 나는 항상 이야기한다. 아버지를 호강시켜 드리자고. 아버지를 행복하게 해 드리자고 말이다.

2. 자신의 장단점을 기술하고, 단점을 개선하기 위해 어떤 노력을 하였는지에 대해 기술해 주십시오.

충청권에서 호남권으로 대이동을 하면서 나는 성격에 많은 변화를 겪었다. 말투와 언어, 날씨까지 원래 살던 곳과는 너무나도 달랐던 낯선 모습에 나는 한동안 정신을 차릴 수 없었다. 초등학교 때는 정말 활발하고, 누구에게나 친근하게 다가갔던 내가 전학을 온 이후 심각한 대인기피증까지 겪으며 적응하는 데 어려움을 겼었다. 누구보다도 소심하고 내성적인 성격에 장난스런 농담 한 마디에도 상처를 받았다. 잘 웃지도 않았고 친구들에게 농담 한 마디 건네는 것도 나에겐 정말 힘든 일이었다. 친구들에게 잘 다가가지도 못하는 성격을 가진 나는 나 자신이 봐도 너무나 생소했다.

그러나 고등학생이 되던 2009년, 나는 정말 큰 결심을 했다. 원래 나의 활발한 성격으로 돌아가 친근하고 따뜻한 원래의 내 모습을 되찾자는 것이었다. 그래서 가장 먼저 선택한 것이 동아리였다. 1년 동안 거의 매일 함께한 동아리에서 선생님과 선배와 함께 생활했고, 말하는 법부터 생각하는 것, 상황대처능력까지, 나는 조금씩 사회에 살아가는 데 필요한 자질들을 얻으면서 동시에 자신감도 되찾아갔다. 그리고 2학년이 되던 해 동아리 실무국장을 맡게 되었다. 1년 동안 내가 선배가 되어 후배들에게 내가 배웠던 것을 고스란히 전해 주는 역할을 맡게 된 것이다. 대범함과 자신감은 물론 동급생들과 후배들의 마음을 잘 알아주고 이해해줄 줄 알아야 하는 리더의 위치에 서면서 1학년 때와는 또 다른 느낌을 받았고, 오히려 그 아이들에게 배울 점을 찾는 자세도 갖게 되었다.

나는 자신감을 되찾고 리더의 역할을 통해 사람의 마음을 포용할 줄 아는 능력을 갖춘, 이전보다 더 나아진 나의 모습을 발견할 수 있었다. 그러면서 친구들과의 관계가 개선된 것은 말할 것도 없고 후배들과 선생님들에게도 두터운 신임과 지지를 얻을 수 있게 되었다.

솔직히 약 18년간 살아오면서 가장 어려운 일을 꼽자면 매우 힘들다. 하지만 위에서도 언급했다시피 나는 약 2년 반 정도를 '완전 소심쟁이'로 살아왔다. 친구들 앞에 서서 큰소리로 말하는 것 자체가 나에겐 한 마디로 '정말 어려운 일'이었다. 그런 내가 우리 학교 대표가 되어 실험연구 발표대회에 나가 수상을 했다고 하면 그 누가 믿겠는가? 하지만 이것은 명백한 사실이다. 서울 이화여자대학교에서 주최하는 실험연구 발표대회에 1학년 때에는 언니들, 친구들과 학교 대표로 참가해 대구·경북 지역 3위를 했고, 2학년 때는 같은 대회에 또 한 번 도전해 지역 1위와 전국대회인 본선에서 우수상을 차지하는 영예를 얻었다. 많은 대표 학생들 앞에서 우리가 실험한 내용을 프레젠테이션 형식으로 발표해야 했던 이 대회에서 아직 내 자신감이 완전히 회복되지 않았던 1학년 때에는 목소리부터 레이저 포인터를 사용하는 내 손, 그리고 땅에 붙어 있던 발까지 덜덜덜 떨면서 발표했던 기억이 있다.

하지만 2학년 때에 참가했을 때에는 지역대회에서는 물론이고, 몇 백 명의 지역 대표 학생들 앞에서 발표했던 전국대회에서조차 나 스스로 '나는 그때 정말 당당하고 자신감 있게 잘 했어'라고 자부할 수 있다. 물론 긴장한 마음에 속은 뒤집어질 것 같았지만 그것을 1학년 때처럼 티 나게 하고 싶지 않았고, 그때 내 성격에 대해 많은 생각을 하고 있던 때라 이것을 이겨내야 한다고 생각했기 때문에 더 악바리로 했었다.

1위, 2위라는 수상실적을 떠나서 나는 그 대회에 참가한 것 자체에 큰 의미를 두고 있다. 이 대회 하나가 나의 성격을 바꾸어 준 것은 아니지만 내가 지금의 활발한 성격을 되찾는 데 정말 큰 계기가 되어 주었고, 그것과 더불어 나와 다른 곳에서 다르게 살아가는 친구들을 보면서 나의 학문적인 시야를 넓힐 수 있는 계기가 되어주었다는 점에서 말이다.

"But man is not made for defeat. A man can be destroyed but not defeated."
이 구절은 내가 지금까지 읽어 왔던 책 중에서 가장 인상 깊게 읽었던 헤밍웨이의 《노인과 바다》라는 책에 나오는 구절이다. 사람이 죽을 수는 있어도 질 수는 없다는 이 구절은 내가 평생 동안 가슴에 새겨두고 싶다. 고등학교 공부를 하면서 다른 모든 학생이 그렇듯 나도 수많은 슬럼프와 우울증에 빠졌었다. 극도의 스트레스

속에서 죽고 싶다는 생각을 가진 적도 많았고, 이 모든 것을 다 놓아버리고 싶다는 생각도 많이 했었다. 하지만 내가 지금까지 이렇게 잘 버텨온 데에는 이 책의 영향이 크다고 믿고 있다. 다 포기하는 것은 곧 나 자신에게 지는 것이라고 생각했다. 하지만 사람은 질 수 없었다. 나도 사람이고, 그 커다란 상어를, 그것이 상어인지도 모른 채 죽을힘을 다해 잡으려 했던 노인도 사람이었다. 그 노인이 질 수 없었던 것처럼 나도 나 자신에게 절대 질 수 없었다. 그렇다고 사랑하는 가족과 주변 사람들을 두고 세상을 떠나는 것은 말도 안 되는 일이었다. 나 자신과의 싸움에서 이기는 것이 그 상황을 극복하는 유일한 방법이었다. 수많은 슬럼프를 겪고 그것을 극복해 나가면서도 또다시 찾아오는 슬럼프에는 속수무책이었다. 시간이 약이라는 생각 더하기, 나 자신에게 진다면 그 누구도 이길 수 없다는 생각이 그때마다 나를 다시 일으켜 주는 계기가 되었다. 아무도 없는 불 꺼진 복도를 걸어가면서 무의식중에 중얼거리던 이 책 구절 하나가 나에게 커다란 힘이 되어 주었다는 것은 나에게도 정말 놀랍고 소중한 일이다. 이 책은 흔하디흔한 세계명작임에도 불구하고 아직 읽어보지 않은 친구들이 많이 있다. 이 책은 내가 그런 친구들에게 정말 꼭 읽어보라고 권유하는 책이다. 내가 중학교 때 읽었음에도 불구하고 이 책의 여운이 지금까지도 남아 나를 다시 일으켜 주고 앞으로만 전진할 수 있게 도와주는 책이기 때문이다.

가장 먼저 생각난 것은 '엉덩이'다. 민망하지만 여기엔 많은 의미가 숨어 있다. 엉덩이는 지금까지 먹고 앉아 공부하고 공부했던 내 공부살이기 때문이다. 옷태가 나지 않기는 하지만 그래도 이건 내 노력의 증표라고 생각한다. 완전 놀지도 않고 공부밖에 몰랐던 사람은 아니지만 누구보다 열심히 공부하던 내 모습을 떠올리면 내 엉덩이는 나에게 자랑거리다.

두 번째는 '소녀시대'이다. 지금 소녀인 내가 나의 시대를 맞고 있다는 뜻이다. 내가 원하는 것이라면 무엇이든지 해낼 수 있는 가능성과 잠재력이 충만하고, 나 자신에 대한 확고한 자부심을 소녀시대라는 말로 대신하고 싶다.

세 번째는 '진주'다. 지금은 학생이지만 나는 채취되기만을 기다리고 있는 중이다. 지금은 조개껍데기 속에서 나를 갈고 닦는 시기를 걷고 있지만 몇 년 만 지나면 1급 감정을 받고 필요한 곳에서 빛을 발하며 누구에게나 사랑받는 사람이 될 것이다.

네 번째는 '논두렁'이다. 논두렁은 논과 논 사이를 구분해 주면서도 그 사이에서 전혀 이질감을 주지 않는다. 나도 내 전공분야와 다른 분야 사이의 적절한 물꼬를 터 모두에게 이로운 방향으로 발전시키면서도 어느 정도의 적절한 분야 간 경계를 지켜주는 논두렁 같은 사람이 되고 싶다.

마지막으로는 '바다'다. 나의 태명이기도 한 바다는 온 지구에 걸쳐 한 길로 이어져 있어 온 세계를 연결하는 역할을 한다. 나도 바다처럼 온 지구를 하나로 연결하는 사람이 되고 싶다. 대한민국뿐만 아니라 전 세계가 나를 통해 연결될 수 있도록 내 전문분야에서의 지도자가 될 것이다.

또 난 '연못 속의 맑은 은'이다. 이건 나를 나타내는 말이기도 하지만 정확하게는 내 이름의 뜻이다. 반짝이는 은이 깨끗한 연못 속에 있는 모습을 떠올리면 당장이라도 그 은을 꺼내서 좋은 곳에 쓰고 싶을 것이다. 금덩이도 땅에 묻어놓으면 소용이 없는 것처럼 은도 물속에만 있다면 눈요기 거리만 될 뿐 소용이 없다. 나도 지금은 아직 연못 속에 있는 은이지만 한 번 밖으로 나오면 무궁무진하게 쓰일 수 있는 가능성을 그 속에 품고 살아가고 있는 사람이다.

성신여대 미디어커뮤니케이션 학과 합격생의 예)

1. 자신의 성장과정과 이러한 환경이 자신의 삶에 미친 영향에 대해 기술하세요.(띄어쓰기 포함 700자 이내)

"메롱, 메롱, 메론… 멜론!"

혀의 일부가 기형적으로 태어난 저는 'ㄹ' 발음과 몇 가지 단어를 이야기하는 것이 미숙했습니다. 그 중 가장 어려운 단어가 '멜론'이었고, 이를 정상적으로 발음하기 위해 꾸준히 연습했습니다. 4살 때 혀가 떼어졌지만 그 후에도 발음이 어눌해 아이들에게 많은 놀림을 받아 자신감이 저하되었습니다. 이로 인해 내성적인 성격을 가지게 되었고 말을 할 때 소극적인 태도를 보였습니다. 하지만 꾸준한 연습을 통해 마침내 정확한 발음을 구사할 수 있게 되자 저는 뭐든지 할 수 있다는 자신감과 하면 된다는 도전정신, 남들 앞에 당당히 제 의견을 피력할 수 있는 능력까지도 가질 수 있었습니다.

이 능력을 토대로 고등학교 진학 후에는 학급 임원과 학생회 임원을 역임하는 등 다양한 활동에서 먼저 나서서 일을 진행했습니다. 비록 앞에서 주도하는 반장이나 학생회장은 아니었지만 부반장과 서기로서 보이지 않는 곳에서 실질적인 책임자의 역할을 하며 학급 임원과 반 친구들의 가교 역할을 통해 화합하는 리더의 역할을 했습니다. 아울러 폭넓은 활동을 위해 ○○시 청소년 기자단이 되어 청소년의 고민과 실질적 현실 문제를 반영해 기사를 작성하였으며, 정확한 기사 작성을 위해 KBS 한국어 능력 시험에 응시하여 4급을 취득하였습니다. 이렇듯 다양한 교내외 활동의 밑바탕에는 늦게 얻었지만 누구보다도 강한 자신감이 자리하고 있었다고 생각합니다. (700)

2. 학교생활 중 배려, 나눔, 협력, 갈등 관리 등을 실천한 사례를 들고 그 과정을 통해 배우고 느낀 점을 구체적으로 기술하세요.(띄어쓰기 포함 700자 이내)

필리핀의 민속춤인 대나무 안팎에서 춤을 추는 대나무 춤을 처음 접했던 고등학교 1학년 체육시간, 스텝을 창작해서 하나의 완성된 춤을 보이라는 선생님의 말씀에 모든 학생들은 당황했습니다. 다른 조 아이들은 아이디어가 많이 나오고 협동도 잘 되었지만, 저희 조에는 몸치인 아이도 있고 하기 싫어하는 친구도 있어 시작조차 하지 못했습니다. 저는 가만히 있을 수 없었습니다. 도전하지도 않고 포기하는 것은 너무 무책임한 행동이며 소수 친구들 때문에 조원 전체에게 해를 끼칠 수는 없는 일이었습니다. 친구들에게 대나무 춤은 체육 실기 점수뿐만 아니라 다이어트 효과까지 있는 일석이조의 기회라고 설득하며 친구들의 손을 잡고 이끌었습니다. 의지가 없던 친구들도 의견을 내며 자신이 창작한 스텝을 추기 시작했습니다. 그 결과 조원들의 노력이 모여 하나의 춤을 만들 수 있었고 수행평가 만점이라는 쾌거를 이룰 수 있었습니다. 아무리 작은 일이라도 한 사람의 힘으로 되는 것이 아니라 여러 사람의 노력과 공동체 정신이 필요하다는 것을 느꼈습니다. 다양한 학생들의 의견을 조율하는 과정에서 그들의 의견을 존중하며 설득하는 방법을 배웠습니다. 이후 학급회의 시간에는 여러 의견을 조율하여 모두가 만족하는 방향으로 결과를 이끌어내는 역할을 하였습니다. 이를 통해 체득한 리더십, 배려, 공동체 정신은 저를 사회가 필요로 하는 인재로 만드는 데 큰 밑거름이 되리라 확신합니다. (700)

3. 지원동기와 지원분야를 위해 어떤 노력과 준비를 해왔는지 교내·외 활동 중 본인에게 가장 의미 있다고 생각되는 활동을 기술하세요.(띄어쓰기 포함 700자 이내)

배유안 작가님의 《스프링 벅》이라는 책은 제 삶에 있어 없어서는 안 될 책입니다. 가출, 자살과 같이 자극적이긴 하지만 현실적으로 우리나라 청소년들의 모습을 보여주며 목표 없이 남들을 좇아 대학에 진학하는 현실을 꼬집은 책이었습니다. 책을 읽은 후 저는 한 권의 책이 나를 변화시키는 것처럼 나도 가식 없는 다큐를 제작해 사람들에게 감동을 줄 수 있는 작가가 되자는 결심을 했습니다. 목표에 다다르기 위해서는 공부가 밑바탕이 되어야 한다는 것을 느낀 후에 공부는 하기 싫은 것이 아닌, 하고 싶은 것으로 변하였습니다. 스터디 플래너에 계획을 세워가며 구체적인 목표를 세우고, 취약한 과목인 수학은 하루에 8시간씩 문제 풀이를 하며 실력을 키웠습니다. 결과적으로 성적은 점점 상승하게 되었고 자기주도학습상을 3년 내내 수상할 수 있었습니다. 또한 작가가 되기 위해서 글을 쓰는 연습과 비판적 사고력, 분석력이 필요하다고 생각되어 세별인터넷신문의 세별청기자로 활동했습니다. 기사를 쓰며 사회 전반에 어떤 일이 일어나는지 자세히 알 수 있었고 학생인권조례와 같이 청소년과 직결된 내용에는 더욱 관심을 가지고 보게 되었습니다. 이 경험 덕분에 토론대회에 나갔을 때 다양한 근거를 바탕으로 제 주장을 펼칠 수 있었고, 전국토론논술대회에서 금상을 수상할 수 있었습니다. 꾸준히 기사를 작성하며 쌓아 놓았던 배경지식이 빛을 발한 순간이었습니다. (700)

4. 입학 후 학업계획과 향후 진로계획에 대해 기술하세요.(띄어쓰기 포함 700자 이내)

1, 2학년 때에는 방송인으로서의 역량을 키우고 미디어 커뮤니케이션에 대한 깊은 이해를 위해 교양과 전공수업에 충실하겠습니다. 1학년 방학 때에는 '코피온'이라는 국제봉사단체에 가입하여 고등학생 신분 때문에 제약이 있었던 국제봉사를 할 것입니다. 특히 2학년 때에는 전공수업 중에서도 이론을 중심으로 언론과 영상미디어 트랙을 번갈아가며 공부하고 싶습니다. 3, 4학년 때에는 실기를 중심으로 학습하여 방송국에서 인턴십 프로그램을 통해 미디어 매체를 간접적으로 경험하면서 실질적인 적성을 찾을 것입니다. 복수전공으로는 문화·복지 콘텐츠 과목을 선택하여 미디어 전반에 문화가 어떻게 관여하고 방송에 활용할 수 있는지 연구할 것입니다. 또한 국제 교류 프로그램을 통해 영·미권 대학교에 다니면서 교과 관련 지식을 넓게 배우고 영·미권의 문화를 습득하여 국경을 넘어선 새로운 문화를 창조하려 노력하겠습니다. 졸업 후에는 방송국에 입사하여 드라마에 관한 실무 경험을 쌓을 것입니다. 독서와 여행, 학업을 통해 얻은 다양한 정보를 토대로 전문화된 드라마를 창작할 것입니다. 또한 스스로 진로를 설계하고 실천하며 자칫 나태해질지도 모를 4년 동안 성적 우수 장학생이라는 목표를 세우고 이뤄내겠습니다. 문화와 미디어가 중요해지는 시기인 만큼 대학교에서 배양한 지식을 바탕으로 시청자와 소통하는 드라마 작가가 되기 위한 첫 단추를 성신여자대학교에서 끼우고 싶습니다. (700)

2010년 6월 7일은 제 생에 있어 가장 특별한 나눔을 시작한 날입니다. 고등학교 1학년 때부터 ○○교회에서 운영하는 하이탑 공부방을 후원하시는 부모님의 권유로 집안 형편이 어려운 중학생들에게 국어를 가르치기 시작했습니다. 가르침을 받기만 하던 제가 누군가를 가르친다는 일은 쉬운 일이 아니었습니다. 처음 수업을 시작했을 때에는 적극적으로 참여하지 않는 아이들 때문에 수업 진행이 힘들었습니다. 하지만 아이들의 참여 유도와 공감대 형성을 위해 각 아이들의 관심사에 대해 공부한 후 다가갔습니다. 또한 초성 게임이나 인물 성격 빙고 등 국어 공부를 게임을 통해 관심을 가질 수 있도록 도와주었습니다. 국어에 대한 관심도를 높인 후 고사성어 암기를 시켰습니다. 처음에는 8개, 그 다음에는 15개, 마지막에는 20개를 외우게 하는 방법으로 암기를 시켰더니 아이들이 완벽하게 외웠습니다. 이러한 노력 끝에 저는 6개월 만에 아이들의 수업 참여율 증가와 성적 향상이라는 결과를 만들어낼 수 있었습니다.

처음에는 집안 형편이 어렵거나, 한 부모 가정의 아이라서 부정적인 생각을 가지고 살아가거나, 매사에 불평이 많을 것이라고 생각했는데, 저보다 긍정적인 생각을 가지고 밝게 살아가는 아이들이었습니다. 아이들에게 국어를 가르치는 것은 저 자신이지만, 긍정적인 생각과 감사하며 사는 삶은 아이들이 저에게 가르쳐 준 값진 가르침이었습니다. 지금은 고등학생 신분이기 때문에 제가 할 수 있는 것은 국어를 가르치는 것밖에 없지만, 대학 진학 후에는 집안 환경이 어려운 아동뿐만 아니라 지역 다문화 가정 아이들의 학업에도 도움을 줄 계획입니다.

미디어커뮤니케이션 학과에 진학하여 미디어와 스토리텔링을 중점적으로 공부하여 다문화 가정 아동들이 한국 문화를 자연스럽게 받아들일 수 있는 동화책을 제작할 것입니다. 또한 ○○시에 위치한 아차산의 '온달장군' 설화를 단편 드라마나 애니메이션으로 제작하여, 아차산을 관광 명소로 만들어 외부인과 잦은 교류를 통해 ○○시를 역사 도시로 만드는 데 일조할 것입니다. (1000)

자기소개서 쓰기 연습

1단계 ▶ 내가 좋아하는 스무 단어	

구분	그림, 사진, 신문 등
현재의 내 모습	
가장 예쁜, 멋진 내 모습	
5년 후 내 모습	
10년 후 내 모습	
50년 후 내 모습	

4. 입학사정관제 뛰어넘기

아래 꾸미는 말 속에서 나에게 해당되는 것을 찾아보자.

무뚝뚝한	매혹적인	추진력이 강한	부드러운	적극적인
넋을 빼앗는	익살스러운	늙은	끔찍스러운	쌀쌀맞은
질투심이 강한	즐거운	겁에 질린	무서운	흥분한
안달하는	편견이 없는	걱정이 많은	충실한	거만한
신뢰할 수 있는	볼이 빨간	유명한	예민한	비길 데 없는
말주변이 좋은	앞치마를 두른	친절한	불쌍한	우유부단한
천식에 걸린	변덕스러운	당당한	평범한	불공평한
불 같은	의협심이 강한	쾌활한	난폭한	머리가 벗겨진
허약한	안짱다리인	포동포동한	단정치 못한	눈이 큰
아는 체하는	노련한	신뢰할 수 없는	피부가 검은	자유로운
다리를 저는	금발 머리의	무서운	웃기는	깐깐한
세련된	허풍 떠는	재능이 있는	게으른	만족스러워 하는 듯한
시시한	대담한	킥킥 웃는 버릇이 있는	밝은	네 발이 있는
베일에 싸인	책을 좋아하는	멋진	태평한	쌍둥이 중 하나
양심이 있는	발랄한	열심인	나긋나긋한	위엄 있는
역겨운	무례한	우아한	외로운	탐색하는
폭력적인	기운이 넘치는	욕심 많은	머리가 긴	조용한
생기가 넘치는	심술궂은	고함을 지르는	유능한	까다로운
미친	어슬렁거리는	식욕이 왕성한	영리한	냉담한
신비한	눈에 띄는	방랑하는	복제된	행복한
마음을 끄는	침착하지 못한	머리가 하얀	서투른	몰인정한
웅장한	고결한	사악한	우쭐대는	비열한
시끄러운	사나운	독창적인	나른한	온순한
버릇없는	날씬한	잔인한	절뚝거리는	명랑한
갈색 머리의	호기심이 있는	희망에 차 있는	힘이 있는	슬픈
생각에 잠긴	고상한	차가운	비웃는 듯한	신랄한
재치 있는	검은 머리의	게으른	순진한	수줍은
얼굴을 찡그린	섬세한	귀여운	이름 없는	노래하는
지루해하는	성급한	속이 좁은	호리호리한	보조개가 있는
불결한	동경하는	낙담한	어리석은	장난꾸러기인
슬퍼하는	젊은	정떨어지는	총명한	신경질적인
청년다운	열심인	의지가 강한	인상적인	열렬한
성실한	재잘거리는	시끄러운	빨리 움직이는	나이 지긋한
참견하기 좋아하는	말이 많은	씩씩한	품위 있는	멍청한
바보 같은	꼬마 요정 같은	농담을 좋아하는	얌전한	취미가 고상한

1. 자신이 남자이면 세모, 여자이면 동그라미로 표현하기로 약속한다.

2. 자신이 느낄 때 좋은 느낌을 가지는 사람은 가까이에, 그렇지 않은 사람은 멀리 표현한다.

3. 크기는 자신에게 느껴지는 심리적, 정서적 크기에 맞추어 표현한다.

4. 살아가다 보면 힘겨운 갈등관계를 형성하게 되는데, 이 중에는 계속 보지 않으면 안 되는 사람들이
   존재한다. 그 사람은 나의 위치에서 멀리 떨어지도록 표현한다(그 사람이 누구인지 이름은 쓰지 않아
   도 된다).

해당하는 곳에 ○표시 하시오.

1. 나의 몸은 많이 쑤시고 아프다. ( )
2. 나는 나의 모습에 대해 만족하고 있다. ( )
3. 나의 몸 어떤 부분은 지금보다 나아졌으면 좋겠다. ( )
4. 나의 몸은 건강하다. ( )
5. 나는 운동이나 게임을 잘 못하는 편이다. ( )
6. 나의 몸에는 다른 사람이 좋아할 만한 점이 별로 없다. ( )
7. 나는 잘못을 알면서 그것을 잘 고치지 못한다. ( )
8. 나는 대개 올바른 일을 한다고 생각한다. ( )
9. 나는 무슨 일을 할 때마다 남의 눈치를 살피는 것 같다. ( )
10. 나는 나쁜 짓을 하지 않는다. ( )
11. 나는 남에게 손가락질 받을 만한 일은 하지 않는다. ( )
12. 나는 얌전하고 예절바른 사람이다. ( )
13. 나는 마음이 잘 변하는 사람이다. ( )
14. 나는 친절한 사람이라고 할 수 있다. ( )
15. 나는 지금의 내가 만족스럽다. ( )
16. 나는 나 자신이 밉다. ( )
17. 나는 내가 정말 되고 싶은 사람이 못 된다. ( )
18. 나는 남의 미움을 받을 만하다. ( )
19. 나는 어떤 일을 당하면 나도 모르게 포기해 버린다. ( )
20. 나는 어떤 일이 벌어져도 나 스스로 처리할 수 있다. ( )
21. 나는 행복한 가정에서 살고 있다. ( )
22. 나는 나의 친구들에게나 우리 집에서 중요한 사람이다. ( )
23. 나는 부모님에 대해서 내가 해야 할 도리를 다하고 있다. ( )
24. 나는 하고 싶은 이야기들을 식구들과 터놓고 이야기할 수 없다. ( )
25. 나는 다른 사람들과도 잘 어울린다. ( )
26. 나는 다른 친구들의 생각이나 행동을 이해하려고 노력한다. ( )
27. 나는 남자(여자)들에게 인기가 있다. ( )
28. 나는 처음 보는 사람들과 이야기하는 것이 힘들다. ( )
29. 나는 내게 잘못한 사람을 쉽게 용서하지 않는다. ( )
30. 나는 내가 아는 사람이라고 해서 다 좋아하지 않는다. ( )
31. 나는 화를 내서는 안 되겠다고 생각하면서도 가끔 화를 내곤 한다. ( )
32. 나는 가끔 욕을 퍼붓고 싶을 때가 있다. ( )
33. 나는 때때로 기분이 나쁘고 짜증도 난다. ( )
34. 나는 이따금 말하기 어려울 정도로 좋지 않은 생각을 할 때가 있다. ( )
35. 나는 다른 아이들보다 공부를 못하는 것 같다. ( )
36. 나는 다른 것은 몰라도 공부에는 자신이 있다. ( )
37. 나는 상급학교에 가서도 공부를 잘할 수 있을 것 같다. ( )
38. 나는 아무리 열심히 한다 해도 좋은 성적을 받을 수 없을 것 같다. ( )
39. 나는 다른 아이들처럼 열심히 공부하면 성적이 오를 것 같다. ( )

구 분	즐겨 하는 행동	관련 직업
다른 사람 돌보기	어린아이 돌보기( ), 노인 방문하기( ), 방문객 안내( ), 무엇을 가르치기( ), 봉사하거나 자원 활동 하기( ), 치료 서비스하기( ), 간호( ) 기타	교직, 특수교사, 성직자, 경찰, 물리치료사, 간호사, 소방대원, 보육사
다른 사람 설득하기	자선단체 조직( ), 토론·논쟁( ), 청소년단체 참여( ), 신문·잡지 등의 논쟁 참여( ), 게임의 고안( ) 기타	정치가, 카운슬러, 종교지도자, 세일즈맨, 판매원, 레크리에이션지도자
언어와 아이디어 사용하기	문학서적 읽기( ), 철학서적 읽기( ), 역사서적 읽기( ), 단어 어원 찾기( ), 외국어 사용( ), 출판물 편집( ), 기사 작성( ) 기타	아나운서, 기자, 평론가, 편집원, 외교관, 통역관, 역사학자, 속기사
과학 학습하기	화학공부( ), 물리공부( ), 생물공부( ), 천체와 별 관찰( ), 새·꽃 등 자연관찰( ) 기타	세균학자, 의사, 연구원, 약사, 기상학자, 토양학자
계산하기	용동 사용계획 작성( ), 가계부 정리( ), 돈 관리( ), 티켓 판매( ), 장부 정리( ), 신문의 경제면 읽기( ) 기타	회계사, 계리사, 은행원, 경리원, 정보처리원, 사무원
연장을 가지고 일하기	시계·자전거 등의 수리( ), 전기기구의 설치·수리( ), 가구 제작( ), 조립하기( ), 장난감 고치기( ), 목재 공장( ) 기타	기계기능공, 수리공, 생산관련직, 가구제작자, 목공
재료를 가지고 일하기	가구 칠하기·닦기( ), 식물재배( ), 옷수선·재단( ), 정원 가꾸기( ), 재봉( ), 조리( ), 주변 장식( ) 기타	정원사, 조리사, 원예가, 재단사, 인테리어 디자이너
예술적인 활동하기	음악 연주( ), 시 쓰기( ), 춤추기( ), 운동하기( ), 도자기 만들기( ), 그림 그리기( ), 사진 찍기( ) 기타	시인, 화가, 무용가, 배우, 연극인, 디자이너, 모델, 공예가
실외에서 활동하기	야구( ), 수영( ), 등산( ), 자전거 타기( ), 축구( ), 단체게임( ), 에어로빅( ) 기타	스포츠 관련 직업, 운동선수, 심판, 코치

4. 입학사정관제 뛰어넘기

	내가 들어가고 싶은 동아리 세 군데를 골라보세요.
학술분과	IT분야, 영어스터디, 컴퓨터 관련, 스킨스쿠버, 한글 연구, 천문학, 일본문화연구회, 비판 토론, 한국경제연구동호회, 민족사연구회, 전통문화연구회, 여성학 등
공연분과	댄스동아리, 통기타동아리, 전통예술연구회, 팬플룻 동호회, 극예술연구회, 밴드, 풍물 · 사물놀이 등
문화전시분과	회화, 사진, 문학, 서예, 영화, 차, 미술, 시, 소설, 광고, 음악 등
취미교양분과	바둑, 여행, 스케이트보드, 요트제작, 음악 등
봉사분과	수화, 장애우 봉사, 재활원 봉사, 어린이집 봉사, 적십자회, 농촌봉사활동, 고아원 · 양로원 봉사 등
체육분과	수영, 헬스, 해양스포츠, 축구, 농구, 등산, 야구, 테니스, 탁구, 패러글라이딩, 역도, 미식축구, 볼링 등
무예무도분과	태권도, 유도, 검도, 합기도, 택견, 우슈, 쿵푸 등
종교분과	불교, 천주교, 기독교 등
기타	

자기 자신에게 상장을 주어야 합니다. 상장 제목과 내용을 자유롭게 적어보세요.

예) 제목 : 밥투정 안해 상
　　내용 : 위 학생은 밥투정을 안 하고 뭐든지 다 잘 먹기 때문에 이 상을 수여함.

　　제목: 다이어트 안해 상
　　내용: 다른 이들은 전부 건강에 안 좋은 다이어트를 하지만 위 학생은 건강을 위해 다이어트를 한 번도 한 적이 없음에 이상을 수여함.

　　제목: 응원상
　　내용: 위 학생은 다른 나라와 우리나라가 경기를 할 때 열심히 응원을 해서 이상을 수여함.

상

이름 :

위 학생은 ________________________________

____

____

교복에 갇힌 반딧불

거울을 보고 내 얼굴을 그대로 그려본 뒤 각 부분의 생김새를 재미있게 표현해 보세요.

내가 죽어서 무덤에 묻힌다면 나의 묘비명을 어떻게 쓰면 좋을지 생각해 보세요.

구 분	내　　　용
나의 좋은 점 3가지	예) 나는 집중력이 있다.
나의 고칠 점 3가지	예) 나는 개인주의적이다.
나의 흥미 3가지	예) 자동차 조립하기.
나의 활동 자랑하기	예) 중학교 1학년 때 글짓기 대회 금상 수상.
가장 뿌듯했던 추억	예) 초등학교 1학년 때 아빠와 하이킹.
나만의 생활방식	예) 10시 이후에 먹지 않는다.

구 분	내 용
내가 달성하고 싶은 꿈은?	예) K대학 철학과 교수.
꿈을 이루기 위해 해야 할 준비	예) A고등학교 인문계 진학.
내가 선택하고 싶은 배우자	예) 취미와 생활방식이 비슷한 배우자.
내 가정 속에서 하고 싶은 일	예) 주말에 아이들과 함께 지내는 것.
내가 원하는 사회적 지위나 역할	대한민국에서 연구 성과가 가장 많은 리더.
예고된 죽음 앞에서 하고 싶은 일	

1. 지금 나에게 꼭 필요한 사람 세 명과 그 이유를 써보자.

• 누구: ___________ • 이유:

• 누구: ___________ • 이유:

• 누구: ___________ • 이유:

2. 지금 나에게 괴로운 일이 생긴다면 누구와 이야기하고 싶은가?

• 누구: ___________________

• 이유: ____

3. 진실한 친구를 사귀기 위해 어떻게 해야 할지 자신의 생각을 써보자.

• 내가 잘하고 있는 점: _________________________________

____

____

• 내가 고쳐야 할 점: ___________________________________

____

____

4. 나와 가장 좋은 인간관계를 맺고 있는 사람과 그 이유를 써보자.

• 누구: ___________________

• 이유: ____

1. 주변 사람이나 친구들로부터 도움을 받은 일 중 가장 기억에 남는 것을 써보자.

- 누구로부터:

- 언제:

- 어떻게:

2. 다른 사람들이 나를 도와준 이유는?

3. 주변 사람이나 친구에게 도움을 준 일 중 가장 기억에 남는 것을 써보자.

- 누구로부터:

- 언제:

- 어떻게:

4. 내가 다른 사람을 도와준 이유는?

5. 도움을 받거나 줄 때 어려웠던 점은?

6. 내가 다니고 있는 학교에서 친구들과 맺어야 할 인간관계에 대한 자신의 생각을 써보자.

1. 자신을 표현할 수 있는 동물 3가지를 고르고 그 이유를 말해 보자.

2. 자신을 표현할 수 있는 식물 3가지를 고르고 그 이유를 말해 보자.

3. 자신을 표현 할 수 있는 사물 3가지를 고르고 그 이유를 말해 보자.

4. 위의 동물, 식물, 사물 중에서 특히 나를 가장 잘 표현할 수 있는 것을 고르고 그 이유를 말해 보자.

예) 전 공작새와 앵무새와 고양이입니다. 왜냐하면 전 공작새와 같이 꾸미는 걸 좋아하고 화려한 옷 입기를 좋아하기 때문입니다. 앵무새처럼 전 조잘조잘 친구들과 대화하는 걸 좋아하고, 말하고 싶은 게 있으면 못 참고 친구 비밀도 말하기 때문입니다. 고양이는 전 잘 모르겠는데, 저를 본 어른들이 고양이처럼 귀엽다고 말해서입니다.

현재 자신에게 꼭 필요한 물건을 세 가지만 쓰고 그 이유를 적어 보세요.	
예) 닌텐도 게임기	예) 친구들은 다 가지고 있지만 나만 없다. 하루 종일 학원을 다니는데, 잠깐씩 게임으로 피로를 풀고(?) 싶다.
예) 자전거	예) 학교가 걸어 다니기엔 너무 멀어 갖고 싶다. 운동도 되고, 친구들과 함께 타고 싶다.
예) 동생	예) 물건은 아니지만 동생이 있었으면 한다. 다른 친구들을 보면 다들 동생이나 형이 있다. 집에 있을 땐 항상 심심하다.

우리는 왜 화가 나는지 곰곰이 생각해 보세요.

부모님이 자신에게 어떤 말이나 행동을 했을 때 가장 화가 나는가? 그 이유를 적어 보세요.

학교 선생님이 자신에게 어떤 말이나 행동을 했을 때 가장 화가 나는가? 그 이유를 적어 보세요.

친구들이 자신에게 어떤 말이나 행동을 했을 때 가장 화가 나는가? 그 이유를 적어 보세요.

4. 입학사정관제 뛰어넘기

우리는 어떨 때 행복한지 곰곰이 생각해 보세요.

부모님이 자신에게 어떤 말이나 행동을 했을 때 기분이 좋은가요?

학교 선생님이 자신에게 어떤 말이나 행동을 했을 때 기쁜가요?

친구들이 자신에게 어떤 말이나 행동을 했을 때 즐거운가요?

내가 제일 좋아하는 사람과 싫어하는 사람을 떠올려보고 그림으로도 표현해 보세요.

내가 제일 좋아하는 사람은 누구인가요? 왜 그 사람이 좋은가요?

내가 제일 싫어하는 사람은 누구인가요? 왜 그 사람이 싫은가요?

내가 제일 좋아하는 음식과 싫어하는 음식을 떠올려보고 그림으로도 표현해 보세요.

내가 제일 좋아하는 음식은 무엇인가요? 왜 그 음식이 좋은가요?

내가 제일 싫어하는 음식은 무엇인가요? 왜 그 음식이 싫은가요?

내가 제일 좋아하는 과목과 싫어하는 과목을 떠올려보고 그림으로도 표현해 보세요.

내가 제일 좋아하는 과목은 무엇인가요? 왜 그 과목이 좋은가요?

예) 국어 : 국어는 쉽고, 또 국어 선생님이 친절하고 쉽게 가르쳐 주셔서 전 국어 과목을 제일 좋아합니다.

내가 제일 싫어하는 과목은 무엇인가요? 왜 그 과목이 싫은가요?

예) 수학 : 전에는 좋아하는 과목이었는데, 무서운 선생님으로 바뀌고 난 뒤 혼나는 일이 많아져 수학에 대한 무서움이 먼저 들어요.

동화나 만화 속에 등장하는 캐릭터 중 나와 닮았다고 생각하는 주인공이 있나요?	
캐릭터 이름	나와의 공통점

내가 찾은 캐릭터를 떠올려보고 마인드맵을 그린 뒤 그 캐릭터를 등장시켜 이야기를 만들어 보세요.	
마인드 맵	줄거리

동화나 만화 속에 등장하는 캐릭터 중 나와 닮았다고 생각하는 주인공이 있나요?

예)

연도	내 인생의 특별한 일
1994	응애응애. 엄마 아빠를 처음 만난 날.
1995	첫 번째 내 생일잔치. 엄마 아빠는 내가 돈을 잡기를 간절히 원했지만 난 공을 잡고 놓지 않았어요. ㅋㅋㅋ
1999	유치원에 처음 간 날. 어떤 애가 내 볼을 꼬집어서 양볼이 빨갛게 부어서 집에 왔어요. 엄마는 다음날 유치원에 와서 내 볼을 꼬집은 애를 찾아내서 혼냈어요.
2001	유치원을 졸업하고 드디어 초등학교 입학!
2003	부회장과 한 표 차이로 학급회장에 당선!
2004	드디어 내가 원하는 야구를 시작! 엄마는 힘들다고 걱정하지만 난 야구가 제일 좋아요.
2006	전국초등학교 야구대회에서 아쉽게 2등을 했지만 난 최선을 다했습니다.
2007	중학교 입학&처음으로 여자친구한테 발렌타인 초콜릿을 선물받은 뜻 깊은 해.
2010	고등학교 교복이 마음에 안 들어요. 너무 촌스러워요.
2012	공부만 하는 고3. 난 운동도 하기 때문에 더 힘들어요. 헥헥.

연도	내 인생의 특별한 일
2013	대한대학교 야구부 입학! 이승엽 형님 같은 선수가 될 거야~~
2017	꿈에 그리던 프로야구 선수가 되다!! 하지만 이제 시작입니다.
2017	신인선수상 수상!! 상을 받는데 나도 모르게 눈물이 흐르는 걸 꾹 참았어요.
2020	드디어 딴딴따다~ 딴딴따다~ 예쁜 여자친구와 결혼식!
2022	날 꼭 닮은 아들 세돌이 탄생! 나처럼 야구도 잘할까?
2024	천사처럼 예쁜 세돌이 여동생 세순이 탄생.
2026	메이저리그 진출! 드디어 해냈어요!!
2034	오랜 메이저리그 생활을 끝내고 한국으로 돌아와 모교의 야구감독으로 부임!
2036	세돌이 고교 야구 최우수 선수로 선발되다! 역시 내 아들이야.
2042	우리 가족들과 함께 하는 유럽 배낭여행!
2045	은회&동네 야구단 감독으로 봉사활동 시작.

무덤 앞에 놓인 묘비에 무엇이라고 적었나요? 나는 지금 그렇게 살고 있나요?

충실한 점	그렇지 못한 점

내가 제일 존경하는 위인은 누구인가요? 그 이유는 무엇이며 어떤 점을 본받고 싶은가요?

내가 제일 좋아하는 연예인은 누구인가요? 그 이유는 무엇이며 어떤 점이 가장 마음에 드나요?

날 짜	요 일	기 분	날 씨
20 . . .	요일		

나를 주인공으로 내세워 신화(신들의 이야기)를 만들어 보세요.

마인드맵으로 구상하기

다른 주인공

사건

내가 만약 위인이 된다면 나는 어떤 위대한 일을 한 걸까요?

지금까지 살아온 나의 이야기(전기문)를 써보자.

5

구술면접 뛰어넘기

구술면접은
말하는 논술

　구술면접의 정확한 표현은 구술면접고사이다. 시험절차이기 때문이다. 구술면접고사는 직접 사람을 만나보고 그 사람의 자질을 알아보는 시험으로, 대개 시험의 최종적인 관문이다. 절차는 수험생을 직접 만나보고 그의 인성, 언행, 지식, 적성 등을 알아보기 위해 수험생과 면접관이 직접 대면하여 질의응답을 주고받는다. 백문이 불여일견이라는 말처럼 사람을 평가할 때에도 실제로 보고 대화를 나누는 것이 가장 정확한 방법 중 하나이다. 때문에 구술면접고사가 중요한 평가도구로 등장하게 된 것이다.

　그러나 학생의 입장에서는 긴장된 대학입시 현장에서 처음 보는 사람, 그것도 대학교수들 앞에서 자신의 생각을 짧은 시간 안에 표현해야 되기 때문에 다른 어떤 시험보다도 어려운 게 사실이다. 또한 다양한 질문들이 쏟아질 수 있기 때문에 단기간에 준비하기도 힘들어 더욱 부담스러울 수밖에 없다.

구술면접고사는 말하는 논술고사이다

원래 면접과 구술고사가 같은 것은 아니다. 2002학년도부터 광범위하게 시행되어 온 구술면접고사는 면접과 구술고사의 두 측면을 다 가지고 있다.

먼저 면접이란 면접자와 수험자가 서로 얼굴을 맞대고 언어를 매개로 하여 수험자의 특성을 파악하는 방법이다. 그것을 통해 지필검사로 알 수 없는 외모, 신체 특정부분의 모습, 발음과 음성 등의 신체적 특성은 물론이고, 수험자의 가치관, 흥미, 적성, 잠재적 능력, 성격 등을 종합적으로 파악할 수 있다. 그리고 수험자의 평소 자세와 태도, 무의식적인 버릇까지도 알 수 있다. 직접 대면해서 상대를 파악하는 면접은 서류 심사에서의 허위 내용이나 지필고사에서의 우연적인 답 맞추기 따위가 거의 불가능하기 때문에 정확성이 높다.

반면 구술고사란 직접 질문을 하여 말로 답하게 하는 평가방법으로 면접과 동시에 병행할 수 있다. 구술고사가 꼭 면접을 통해서만 가능한 것은 아니다. 전화상으로도 가능하기 때문이다. 하지만 대학의 구술면접고사는 면접을 하면서 구술고사를 시행한다. 따라서 일반적으로 면접에서 많이 물어보는 가치관이나 적성 등을 측정하기 위하여 갈등상황이나 가치판단이 개입되는 질문은 물론이고, 어떤 사실을 얼마만큼 알고 있는지, 그리고 알고 있는 내용을 얼마나 잘 표현하는지를 측정하는 질문들이 많이 출제된다. 그러므로 구술고사에서는 지식의 정도와 알고 있는 지식을 발표하는 표현능력, 논리정연하게 설명하는 능력 등이 더 중요시된다. 구술은 '말하는 논술'인 것이다.

구술면접고사의 목적

그렇다면 왜 구술면접고사가 대학마다 중요한 평가요소로 도입되는 것일까? 구술면접고사는 무엇보다도 종래의 지필고사에 의존해서는 측정하기 어려운 요소들을 평가하는 데 있다. 대학입학전형이 오랫동안 지필고사를 중심으로 하여 단순히 수험생의 지식만을 측정해 온 반면, 구술면접고사는 지식의 획득에 이르게 되는 문제해결능력과 그 능력의 사용과정을 볼 수 있게 함으로써 수험생의 수학능력을 더 정확히 측정하는 데 보탬이 되기 때문이다.

여기서도 수험생의 수학능력을 측정하기 위한 평가방법으로 수험생의 태도, 가치관, 인성 등을 평가하는 기본소양평가와, 전공수학능력이나 적성을 알아보는 전공적성평가(심층면접)로 나누어진다. 평가기준은 품성과 태도, 의사소통능력과 표현력, 전공 관련 지식, 문제해결능력 등을 대상으로 하여 종합적으로 평가한다.

전공적성평가(심층면접)는 수험생이 지원한 모집단위에서 필요한 전공 교과와 관련된 고교 교과의 기본개념과 원리, 실생활에 적용된 응용사례가 출제된다. 인문계열은 시사적인 문제가 국어 및 사회, 영어 교과와 관련하여 나오고, 자연계열은 수학 및 과학 문항에 대한 출제가 많은 편이다.

구술면접고사의 의의

구술면접고사의 도입은 학생 선발에서 종합적 평가를 통해 정말 우수한 학생을 선발하는 데 기여한다는 점과, 이 평가에 대비하게 함으로써 수험생들이 필기고사만을 목표로 공부하는 경우보다 의미 있는 교육적 성과를 거둘 수 있다는 점에서 그 의의를 찾을 수 있다.

첫째, 구술면접고사는 무엇보다도 필기고사에 비해 수험생 고유의 특성에 쉽게 접근함으로써 수험생 개개인에 대해 더 정확한 평가를 할 수 있다. 어쩌면 다른 사람이 행한 사고의 결과일 수도 있는 결론만을 문제 삼기보다 그러한 결론에 이르는 과정을 확인할 수 있으며, 수험생이 창의력을 발휘하고, 필요한 경우에는 채점자를 설득할 수도 있기 때문이다.

둘째, 구술면접고사에 대비하기 위해서는 수험생들의 학습방식이 변할 수밖에 없다. 여기에서 좋은 평가를 받기 위해서는 현재 머릿속에 들어 있는 지식의 양도 중요하지만, 타당한 결론에 다다르는 능력이 더욱더 중요하다. 따라서 현재 사교육의 대표적 방법인 족집게 과외 식의 단순 반복형 훈련이나 외우기 훈련만으로는 결코 좋은 점수를 받을 수 없게 된다. 좋은 평가를 위해 넓고 깊은 통찰력과 논리적 사고력, 그리고 합리적인 판단력은 수험생의 타고난 적성과 장기간에 걸친 노력의 축적이 없이는 발휘될 수가 없다. 때문에 교사와 각종 교육기관들도 학생 각각의 적성을 발굴하고 장기간의 노력을 요구하는 분위기로 바뀔 수밖에 없고, 단순 반복이나 외우기 식 교육을 지양하게 된다. 또 수험생 본인은 물론 학부모 역시 교육의 내용과 방법에 대한 기대가 바뀌게 된다. 이처럼 학생과 학부모, 교사, 교육기관의 교육 내용과 방법에 대한 기대가 바뀌게 되면 우리 교육의 문젯거리, 아니 우리 사회의 문젯거리로 지적되는 교육의 파행적 운영이나, 이른바 사교육 팽창과 같은 문제가 해결되는 데 상당 부분 영향을 미칠 수 있다.

구술면접의
종류와 순서

구술면접고사가 가능한 방식은 크게 나누어 네 가지 형태, 즉 단독 면접, 개인 면접, 집단 면접, 토론으로 구분할 수 있다.

단독 면접

단독 면접은 지원자와 면접관이 1 대 1로 마주하는 방법인데, 전통적으로 가장 많이 활용되어 온 면접의 방식이다. 1 대 1 면접방식은 수험생 한 사람 한 사람에 대해 비교적 폭넓게 파악할 수 있다는 장점이 있지만, 시간이 많이 소요되는 데다 면접위원마다 가지고 있는 개인적인 성향으로 인해 객관성이 결여된다는 단점이 있기 때문에 입시에서 채택될 가능성은 거의 없다.

개인 면접

개인 면접은 복수(2~5명)의 면접관이 1명의 수험생과 질의응답을 갖는 방법이다. 이 방식은 한 명의 수험생이 여러 명의 면접위원들로부터 집중적으로 질문을 받게 되므로 정신적 압박감이나 긴장감을 느껴 내성적인 성격의 수험생은 자신의 진면목을 충분히 발휘하지 못할 수도 있다. 하지만 공정한 평가를 기대할 수 있어 입사 면접을 포함하여 최근 많이 이용되는 면접의 형태이다. 대학입시에서도 이 방식이 가장 널리 채택되고 있다.

집단 면접

집단 면접은 여러 명의 수험생과 면접 위원 1명 또는 여러 명이 배석한 가운데 질의응답이 진행되는 방식을 말한다. 집단 면접방식은 수험생 입장에서는 개별 면접에 비해 긴장감이 줄고 다른 수험생의 질의응답 때 답변을 미리 준비할 수 있다는 장점이 있다. 그러나 다른 수험생들과 곧바로 비교·평가될 수밖에 없으며, 개인에 대한 깊이 있는 질문이 없어 우물쭈물하다 끝나버릴 수도 있다. 또한 면접관 입장에서도 수험생 개개인을 동시에 관찰하면서 비교·평가할 수 있다는 장점은 있지만, 수험생 개개인의 특성을 충분히 파악하기 어렵다는 단점도 있다. 집단 면접에서는 평소 많은 사람 앞에서 자신의 의견을 조리 있게 발표할 수 있는 능력을 갖춘 사람이 유리하다.

집단 토론

집단 토론은 대학입시보다는 기업체의 면접시험에서 종종 채택되고 있는 면접방식으로, 5~8명 정도의 수험생들을 1개조로 묶어 각 조에 일정한 어떤 문제를 제시하고 여러 수험생들이 각자의 견해를 밝히며, 때로는 질문, 의사교환 그리고 논쟁 등의 토론을 하는 방법이다. 면접위원들은 옆에서 각 수험생들의 발언내용이나 태도를 관찰·평가한다. 집단 토론은 의사 전달력, 표현력, 논리력, 설득력, 그리고 질문하고 답변하는 태도 등을 측정한다. 집단 토론은 토론을 통하여 상대방을 배려하는 자세, 그리고 토론 집단을 유도하는 능력까지 평가할 수 있기 때문에 적극성, 협조성, 이해력, 표현력, 지도력, 조직력, 발표력 등을 종합적으로 살펴 볼 수 있다는 장점이 있다. 집단 토론식 면접에서는 토론 내용의 주제가 명확한 결론을 내릴 수 없는 경우가 많다. 따라서 너무 자신을 돋보이려고 하거나 자신의 주장만을 고집할 필요가 없다.

그동안의 대학입시에서는 개인 면접이나 집단 면접이 대부분이었지만, 2012년 연세대가 미래창의인재전형에서 내신과 최저학력기준을 적용하지 않고 토론형 구술면접을 실시하였고, 인원도 30명에서 2014년도에는 40명으로 확대하여 뽑기로 하면서 구술면접의 새로운 대안으로 주목받고 있다.

구술면접고사의 일반적 순서

면접과정은 각 대학마다 약간씩 차이가 있지만 일반적으로 다음과 같은 순서로 진행된다. 우선 대기실에서 대기하다가 순서가 되어 조교들이 면접번호에 따라 이름을 부르면 면접관이 있는 면접실로 들어간다. 이어 정해진 면접내용과 면접절차에 따라 면접을 실시하게 된다. 면접이 끝나면 퇴실과 함께 모든 면접이 끝나게 된다. 면접내용의 누설을 방지하기 위하여 면접을 실시한 학생과 면접을 실시하게 될 학생들이 서로 만나지 못하도록 한다. 이 과정을 단계별로 살펴보자.

① **대기** 먼저 정해진 장소(강의실이나 강당)에 응시자 전원이 모여 있다가 진행상황에 따라 대여섯 명씩 조를 이루어 면접실 앞이나 대기실로 옮기게

된다. 대기하는 순간부터 면접이 시작되었다고 보아도 틀린 말이 아니다. 시끄럽게 떠들거나 불량한 자세를 취해서 좋을 것이 없다. 복수의 문항 카드 중에서 문항을 수험생이 뽑게 하여 간단하게 답안을 준비할 수 있도록 하는 대학도 있다. 이때에는 약간의 메모가 필요하다.

② **호명과 면접장 입실** 차례가 되어 자기 이름이나 면접번호가 불려지면 "네!"하고 대답하면서 자리에서 일어나 면접실 문을 가볍게 노크한 뒤, 문을 열고 조용히 안으로 들어간다. 그리고 문을 조심스럽게 닫고 면접위원을 향해 똑바로 서서 가볍게 목례로 인사를 한다. 문을 닫다 말고 어정쩡하게 인사를 하는 일이 없도록 주의한다. 그리고 자신의 면접번호와 이름을 말한 다음 면접관이 지시하는 자리에 가서 앉는다.

의자에 앉을 때에는 얕게 걸터앉지 말고 엉덩이를 의자에 붙이고 앉으며, 허리와 가슴을 펴고 두 손은 무릎 위에 자연스럽게 올려놓는다. 다리를 꼬거나 너무 벌리는 것은 좋지 않다. 시선 처리가 어색한 경우가 많은데, 자리에 처음 앉았을 때는 자연스럽게 정면을 응시하다가, 질문이 시작되면 면접위원의 눈을 바라보는 것이 좋고, 질문을 받지 않을 때는 가슴 정도를 보는 것이 무난하다. 고개를 좌우로 돌리거나 몸을 좌우로 흔들면 산만한 인상을 줄 수 있으므로 주의할 필요가 있다.

③ **질의응답** 면접위원의 질문은 끝까지 귀담아 듣는다. 질문이 정확히 이해되지 않을 경우 성급히 대답하지 말고 한 번쯤 다시 물어보고 확인을 하는 것이 좋다. 단, 어떤 경우에도 중간에 질문을 막는 것은 좋지 않다. 질문이 끝나면 잠시 생각을 가다듬은 뒤 조리 있게 답변을 하도록 한다. 답변할 때

말의 속도는 사람마다 차이가 있지만 너무 빠르지도, 느리지도 않아야 한다. 평소 대화하는 속도를 유지하고 목소리의 크기도 적당히 조절하도록 한다. 답변의 길이는 너무 짧으면 경박해 보이고, 너무 장황하면 산만해 보이므로 적당한 선에서 말을 마무리하고 추가 질문이나 다음 질문을 기다리는 것이 좋다.

④ **퇴실**　질의응답이 끝난 뒤 끝났다는 지시가 있으면 조용히 일어나 의자를 정돈한 뒤 정중하게 인사를 하고 침착하게 퇴실한다. 면접위원은 수험생의 일거수일투족을 보고 있으므로 끝까지 최선을 다해 침착하게 행동해야 한다. 면접이 끝났다는 해방감에 갑작스레 벌떡 일어나 나가는 일이 없도록 주의한다. 혹 만족할 만한 대답을 못했다고 해서 고개를 푹 숙이거나 인상을 쓰는 일이 있어서도 안 된다. 면접위원은 끝까지 수험생을 놓치지 않고 지켜보고 있다는 것을 다시 한 번 명심해야 한다.

면접의 일반적 순서는 이처럼 대기, 호출, 입실, 면접, 퇴실의 순서로 이루어진다. 그러나 대학마다 다소 다를 수 있다. 따라서 수험생은 지원하는 대학의 면접에 대한 안내서를 반드시 읽어 면접절차를 미리 확인하고 사전에 연습을 해 보아야 한다.

구술면접 시 반드시 지켜야 할 10가지

자신감을 보여라

말을 할 때에는 표현을 똑바르게, 우물쭈물하지 말고 자신감 있게 해야 한다. 즉, 발음을 정확하게 하고 적절한 용어를 선택하는 데 신경을 써야 한다. 말은 너무 빠르지 않게 하고 모호한 발언은 삼가야 한다. 그리고 미리 준비해 온 것을 암송한다는 인상을 주지 말아야 한다. 자신 있게 답변한다는 것은 질문이 끝나기가 무섭게 바로 답변하는 것을 의미하지 않는다. 그러면 '가볍다'는 느낌을 줄 수 있기 때문이다. 그러나 너무 뜸을 들이는 것도 금물이다. 감각이 느리고 이해력이 부족하다는 느낌을 줄 수 있기 때문이다.

올바른 말을 사용하라

면접 시 표준어 사용과 경어의 올바른 사용은 기본이다. 젊은이들 사이에 주로 사용하는 속어, 은어, 축약어, 유행어 사용을 삼가고, 화려한 수사어구를 남발하거나 '~적', '~성(性)' 등 번역투 용어 사용, 불필요한 군더더기 표현, '~것 같아요' 같은 표현은 절대 금물이다.

성실하고 진지한 태도로 임하라

면접은 '이 학생이 우리 학교에 와서 공부했을 때 미래의 지도자가 될 수 있는가' 하는 미래 발전 가능성을 측정하는 시험이다. 학생이 거들먹거리거나 어딘지 불안해 보이고, 손을 비비며 다리를 떨거나 상대의 이야기에 초점없는 눈으로 답하고 있다면 어느 면접관이 뽑겠는가? 공부하는 기본은 성실함과 진지함이다. 그 덕목을 잘 보여준다면 누구든 좋은 점수를 얻을 수 있다. 면접위원은 학생의 허황되고 거짓스러운 달변을 원하는 것이 아니다. 어눌하더라도 성의껏 답변하는 자세로 일관할 때 높은 점수를 얻을 수 있다.

밝은 표정으로 말하라

면접관 인터뷰하는 시간은 겨울 그 자체이다. 긴장된 분위기, 굳어진 표정들. 이런 상황들을 면접관들은 즐길 뿐이다. 수험생이라면 어떻게 해야 좋은 점수를 얻을 수 있겠는가? 긴장과 경직은 본인에게도 악영향을 끼칠 뿐이다. 다른 사람도 다 치르고 있는 환경, 피할 수 없고 선택했다면 즐겨라. 밝은 표정은 보는 사람도 친근감을 갖게 한다. 진지한 태도와 바른 예의, 밝은 표정은 구술면접의 알파이자 오메가이다.

솔직하게 드러내라

긴장을 하여 질문의 내용을 제대로 파악하지 못했거나 못 들었을 때에는 '죄송합니다.' 하고 말하고는 다시 질문한다. 또 생각이 나지 않으면 '죄송합니다. 잠시 생각할 여유를 주십시오.'라고 허락을 받은 다음 잠시 생각한 후 대답한다. 전혀 모르는 질문이 나왔을 때에는 억지로 꾸미거나 엉뚱한 답변을 하지 말고 모른다고 솔직히 대답한다. 말을 실수했을 때에는 억지로 덮으려하지 말고 실수를 인정한 후 질문으로 넘어가는 것이 좋다.

긍정적인 입장에 서라

긍정적으로 사고하는 모습을 보여주면 사람들은 보통 그 사람을 신뢰하게 된다. 믿음을 주게 된다는 말이다. 긍정적이라는 단어에는 따뜻함이 배어 있고 대립보다는 포용을 의미하는 경우가 많다. 특히 시사적인 문제가 나왔을 때에는 따뜻하고 건강한 사고가 배어 있는 관점을 가지고 표현하면 높은 점수를 얻을 수 있다. 모든 문제에 관심을 갖고 긍정적인 입장에서 발전해 나갈 것이라는 판단이 든다면 학교를 대표할 학생으로 어느 면접관이 안 뽑겠는가?

신념을 보여라

이 내용은 다른 부분보다도 지원학과나 전공에 대한 질문이 나왔을 때 사용하는 것이 좋다. '이 친구는 점수에 맞춰서 지원했구나'라고 면접관이 판단하게 된다면 결론은 불 보듯 뻔하다. 하고 싶지 않은 학과를 점수 때문에 선택한 그 학생 앞에서 우리나라와 학교의 운명은 무너질 것이 분명하기 때문이다. 이미 지원했다면 나름대로 의미를 부여하고, 원래 자신이 전공하고자 하는 부분을 지원했다면 전공 선택의 이유를 전방위적이고도 입체적으로 보여주면서 본인의 적성과 취미, 흥미를 중점적으로 나타내는 것이 바람직하다.

논리적이라는 인상을 심어라

면접의 채점기준은 아주 다양하다. 설득에 사용되는 제스처, 순간 주어지는 논제에 대한 문제해결능력, 표정과 태도까지 폭이 매우 넓다고 할 수 있다. 앞에서도 이야기했지만 면접관들은 여러분들이 당혹스러워하고 힘들어하는 것을 즐긴다고 판단하면 된다. 때문에 갑작스러운 질문이나, 평소에 생각하지 않았을 내용을 황당하게 물어보는 경우가 허다하다. 이렇게 갑작스러운 질문이나 답변하기 어려운 질문에 대해 당황스러워 하면서 불쾌한 표정이나 감추었던 불안한 제스처가 나오면 감점이 된다. 힘든 질문이 나오더라도 의연한 자세, 진지한 태도, 차분한 말솜씨로 논리적이라는 인상을 심어준다면 면접관들로부터 '아, 저 학생은 나중에 우리 학교를 빛낼 수 있는 학생이니 뽑아야겠다'는 마음을 이끌어낼 수 있을 것이다.

다른 면접자를 배려하라

면접의 방법은 여러 가지다. 앞에서 서술한 대로 지원자와 면접관이 1 대 1로 마주하는 면접방식인 단독 면접, 여러 면접관이 1명의 학생을 대상으로 질의 응답하는 면접방식의 개인 면접, 여러 명의 수험생과 1인 또는 다수의 채점관들이 배석하여 질의응답하는 집단 면접, 여러 명의 수험생을 조별로 편성하여 토론의 논제를 제공하고 토론해 나가는 것을 채점하는 집단 토론이 있다.

집단 토론이나 집단 면접의 경우 본인의 면접이 끝났다고 해서 불성실한 태도를 보이면 안 된다. 토론이 진행되는 경우 항상 메모하고, 진지하게 경청하며, 다른 견해를 가진 학생에 대해 감정을 표출시키지 말고, 상대의 의견을 존중하는 입장에서 주장을 논리적으로 펼쳐나가는 태도를 보여야 합격

점을 받을 수 있다.

끝까지 예의를 지켜라

속담에 "화장실 갈 때와 나올 때가 다르다."는 말이 있다. 시작할 때는 좋은 점수를 받으려고 열심히 밝은 표정으로 진지하게 임하다가, 면접이 끝났다고 볼 일 다 봤다는 듯이 서둘러 나온다면 아마 본인도 만족스러운 기분이 들지 않을 것이다. 시험을 잘못 보았더라도 나올 때 '감사합니다.'라는 말 한 마디로 예의를 지키고 인상을 좋게 남긴다면 마지막 희망의 여지는 남아 있지 않을까?

구술면접 시
'첫마디 시작하기' 9가지

자신의 경험으로 첫마디를 시작하라!

자신의 개인적인 경험을 처음에 내세울 때의 장점은 시험관에게 호기심을 유발시키고 때로는 그것이 신선한 충격으로 전해지기 때문이다. 면접관이 간접체험을 하게 될 수도 있다. 또한 말하는 사람의 편에서 보면 자연스러운 문제제기를 할 수 있는 계기가 된다.

예) 청바지 문화 속에서 생활한복이 갖는 의미는 무엇입니까?(숙명여대)

- 저도 개인적으로 청바지를 입고 다니는데, 그런 모습을 보면서 문득 '나
  (청바지 문화)

  도 생활 한복을 입어보면 어떨까' 하고 생각해 보곤 합니다.
  (경험)

주장으로 첫마디를 시작하라!

주장하는 말을 맨 앞에 내세우면 시험관으로 하여금 처음부터 명백한 생각을 갖도록 하는 효과가 있다. 즉, 논점을 강조하는 느낌을 주게 된다.

예) 홍석천 씨의 동성애에 대해 어떻게 생각합니까?(연세대)

- 사회가 동성애를 허용해야 한다고 생각합니다. 왜냐하면 자신의 삶의
(주장)

모습을 선택하는 자유가 개인에게 주어져 있다고 생각하기 때문입니다.

정의의 형식으로 첫마디를 시작하라!

정의란 어떤 단어의 개념을 가장 짧은 문장으로 명확하게 표현하는 방법으로, 술어의 정의를 맨 앞에 내세우게 되면 시험관에게 논제의 핵심을 명확히 잡았다는 느낌과 논리적이라는 인상을 줄 수 있다.

예) 유언비어가 가지는 사회적 의의에 대해 이야기하시오?(예상문제)

- 유언비어(流言蜚語)의 유언은 '근거가 불확실함에도 널리 퍼지는 말'이란
(정의)

뜻이고, 비어는 '남을 헐뜯어 퍼뜨리는 말'입니다. 즉, 근거가 불확실하면서 그 전달의 범위가 광범위한 떠도는 말을 의미합니다.

통계적 사실을 제시하며 첫마디를 시작하라!

통계적 사실을 맨 앞에 내세우면 시험관에게 사실적이고 객관적이라는 이미지와, 시사에 밝다는 느낌을 주게 된다.

예) 이혼이 증가하는 것에 대해 어떻게 생각합니까?(예상문제)

- 한 해 결혼 3쌍 중 1쌍의 비율로 이혼이 이루어지고 있으며, 66%의 여
  (통계적 사실)

  성이 이혼을 부정적으로 생각하지 않고 있다는 통계 자료를 본 적이 있
  습니다.

속담이나 격언을 인용해 첫마디를 시작하라!

속담이나 격언을 말의 맨 앞에 인용하면 시험관의 주위를 환기시키고, 말의
권위를 인정받을 수 있으며, 다양한 지식의 소유자임을 드러낼 수 있다. 특
히 격언은 격언이 가지는 신선함과 익숙함 때문에 사용의 적절성에 따라 좋
은 이미지를 심어줄 수 있다. 그러나 주장 또는 논제와 거리가 먼 인용은 논
의의 전개에 전혀 도움이 되지 않는다.

예) 여성의 사회적 진출과 현모양처의 대립된 가치관을 가지고 있는 남성의
  심리에 대한 견해는?(서울대)

- 암탉이 울면 집안이 망한다는 속담이 있습니다. 여성을 비하하는 이러
  (속담)

  한 속담은 남성 중심의 사회를 보여주는 전형적인 사례입니다.

  논제와 거리가 먼 인용의 예)- 물건을 사는 데도 안목이 있는 사람과 없는
  사람의 차이는 크다. 지도자는 이런 안목이 있어야 한다고 생각하는데 학생
  의 견해는?

  → 이왕이면 '다홍치마'라고(×→선택에 대한 잘못된 인용)

고사성어를 인용해 첫마디를 시작하라!

고사성어를 인용해 첫마디를 시작했을 때는 시험관에게 지식이 많은 학생이라는 인식과, 고급스러운 어휘를 사용한다는 인상을 줄 수 있다. 말의 권위를 인정받을 수 있게 되는 것이다.

> 예) 공교육 위기론에 대해 이야기하시오?(서울교대)
> - 한마디로 '백척간두, 누란지세'의 위기에 처해 있다고 할 수 있습니다.
> (고사성어)

예시로 첫마디를 시작하라!

예시를 말의 맨 앞에 내세우면 시험관으로부터 순발력을 인정받고 문제해결 능력이 높다는 인상을 심어줄 수 있다.

예) 일본이 군국주의로 돌아가고 있다는 주장에 대해 본인의 생각을 이야기하시오.(고려대)
- 일본은 고이즈미 정권이 들어서면서 그동안 전세계적으로 이목을 집중시키는 많은 사건들을 일으켰습니다. 그 일련의 사건들을 나열해 보면 의회에서 기미가요를 부르고, 전범자 무덤인 야스쿠니 신사를 참배하는 등…….
(예시)

비교나 대조로 첫마디를 시작하라!

비교나 대조를 맨 앞에 내세우면 시험관에게 강렬한 인상을 심어줄 수 있다. 또한 태도나 성질 또는 내용이 예리하게 대조를 이루는 두 가지 사실이나 관념을 병치함으로써 내용 전개가 용이해진다.

예) 여성에게 특혜를 주는 것에 대해 어떻게 생각합니까?(서울대)
• 생리적 차이로 인한 특혜는 정당하다는 주장과 남성에 대한 역차별이라
(비교 대조)

는 주장이 있습니다. 이 두 가지 주장 모두 나름대로의 타당성을 가지고
있지만, 저는 여성 보호 자체가 또 하나의 여성 차별이라고 생각합니다.

약어의 정리로 첫마디를 시작하라!

약어를 말의 맨 앞에 내세우면 시험관으로 하여금 쉽게 설명한다는 느낌과
함께 다양하고 폭넓은 지식의 소유자라는 느낌을 갖게 한다.

예) 님비현상을 옹호하는 견해를 말하시오.(연세대)
• 님비는 Not in my Back Yard의 약어로 혐오시설이 집 주변에 생기는
(약어)

것을 반대한다는 뜻이 담겨 있습니다. 사회 공동체 생활에서 집단이기
적인 모습을 보여주는 것은 비난받을 수밖에 없습니다.

구술면접의 천재로 키우는
의식 전환법과 대화법

의식 전환법

한 아이가 여기저기 왔다갔다하면서 물건을 집었다 놓기를 반복한다. 아이를 본 이웃집 아주머니는 두 가지 생각을 할 수 있을 것이다. 하나는 '아이가 너무 산만하다'는 것과, 또 하나는 '아이가 사물에 관심이 많다' 정도이다. 이 중 어떤 생각이 아이를 진심으로 칭찬할 수 있을까? 그렇다. 후자의 생각이다. '아이가 너무 산만하다'라는 생각을 가지고 있는 사람이 칭찬을 한다면 그것은 거짓된 칭찬이다. 얼굴은 웃으며 칭찬하는 것 같지만 손은 그 아이의 볼을 힘차게 꼬집고 있을 것이며, 그런 행동 때문에 우리 아이들은 마음의 상처를 받게 된다.

아이를 행복하게 칭찬할 수 있는 것은 바로 생각에 달려 있다. 의식의 대전환은 이래서 필요한 것이다. 진심으로 칭찬하는 힘을 갖기 위해서 말이다. 어른들이 꼭 잊지 말고 명심해야 할 것은 내 아이가 세계에서 최고의 칭찬을 받는다면 그 아이는 세계에서 최고가 될 것이라는 점이다. 따라서 우리는 오늘 당장이라도 '내 아이를 최고로 만들 수 있는 의식'으로 확실하게 전환함으로써 밥상머리에서 토론교육이 성공적으로 일어날 수 있는 기본을 갖추어야만 한다.

예)

기존 의식		구술면접(인터뷰) 천재로 키우는 부모 의식 전환법
우리 아이는 너무 산만해요.		우리 아이는 사물에 관심이 많고 표현력이 뛰어나요.
우리 아이는 너무 엉뚱해요.		우리 아이는 상상력이 뛰어나고 창의적입니다.
우리 아이는 컴퓨터에만 매달려요.	→	다양한 직접 체험을 통해 새로운 취미를 계발하도록 도와주어야겠어요.
우리 아이는 만화책만 골라요.		우리 아이는 짧은 시간에 많은 것을 받아들일 준비를 하고 있어요.
우리 아이는 일기를 두 줄밖에 안 써요.		우리 아이에게 손목 힘을 키워주는 교육을 단계적으로 준비해 자신의 생각을 끝까지 쓸 수 있도록 도와주어야겠어요.
우리 아이는 깊이 생각하질 않아요.		아이가 자신의 생각을 잘 드러낼 수 있도록 더욱 많은 믿음을 확인시켜주고, 칭찬을 통해 용기를 주어야겠어요.

대화법

의식의 전환뿐만 아니라 우리 아이들에게 자신감과 성취감을 주는 대화를 밥상머리에서부터 실천할 줄 알아야만 구술면접의 천재로 성장할 수 있다.

미국 케네디가의 오랜 전통은 밥상머리에서 대화를 이끌어내고 자연스럽게 토론을 하도록 환경을 만들어주었다는 것이다. 그 힘은 결국 연설의 달인, 정치의 달인 닉슨을 물리치고 J. F. 케네디가 미국 대통령의 자리에 오를 수 있는 원동력이 되었다.

자녀들이 자신감을 갖도록 하는 유일한 방법은 칭찬이다. 칭찬을 받은 자녀는 그 순간부터 그 일이 남에게 드러낼 수 있는 자신감으로 변하게 되고, 나아가 세상에서 가장 잘하는 일이 된다. 칭찬은 고래만 춤추게 하는 것이 아니라 내 자녀의 능력도 최고로 높여 주는 것이다. 지금부터 그동안 밀린 '내 자녀에게 자신감과 성취감을 주는 대화'를 밥상머리에서 실천해 보자.

예)

기존 의식		내 아이 천재로 키우는 대화법
"징징거리지 마!"		"엄마가 알아들을 수 있도록 분명하게 말해 줄 수 있겠니? 동명이의 아름다운 목소리로 말이야."
"빨리 못 끄니?"		"동명아, 그건 학생이 보는 프로그램이 아니란다."
"너 지금 몇 살인데 그것도 못하니?"		"동명이가 아직 그 일을 익히지 못했구나! 아빠가 충분히 기다려 줄 테니 천천히 하렴."
"이걸 그림이라고 그렸니?"		"색이 정말 아름답구나!"
"매일 똑같은 책만 읽니?"	→	"이 책이 재미있나보구나! 어떤 점이 마음에 드니?"
"넌 몰라도 돼!"		"엄마, 아빠에게 조용한 시간을 줄 수 있겠니?"
"네 방에 들어가 있어."		"오늘 못 끝낸 일은 어떤 거니?"
"네가 뭘 할 줄 안다고 설거지에 끼어들어? 저리 가지 못해!"		"어서 오렴. 우리 동명이가 벌써 엄마를 도울 정도로 훌쩍 컸네!"
"더럽게 강아지는 왜 끌어 안고 그러니?"		"강아지도 살살 안아줘야 동명이를 사랑해요."
"너는 이것도 못 먹니?"		"아빠는 동명이가 건강했으면 좋겠어요."

구술면접
첫마디 쓰기 훈련

1) 만약 학생이 면접관이라면 무슨 질문을 던지겠는가?

첫마디 시작하기

2) 사회봉사 활동을 한 경험이 있는가? 느낀 점을 구체적으로 이야기해 보라.

첫마디 시작하기

3) 왜 대학에 진학하려고 하는가?

<table>
<tr><td>첫마디 시작하기</td></tr>
<tr><td></td></tr>
<tr><td></td></tr>
</table>

4) 30년 후의 자신의 모습을 그려보라.

<table>
<tr><td>첫마디 시작하기</td></tr>
<tr><td></td></tr>
<tr><td></td></tr>
</table>

5) 부모님께 한 권의 책을 권한다면 무엇을 택할 것인가?

<table>
<tr><td>첫마디 시작하기</td></tr>
<tr><td></td></tr>
<tr><td></td></tr>
</table>

6) 생활신조가 있다면 무엇인지를 말하고 그것을 생활신조로 삼은 이유를
   말하라.

<table>
<tr><td>첫마디 시작하기</td></tr>
<tr><td></td></tr>
<tr><td></td></tr>
</table>

7) 외국인이 학생의 집에 머물 때 우리나라를 어떻게 설명하겠는가?

첫마디 시작하기

8) 직업을 선택할 때 고려해야 할 가장 중요한 요건은 무엇이라고 생각하

　는가?

첫마디 시작하기

9) 부전공을 한 과목 택한다면 무엇을 하겠는가?

첫마디 시작하기

10) 학생의 가족을 소개해 보라.

첫마디 시작하기

11) 취미나 특기를 말해 보라.

첫마디 시작하기

12) 일주일 간 배낭여행을 떠난다면 어떤 계획을 세우겠는가?

첫마디 시작하기

13) 출신 학교를 자랑한다면?

첫마디 시작하기

14) 인생에서 소중하다고 생각하는 것 두세 가지를 말해 보라.

첫마디 시작하기

15) 대학 입학 후 꼭 해보고 싶은 일은 무엇인가?

첫마디 시작하기

16) 초 · 중 · 고등학교 과정 속에서 반장 또는 부반장을 한 경험이 있는가?

   있다면 그 과정에서 무엇을 느꼈는가?

첫마디 시작하기

17) 대학 입학 후 어떤 친구와 사귀고 싶은가?

첫마디 시작하기

18) 지금까지 살아오면서 소외감을 느낀 적이 있는가? 있었다면 어떻게 극

   복했는가?

첫마디 시작하기

19) 평소 감정이 좋지 않은 친구와 어떤 프로젝트를 공동으로 맡게 된다면
   같이 하겠는가, 안 하겠는가?

첫마디 시작하기

20) 자신이 생각할 때 외국에 자랑할 만한 우리의 발명품이 있다면?

첫마디 시작하기

21) 청소년기에 가장 요구되는 인성은 무엇인가?

첫마디 시작하기

22) 학생의 성격이 갖는 장점을 한 가지 말해 보라.

첫마디 시작하기

23) 교양 서적은 가끔 읽는 편인가? 한 달에 몇 권이나 읽는가?

첫마디 시작하기

24) 학교 생활을 어떻게 보냈는가? 5분간 자유롭게 답변하시오.

첫마디 시작하기

25) 학생이 가고자 하는 과는 무엇인가?

첫마디 시작하기

26) 학생이 가고자 하는 과를 졸업해서 사회에 공헌한다면 어떤 일들을 하고

  싶은가?

첫마디 시작하기

27) 눈을 감고 아무렇게나 3분간 떠드시오?

<table>
<tr><td align="center">첫마디 시작하기</td></tr>
<tr><td></td></tr>
<tr><td></td></tr>
</table>

28) 내가 공부를 잘할 수 있는 방법에 대해 말하시오

<table>
<tr><td align="center">첫마디 시작하기</td></tr>
<tr><td></td></tr>
<tr><td></td></tr>
</table>

29) 나에게 주어진 의무와 권리를 각각 나누어 답변하시오

<table>
<tr><td align="center">첫마디 시작하기</td></tr>
<tr><td></td></tr>
<tr><td></td></tr>
</table>

30) 당신이 노예가 된다면 어떤 생각이 들 것인지 세 가지만 쓰고 논리적으
로 답변하시오.

<table>
<tr><td align="center">첫마디 시작하기</td></tr>
<tr><td></td></tr>
<tr><td></td></tr>
</table>

31) 부모님을 존경해야 하는 이유를 5분간 설명하시오.

첫마디 시작하기

32) 현재까지 살아오면서 가장 기억에 남는 사건 또는 나에게 영향을 끼친
사건에 대해 답변하시오.

첫마디 시작하기

33) 창조주가 있다면 나를 태어나게 한 이유에 대해 답변하시오.

첫마디 시작하기

34) TV에서 일어나는 연예인 인권 침해 사건에 대해 자유롭게 답변하시오.

첫마디 시작하기

35) 세계의 평화를 위해 내가 할 수 있는 일은 무엇인지 5분간 자유롭게 답
변하시오.

첫마디 시작하기

36) 친구를 위해 준비하고 싶은 물건 세 가지가 있다면 무엇이고, 왜 그 물건
을 준비했는지 5분간 자유롭게 답변하시오.

첫마디 시작하기

37) 고아원이나 양로원에 가서 일하는 것은 봉사활동이라고 생각하면서 열
악한 청소년 단체에서 시행하는 봉사활동에는 무관심한 이유는 무엇인
지 그 이유를 세 가지만 쓰고 5분간 자유롭게 답변하시오.

첫마디 시작하기

38) 우리 유산을 보호하기 위해 취해야 할 지도자의 조치는 무엇인지 3분간
    답변하시오.

첫마디 시작하기

39) 내가 갖고자 하는 직업을 세 가지만 쓰고 5분간 자유롭게 답변하시오.

첫마디 시작하기

40) 우리나라를 세계에 알리려고 한다. 가장 자랑스러운 세 가지를 선택하고
    그 이유를 5분간 자유롭게 답변하시오.

첫마디 시작하기

41) 자연 재해를 당한 외국을 우리가 왜 도와야 하는가?

첫마디 시작하기

42) 인간의 수를 조절하기 위해 전쟁은 필요악인가?

<table>
<tr><td colspan="1" style="text-align:center">첫마디 시작하기</td></tr>
<tr><td>

</td></tr>
<tr><td>

</td></tr>
</table>

43) 이스라엘과 레바논이 끝없이 싸우는 이유가 무엇인지 자유롭게 답변하시오.

<table>
<tr><td colspan="1" style="text-align:center">첫마디 시작하기</td></tr>
<tr><td>

</td></tr>
<tr><td>

</td></tr>
</table>

44) 우리나라 전통의상이 세계에서 가장 아름다운 이유 세 가지를 5분간 자유롭게 답변하시오.

<table>
<tr><td colspan="1" style="text-align:center">첫마디 시작하기</td></tr>
<tr><td>

</td></tr>
<tr><td>

</td></tr>
</table>

45) 우리나라 김치가 건강식품인 이유를 5분간 자유롭게 답변하시오.

<table>
<tr><td colspan="1" style="text-align:center">첫마디 시작하기</td></tr>
<tr><td>

</td></tr>
<tr><td>

</td></tr>
</table>

46) 우리나라는 사계절이 뚜렷한 특성을 가지고 있다. 그런데 한 계절만 있
    어야 한다면 어떤 계절이 있었으면 좋겠고, 왜 그렇게 생각하는지 말해
    보아라.

첫마디 시작하기

47) 자살을 결심하고 있는 친구가 있다. 그 친구를 설득해 보아라.

첫마디 시작하기

48) 한 학생이 지하철을 타고 가고 있었다. 그런데 자리에 앉아 있는 학생 앞
    에 무거운 짐을 잔뜩 든 할머니, 눈이 보이지 않는 고등학생, 다리 한 쪽
    이 없는 아저씨, 임신을 하고는 아이를 업고 있는 아줌마가 서 있었다.
    과연 이 학생은 누구에게 자리를 양보해야 한다고 생각하는가?

첫마디 시작하기

49) 타임머신이 발명되었다. 타임머신을 발명한 사람을 비판해 보아라.

첫마디 시작하기

50) 어느 한 시인의 시를 읽은 독자가 그 시인을 죽인 살인 사건이 일어났다.
    왜 시인을 죽였다고 생각하는가?

첫마디 시작하기

51) 심각한 취업난 속에서 어렵게 직장을 구한 K양, 그런데 일을 하다가 그
    회사가 폐수를 몰래 흘려보내고 있다는 사실을 알게 되었다. 그래서 회
    사를 그만두고 이 일을 언론에 알리려고 하는 K양에게 같이 입사한 동
    기인 당신은 어떻게 이야기하겠는가?

첫마디 시작하기

52) 어느 날 당신의 통장에 뜻밖에 거액의 돈이 입금되었다. 그 돈을 어떻게
    하겠는가?

첫마디 시작하기

53) 여자가 아이를 낳는 것이 당연하다고 생각하는가?

첫마디 시작하기

54) 외모지상주의 시대에 살고 있는 우리, 당신의 자녀가 계속되는 취업 실
    패로 성형수술을 원한다. 성형수술을 시켜야 할까?

첫마디 시작하기

55) 입법부, 행정부, 사법부를 분리하는 것은 바람직한 것인가?

첫마디 시작하기

56) 구름 한 점 없는 하늘과 하얀 구름이 점점이 뿌려진 하늘 중 무엇이 더

좋은가?

첫마디 시작하기

57) 자신과 똑같이 생긴 사람을 만난다면 어떻게 할 것인가?

첫마디 시작하기

58) 자신의 생존시간이 24시간밖에 남지 않은 것을 알게 되었다. 24시간 동

안 당신은 무엇을 할 것인가?

첫마디 시작하기

59) 스스로에게 몸값을 매긴다면 나는 얼마나 할까?

첫마디 시작하기

60) 인간복제기술의 혁신적인 발전으로 인해 누구나 자신의 클론을 만들 수
있는 시대가 되었다. 당신은 자신의 복제인간을 만들 것인가?

<table>
<tr><td>첫마디 시작하기</td></tr>
<tr><td></td></tr>
<tr><td></td></tr>
</table>

61) 인간의 영혼은 과연 몇 그램 혹은 몇 킬로그램일까?

<table>
<tr><td>첫마디 시작하기</td></tr>
<tr><td></td></tr>
<tr><td></td></tr>
</table>

62) 술, 담배, 폭력, 마약, 도박 중에 무엇이 가장 나쁜가?

<table>
<tr><td>첫마디 시작하기</td></tr>
<tr><td></td></tr>
<tr><td></td></tr>
</table>

63) '색'에 비유한다면 당신은 무슨 색인가?

<table>
<tr><td>첫마디 시작하기</td></tr>
<tr><td></td></tr>
<tr><td></td></tr>
</table>

64) 절친한 친구에게 사기를 친 죄로 고소당한 당신. 허나 당신은 명백히 무죄였고, 그것은 친구의 함정이었다. 최종 변론 시간, 스스로를 5분 동안 변호해 보아라.

첫마디 시작하기

65) 인류 최후 생존자 5인을 선택하는 권한이 당신에게 주어졌다면 누구를 선택할 것인가?

첫마디 시작하기

66) 손톱을 물어뜯는 버릇이 있는 친구의 버릇을 고쳐주어야 한다면 어떤 방법으로 할 것인지 3분 동안 논리적으로 답변하라.

첫마디 시작하기

67) 잘생기고 예쁘지만 머리가 나쁜 사람과 머리는 좋지만 못생긴 사람 중
   어떤 사람에게 끌리는가?

첫마디 시작하기

68) 우리나라는 왜 노벨상에 연연하는가?

첫마디 시작하기

69) 왜 축구를 족구라고 하지 않고 축구라고 할까?

첫마디 시작하기

70) 예술이란 무엇일까?

첫마디 시작하기

71) 사람들은 왜 풍선이나 종이비행기 등을 하늘로 날려 보내고 싶어할까?

첫마디 시작하기

72) 프레온 가스를 사용하지 말자고 주장한 미국의 의도를 설명해 보라.

첫마디 시작하기

73) 벤처기업이 육성되어야 하는 국가적 이유는 무엇인가?

첫마디 시작하기

74) 민주사회를 유지 · 발전시키기 위해 민주시민이 갖추어야 할 최소한의
덕목은?

첫마디 시작하기

75) 통일 후 (혹은 이전이라도) 비무장지대를 어떻게 활용하는 것이 좋겠는가?

첫마디 시작하기

76) 현재 인류가 봉착한 문제들 중 우선적으로 해결할 일은 무엇인가?

첫마디 시작하기

77) 한국 정치의 가장 큰 문제점은 무엇인가?

첫마디 시작하기

78) 수입개방을 반대하는 것이 옳은가?

첫마디 시작하기

79) 민주주의 사회에서 소수의 의견은 어떻게 존중되어야 하는가?

첫마디 시작하기

80) 우리 집의 가장 큰 갈등에 대해서 어떻게 생각하는가?

첫마디 시작하기

81) 청소년 문제는 왜 일어난다고 생각하는가?

첫마디 시작하기

82) 초등학교 영어 교육에 대해 어떻게 생각하는가?

첫마디 시작하기

83) 책은 나에게 무엇을 주었는가?

<table>
<tr><td>첫마디 시작하기</td></tr>
<tr><td></td></tr>
<tr><td></td></tr>
</table>

84) 성숙한 토론문화를 정착시키기 위해 필요한 것은 무엇인가?

<table>
<tr><td>첫마디 시작하기</td></tr>
<tr><td></td></tr>
<tr><td></td></tr>
</table>

85) 일상적인 언어생활에 미디어가 끼치는 영향은 무엇인가?

<table>
<tr><td>첫마디 시작하기</td></tr>
<tr><td></td></tr>
<tr><td></td></tr>
</table>

86) 우리 사회의 여가문화에 대해 어떻게 생각하는가?

<table>
<tr><td>첫마디 시작하기</td></tr>
<tr><td></td></tr>
<tr><td></td></tr>
</table>

87) 사형제도는 존속되어야 하는가 폐지되어야 하는가?

첫마디 시작하기

88) 인간복제가 인간에게 주는 악영향은 무엇인가?

첫마디 시작하기

토론 구술면접에
강해지는 법

토론을 할 때 상대의 주장을 깊이 있게 해석한 후 상대가 저지르고 있는 발언의 문제점, 즉 오류를 정확한 명칭을 사용하여 공격하면 상대방은 옴짝달싹할 수 없는 상황에 빠지게 된다. 그러나 잘못된 오류 명칭을 사용했을 때 오는 피해도 그만큼 크므로 정확히 익혀 적절하게 사용하는 것을 연습해야 한다.

오류의 유형에는 의도확대의 오류, 주의분산의 오류, 순환논증의 오류, 복합질문의 오류, 인신공격의 오류, 권위에 호소하는 오류, 무지에 호소하는 오류, 성급한 일반화의 오류, 강조의 오류, 다수 원인의 오류, 대중에 호소하는 오류, 원천봉쇄의 오류, 유도심문의 오류, 허수아비 논증의 오류, 힘에 호소하는 오류, 분할의 오류, 합성의 오류, 흑백사고의 오류, 거짓원인의 오류, 애매어의 오류, 딜레마 논법, 논점일탈의 오류, 은밀한 재정의의 오류, 역공격(피장파장)의 오류, 정황에 호소하는 오류, 연민(동정)에 호소하는 오류, 우연(원칙혼동)의 오류 등이 있다.

주어진 문장이 안고 있는 오류는 무엇인지 지적하고 당신의 답변을 적으시오!

주어진 문장

유다가 예수를 배신했다고 비난하는데 이는 잘못이다. 유다의 배신은 궁극적으로 예수의 십자가를 통한 인류의 구원에 기여했기 때문이다.

신동명 교수의 답변

당신은 의도확대의 오류를 저지르고 있다. 당신은 유다가 배신함으로써 예수가 십자가에 매달리게 되고, 예수가 십자가에 매달림으로써 인류가 구원되는 길이 열렸기 때문에 결과적으로 유다의 배신이 인류의 구원에 기여했고, 따라서 유다의 배신을 비난해서는 안 된다고 주장한다. 그러나 이는 '유다가 배신할 때 인류 구원의 의도도 가지고 있었다'고 유다의 의도를 확대 해석하는 것으로서, 받아들일 수 없는 견해이다. 칼을 만드는 사람은 칼을 만들 의도를 가지고 칼을 만든다. 그런데 칼이 살인의 도구로 사용된다고 해서 칼을 만드는 사람들에게 살인죄를 뒤집어씌울 수는 없는 것이다.

강의 노트

위 문장의 오류는 상대의 주장이 의도하지 않은 내용을 확대하여 포함하고 있는 것을 발견하고 지적해야 하는 문장 유형이다. 그렇기 때문에 확대된 부분을 찾아 제자리에 돌려놓으면 이길 수 있다. 더 나아가 또 다른 유형으로는 상대방의 주장을 의도적으로 부풀려 해석하여 상대방을 곤경에 빠지도록 하는 확대해석 방법인데, 예를 들면 다음과 같다.

A가 말했다.

"1814년의 평화조약으로 한자동맹에 가입한 독일의 모든 도시는 독립을 되찾게 되었습니다."

그러자 B가 A의 주장에 반대 발언을 한다.

"하지만 단치히는 그 평화조약 때문에 보나파르트로부터 부여받은 독립을 상실했습니다."

이에 대해 A는 이렇게 대응한다.

"나는 독일의 모든 한자동맹 도시라고 말했습니다. 단치히는 폴란드의 한자동맹 도시였지요."

위 대화를 보면 A의 발언을 B처럼 해석할 수 있다. 왜? "독일의 모든 도시"라고 했기 때문에, 그리고 단치히는 독일 도시 중 하나이기 때문에 B의 주장이 맞을 수 있다. 그런데 여기서 A는 "독일의 모든 한자동맹 도시"라고 자기 발언의 범위를 한정지어 버림으로써 B의 주장이 자연스럽게 논의의 경계선을 넘어서도록 확대 적용하여 토론의 중심을 자신 쪽으로 바꾸어 버렸다.

상대의 주장을 확대시켜 받아들이기의 핵심은 이처럼 상대의 주장을 자연스럽게 경계선 밖으로 넘어가게 하는 것이다. 즉, 상대의 주장을 가능한 한 일반적인 의미로 해석하고, 가능한 한 넓은 의미에서 받아들이며 과장시킨다. 그리고 반대로 자기의 주장은 가능한 한 의미를 한정시키고 범위를 좁힌다. 왜 이런 방법을 쓰는가? 주장하는 내용이 일반적이고 넓을수록 공격에 노출되는 범위가 넓어지기 때문이다. 이에 대응하는 수단은 오직 '논점' 또는 '논쟁의 입장'을 정확하게 제기하고 세우는 일이다.

이렇듯 토론은 논리의 중심을 항상 자기가 유리한 쪽으로 이끌어 낼 수 있어야 승리하는 말의 게임이다.

※ 일본이 우리나라를 지배한 것이 결과적으로 우리나라의 근대화에 기여했다는 주장도 여기에 속한다.

오류 2. 전제들의 전제들을 제기하여 인정을 받아내기–주의분산의 오류

주어진 문장이 안고 있는 오류는 무엇인지 지적하고 당신의 답변을 적으시오!

주어진 문장

A : "요즘 텔레비전 방송은 너무 자극적인 것 같아. 벌칙이란 명목 하에 출연자들을 학대하는 일이 아주 많아."

B : "그런 면이 있긴 하지."

A : "일기예보 잘 안 맞는 것도 짜증나는데 말이야."

신동명 교수의 답변

당신은 주의분산의 오류를 저지르고 있다. 텔레비전 방송이 너무 자극적이라는 주장과, 근거로 제시한 일기예보가 잘 안 맞는 것과 과연 어떤 연관성이 있는지 다시 설명해 줄 수 있겠는가?

강의 노트

위의 주어진 문장은 주장과 직접적 관련이 없는 사실을 근거로 사용하여 듣는 이의 판단을 흐리게 할 목적으로 표현된 것이다. 요즘 텔레비전 방송 내용이 너무 자극적이라는 A의 주장에 B는 부분적으로 동의를 표시하였는데, B의 반응에 만족할 수 없던 A는 주장과 관련 없는 일기예보의 부정확성을 언급하여 텔레비전 방송이 문제 덩어리임을 인식하게 함으로 써 B로부터 더 강한 동의를 얻어내려 했던 것이다. 매우 비논리적인 행위이다. 그러나 토론을 잘하는 사람들은 이 '전제들의 전제들을 인정받도록 하는 행위'를 잘 사용한다. 왜냐하면 자신의 주장을 통해 어떤 결론을 내리려는지 상대가 예견할 수 있게 된다면 토론에서 이길 수 없기 때문이다. 이 기술은 안개 속에 자기 입장을 숨겨 놓고 연극을 하는 것과 같다.

대화 또는 토론 중 상대가 눈치 채지 못하는 사이에 전제들을 하나하나 산만하게 인정받도록 한다. 결론을 도출하기 전에 멀리서부터 서서히 여러 선(先) 결론들을 두서없이 인정받아 놓고 결론을 도출시켜 나간다. 이렇게 결론이 도출되고 나면 상대는 주장과 근거, 결론에서 트집을 잡고 흠집을 내려고 마음먹고 있다가 자신이 이미 인정하고 동의한 것을 근거로 결론을 도출한 것이기에 두 손을 들 수밖에 없다. 분명한 것은 자신이 주장할 것이 무엇인지를 분명히 하고 아주 먼 데서부터 굉장히 넓게 의도적으로 시작해야 한다는 것이다.

예를 들어 낙태의 합법성에 대해 주장한다고 치자. 이럴 때 낙태의 얘기로 바로 들어가서는 안 된다. '낙태를 합법화해야만 해'로 시작하기보다는 다음과 같이 시작해야 한다.

A : 인간은 누구든 행복추구권을 가지고 있고 그 권리를 누려야 한다.

그리고 전제로 논란의 소지가 있으므로 논의가 되기 전에 먼저 인간이라는 단어를 규정하고 들어가야 한다.

"내가 생각할 때 인간이란, 특히 행복추구권의 권리자로서의 인간에 대한 명확한 규정이 있을 때만이 오늘의 논의가 활발해질 것으로 생각한다. 그래서 범위를 정해 보면 인간의 행위가 가능하거나, 권리에 따른 의무 실천 행위가 따를 수 있는 범위까지로 보아야 한다. 지금 나의 말에 동의하는가?"

왜 이렇게 해야 하는가? 나의 주장은 공격당할 핵심적인 부분이 있는데, 바로 '살인행위'라는 것이다. 이 문제에 빠져 버리면 도저히 상대방을 이길 수 없다. 그런데 '낙태의 합법화 또는 비 합법화' 사이에는 논란의 쟁점이 남아 있다. 그것이 바로 '아이를 하나의 생명체인 동시에 인격체로 볼 것이냐'의 문제와, '미혼모를 보호해야 할 입장'이라는 문제이기 때문에 인간의 범위로 생물학적, 법적 문제를 거론하고, 행복추구권을 강조했던 것이며, 이 문제를 선(先) 전제로 깔기 위해서 미리 동의를 얻어내는 것이다.

주어진 문장이 안고 있는 오류는 무엇인지 지적하고 당신의 답변을 적으시오!

주어진 문장

성서의 내용은 모두 진리다. 성서가 모두 진리인 것은 성서에 보면 성서의 내용은 모두 진리라고 했기 때문이다.

신동명 교수의 답변

당신은 순환논증의 오류를 저지르고 있다. 왜냐하면 전제로부터 어떤 결론이 도출된 것이 아니라 전제와 결론이 동어 반복으로 이루어져 있기 때문이다. 즉, 성서의 내용이 진리라고 하는 것이 단 한 번도 증명된 적이 없고 주장만 반복되었기 때문에 이런 비논리적인 표현은 받아들일 수 없다.

강의 노트

위의 표현은 증명해야 할 사항을 드러내지 않고 슬그머니 전제로 삼고 있다. 이런 유형을 우리는 전제가 부적절하다 해서 '전제 부적합성'이라 하는데, 형식은 그럴 듯하지만 전제 자체가 문제점을 지니고 있는 데서 발생하는 오류로, 전통 논리학에서 어떤 주장을 증명하기 위해 전제로 사용한 명제가 그 자체로 역시 증명되어야 할 명제일 때 발생하는 오류를 가리킨다. 그러나 주장하는 사람 쪽에서 교묘히 사용했을 때, 그리고 상대방이 그 문제를 파악하지 못할 때 주장하는 사람은 상당히 유리한 입장에서 토론 내용을 진행시켜 나갈 수 있다. 임영태의 《비디오를 보는 남자》의 한 문구를 살펴보도록 하자.

잠시 후에 여자는 다소 장난스런 눈빛으로 내 얼굴을 올려다보았다.

"그래도 망하지는 않을 것 같네요. 결혼 체질이라는 게 따로 있다고 하면 아마 누구나 다 자기 체질을 알고 싶어할 거예요. 결국 나중에야 결혼을 하든 말든 일단 감별은 다 받아 보지 않겠어요? 그러니 수입엔 영향이 없을 거예요."

"그것도 그렇지 않아요. 결혼 체질 감별이란 예컨대 궁합 보는 것하고 비슷한 개념이거든. 그런데 요즘 누가 궁합을 봅니까? 궁합 보는 게 사라진 건 사랑이라는 미신 때문이었지요. 사랑엔 국경이 없다는 식의 미신 말입니다. 국경도 없다는 데 무슨 성격을 따지고 조화를 따지겠습니까. 서로 사랑하는 마음만 있다면 양보와 헌신으로 모든 걸 극복할 수 있다는 미신. 그래서 부모의 반대도, 친구의 충고도 물리치고 당당하게 결혼을 하지요. 사랑에 대한 그런 미신이 확산되면서 궁합이 오히려 미신으로 밀려났지요. 궁합이 사랑이라는 미신에 밀려난 것처럼, 결혼 체질 감별도 결국 가족이라는 미신에 밀려날 겁니다. 결혼 체질이 따로 있다는 건 미신이라더라, 그러면서 차츰 고객의 발길이 뜸해지는 거지요. 그러면 별자! 이 내용에서 증명은 되지 않고 반복된 표현은 무엇인가? 그렇다. "사랑이라는 미신"이다. '사랑이 왜 미신인지' 한 번도 증명된 적이 없는데도 똑같은 말이 반복된다. 하지만 이 글을 읽다 보면 오히려 '궁합이 과학적'라는 생각이 든다. 토론이란 이렇게 언제나 자신이 유리하도록 진행시켜 나갈 수 있는 능력이 있어야 한다.

그렇다면 이번엔 아주 황당하지만 순발력이 없으면 바로 당할 수밖에 없는 표현을 하나 알아보자

"그 놈은 나쁜 놈이니 사형을 당해야 해. 사형을 당한 걸 보면 나쁜 놈이야."

이 문장은 노신의 《아큐정전(阿Q正典)》에 나오는 표현으로, 어떤 놈이 죽었는지는 모르지만 그 놈은 나쁜 놈으로 누명까지 쓰고 두 번 죽은 것이다. 상대편이 이 오류를 저지르면 정확히 공격하고, 본인이 쓸 때에는 공격당하지 않도록 교묘히 사용할 필요가 있다. 다시 한 번 강조하지만, 순환논증은 논증의 결론 자체를 전제의 일부로 사용한다는 걸 잊지 말아야 한다.

오류 4. 한꺼번에 많은 질문 던지기—다중질문의 오류, 복합질문의 오류

주어진 문장이 안고 있는 오류는 무엇인지 지적하고 당신의 답변을 적으시오!

주어진 문장

토론회 사회자 : 미국의 대통령 선거제도는 우리와 많이 다릅니다. 미국의 재판제도 역시 우리와 차이가 있습니다. 그런데 우리가 미국의 제도를 받아들일 필요가 있을까요?

참여자 : 글쎄요. 받아들일 것도 있을 테고, 그래선 안 될 것도 있겠죠.

사회자 : 받아들여야 한다. 그래선 안 된다. 둘 중 하나로 입장을 표명해 주시기 바랍니다.

신동명 교수의 답변

물어 본 것은 세 가지인데 답변은 하나로 하라면 어느 누가 답변할 수 있겠는가? 선거제도에 대한 어느 부분을 이야기하는 것이며, 재판제도의 어느 것을 말하는지, 또 이 두 가지 말고 미국 제도라는 말이 의미하는 것은 무엇인지 명확히 물어야 한다.

강의 노트

두 가지 예만 더 들어 보고 본격 강의에 들어가도록 하자.

예 1) 어느 법정에서 검사는 피고인에게 다음과 같은 질문을 던졌다.

"당신이 밀수한 물품을 남대문 도깨비시장에서 팔았죠?"

이 두 가지 표현에서 명확하게 드러났지만, 이 질문을 받은 사람은 어느 쪽으로 대답할 수 없다. 왜냐하면 서로 상반된 두 개 이상의 복합적 전제가 들어 있어 긍정도 부정도 할 수 없는 경우에 처하기 때문이다. 이 유형은 복잡한 질문을 하며 간단한 대답을 요구함으로써 일어나는 오류의 유형이다.

위의 표현은 대통령 선거에 대해서도 물었고, 재판에 대해서도 물었고, 두 개를 가지고 미국 제도의 일반화를 시도한 질문이다. 이런 상황에서 어떻게 '예, 아니오'로 답변할 수 있는가? 대통령 선거제도에서 받아들일 것이 없지만, 재판제도에서는 받아들일 측면이 있다고 생각하는 사람은 어떻게 답해야 하는가? 얼마나 비논리적인 질문인가. 여기에 대응하는 방법은 상대방의 질문을 보다 명확하고 범위가 좁아지도록 요구한 후 하나씩 하나씩 끊어 답해야 한다.

1번 예문의 답을 만들어 보면 '밀수한 물품이 없는데 어떻게 시장에 내다 팔 수 있는지', 2번 예문의 답을 만들어 보면 '담배를 피우지 않는데 뭘 끊으라는 건지 모르겠다' 등으로, 두 가지는 두 가지로, 세 가지는 세 가지로 나누어 대답하면 상대의 의도를 깨고 이겨낼 수 있다. 이렇게 따져보면 주어진 문장의 답은 세 가지가 될 것이다.

지금까지는 상대가 저지른 복합질문의 오류에 대해 답변하고 대응하는 법을 배웠다. 그런데 반대로 생각해 보면 이 기술은 상대방을 혼란스럽고 대책 없게 만들 수 있는 기술이기도 하다. 여러 가지 복합질문을 하나로 만들어 상대에게 던지고 대답을 '예, 아니오' 등 단답형으로 요구해 보라. 그리고 상대가 빠져나가려 할 때 단답형으로 답변하도록 요구했던 것을 다시 요구하면 질문을 요구당하는 상대의 그 답답함이란 말로 형언할 수 없게 된다.

오류 5. 상대를 화나게 하기―인신공격의 오류

주어진 문장이 안고 있는 오류는 무엇인지 지적하고 당신의 답변을 적으시오!

주어진 문장
니체의 초인철학은 무의미하다. 왜냐하면 그는 정신병원에서 삶을 끝마쳤기 때문이다.

신동명 교수의 답변
당신은 인신공격의 오류를 저지르고 있다. 니체가 정신병원에서 삶을 마쳤다는 것 때문에 니체의 초인철학이 무의미하다고 주장하지만 초인철학은 정신병원에 가기 전에 쓰여진 것이다. 당신의 말대로 정신병자였기에 받아들일 수 없다면 니체는 타고나면서부터 정신병자였다는 말이 되어야 하는데, 그것에 대하여 증명해 줄 수 있는가.

강의 노트

토론 시 상대에게는 미안한 일이지만 상대를 의도적으로 화나게 할 필요가 있다. 화를 낸 상태에서는 제대로 판단하거나 자신의 이점을 인식할 수 없기 때문이다. 대놓고 부당하게 굴거나 트집을 잡으면서도 뻔뻔스런 태도를 취함으로써 상대를 화나게 해 보라. 생각지 못한 성과를 얻을 수 있다. 상대의 실수를 이용하여 공격하는 예를 들어보자.

A : 이래선 안 됩니다. 악법은 고쳐야 하고, 잘못된 관습은 파타, 아니 타파해야 합니다.

B : '파타'라고요? 하하하! 자, 헛소리 그만하고 빨리 다음 순서 진행합시다.

주장이 타당하지 못하다는 근거는 아무것도 제시되지 않은 채 단지 상대방의 실수를 문제삼아 우스운 존재로 단정지으려는 시도로, 이런 상황이 되면 상대방은 화가 나게 되어 있다. 상대가 처한 상황을 이용하여 공격하는 예(정황에 호소하는 오류)를 들어보자.

A : 그 영업소에 문제가 아주 많은 듯합니다. 제가 한 번 다녀오겠습니다.

B : 저 친구 많이 변했네. 그렇게 조용하고 쑥맥이던 친구가.

C : 몰라서 그래? 다음 달 인사발령 있다고 하잖아. 저 친구 이번에 승진 못하면 회사 계속 다니기 어려워질 거야. 동기 중에 평사원은 저 사람 혼자라고 하더라고.

 만약 이 내용을 A라는 사람이 있는 자리에서 했다고 치자. 자신의 노력이 이렇게 마음대로 평가절하되고 있으니 얼마나 화가 나겠는가. 상대의 모순을 이용하여 공격하는 예(역공격의 오류, 피장파장의 오류)를 들어보자.

코치 : 팔꿈치를 더 몸으로 당겨 붙여야지.

골프 선수 : 그게 어디 그렇게 맘대로 돼! 자기도 잘 못하면서…….

골프 코치는 골프를 잘 가르치면 자신의 일을 다한 것이다. 이 말이 코치 귀에 들어갔다고 생각해 보자. 거의 이성을 잃을 것이다. 다음은 상대의 부정적 특성을 항상적이고 고쳐지지 않는다는 전제 하에 공격하는 예(유전의 오류, 변화발전무시의 오류)를 들어보자.

A : 왜 김 후보에게 표를 던져서는 안 되는지 말씀드리겠습니다.

B : 그가 과거 십여 년 동안 저소득층을 위해 무료 법률상담을 해준 것은 칭찬할 만합니다. 그렇지만 그는 본디 도덕성에 문제가 있는 사람입니다. 그가 학생시절에 부정행위로 처벌을 받은 석이 있다는 사실을 같은 시기에 같은 학원을 다녔던 분들로부터 확인을 했습니다.

이 주장을 김 후보가 듣는다면 미치기 일보직전일 것이다. 학창시절 커닝이 마치 엄청 큰 죄를 지은 것처럼, 거기에 증인까지 확보했다는 말로 주장 아닌 주장을 견고히 꾸며내니 얼마나 미칠 상황인가? 학생시절의 부정행위는 한 번의 실수일 가능성이 높다. 그것을 마치 지칭하는 대상의 근본 습관인 것처럼, 그리고 시간이 지나도 변하지 않은 것처럼 불변적 특성으로 간주하여 대상을 공격하면, 그 누구라도 화가 나고 많은 상처를 입을 수밖에 없다.

오류 6. 권위를 이용하기―권위에 호소하는 오류

주어진 문장이 안고 있는 오류는 무엇인지 지적하고 당신의 답변을 적으시오!

주어진 문장

코페르니쿠스의 이론이 관찰되는 현상에 맞아떨어지기 때문에 그것을 받아들여야 할지에 대해 사람들은 확신을 갖고 있지 못한 것 같다. 그러나 코페르니쿠스가 의존한 원리들은 어리석은 주장들을 많이 포함하고 있다. 예를 들어 그는 지구가 삼중의 운동을 한다고 가정했는데, 나는 이 점을 이해할 수 없다. 철학자들에 의하면 지구와 같은 단순한 대상은 단일한 운동만을 할 수 있기 때문이다. 따라서 코페르니쿠스의 지동설은 받아들일 수 없다.

신동명 교수의 답변

당신은 권위에 호소하는 오류를 저지르고 있다. 철학자들이 똑똑한 것은 사실이지만 지금 당신이 말하는 '코페르니쿠스의 지동설'은 물리학으로, 철학자들이 전문적으로 다루는 범위가 아니다. 그런데 여기서 철학자 운운하며 끌어들인 것은 철학자가 가지고 있는 지적 이미지를 이용하여 당신의 주장을 관철시키려는 의도가 있다고밖에 해석할 수 없다.

강의 노트

위의 문장은 권위 있는 사람이 한 말이라며 수긍할 것을 요구하는 표현이다. 보통 사람들이 받아들이는 주장들 중에서 전문가나 권위자의 증언에 따르는 경우가 많기 때문에 실제 생활에서도 많이 사용되고 나타나는 오류 유형이다. 이런 잘못은 어떤 특정 분야에 대한 전문가나 권위자를 다른 분야에 대한 전문가나 권위자로 착각하는 데서 빚어진다. 속담이나 격언 또는 고사성어를 이용하여 주장하는 방법도 이 범주에 들어간다. 권위에 호소하는 오류에 대해 좀 더 많은 예를 들어 공부해 보자.

"이 자동차는 정말 품질이 좋습니다. 만화가인 제가 봐도 요즈음 이만한 자동차는 본 적이 없습니다."

위와 같은 표현은 자동차에 대해 말하면서 만화가의 유명세를 이용함으로써 오류가 발생했다.

A : 인터넷 신문 때문에 앞으로 5년 안에 종이 신문은 자취를 감출 것이다. 얼마 전 황 박사가 TV에 나와서 그러시더라고.

B : 그분은 의학박사 아니니?

A : 물론 그렇지. 야, 그래도 그 분이 얼마나 유명한 분인데…….

이 표현 역시 권위를 빌리려고 제시했던 정보의 원천이 해당 분야의 전문가가 아닌 경우라 오류가 발생했다.

이러한 권위에 호소하는 오류의 기술은 잘만 사용하면 아주 유리한 위치에서 토론을 진행할 수 있다. 사람들은 자기 자신이 많은 것을 모르고 있다는 것을 인정하는 허점을 가지고 있다. 세네카의 말을 인용하면 세상 사람들은 "누구나 판단하기보다는 믿으려" 하기 때문이다.

권위에 호소하는 오류는 상대방이 지식과 능력이 저급하고, 상대가 존경하는 권위를 내 쪽에서 갖고 있다면 토론의 주도권은 거의 내 쪽일 수밖에 없다. 자기가 전혀 알지 못하는 학문이나 예술 또는 기술분야에서만큼은 전문가의 권위를 믿지 못하면서도 인정하게 되는 것이다.

속담이나 격언 사용은 청중들로부터 지식의 다양함과 신선함, 친근감을 느끼게 한다. 그런 표현 중 특히 고사성어의 사용은 상대방으로부터 고급스러운 어휘를 잘 사용하는 사람으로 느껴지게 한다. 이 세상 어느 누가 선인의 지혜와 슬기가 묻어 있는 고사성어의 권위에 도전할 수 있을까!

오류 7. 증거불충분 이용하기─무지에 호소하는 오류
주어진 문장이 안고 있는 오류는 무엇인지 지적하고 당신의 답변을 적으시오!

주어진 문장

신은 존재한다. 왜냐하면 아무도 신이 존재하지 않는다는 것을 증명할 수 없기 때문이다.

신동명 교수의 답변

당신은 우리가 증명할 수 없다는 이유를 이용하여 오류를 저지르고 있다. 그럼 거꾸로 당신이 신이 존재한다는 것을 증명하라. 당신 또한 신이 존재한다는 것을 입증하지 못했으니 신은 존재하지 않는 것도 되지 않는가!

강의 노트

위의 표현은 '아니다'라는 증거나 틀리다는 증거가 제시되지 않았기 때문에 하나의 명제가
참이라고 주장하는 유형이다. 반대로 맞다는 증거나 옳다는 증거가 없기 때문에 하나의 명
제를 거짓이라 주장하는 유형도 여기에 속한다. 즉, 상대방이 모른다는 이유 또는 증명하
지 못한다는 이유를 통해 자신의 주장을 관철시키려는 데서 발생하는 오류이다.

자, 그럼 좀 더 많은 예를 통해 실력을 쌓아 보도록 하자!

A : 당신이 한 짓 아냐?

B : 생사람 잡고 있네. 증거 있어?

A : 그럼 당신이 하지 않은 증거는 있어? 있으면 대봐!

A : 모든 인간은 초능력을 가지고 있어.

B : 그럼 너도 갖고 있겠네. 한번 보여 줘 봐. 증거를 보여달란 말이야.

A : 야, 그러면 인간이 초능력을 가지고 있지 않다는 증거 있으면 한번 보여 줘 봐.

위 두 가지의 예문에서 보여지는 오류는 모두 자신의 주장을 뒷받침하는 논리적 근거를 제
시하지 못한 채, 오히려 주장을 부정하는 상대에게 자신의 주장이 틀린다는 것을 증명하라
고 요구하는 비논리적인 행위를 함으로써 발생했다. 이런 상황일 때에는 피장파장의 오류,
역공격의 오류를 사용하여 그것이 상대방의 문제이자 증명해야 할 내용임을 명백하게 드
러냄으로써 상대를 철저히 깨부순다.

무지에 호소하는 오류에 내몰린 상대방은 황당하기 그지없다. 아닌 밤에 홍두깨라고, 자
신이 증명해야 할 것이 느닷없이 상대방이 증명하도록 바뀌어져 있으니 말이다. 우리는 바
로 이런 점을 토론할 때 이용할 필요가 있다. 내가 증명할 것을 상대방이 증명하도록 말의
방향을 바꾸어 놓으면, 상대방은 빠르게 진행되는 토론 상황에서 이상한 느낌을 간직한 채
속수무책으로 무너질 수밖에 없는 것이다.

오류 8. 편의에 따라 통계량 이용하기 또는 충분치 않는 통계량 이용하기―성급한 일반화의 오류

주어진 문장이 안고 있는 오류는 무엇인지 지적하고 당신의 답변을 적으시오!

주어진 문장

인간의 자유를 박탈하는 것은 잘못이 없다. 범죄자와 정신병자들을 가두어 두는 것은 적절
하고 필요한 조치니까.

강의 노트

위의 표현은 한마디로, 관찰된 일부분을 근거로 하여 전체에 대한 결론을 너무 성급히 내릴 때 발생하는 오류 유형이다. 통계량을 바탕으로 주장하는 표현들은 기본적으로 모순을 가지고 있다. 누구도 이 세상에 존재하는 모든 것을 관찰한 후 통계를 내기는 어렵기 때문이다. 성급한 일반화의 오류는 '불충분 통계량의 오류'와 '편의 통계량의 오류'로 나누어지는데, '불충분 통계량의 오류'는 관찰된 일부가 너무 작다는 것에서 발생하는 유형이고, '편의 통계량의 오류'는 관찰된 일부가 전체의 대표적인 모습과 차이가 남으로써 발생하는 유형이다. 좀 더 많은 예를 통해 공부해 보도록 하자.

A : 그분 올해 연세가 어떻게 되지?

B : 내년이면 아흔다섯 되시지.

A : 그분이 젊었을 때부터 하루 두 갑씩 담배를 피우셨다며?

B : 그분을 보면 담배가 건강에 해롭다는 말도 다 근거 없는 설인 것 같아.

이 문장의 표현은 극히 일부의 경우만을 보고 전체에 대한 결론을 내렸기 때문에 오류가 발생한 유형이다.

A : 청바지가 싸다고 해서 동네 백화점 놔두고 일부러 먼 곳까지 왔는데 별로 싸지도 않네.

B : 맞아 오히려 약간 더 비싼 것 같기도 하네.

A : 이 백화점 물건 값 비싸다고 소문 좀 내야겠다.

청바지 값 하나로 백화점 전체의 가격 수준을 결론 내린다는 것은 지나친 확대 해석이라고밖에 볼 수 없는 오류 유형이다.

사장 : 이 보고서 누가 쓴 거야?

간부 : 이번에 들어 온 신입사원 있죠? 그 사람이 쓴 건데요.

사장 : 뭐 이 따위가 다 있어. 그놈 당장 잘라 버려.

간부 : 그 친구 30 대 1의 경쟁률을 뚫고 올라왔습니다. 단 한 번 일을 시켜보고 판단한다는 건 좀….

사장 : 하나를 보면 열을 안다고 했어. 당장 해고해.

이미 검증과정을 거쳐 올라온 사람을 단 한 번의 실수로 전체 능력을 평가하고 해고시켜 버린다는 것은 도가 지나쳐도 보통 지나친 것이 아닌 오류 유형이다.

이 기술은 위의 청바지 문장에서 보여지는 것처럼 적당한 상황에 제대로 쓰이면 청중들의 동의를 얻어내기가 쉽다. 많은 사람이 같은 처지에 놓여 있다고 한다면 그 효과는 배가 된다. 청바지 가격 때문에 백화점이 매출에 큰 타격을 겪을 수도 있는 일이다.

오류 9. 어느 한 부분 부풀리기—강조의 오류

주어진 문장이 안고 있는 오류는 무엇인지 지적하고 당신의 답변을 적으시오!

주어진 문장

권력도 재산도 학식도 건강이 없으면 아무 필요가 없어. 그러니까 우리는 오로지 건강만을 돌봐야 해.

신동명 교수의 답변

당신은 강조의 오류에 빠져 있다. 당신의 주장에 유리한 어느 한 부분을 떼어내 확대 해석함으로써 당신의 주장을 관철시키려 하고 있다. 이 표현은 건강이 가장 중요하다는 것이지 권력이나 재산이나 학식이 중요하지 않다는 것이 아니지 않는가!

강의 노트

위의 문장은 어느 한 부분만을 확대 해석하여 강조함으로써 발생하는 오류 유형이다. 강조의 오류는 어느 부분을 끊어 읽느냐에 따라 상당히 다른 해석을 내놓을 수 있다.

주장은 하나의 문장으로 만들어지고, 그 문장은 여러 개의 요소로 이루어진다. 따라서 말로 표현된 주장의 경우, 정확한 의미 전달을 위해서 특정 단어가 강조되는 경우가 많다. 그 단어를 말할 때 어조가 올라가거나 음량이 커지는 것이다. 이 주장이 고의로 또는 부주의로 왜곡하여 해석하게 되는 경우가 있다. 즉, 다른 단어가 강조된 것으로 이해하는 것이다. 글로 쓰여진 주장에는 어조나 음량을 이용한 강조가 불가능하기 때문에 이러한 오류가 저질러질 가능성이 더 높다. 예를 통해 공부해 보도록 하자.

시장 : 지위고하를 막론하고 내년부터는 정직하지 않거나 분명하지 못한 업무처리를 엄중히 처벌할 생각입니다.

직원 A : 지난 번 부시장이 뇌물받은 것 때문에 저러시는 거지?

직원 B : 올 한 해, 시민 게시판에 올라온 행정 관련 불만사항들이 작년의 세 배라고 하던데, 그것 때문일걸.

위의 표현을 보면 시장이 이야기한 것을 직원 A는 '지위고하'를 강조해서 들었고, 직원 B는 '내년부터는'이라는 말을 강조하여 들은 결과이다. 또 다른 예를 보자.

모세의 율법에 나오는 이 말을 '너희는'을 '너희만은'으로 강조하여 들으면 다른 사람은 이웃에게 거짓 증거를 해도 좋다는 해석을 가능하게 하고, '거짓 증거'를 '거짓 증거만'으로 강조하여 들으면 거짓 증거 외에는 다른 행위를 허용하는 것으로 볼 수 있다. 또 하나의 예를 보자.

이것도 역시 '친구들끼리만'으로 강조하여 해석함으로써 상대의 주장이 왜곡되었다.

이렇듯 강조의 오류는 어느 부분을 강조하여 해석하느냐에 따라 상대의 주장을 왜곡시킬 수 있다. 토론의 상황에 놓였을 때 상대의 주장을 정확히 간파하고 적절한 상황에 이처럼 왜곡시킬 수 있는 능력이 겸비되어 있다면 상대의 문제점을 지적하는 것을 넘어서 토론의 환경을 내 쪽으로 이끌어낼 수 있는 주도적인 상황을 만들어 갈 수 있다.

오류 10. 확실하지 않은 원인 이용하기―다수 원인의 오류

주어진 문장이 안고 있는 오류는 무엇인지 지적하고 당신의 답변을 적으시오!

주어진 문장

불가리아에는 전 세계에서 가장 유명한 장수마을이 있다. 그곳에 가 보니 나이 많은 노인들이 아직도 일을 하고 있다. 어떻게 저렇게 건강하게 살 수 있을까 원인을 분석해 보니 그들은 우유를 유산균으로 발효시켜 먹고 있었다. 그 장수마을의 건강비결은 바로 이것 때문이었다.

신동명 교수의 답변

당신은 여러 가지 원인에 의해 발생한 결과물을 어느 하나의 원인 때문이라고 파악한 데서 문제가 발생했다. 즉, 불가리아 장수촌의 고령자들은 맑은 공기, 깨끗한 물, 적당한 노동, 수면, 그리고 음식물 등 다양한 원인에 의해 건강이 유지되는 데도 불구하고 부분적 요소인 유산균을 주장한다는 것은 본질을 왜곡하는 일이다.

강의 노트

어떠한 결과가 만들어지기 위해서는 많은 것들이 복합적으로 작용하는 것이 상식이다. 그러나 사람들은 결과에 대한 어떤 특별한 요소는 없을까 하는 생각에 작은 하나에 지대한 관심을 갖기 마련이다. 다수 원인의 오류는 바로 이런 생각 때문에 발생하는 오류의 유형으로 우리 사회에 만연한 오류라고 보면 된다. 우리가 논술을 제대로 하기 위해서는 단편적인 시각보다는 복합적이고 다양한 시각이 필요하다. 그래야 세상을 바르게 볼 수 있고, 더 나아가 올바른 대안을 가지고 사람을 이끌 수 있는 힘이 생기는 것이다.

앞에서 우리 사회에 오류가 만연하고 있다고 했는데, 왜 그런 말을 했는지 좀 더 알아보도록 하자.

우선 건강보조식품을 들 수 있다. 구운 마늘 환, 다시마 액, 헛개나무 등 그 광고만 보면 만병통치약이다. 그런데 우리 현대인이 건강하게 살지 못하는 원인은 물질만능주의와 경쟁 사회에서 오는 스트레스, 그리고 오염된 환경이 주된 원인이기 때문에 결코 앞에서 나열한 음식물 가지고 종합적으로 나을 수 없다. 그러나 많은 사람들은 특별한 음식이 문제를 해결할 수 있다고 생각하고 그 음식을 구입해 먹는다.

전혀 다른 각도의 사건을 가지고 우리 사회에 만연한 다수원인의 오류를 살펴보자.

'원정출산' 때문에 사회가 시끌시끌했다. 신문과 TV에서는 연일 원정출산의 원인이 무엇인가에 대해 앞다투어 떠들었다. 언론이 내린 결론은 하나였다. 우리나라는 사교육비가 너무 많이 들어 좀 더 좋은 환경에서 공부시킬 욕심에 그 나라 국적을 취득할 수 있는 원정출산들을 한다는 것이었다. 결국 사교육과 사교육비가 도마 위에 올라가게 된 것이다.

하지만 원정출산의 원인은 사교육이나 사교육비만이 아니다. 진짜 원인은 우리 사회가 믿을 수 없고 미래가 불투명하기 때문이다. 아이들이 왕따를 당해 죽어 나가고, 성적을 비관해 자살하고, 아이들을 한 줄로 세우기만 하는 현실 앞에서 어느 누가 이 나라에서 살고 싶다는 생각이 들 것이며, 자주 바뀌는 교육정책과 대학을 졸업해도 들어갈 수 없는 비좁은 취직문, 한창 일할 나이에 많은 가장들과 가족들이 거리로 내몰려야 하는 이 사회에 무슨 믿음이 생겨서 남아 있고 싶겠는가. 강남의 집 값은 아직도 엄청 비싸고, 그곳에 사는 사람들 중 40%는 고위 공직자들이며, 그곳의 학생들이 우리나라 유명대학에 80% 진학한다는 공식집계가 발표되면서 서민들에게 몰려오는 상대적 박탈감을 스스로 이겨내라는 이 사회가 전반적인 원인이지 사교육비 하나만이 원인은 아니다.

그런데 왜 언론과 정부는 사교육과 사교육비 쪽으로 방향을 맞추는가? 그건 사람들의 심리를 이용하는 것이다. 사람들은 특별한 어떤 것을 찾고, 정부는 희생을 당할 힘 약한 상대를 찾는 이해관계가 맞물려 한쪽 방향으로 마녀사냥 식 술책이 나오게 되는 것이다. 이처럼 많은 원인을 놓아두고 하나의 원인에 매달리는 오류는 사회 곳곳에 도사리고 있다.

이 기술을 토론에 사용할 때 상대의 맹점을 잘 이용할 필요가 있다. 상대방은 언제나 특별한 어떤 것을 찾고 있다는 것을 기억하고 토론에 이용해 봄직하다.

주어진 문장이 안고 있는 오류는 무엇인지 지적하고 당신의 답변을 적으시오!

주어진 문장

그 영화는 잘된 영화임에 틀림없다. 벌써 500만 명의 관객이 다녀갔고 표를 구하기 힘든 걸 보니….

신동명 교수의 답변

그 영화가 500만 명이 구경하고 표를 사기 힘들다는 것이 그 영화의 작품성과 밀접한 관계가 있는지 의문이다. 그것은 홍보에 의해서도 가능한 일이고, 상업적 전략에 의해 만들어진 상황일 수도 있는 것인데, 흥행성은 곧 작품성이라는 결론 도출은 받아들이기 어렵다.

강의 노트

위의 표현은 '다수의' 믿음을 근거로 주장을 펴는 데서 발생하는 유형으로 다들 그렇게 믿으니 당신도 그렇게 믿으라는 식의 주장에서 발생하는 오류이다. 다수의 믿음을 근거로 하나의 명제를 진실이라 주장하는 것 또는 다수의 믿음과 거리가 있다고 해서 하나의 명제를 거짓이라 주장하는 것은 논리적으로 무리가 있다. 왜냐하면 다수가 항상 옳은 것은 아니기 때문이다.

'지구는 둥글다'는 갈릴레오의 학설이 당시에는 웃음거리였을지 몰라도 시간이 흘러 결국 진리임이 판명된 것처럼 이 오류 유형은 다수의 힘에 의존한다는 것 때문에 한계가 있는 표현이다. 좀 더 많은 예를 통해 공부해 보도록 하자.

손님 : 이 양복은 '어째 좀 뭔가 따로 노는 것 같고….

옷가게 주인 : 약간 이상하게 보일지도 모르지만 그래도 이게 지금 제일 많이 팔리고 있는 디자인입니다. 안심하시고 구입하십시오.

내 몸에 맞지 않는 것을 유행이니까 입으라는 주인의 행동이 어딘가 모순된다는 것을 금방 느끼게 한다.

이 기술은 선언적인 상황이나, 청중의 감정을 격앙시킬 때에 아주 유효적절한 방법이다. 어느 누가 많은 사람을 위해, 전체를 위해 자기 자신을 희생하겠다는 데 감동받지 않을 수 있겠는가.

그런 측면에서 시저를 살해한 후 자신의 정당성을 주장하는 브루투스의 대중에 대한 호소와, 그것을 저지하는 안토니우스의 대중에 대한 호소를 살펴보고 그 기능을 잘 익혀두자.

브루투스 : "……내가 시저를 쓰러뜨린 것은 시저를 덜 사랑한 탓이 아니라 로마를 더 사랑한 탓이었소. 여러분은 시저 혼자 살고 나머지는 다 죽기를 원하시오? 시저가 죽고 만인이 자유인으로 사는 것보다? ……시저의 사랑에 대해서는 눈물이, 행운에 대해서는 기쁨이, 용기에 대해서는 존경이, 양심에 있어서는 죽음이 있을 뿐이오. 이 중에 누가 스스로 노예 처지를 원할 만큼 비열한 인간이 있소? 있다면 나서시오. 그 사람에게는 내가 죄를 범했소. 자, 로마인이 되기를 싫어할 만큼 몽매한 사람이 누구요. 있다면 나서시오. 그 사람에게는 내가 죄를 범했소. 조국을 사랑하지 않을 만큼 비열한 자가 누구요. 있다면 나서시오. 그 사람에게는 죄를 범했소. 자, 대답을 기다리겠소."

안토니우스 : "……여러분께 눈물이 있다면 지금이 쏟을 때요. 여러분은 모두 이 외투를 아실 거요. 나는 기억하오. 시저가 처음 이 옷을 입던 날을. 여름날 저녁, 그의 막사에서였소. 너어비 족을 이기던 그날. 보시오, 이곳을 캐시아스의 단검이 찔렀소. 보시오, 이 틈은 가증할 캐스타가 낸 칼자국이오. ……동포 여러분! 이제 나나 여러분이나 우리는 모두 쓰러진 것이오……."

이처럼 대중에 호소하는 것은 토론 상황에서 필요로 하는 경우가 많기 때문에 몸에 익혀두고 적절히 사용할 필요가 있다.

오류 12 반격당할 부분을 세밀하게 준비하가—원천봉쇄의 오류(전제 부재의 오류)
주어진 문장이 안고 있는 오류는 무엇인지 지적하고 당신의 답변을 적으시오!
주어진 문장 "제 정신을 가진 사람이라면 우리의 제안을 반대할 수는 없을 것입니다."
신동명 교수의 답변 전제나 논거가 제시되지 않고 무조건 반대하면 안 된다. 반대하면 정신병자라고 호도하는 상황에서 토론이 가능한가? 나는 당신이 대화를 하고자 하는 건지 의심스럽다.
강의 노트 위 문장의 표현은 자기편의 입장과 반대되는 주장을 하는 것은 나쁜 것 또는 불건전한 것으로 규정하면서 반론을 제기할 수 있는 가능성을 원천적으로 봉쇄하는 데서 발생하는 오류 유형이다. 이런 이분법적인 오류 유형도 우리 사회에 만연해 있다. 좀 더 많은 예를 통해 공부해 보도록 하자.

1) "우리가 추구하는 것은 그 누구도 반대할 수 없습니다. 만약 우리의 이상에 반대하는 사
    람이 있다면 그는 반역자라고 아니 할 수 없습니다."
2) "나와 함께 투쟁에 동참하겠는가? 아니면 비겁한 타협자로 전락하겠는가?"

위의 문장들은 무엇을 전제로 하고 있는지 알 수가 없다 그러나 분명한 건 자신의 편에 서지 않으면 나쁜 놈이라는 것만은 분명하다. 주장은 있고 전제와 논증은 없는 이상한 말들이지만 우리는 흔히 쓰는 말들이다.

김도현의 소설《로그인》의 한 대목을 통해 자신이 주장하는 것을 공격할 것에 대비하여 미리 막는 방법에 대해서 공부해 보자.

"그것은 혁명이 아니었습니다. 하지만 현재의 과학기술은 혁명입니다. 발전 속도로 생각해 보십시오."

"그래도 거칠게 요약하면 윤호 형의 생각이 토플러의《제3의 물결》류의 생각이라는 점엔 변함이 없는 것 같습니다. 정보화사회에서는 기술이 발전하면 세계가 밀접하게 되고 국제사회가 성립한다. 따라서 인간 사이의 네트워크가 발전하고 조화로운 공동체가 성립된다. 이런 건 말이지요. 테크노피아 같은 거요. 휴먼테크. 아름다운 세상을 기술이 만듭니다."

왜 기술혁명은 테크노피아란 말인가? 기술혁명이 아름다운 세상으로 이어질 거라는 것은 우리의 부단한 노력에 의해 이루어질 수 있는 것이지 기술혁명 자체가 아름다운 세상을 만들지 않는다. 그런데 이 화자는 왜 이렇게 표현했는가? 상대가 나중에 기술혁명의 문제점이나 허상을 공격할 수 있다고 판단하고 미리 기술혁명을 아름답게 포장해 놓은 것이다.

원천봉쇄의 오류는 내 주장 외에는 나쁜 것이 되어야만 힘을 발휘하다 보니 흑백사고의 오류와 많이 닮아 있다. 흑백사고의 오류는 어떤 집합의 원소가 단 두 개밖에 없다고 여기고 추리하는 오류를 말한다. 그 예를 들어보자.

"신의 존재를 믿지 않는다고요? 그럼 당신은 무신론자군요."

밥을 먹지 않아서 병약한 딸에게 어머니는 밥을 잘 먹어야 한다고 타일렀다. 그러자 이에 대해 딸이 신경질을 내면서 "엄마는 내가 뚱뚱보가 되면 좋겠어요." 하고 대꾸했다.

위의 문장은 유신론자의 반대는 무신론자(불가지론자도 있는데)라고 판단하는 데서 오는 오류이고, 그 밑의 문장은 밥을 먹으면 튼튼해질 수도 있는데 살이 찌는 것으로만 생각하는 데서 일어나는 오류이다. 이런 유형의 오류에 부닥치면 누구든 답답할 수밖에 없다. 이 기술은 상황이 급박하고 신속히 처리되어야 할 안건이 있을 때 사용하면 아주 좋은 효과를 거둘 수 있다.

주어진 문장이 안고 있는 오류는 무엇인지 지적하고 당신의 답변을 적으시오!

주어진 문장

"훔친 돈을 다 써버렸지?"

신동명 교수의 답변

당신은 '질문 속에 또 다른 질문'을 숨기고 있다. 당신이 유리한 쪽으로 답변을 유도하려고 애쓰고 있지만 나는 어느 것 하나 동의할 수 없다. 일단 '돈을 훔쳤다'는 것을 기정사실화하는 게 화가 나고, 돈을 훔치지 않았는데 돈을 썼다는 가정도 받아들일 수 없다.

강의 노트

'무엇인가 적재된 질문(loaded qestion)'이라는 이름의 이 오류는 하나의 질문에 또 다른 주장이 숨어 있어서 그 질문에 어떠한 방향으로 대답을 하든지 숨어 있는 주장에 대해서는 인정하게 되는 표현을 일컫는다.

'훔친 돈을 다 써 버렸지?'라는 질문에는 이미 돈을 훔쳤다는 것이 전제로 깔려 있다. '아니라니까요!'라고 대답했다고 해서 빠져나가지 못한다. 왜 그런가? 이 대답은 '돈을 안 훔쳤다'는 것인지, 아니면 '훔친 돈을 아직 다 안 썼다'는 것인지 그 의미가 불분명하기 때문이다. 좀 더 깊게 들어가서 만약 어느 한 부분만을 강조하여 듣게 되어 '안 썼어요'라고 대답한다면 사태는 말로 형언할 수 없게 흉폭해진다. '훔쳤다는 것'을 인정하는 상황이 되기 때문이다.

이렇듯 유도심문은 토론해 보아야 할 문제 또는 최소한 토론의 여지가 있는 문제에 관하여 어떤 입장을 가정하고 있다는 점에서 입증되지 않은 주장을 담고 있다. 또 다른 구체적인 예를 들어 공부해 보도록 하자.

"우리의 우정은 이런 사소한 문제 때문에 결코 깨어지지 않을 거야. 그렇지?"

이 표현에서 이미 문제는 사소한 문제가 되고 그 가정 '깨지지 않을 것'을 승인되도록 유도하고 있는 것이다. 하지만 여기서 이 질문을 받은 친구가 그 문제가 사소한 것인가 아닌가를 문제 삼는다면 이 말을 한 의도는 산산이 박살나 버리고 만다.

오류가 내포된 앞의 질문들에 잘못 대응하면 억울하게 피해를 보게 되는 수가 있다. 앞에서 배운 복합(다중)질문의 오류와 비슷한 유형이다. 이런 상황이 발생했을 때에는 당황해하지 말고, 앞에서 배운 복합(다중)질문의 요소요소를 분해해서 하나씩 하나씩 풀어 증명하면 된다.

주어진 문장이 안고 있는 오류는 무엇인지 지적하고 당신의 답변을 적으시오!

주어진 문장

"국가보안법은 국민의 기본권을 부당하게 침해할 소지가 많습니다. 그것은 형법으로 통합하는 것이 마땅합니다."

"당신의 주장은 공산주의를 수용하자는 얘기입니다. 공산주의가 인류의 역사에 얼마나 해독을 끼쳐온 줄 아십니까?"

신동명 교수의 답변

당신은 지금 국가보안법은 공산주의와 직결되어 있는 것처럼 표현하고, 그것을 저지하기 위해서 '공산주의는 무조건 나쁘다'라는 실체 없는 경험주의적 허수아비를 내세워 폭력을 휘두르려 하고 있다.

강의 노트

재미있는 우화를 하나 보자.

겨울이 가까워지자 숲속의 왕 호랑이는 몹시 걱정이 되었습니다. 겨울이 오면 사냥하기가 힘들어져 나이 든 호랑이들은 잘못하면 굶어 죽을 것 같았기 때문입니다. 그래서 늑대와 여우를 불렀습니다.

"애들아, 우리 힘을 합쳐 사냥을 하자꾸나. 추운 겨울에 대비해야지."

늑대와 여우는 늙었지만 그래도 무서운 호랑이 말에 꼼짝 못하고 함께 숲으로 갔습니다. 늑대가 망을 보고 여우가 짐승들을 꼬여냈습니다. 그리고 호랑이는 숨어 있다가 짐승들이 오면 날카로운 이빨로 물어 죽였습니다. 며칠 동안 사냥을 하니 꽤 많은 짐승들을 잡을 수 있었습니다. 이제 충분해졌다고 생각한 호랑이는 이렇게 말했습니다.

"자, 이만하면 겨울을 날 수 있겠다. 우리 공평하게 나누어보자. 늑대, 네가 나누어봐."

늑대는 잡은 짐승들을 세 덩이로 똑같이 나누어 놓았습니다.

"자, 공평하게 나누었습니다. 호랑이님. 이 중 아무거나 골라 가지세요."

그러자 호랑이는 '어흥' 하면서 불같이 화를 내었습니다.

"이게 뭐가 공평하단 말이야? 짐승들을 물어 죽인 것은 나야. 너희들은 그저 이리저리 뛰어다니기만 했잖아. 다시 나누어!"

늑대는 고개를 갸웃거렸습니다. 그리고는 다시 나누었지만 마찬가지로 똑같은 세 덩이였습니다.

"됐습니까, 호랑이님? 이제 아무거나 고르세요."

"이놈아, 내가 덩치도 제일 크고 힘도 제일 센데 어떻게 이따위로 나누느냐? 네가 무서운 것이 없나 보구나."

호랑이는 화가 머리끝까지 치솟아 그만 늑대를 물어죽이고 말았습니다. 호랑이는 날카로운 발톱과 이빨을 드러내면서 다시 곁에서 오들오들 떨고 있는 여우에게 말했습니다.

"자, 여우야. 이제 너와 나뿐이다. 네가 공평하게 둘로 나누어봐라."

"예예, 호랑이님. 제가 공평하게 나눌 테니 제발 화내지 마세요."

여우는 얼른 이렇게 말하고서는 한 덩이는 커다랗게 쌓고, 조그만 토끼 한 마리만 자기 쪽에다가 놓았습니다. 그러자 호랑이는 '어흥' 하고 웃으면서 이렇게 말했습니다.

"역시 여우 너는 공평하게 나눌 줄 아는구나. 어디서 그런 법을 배웠지?"

여우는 잽싸게 토끼를 물고 도망치면서 이렇게 말했습니다.

"그야 물론 방금 죽은 늑대에게서 배운 것이지요."

이 우화를 통해서 '허수아비 논증'의 오류가 무엇인지 잘 알 수가 있는데, '허수아비 논증'의 오류는 상대편이 제시한 주장을 자신이 공격하기 쉽게 자기 멋대로 바꾸어 해석한 후 역습하는 방법이다.

오류 15. 힘으로 협박하여 관철시키기―힘에 호소하는 오류

주어진 문장이 안고 있는 오류는 무엇인지 지적하고 당신의 답변을 적으시오!

주어진 문장

"물론 산타클로스 할아버지는 있다. 그러나 그 존재를 믿지 않는 어린이에게는 아무 선물도 안 가져다준다."

신동명 교수의 답변

당신의 주장을 살펴보면 '산타클로스는 있지만 믿지 않으면 선물을 못 받는다'는 것인데, 이것은 '선물을 받고 싶으면 반드시 믿어야만 된다'는 협박이다. 그러니까 당신은 협박으로 자신의 주장을 펴나가고 있는 오류를 저지르고 있는 것이다.

강의 노트

'힘에의 호소'란 자신의 힘을 사용하겠다고 상대편을 협박함으로써 뜻을 관철시키는 오류이다. 대개 합리적인 논증이나 증거가 없을 때 쓰는 방법으로, 어린아이들이 싸울 때 주로 사용하는 '너 내 말 안 들으면 혼날 줄 알아?' 하면서 주먹을 불끈 쥐어 보이는 것도 바로 힘에 호소하는 오류의 예라고 할 수 있다. 힘에 호소하는 오류에 대해 공부해 보자.

아프리카에는 미개한 흑인들이 많이 살고 있습니다. 그렇지만 그들은 나름대로 지혜롭게 자연을 가꾸며 행복한 생활을 하고 있지요. 어느 날 이 아프리카의 한 부락에 백인 선교사가 들어왔습니다. 이 선교사는 이곳에 교회를 짓고, 흑인들에게 글을 가르쳐주면서 복음을 들려주었습니다. 선교사가 설교를 할 때면 많은 사람들이 귀를 기울이며 들었습니다. 왜냐하면 이 선교사의 설교 내용은 아름다운 천국이나 무서운 지옥 이야기들이 대부분이기 때문이었습니다. 그런데 선교사는 원주민들이 미개한 티를 벗고 자신의 말에 따라 서양식의 생활을 해 주기를 바랐습니다. 그래서 그는 매일같이 잔소리를 해야 했지요.

"나무에 절하는 것은 우상숭배예요. 하지 말아요, 아무 데서나 용변을 보는 것은 미개한 짓이에요, 왜 얼굴에 이상한 칠을 하고 다니는 거죠?, 왜 무섭게 북을 치고 춤을 추나요. 그건 나쁜 행동이에요."

선교사는 부락의 사람들이 오래 전부터 행해 온 모든 생활태도에 참견했습니다. 그래서 마을 사람들은 속으로 불만을 갖게 되었지요.

"저 선교사는 왜 저렇게 잔소리만 해댈까? 저 사람 말대로만 하면 우리는 곧 나쁜 이웃 종족에게 쫓겨나고 말 거야."

이런 불만을 알게 된 선교사는 화가 나서 사람들에게 겁을 주기로 작정했습니다. 그래서 어느 날 가지고 있던 무시무시한 지옥 그림을 꺼내 보여주었습니다.

"자, 보세요. 여러분들이 자꾸 죄를 지으면 이렇게 무서운 지옥으로 가게 된답니다."

그러자 사람들은 놀라 두려움에 떨었습니다. 선교사는 속으로 '이제 됐다. 사람들은 이제 내 말을 잘 들을 거야'라고 생각하고 기분이 좋았습니다. 그런데 이상한 일이었습니다. 그 후로 사람들이 교회에 나오지 않는 것이었습니다. 오히려 자신들의 생활을 자랑스럽게 여기는 눈치였습니다. 이상하게 생각한 선교사는 사람들을 찾아가 물었습니다.

"당신들은 왜 교회에 나오지 않는 거죠?"

그러자 한 사람이 대답했습니다.

"저 지옥 그림 때문이랍니다."

"뭐라고? 지옥이 무서우면 교회에 나와 내 말을 잘 들어야 하지 않나요?"

그 사람은 다시 빙그레 웃으면서 이렇게 말했습니다.

"선교사님, 저 그림을 잘 보세요. 지옥에서 벌을 받고 있는 사람은 모두 다 백인들뿐이잖아요. 그러니까 하나님께서는 여태껏 우리가 살아온 방식이 죄라고 생각지 않는다는 증거지요. 그러니 선교사님도 하나님의 뜻에 따라 우리 죄 없는 흑인들에게 이러쿵저러쿵하지 마시고 죄 많은 백인들에게 가서 설교하시는 편이 나을 거예요."

선교사는 교회의 신도들로 만들기 위해서 겁을 주려는 생각을 했고, 흑인들은 이런 선교사가 귀찮아서 선교사의 말을 거꾸로 되받아친 것이다. 여기에서 선교사는 지옥 그림으로 미개한 흑인들을 협박하는 '힘에의 호소'라는 오류를 범했다. 그렇다면 흑인들은 어떤 오류를 범했을까? '지옥에는 백인만 있다'는 일방적이고 자기 쪽에 편리한 생각, 즉 '허수아비 논증의 오류'를 저지르고 있는 것이다

주어진 문장이 안고 있는 오류는 무엇인지 지적하고 당신의 답변을 적으시오!

주어진 문장

"나는 기회가 주어지면 파리를 꼭 구경하고 싶어. 그 도시에 가면 집 한 채, 작은 다리 하나까지도 아름다움이 넘칠 거야. 흔히 파리는 예술의 도시라고들 하잖아."

신동명 교수의 답변

당신은 분할의 오류를 저지르고 있다. 파리가 예술의 도시라는 것은 분명하지만 그곳에 있는 하나하나가 모두 예술적으로 표현된 것은 아니다. 집이나 다리는 생활에 유용하도록 지어졌지 예술적으로 지어지지 않았기 때문이다.

강의 노트

분할(분리)의 오류는 '전체의 특성을 그것을 이루는 부분에 적용시키는 것'으로, 전체의 특성에는 참일지 모르지만 부분에 있어서는 거짓임에도 불구하고 주장의 근거로 삼음으로 해서 발생하는 오류이다. 이 오류는 2가 짝수이므로 그것을 반으로 나누어 생긴 1과 1도 그 각각이 짝수라는 식의 주장에서 명확히 드러난다. 또 다른 구체적인 예를 통해 자세히 살펴보도록 하자.

A : 저 앞에 있는 동이 105동인가요?

B: 그럴걸.

A : 우리 동보다 건물이 훨씬 크네.

B : 아마 평수가 더 넓겠지.

이 표현에서 보여지는 것처럼 아파트 건물 전체의 크기가 크다고 해서 구성요소인 세대 하나하나가 더 넓다는 보장은 없다. 두 배 큰 건물에 세 배가 넘는 세대가 들어가 있다면 세대 각각의 크기는 오히려 더 작을 수 있기 때문이다.

"일본은 경제부국이 되었다. 그러므로 일본 사람들은 모두 부자다."

"이 대학 교수진이 가장 뛰어나다. 그러므로 이 대학의 교수인 김 선생은 가장 뛰어난 교수이다."

이 주장들도 역시 분할(분리)의 오류가 저질러진 표현이다.

오류 17. 부분을 가지고 전체로 우기가―합성(결합)의 오류
주어진 문장이 안고 있는 오류는 무엇인지 지적하고 당신의 답변을 적으시오!

주어진 문장

"이 오케스트라의 구성은 모두 일급 연주자로 되어 있다. 그러므로 이 오케스트라는 일급이다."

신동명 교수의 답변

당신은 합성의 오류를 저지르고 있다. 오케스트라를 구성하는 연주자 각각은 일급일지 몰라도 오케스트라에서 표현되는 음악은 조화가 중요하기 때문에 일급이 아닌 음악이 나올 수도 있다.

강의 노트

이 오류는 분할(분리)의 오류와 반대되는 오류 유형이다. 합성의 오류는 부분의 합으로 전체를 만드는 과정에서 지나치게 단순하고 병렬적인 통합만을 전제함으로써 발생하게 된다. 부분과 부분이 통합할 때에는 화학적 반응이 일어날 수도 있고, 물리적 변형이 이루어질 수도 있고, 통합으로 인해 일종의 시너지 효과가 일어날 수도 있음을 염두에 두지 않아서 일어나는 오류이다. 구체적인 예를 몇 가지 더 검토하여 머릿속에 확실히 집어넣도록 하자.

옷가게 주인 : 이 양복이 올해 유행할 디자인 중 하나랍니다. 그리고 저 넥타이들도 다 올해 유행하는 것들입니다. 이 양복하고 저기 있는 파란색 넥타이를 세트로 구입하세요.

손님 : 글쎄, 이 양복에는 체크 무늬가 들어 있고 저 파란색 넥타이에는 세로 줄이 있는데요. 어째 좀 혼란스러운 느낌이 들지 않을까요?

옷가게 주인 : 둘 다 올 해 유행하는 디자인들이니 안심하고 구입하세요. 잘 어울릴 거예요.

"대나무가 뭐가 비싸다고 이 대나무 공예품이 그리 비싸단 말이오?"
위의 예는 합성의 오류가 일어난 표현이다.
우리는 축구나 농구에서 올스타 팀이 졸전을 펼치는 경우를 간혹 볼 수 있다. 구성 요소 하나하나가 우수하다고 해서 그것들을 모아 놓은 전체가 우수하다고 장담할 수는 없다.

<table>
<tr><td colspan="1">오류 18. 흑백으로 나누어 우기기—흑백 사고의 오류</td></tr>
</table>

주어진 문장이 안고 있는 오류는 무엇인지 지적하고 당신의 답변을 적으시오!

주어진 문장

밥을 먹지 않아서 병약한 딸에게 어머니는 밥을 잘 먹어야 한다고 타일렀다. 그러자 딸이 신경질을 내면서 "엄마는 내가 뚱뚱보가 되면 좋겠어?" 하고 말대꾸를 했다.

신동명 교수의 답변

딸은 밥을 먹으면 살이 찌고, 밥을 안 먹으면 날씬해진다는 흑백논리에 빠져 있다. 밥을 먹으면 건강해진다는 엄마의 마음도 모르고.

강의 노트

흑백사고의 오류는 어떤 종류(집합)의 원소가 단 두 개밖에 없다고 여기고 추리하는 오류이다. 어떤 대상의 색깔이 하얗지 않다는 전제에서 그 대상이 검다는 결론을 내리는 것은, 그 대상이 가질 수 있는 색이 하얀색이나 검은색의 단 둘 뿐이라는 가정을 하고 있는 것으로, 두 가지 색 외에 다른 많은 색이 있다는 것을 간과하여 발생하는 오류이다.

위의 주어진 문장을 보면 엄마는 딸의 건강이 걱정되어 밥을 먹으라는 것인데, 딸은 먹으면 살이 찌고 안 먹으면 날씬해진다는 흑백논리를 갖고 있기에 엄마에게 도리어 화를 내게 된 것이다.

더 많은 구체적인 예들을 가지고 '흑백사고의 오류'를 체득화해 보자.

"신의 존재를 믿지 않는다고? 그렇다면 당신은 무신론자군."

이 문장을 살펴보면 세상에는 오로지 두 가지밖에 존재하지 않는다는 논리가 숨어 있음을 알 수가 있다. 유신론자 아니면 무신론자. 유신론자가 아니라고 해서 무신론자라는 결론은 나오지 않는다. 왜냐 하면 신의 존재에 관한 태도는 이 두 가지 말고도 범신론자, 불가지론자 등 여러 가지가 더 있기 때문이다.

"나와 함께 투쟁에 동참하지 않겠는가? 아니면 비겁자로 전락하겠는가."

왜 동참을 해야 하고, 왜 투쟁에 동참하지 않으면 비겁자로 전락되어야 하는지 어떤 설명도, 논리적 근거도 없다. 또한 이 사람은 투쟁에 동참하면 용기 있는 자요, 투쟁에 동참하지 않으면 비겁자라는 이분법적인 사고에 빠져 있다는 걸 알 수가 있다.

"너, 나 사랑하니? 아니라고? 그럼 너는 나를 미워하고 있구나!"

사람의 감정은 복잡다기하다. 그런데 이 문장의 주인공은 사랑하지 않으면 미워하는 것이라는 논리를 가지고 있다. 여자와 남자라 하더라도, 즉 이성간의 감정이라 하더라도 사랑 아니면 미움이라는 등식은 성립할 수 없다. 이성에 대한 감정에는 사랑과 미움 외에도 좋아하는 감정 등 다양하기 때문이다.

오류 19. 원인이 아닌 것 갖다 붙이기―거짓 원인의 오류

주어진 문장이 안고 있는 오류는 무엇인지 지적하고 당신의 답변을 적으시오!

주어진 문장

까치가 울면 반가운 손님이 온다.

신동명 교수의 답변

까치가 우는 것과 반가운 손님이 오는 것은 각각 다른 일이요, 까치가 우는 것이 원인이 될 수 없음에도 불구하고 어떤 결과의 원인이라고 생각하는 데서 오류를 저지르고 있다.

강의 노트

까치라는 동물은 높은 나무에 둥지를 짓고 살다가 잘 모르는 사람이 나타나면 개처럼 짓는 습성이 있다. 자기 영역에 대한 경계의 표시가 아닌가 한다. 옛날 사람들은 까치가 울면 반가운 손님이 온다는 말을 하는데, 정말 까치가 울었기 때문에 손님이 온 것일까? 생각해 보자.

사람들이 잘 안 오는 시골에 외부에서 사람이 오면 매우 반가울 것이다. 도시 이야기도 듣고, 적적한데 말동무가 생기기도 했으니 당연하다. 그런데 까치는 처음 보는 사람이다. 만날 보던 낯익은 대머리 아저씨가 아니라 집 나간 아들놈이 되었건, 지나가던 나그네가 되었건, 까치가 볼 땐 처음 보는 사람이기 때문에 깍깍거리며 운다.

마을에 새로운 사람이 등장하면 나무 위에 있는 까치가 당연히 가장 먼저 보게 된다. 때문에 사람들한테는 까치가 울면 반가운 손님이 오는 신호로 생각되었을 것이다. 그렇다면 까치가 우는 것 때문에 사람이 오는 것일까, 사람이 오니까 까치가 우는 것일까? 결론을 내리면 원인이 가짜가 된다. 즉, '거짓 원인의 오류'이다.

또 다른 문장을 가지고 '거짓 원인의 오류'를 알아보자.

그는 자기 호주머니에 토끼 다리를 넣어 두었기 때문에 경주에서 우승하는 것이 당연하다고 생각했다.

성공한 사람의 부인은 값비싼 옷을 입고 다닌다. 따라서 여자가 남편의 성공을 돕는 최선의 비결은 값비싼 옷을 사서 입는 것이다.

호주머니에 토끼다리를 넣는 게 원인이 되어서 잘 달릴 수 있다든지, 비싼 옷을 입는 것이 원인이 되어서 결과적으로 남편이 성공할 수 있다면 우리는 달리기를 할 때 치타 다리나 타조 다리를 몸에 지니면 더욱 잘 달릴 것이고, 남편이 한 달에 백만 원을 벌어 오는데 천만 원짜리 옷을 사 입으면 그 집 꼴이 잘 될 수 있을 것이다.

다음 문장은 다른 원인에 의해 발생하는 두 현상 중 하나를 원인이라고 착각하여 발생하는 오류 유형으로 '공통 원인의 오류'라고 부른다.

"번개가 잦으면 천둥이 친다. 이로 보아 번개는 천둥의 원인이다."

번개와 천둥이 치는 원인은 바로 상층권에서 먹구름이 부딪치기 때문이다. 따라서 번개와 천둥은 원인이 아니라 현상일 뿐인데 사람들은 두 현상 중에 하나를 원인으로 착각한다.

'거짓 원인의 오류'와 '공통 원인의 오류'를 알아보았다. '다수 원인의 오류'도 같은 부류이다.

<table>
<tr><td colspan="1" align="center">오류 20. 동음이의어 이용하기—애매어의 오류</td></tr>
</table>

주어진 문장이 안고 있는 오류는 무엇인지 지적하고 당신의 답변을 적으시오!

주어진 문장

그녀가 천사라고? 그러면 나는 그녀와의 결혼을 재고해야겠네. 최소한 나의 반려자는 인간이어야 하거든.

신동명 교수의 답변

당신은 동음이의어에 의해 발생하는 오류를 저지르고 있다. 여기서 '천사'라는 단어는 두 가지로 해석이 가능하다. 하나는 종교적인 측면으로써의 천사이고, 하나는 마음이 착하고 예쁘다는 인간적인 측면으로써의 천사이다. 당신의 말대로라면 착하고 예쁜 여자는 모두 결혼할 수 없어야 한다는 말이 아닌가!

강의 노트

주어진 문장을 보면 A라는 사람은 '천사'라는 동음이의어를 통해 2개의 본질적으로 다른 일들을 섞었고, 이로써 동음이의어를 통한 '논점의 변화'를 시도하려 하였다. 하지만 우리는 그 '천사'라는 단어가 두 가지 측면으로 사용되고 있다는 것을 너무나 잘 알고 있다. 그래서 A의 의도는 쉽게 드러날 수밖에 없는 것이다. 동음이의어 사용은 누구의 눈에도 뻔한 궤변이면 진정으로 속이지 못하게 된다.

그러나 교묘하게 꾸민 문장은 상대방이 쉽게 속아 넘어간다. 예를 들어 '모든 빛은 꺼질 수 있다, 이성은 빛이다, 이성은 꺼질 수 있다'는 문장에서 보이는 4개의 명사 가운데 '빛'은 본래의 의미로 이해되기도 하고, 상징으로 이해되기도 한다. 여기서 보여지는 것처럼 동일한 단어로 표현되는 개념들이 서로 비슷하면서 의미가 서로 넘나드는 경우에는 당연히 속아 넘어간다.

이 기술은 궤변론에서 시작된 기술로 동음이의어를 이용하여 상대가 제기한 주장을 단어가 같다는 것 외에는 거론되고 있는 일과 거의 또는 전혀 일치하지 않는 것으로 연장시켜 놓고, 이를 반박하면서 마치 상대의 원래 주장을 반박하는 것처럼 보이게 하는 기술이다. 앞에서 상대가 주장한 단어가 두 가지 이상으로 해석되며, 이 두 가지는 서로 일치하는 것이 없다는 표현을 통해 그 사람의 주장이 잘못된 것으로 몰아가는 기술을 공부했다. 이번에는 반대로 동음이의어를 이용하여 상대의 말을 받아치는 예를 들어보자.

A : 당신은 아직 칸트철학의 신비를 접하지 못하셨군요.

B : 어이쿠! 신비한 것이라면 알고 싶지도 않습니다.

이 문장은 '당신이 저지르고 있는 문제가 동음이의어에 의한 오류'라는 것을 구체적으로 명시하지 않고도, 상대가 오류가 저질러지는 부분을 정확하게 찾아내 한 번 더 공격하여 효과를 얻은 형태이다. 이러한 문제들(기술)은 '논점을 일탈하지 마시오' 또는 '논점을 흐리지 마시오', '지금 논의하는 문제는 그것이 아닙니다' 등으로 경고할 수 있어야 한다.

오류 21. 양쪽에 칼날 세우기-양도추리(딜레마 논법)

주어진 문장이 안고 있는 오류는 무엇인지 지적하고 당신의 답변을 적으시오!

주어진 문장

비가 오면 큰아들의 미투리가 안 팔릴 것이므로 걱정이다. 비가 안 오면 작은아들의 나막신이 안 팔릴 것이므로 걱정이다. 날씨는 비가 오거나 안 오거나 둘 중의 하나일 것이다.

신동명 교수의 답변

왜 그렇게 생각해야 하나. 비가 오면 작은아들 나막신이 잘 팔리니 기쁘고, 비가 안 오면 큰아들의 미투리가 잘 팔릴 텐데 말이다. 그렇게 되면 늘 기쁜 나날이 계속될 수 있는 것 아닌가. 의식의 전환이 필요한 표현이라고 생각한다.

강의 노트

양도추리 대전제는 두 개의 조건명제(~라면 ~일 것이다)로 이루어져 있고, 소전제는 두 개의
선언지(~이거나 ~이다)로 이루어져 결론을 내리는 삼단논법이다. 이 방법은 형식상 아무 하
자가 없다. 그러나 면밀히 검토하면 수사적 내용이 문제가 되는 오류 유형이다. 이 딜레마
논법은 상대방을 설득시키거나 곤경에 빠뜨릴 목적으로 주로 사용되는 유형이기도 하다.
또 다른 두 가지 예를 보자.

"만일 이 책들이 코란을 동조하고 있는 데 불과하다면 쓸모가 없다. 또 만일 이 책들이 코
란을 반박하고 있다면 해로운 것이다. 이 책들은 코란에 동조하고 있거나 반박하고 있다.
따라서 이것들은 불필요하거나 해로운 것들이다. 그러므로 불태워져야 한다."

"만일 내가 일을 하면 나는 즐거운 시간을 보낼 수 없다. 반면 빈둥거리고 일하지 않으면
돈을 벌 수 없다. 나는 일을 하거나 빈둥거리고 일을 하지 않거나 한다. 그러므로 나는 돈
을 벌지 못하거나 즐거운 시간을 보내지 못하거나 한다."

이 두 가지 문장에서 보여지는 것처럼 어느 쪽을 선택해도 빠져나갈 수 없다. 이럴 때 빠져
나가는 방법은 대전제의 명제들을 따지는 것이다. 예를 들어 '코란에 동조한다고 해서 과
연 쓸모가 없는 것인가'로 접근하든지, '반대 딜레마'로 되받는 방법이 있다. 즉, '만일 내가
일을 하면 나는 돈을 번다. 또 만일 내가 빈둥거리고 일하지 않으면 나는 즐거운 시간을 보
낸다. 나는 일을 하거나 빈둥거리고 놀거나 한다. 그러므로 나는 돈을 벌든가 즐거운 시간
을 보내든가 한다'처럼 의식의 대전환을 필요로 하는 것을 지적하고, 수사적 내용의 문제
를 전면 수정하면 토론에서 이길 수 있다.
토론에서는 항상 남의 문제는 정확하게 지적하고, 내가 사용할 때에는 상대를 난처한 상황
으로 몰아가면 유리한 입장에서 승리를 이끌어낼 수 있다.

오류 23. 자의적 해석으로 헷갈리게 하기―은밀한 재정의의 오류

주어진 문장이 안고 있는 오류는 무엇인지 지적하고 당신의 답변을 적으시오!

주어진 문장
"동명이는 점심값을 안 내는 걸보면 수전노가 분명해."

신동명 교수의 답변
동명이라는 사람이 점심값을 안 낸 것은 절약정신이 투철하다고 볼 수도 있고, 돈이 없어
서 못 낼 수도 있다. 또 수전노보다 구두쇠라고 표현할 수도 있는데, 수전노라는 강력한 단

강의 노트

위의 오류는 은밀한 재정의 오류이다. 은밀한 재정의의 오류란 용어가 갖는 사전적 의미에 자의적(恣意的)인 의미를 은밀하게 덧붙임으로써 생기는 오류로, 일상생활에서 또는 토론을 할 때 많이 발생한다. 특히 남을 헐뜯고 공격하고 비꼬려 할 때 의도적으로 많이 일어나는 오류이다.

다음과 같은 문장 표현을 보면 은밀한 재정의의 오류가 어떤 것인지 분명하게 알 수 있다.

"그 친구, 정신병원에 보내야 하는 것 아닌가? 요즘 세상에 뇌물을 마다하다니, 미치지 않고서야 어찌 그럴 수가 있어?"

이 표현을 보면 정당하지 않은 주장을 통해 은밀하고도 교묘하게 문장을 만들어, 얼핏 들으면 그 친구가 정말 정신병원에 가야 하는 사람인 것처럼 호도하고 있는 것을 알 수 있다.

언어는 사회성과 역사성을 지닌다. 따라서 개인적 필요에 따라 개인이 즉흥적으로 단어의 의미를 마음대로 변화시키는 것은 언어소통에 큰 장애와 혼란을 가져올 수 있다. 그럼에도 불구하고 우리는 종종 어떤 단어의 의미를 자의적으로 변화시키는 오류를 범하는데, 바로 그것이 은밀한 재정의의 오류가 된다.

위의 표현에서도 '미친 사람'이라는 표현이 '뇌물을 거절하는 사람'으로 은밀하게 재정의되어 멀쩡한 사람을 정신병원에 보내야 하는 위험천만한 오류가 발생하게 되는 것이다. 여기서 '미치다'가 여러 가지 뜻으로 쓰일 수 있으므로 애매어의 오류라고 주장하는 사람도 있다. 많은 사람들이 애매어의 오류와 은밀한 재정의 오류를 혼동한다. 애매어의 오류는 '모든 인간은 죄인이다. 그리고 모든 죄인은 감옥에 가야 해. 그렇다면 인간은 모두 감옥에 처넣어야 하는 거야'라는 형태로, 여기서 '죄인'이라는 단어가 중의적 의미를 가지고 있기 때문에 발생한 오류이다. 반면, 위의 문장을 보면 '미친 사람'의 뜻은 여러 가지 의미 중 '제 정신이 아닌 사람'으로 사용되고 있다는 것을 알 수 있다. 그리고 이 '제 정신이 아닌 사람'은 '뇌물을 거절한 사람'에 덧 씌워져 재정의되고 있는 것을 발견할 수 있다.

애매어 사용 오류는 용어의 명확화로 오류가 해결되지만, 자의적 해석이 덧붙여지는 재정의의 오류는 그렇지 못하다. 더 정확히 표현하면, 애매어의 오류가 단어 자체에 원래 존재하는 애매성을 이용한 오류라면, 은밀한 재정의 오류는 주장하는 쪽이 자기 혼자서 일부러 애매성을 만든 경우라고 판단하면 된다. 이미 있던 애매한 말인가, 그 순간 본인이 자의적으로 덧붙였는가가 관건이다. 또 다른 문장을 통해 은밀한 재정의 오류에 대하여 살펴보자.

"저 남자가 담을 넘는 것을 보니 도둑질하러 가는 것이 분명해. 도둑일 거야."

이 표현에서 우리는 담을 넘는 이유가 문은 잠기고 열쇠가 없기 때문일 수도 있는 것인데, 담을 넘는 행동에 도둑이라는 자신이 가지고 있는 임의의 이미지를 덧씌워 도둑으로 몰아가는 것을 볼 수 있다.

주어진 문장이 안고 있는 오류는 무엇인지 지적하고 당신의 답변을 적으시오!

주어진 문장

"저 사람도 신호위반했는데 왜 나만 벌금을 내요? 아저씨는 평생 신호위반 한 번도 안 하고 살았나보죠. 그렇게 깨끗하세요?"

신동명 교수의 답변

당신도 잘못했고, 저 사람도 잘못한 것이다. 잘못한 행동에 벌금을 내는 것은 합당한 일이다. 내가 만약 신호위반하는 것을 발견한다면 즉시 고발하라. 나 역시 벌금을 내겠다.

강의 노트

본인이 비판받은 내용은 비판하는 사람에게도 역시 동일하게 적용됨을 근거로 비판에서 벗어나려는 오류를 우리는 역공격의 오류 또는 피장파장의 오류라고 한다. 일명 '두 개의 잘못이 하나의 옳음을 만드는 오류'로, '너나 나나 매한가지이므로 맞는 것으로 치자'거나, '너는 뭐 잘한 게 있어?', '너 죽고 나 죽자'와 같은 표현이 대표적인 경우이다.

"오빠 뭐 잘했다고 그래? 오빠 더 하더라 뭐."

"너 왜 거짓말 했어? 너도 거짓말 했잖아?"

연인들끼리 주고받는 대화에서 주로 볼 수 있는 대화 내용이다. 연인 관계는 특별한 논리가 필요한 관계가 아니다 보니 말꼬리 잡기, 너 죽고 나 죽기, 한 말 또 하기가 반복된다. 그러고는 보통 남자가 여자에게 지는 것으로 그 끝을 맺는다.

역공격의 오류, 피장파장의 오류는 어떤 주장을 그 내용과 관련된 정당한 근거에서 비판하는 것이 아니라, 그 주장을 하고 있는 사람도 그 주장에 담겨 있는 것과 같은 잘못을 과거에 했다는 이유로 그 주장이 잘못된 것이라고 일축할 때 발생하는 오류로, 일종의 양비론(서로 충돌하는 두 의견이 모두 틀렸다는 것을 말한다. 어떤 주장이 대립되는 모든 분야에서 광범위하게 사용되는 용어이다. 학문적 이론이나 사회적 주장이 양분되어 있을 때, 어느 한편에도 동의하지 않는 제3자가 새로운 주장을 전개하는 경우에 주로 나타난다. 특히 정치적인 의미에서는 대립되는 두 주장을 시시비비 가림 없이 양쪽 모두가 다 잘못되었다고 싸잡아 비판하는 태도를 함축하고 있다)의 형태를 가지고 있는 오류이다 보니 이긴 것 같으면서도 도대체 개운한 맛이 없는 과정만 그려지게 된다.

그렇다면 이런 역공격의 오류에 대응할 수 있는 방법은 무엇일까? '너 죽고 나 죽자'의 공격에서 살아남는 방법은 '너 죽고 나 살자'이다. 답변에서 보여지는 것처럼 상대방이 잘못한 것을 분명히 해주고, 내가 잘못한 것을 인정하면 모든 것이 시원하게 정리된다.

오류 25. 아무런 관련 없는 정황으로 우기기─정황에 호소하는 오류

주어진 문장이 안고 있는 오류는 무엇인지 지적하고 당신의 답변을 적으시오!

주어진 문장

"정부 정책에 대한 박 의원의 비판은 귀담아 들을 가치가 없다. 그는 야당 의원 아닌가?"

신동명 교수의 답변

박 의원이 주장한 내용과 야당 의원이라는 그의 신분은 직접적인 관계가 없다. 박 의원의 주장이 옳다면 여당, 야당이 어디 있겠는가? 당신이 박 의원의 주장을 비판하려면 그 주장의 잘못된 내용과 논리를 논박해야 옳을 것이다.

강의 노트

이혼을 찬성하는 사람이, 이혼은 여러 가지 이유에서 볼 때 옳지 않다고 반대하는 가톨릭 신부에게 "당신이 독신생활하면서 어떻게 그런 주장을 할 수 있습니까?"라든지, 노동자가 노동시간을 단축해야 한다고 주장하는 것에 대하여 "노동자는 노동시간을 단축하는 것을 주장하기 마련 아닌가?"라고 말하는 것은 모두 정황에 호소하는 오류의 유형이다.

앞의 내용은 신부의 이혼 반대론을 직접 논박하지 않고 신부가 처한 특별한 상황, 즉 독신생활을 언급하면서 자기의 주장을 받아들이도록 우기고 있는 것이고, 뒤의 내용은 과도한 노동시간의 인정이 아니라, 노동자의 입장이니까 그렇게 주장할 수밖에 없다는 직업과 처지를 들먹임이며, 정황을 이용함으로써 노동자의 주장을 가치가 없는, 평가절하시켜 물리치려고 하는 의도가 숨겨져 있기 때문에 전형적인 정황에 호소하는 오류의 형태인 것이다.

이처럼 주장이 참인가 거짓인가 하는 문제는 무시한 채, 어떤 사람이 처한 정황(직업, 직책, 지위, 처지, 환경 등)을 비난하거나 트집 잡아 논리의 근거로 내세움으로써 자신의 주장이 타당하다고 믿게 하려는 오류를 '정황에 호소하는 오류'라고 한다.

어떤 주장이나 행위를 그 내용과 관련된 정당한 근거에서 비판하는 것이 아니라, 그 사람의 신념과, 그 신념을 가지고 있는 정황과는 아무런 연관이 없음에도 불구하고 무리하게 연관지을 경우 이러한 오류를 범한다. 특히 두 사람 간의 논쟁에서, 그 중 한 사람이 자기 주장이 참인가 거짓인가 하는 문제는 무시한 채, 상대방은 그가 처한 정황 또는 상황으로 보아 자기의 생각을 받아들이지 않으면 안 된다고 주장하려 할 때, 상대방이 어떤 특별한 상황에 처해 있는 것으로 보아 그렇게 주장할 수밖에 없을 것이라고 그를 몰아붙이려는 경우에 주로 발생한다.

오류 26. 손수건을 준비하게 하는 우기가―연민(동정)에 호소하는 오류

주어진 문장이 안고 있는 오류는 무엇인지 지적하고 당신의 답변을 적으시오!

주어진 문장

"박 국회의원 후보는 일찍이 부모를 여의고 외롭고 힘들게 살아왔습니다. 그러니 꼭 지지해 주십시오."

신동명 교수의 답변

국회의원을 뽑는데, 그 사람의 능력과 정책을 가지고 뽑아야지. 어렸을 때 부모를 여의고 힘들게 산 것을 기준으로 뽑으라고 하면 우리가 뽑겠는가? 당신의 말대로라면 국회의사당에는 전문성 없이, 정책이념 없이 불쌍한 과거를 가진 사람들의 집합소로 전락하고 말 것이다.

강의 노트

위의 표현을 보면 국회의원을 뽑는데 정책을 중심으로 한 능력을 평가받고자 하기보다는 측은지심을 자극하여 표를 받아내려는 불순한 의도가 보인다. 과거 우리 부모 때 있었던 고무신 선거, 막걸리 선거의 잔재라고 볼 수 있는데, 아직도 이러한 행태는 사회 곳곳에 자리 잡고 있다가 선거 때만 되면 고개를 드는 것을 확인할 수 있다.

지역주의를 벗어나자면서도 '우리가 남이가!'를 외치고, 동문이 출마하면 같은 동문이라고 게거품을 무는 게 현실이다. 하지만 '우리가 남이가!'를 외치고, 동문이니까 찍어줘야 한다는 구호 속에는 항상 찜찜함이 남아 있다. 그 정체는 대한민국을 살릴 정치에 대하여 뭔가를 놓치고 있다는 것으로 볼 수 있다. 후세가 행복하고, 대한민국이 행복해지는 정치를 살리지 못했다는 찜찜함이 위의 표현에는 오류로 남아 있는 것이다.

연민에 호소하는 오류는 상대방의 동정심에 호소해서 자기의 결론을 받아들이게 하려고 할 때 범하게 되는 오류로, 법정에서 변호사가 사건과 관련된 사실은 무시하고 판사의 동정심을 일으켜서 소송 의뢰인이 무죄판결을 받게 하려는 경우에 흔히 범하게 되는 유형이다.

예를 들면 피고인이 무죄라는 것을 사건을 통해 증명하려하지 않고 "그가 구속되면 귀여운 자식들이 굶주리게 될 형편에 있으니 선처를 부탁한다."라고 말한다면, 이는 연민에 호소하는 오류를 범한 것이다.

이것은 낙제점을 주지 않도록 교수의 동정심에 호소하는 경우이다. 분명히 낙제점은 학생 자신이 노력하지 않아 일어난 일인데, 낙제를 주면 교수가 잘못한 일이 되고, 피도 눈물도 없는 파렴치한이 되는 이런 말도 안 되는 상황, 즉 '연민에 호소하는 오류'는 어떤 언급을 참으로 받아들여지도록 하기 위해 동정심이라는 무서운 무기를 사용하는 오류이다.

오류 27. 적용할 수 없는 예외성을 마구 적용하기―우연의 오류(원칙 혼동의 오류)

주어진 문장이 안고 있는 오류는 무엇인지 지적하고 당신의 답변을 적으시오!

주어진 문장

"요즘 애들은 통 버릇이 없어요. 우리 아이도 남들로부터 버릇없이 군다는 말을 듣는데, 댁네 아이도 그렇겠지요?"

신동명 교수의 답변

세상에 예외적인 상황은 언제나 존재할 수 있다. 당신은 지금 그 예외적인 상황을 무시한 채 특수한 경우에 적용하는 위험한 표현을 하고 있다.

강의 노트

위의 문장에서 발생한 오류를 우리는 우연의 오류라고 한다. 또는 상황에 따라 적용해야 할 원칙이 다른데도 이를 혼동하여 생기는 오류, 즉 원칙 혼동의 오류라고 한다. 이 오류는 어떤 일반적인 사실이나 법칙 또는 규칙을 우연적인 상황, 즉 적용할 수 없는 예외적인 상황에 적용함으로써 발생하는 오류를 말한다.

몇 가지 표현을 가지고 더 정확하게 우연의 오류가 무엇인지 익혀보자.

높은 산에 올라온 등산객 중 한 사람이 "물은 섭씨 100도에서 끓는다. 그러니까 여기서도 그 온도에서 끓을 수밖에 없다."라고 한다면 일반적인 법칙을 예외적인 상황에 적용한 오류가 될 것이다.

"동물을 애호해야 합니다. 쥐를 그렇게 잔인하게 때려잡는 것은 옳지 않습니다."

이와 같은 주장들은 원리 또는 도덕률을 적용할 수 없는 경우에 적용함으로써 우연의 오류가 발생하게 된 것이다. 또 하나 예를 들어보자.

"거짓말을 하는 것은 죄악이다. 그러므로 의사가 환자에게 거짓말을 하는 것은 당연히 죄악이다."라고 표현했다고 치자. 이런 경우 의사가 환자에게 하는 거짓말은 특수한 경우인데도 불구하고 일반적인 거짓말과 같이 생각함으로써 오류가 발생한 예로 볼 수 있다.

"빌린 물건은 주인이 달라고 하면 언제든지 돌려주어야 하는 법 아닌가? 그러니 그 친구가 화가 나서 자기 아내를 죽이려 하는 것을 알았지만 난들 어떻게 할 수 있었겠나? 자기 칼을 돌려 달라고 하니 돌려 줄 수밖에."

위의 표현 역시 우연의 오류 또는 원칙 혼동의 오류이다.

혹시 역우연의 오류라는 말을 들어 본 적이 있는가? '역우연의 오류'는 특수한 경우에 참인 것을 일반적인 경우에도 참이라고 가정하는 경우에 범하게 되는 오류이다. 여러 경우들의 공통점을 추출해서 일반화하지 않고, 일부의 제한된 경우들만을 주목하여 그것들의 공통점을 추출해 모든 경우들이 그러한 특성을 갖고 있다고 주장할 때 범하는 오류이다. 성급한 일반화의 오류나 불충분 통계량의 오류라고 부르기도 하는 역우연의 오류는 "처칠은 언제나 시가를 피웠는데 오래 살았다. 오래 살기 위해서는 시가를 피워야 해."라고 주장하는 경우에서처럼, 어느 한 부분을 가지고 전체화하려는 시도에서 발생하는 오류라 할 수 있다.

토론 구술면접 시
오류 찾아내기 연습

다음 문장의 오류를 쓰시오.

1) 성서의 내용은 모두 진리이다. 성서가 모두 진리인 것은 성서에서 보면
   성서의 내용은 모두 진리라고 했기 때문이다.
   답) 순환논증의 오류

2) 이제 담배를 끊을 거지!
   답) 복합(다중)질문의 오류

3) 당신은 이 범죄에 연루되지 않았다는 것을 전혀 증명하지 못했다. 그러므
   로 범인은 바로 당신이다.
   답) 무지에 호소하는 오류

4) 그 의원이 제안한 법안은 절대로 통과시킬 수 없다. 그는 뇌물을 받은 혐
   의로 검찰에 소환되어 조사받았던 사람이다.
   답) 인신공격의 오류

5) 그는 시립 도서관 옆에 살고 있다. 그러니 그는 책과 가까이 지내는 사람
   이다. 그러므로 그는 매우 학식이 풍부한 사람일 것이다.
   답) 정황에 호소하는 오류

6) 모든 사람에게 표현의 자유를 무제한 허용하는 것은 언제나 국가 전체에
   이익이 된다. 왜냐하면 개개인이 자신의 감정과 의사를 표현할 자유를 완
   전히 누리는 것은 공동체의 이익을 증진시키기 때문이다.
   답) 순환논증의 오류

7) 그 정치인은 우리의 친구임에 틀림없다. 그가 우리에게 직접 말했으니까.
   그리고 그 좋은 친구가 우리에게 거짓말을 할 리가 없으니까!
   답) 순환논증의 오류

8) 여러분은 지금 제 이론이 설득력이 없다고들 말씀하시지만 무조건 공격
   할 문제가 아닙니다. 여러분 중 누가 이만한 이론이라도 제시한 적이 있
   습니까?
   답) 역공격의 오류, 피장파장의 오류, 논점일탈의 오류

9) 만일 사람들이 선하다면 범죄를 저지르지 않을 테니 그들의 범죄를 막기

위한 법은 따로 필요 없을 것이다. 반면에 사람들이 악하다면 법을 가지고도 그들의 범죄를 막을 수 없을 것이다. 사람들은 선하거나 악하다. 그러므로 법이라는 것은 어쨌든 필요 없는 것이다.

답) 양도추리의 오류 ,

10) 경수는 어제 약속보다 1시간이나 늦게 왔다. 이로 보아 그는 결코 신뢰할 수 없는 사람이다.

답) 성급한 일반화의 오류

11) 나와 함께 투쟁에 동참하겠는가? 아니면 비겁자로 전락하겠는가?

답) 흑백논리의 오류

12) 이번 경기는 꼭 이겨야 하거든. 그러니 너는 중계방송을 봐서는 안 돼. 네가 중계방송을 보면 꼭 지더라.

답) 성급한 일반화의 오류

13) 내가 입수한 정보에 의하면 당신이 밀수한 물품을 암거래 시장에 팔아넘기려 했다는데 사실이요?

답) 복합질문의 오류

14) 까치가 울면 반가운 손님이 온다.

답) 거짓원인의 오류

15) 인간의 자유를 박탈하는 것은 잘못이 없다. 범죄자와 정신병자들을 가두
어 두는 것은 적절한 조치니까.

16) 그들은 제가 마치 뛰어난 웅변가나 되는 것처럼 말했습니다만, 그것은
어느 모로 보나 제가 대단한 웅변가가 아니라는 사실로 하여 충분히 반
박될 것입니다. 이 점으로 보아 그들은 완전한 거짓말쟁이라고 하지 않
을 수 없습니다.

답) 성급한 일반화의 오류

17) 정직하지 못한 것은 도덕적으로도 옳지 못하다. 그러므로 어머니가 아
이에게 쓴 감기약을 먹일 때에도 달다고 말하는 것은 잘못이다.

답) 우연의 오류

18) 그는 자기 호주머니에 토끼 다리를 넣어 두었기 때문에 경주에서 우승하
는 것이 당연하다고 생각했다.

답) 거짓원인의 오류

19) 번개가 잦으면 천둥이 친다. 이로 보아 번개는 천둥의 원인이다.

답) 공통원인의 오류

20) 이혼 경력이 있는 작가가 쓴 소설이 이렇게 인기가 있다는 것은 나로서
는 도저히 이해할 수 없다.

답) 인신공격의 오류

21) 밥을 먹지 않아 병약한 딸에게 어머니는 밥을 잘 먹어야 한다고 타일렀다. 그러자 딸이 신경질을 내면서 "엄마는 내가 뚱뚱보가 되면 좋겠어?" 하고 말대꾸를 했다.

답) 흑백논리의 오류

22) 나는 기회가 주어지면 파리를 꼭 구경하고 싶어. 그 도시에 가면 집 한 채, 작은 다리 하나까지도 아름다움이 넘칠 거야. 흔히 파리는 예술의 도시라고들 하잖아.

답) 분할의 오류

23) 너, 나 사랑하니? 아니라고! 그럼 너는 나를 미워하고 있구나!

답) 흑백사고의 오류

24) 이 오케스트라의 구성은 모두 일급 연주자로 되어 있다. 그러므로 이 오케스트라는 일급이다.

답) 합성의 오류

25) 귀신이 있긴 있다. 귀신이 없다는 것을 증명하려는 시도는 많았으나 아직 아무도 증명하지 못한 것을 보니.

답) 무지에 호소하는 오류

26) 신의 존재를 믿지 않는다고? 그렇다면 당신은 무신론자로군.

27) 너는 그 문제의 책임이 그에게 있다는 것을 증명하지 못했다. 그러므로 그는 무죄이다.

답) 무지에 호소하는 오류

28) 금융실명제를 조속히 실시해야 한다는 그의 주장은 일고의 가치도 없어. 직장에서 비리로 징계받은 일이 있거든.

답) 인신공격의 오류

29) 자네의 생각은 충분히 이해하겠네. 그러나 이 점 하나만은 잊지 말아주게. 내 생각은 자네가 속해 있는 단체의 기본 입장과 같다는 사실을.

답) 정황에 호소하는 오류

30) 오빠는 얼마나 검소하다고 나보고 용돈 많이 쓴다고 그래? 저번에 엄마가 준 용돈을 다음 날 다 쓰고 들어오고는.

답) 피장파장의 오류, 역공격의 오류, 논점일탈의 오류

31) 합리성이 결여된 법이라 하더라도 그것을 지키는 것이 마땅하다고 생각해. "순리를 따르라." 선생님께서 늘 말씀하셨잖아.

답) 권위에 호소하는 오류

32) 네가 얼마나 청소를 열심히 했다고 우리더러 청소를 열심히 하지 않는다
고 게거품을 물고 따지고 대드는 거니?

답) 피장파장의 오류, 역공격의 오류, 논점일탈의 오류

33) 제 정신을 가진 사람이라면 우리의 제안을 반대할 수는 없을 것입니다.

답) 원천봉쇄의 오류

34) 우리가 추구하는 것은 그 누구도 반대할 수 없습니다. 만약 우리의 이상
에 반대하는 사람이 있다면 그는 반역자라고 아니할 수 없습니다.

답) 원천봉쇄의 오류

35) 국민건강보험제도는 원래 사회주의 국가에서 유래한 것이기 때문에 철
폐되어야 한다.

답) 허수아비 논증의 오류

36) 이 책은 아주 가치 있는 내용을 담고 있음이 분명하다. 이 책을 사서 읽
지 않은 이가 없을 정도니까.

답) 대중의 힘에 호소하는 오류

37) 소크라테스의 철학은 무가치하다. 그는 사형선고를 받고 죽은 인물이니
까.

답) 인신공격의 오류

38) 선생님 딱 1점만 올려주세요. 제가 1점이 부족해서 장학금을 타지 못한다면 가난한 저의 처지에서는 더 이상 학교를 다닐 수가 없습니다.

답) 연민에 호소하는 오류

39) 모든 인간은 감옥에 가야 한다. 성경에 모든 인간은 죄인이라고 했는데, 죄인은 당연히 감옥에 가야 하기 때문이다.

답) 애매어의 오류

40) 불가리아 장수마을에 갔더니 정말 100살이 넘은 할머니, 할아버지들이 많이 살아 계셨다. 그들은 모두 유산균 음료를 먹고 있었다. 그런걸 보니 장수하는 비결은 유산균을 먹는 것이다.

답) 다수원인의 오류

41) 그는 열심히 책을 산다. 책이 많이 팔리면 출판사가 돈을 번다. 그러므로 그는 출판사의 이익에 상당한 관심을 갖고 있음에 틀림없다.

답) 의도확대의 오류

42) 꼬리가 길면 결국 잡힌다. 다람쥐는 꼬리가 길다. 그러므로 다람쥐도 결국 잡힌다.

답) 애매어의 오류

43) 이상한 사건이 매일 생기고 있다. 그러나 매일 생기는 사건은 정상적인 사건이다. 그러므로 이상한 사건은 정상적인 사건이다.

답) 애매구의 오류

44) 그런 수전노하고 어울려봐야 득 될 게 하나도 없어. 영희 걔 말이야. 어
찌된 아이가 친구들한테 점심 한 번 안 사는지 모르겠어.
답) 은밀한 재정의의 오류

45) 제가 지각 좀 했다고 그렇게 야단칠 수 있어요? 영호는 어제 결석을 했
는데도 아무 말씀 안 하시고는.
답) 피장파장의 오류, 역공격의 오류, 논점일탈의 오류

46) 이 대학 교수진은 가장 뛰어나다. 그러므로 이 대학의 교수인 김 선생은
가장 뛰어난 교수이다.
답) 분할의 오류

47) 권력도, 재산도, 학식도 건강이 없으면 아무 쓸모가 없어. 그러니까 우
리는 오로지 건강만을 돌봐야지.
답) 강조의 오류

48) 성공한 사람의 부인은 값비싼 옷을 입고 다닌다. 따라서 여자가 남편의
성공을 돕는 최선의 비결은 값비싼 옷을 사서 입는 것이다.
답) 거짓원인의 오류

49) 우리는 이번에 군사분계선(DMZ)을 조사해 보고 나서 한반도의 자연환

경은 세계 어느 곳보다 잘 보존되어 있다는 결론을 얻었다.

답) 성급한 일반화의 오류

50) 당파 싸움이 심할 때, 노론의 당수는 신령으로부터 "소론의 당수가 아직 생존해 있다. 그리고 실각할 것이다."라는 예언을 들었다. 그리고 그는 실각했다.

답) 애매구의 오류

51) 까마귀 날자 배 떨어진다.

답) 거짓원인(동시원인)의 오류

52) 니체의 초인철학은 무의미하다. 왜냐하면 그는 정신병원에서 삶을 끝마쳤기 때문이다.

답) 인신공격의 오류

53) 대나무가 뭐가 비싸다고 이 대나무 공예품이 그리 비싸단 말이오?

답) 합성의 오류

54) 신은 사랑이다. 사랑은 정서이다. 그러므로 신은 정서이다.

답) 순환논증의 오류

55) 친구들하고 사이좋게 지내라고? 그러면 친구가 아닌 다른 사람들하고는 사이좋게 지내지 말라는 말이잖아!

56) 1864년 미국에서의 남북전쟁 결과 노예가 해방되었다. 그리고 러시아
에서도 농노가 해방되었다. 우리나라에서는 진주민란이 일어났다. 이런
사실로 미루어 보건대 진주민란을 통해 우리의 노예제도도 소멸되었다
고 할 수 있다.

답) 잘못된 유비추론의 오류

57) 너희는 이웃에게 거짓 증거를 하지 말라.

답) 권위에 호소하는 오류

58) 일본은 경제부국이 되었다. 그러므로 일본 사람들은 모두 부자다

답) 분할의 오류

59) 그 사람을 둘러싼 추문은 알려지지 않았다. 그러므로 그는 매우 도덕적
인 사람임에 틀림없다.

답) 무지에 호소하는 오류

60) 물론 산타클로스 할아버지는 있다. 그러나 그 존재를 믿지 않는 어린이
에게는 아무 선물도 안 가져다준다.

답) 힘에 호소하는 오류

61) 스크루지 씨. 저는 확실히 급여가 인상되어야 합니다. 저는 당신이 제게

주는 월급으로는 저의 아이들을 먹여 살릴 수 없습니다. 그리고 저의 막
내아들인 팀이 목발 없이 걸을 수 있으려면 수술을 해야 합니다.

답) 연민에 호소하는 오류

62) "국가보안법은 국민의 기본권을 부당하게 침해할 소지가 많습니다. 그
것은 형법에 통합하는 것이 마땅합니다."
"당신의 주장은 공산주의를 수용하자는 얘기입니다. 공산주의가 인류의
역사에 얼마나 많은 해악을 끼쳐온 줄 아십니까?"

답) 허수아비 논증의 오류

63) 이 제품은 그 우수성이 이미 입증되었습니다. 세계 100여 개 나라에서
널리 사용되고 있거든요.

답) 대중에 호소하는 오류

64) 이 자동차는 정말 품질이 좋습니다. 만화가인 제가 봐도 요즘 이만한 자
동차는 본 적이 없습니다.

답) 부당한 권위에 호소하는 오류

65) 아무리 말해도 네 생각이 옳단 말이지? 지나가는 사람 붙잡고 한번 물어
봐라. 열이면 열. 모두 네가 틀렸다고 할 테니.

답) 대중의 힘에 호소하는 오류

66) 옛말에 이르기를 "침묵은 금이요, 웅변은 은이다."라고 했어. 너는 의견

을 강하게 주장하기보다는 가만히 있는 것이 좋을 거야.

답) 권위에 호소하는 오류

67) 코페르니쿠스의 지동설은 받아들일 수가 없어. 철학자들에 의하면 지구
와 같은 대상은 단일한 운동만을 할 수밖에 없다고 했거든.

답) 부당한 권위에 호소하는 오류

68) 처칠 : 교황은 제가 말씀드린 이런 원칙을 좋아하지 않습니다.
스탈린 : 전쟁이 나면 교황은 과연 몇 개 사단이나 동원할 수 있다고 그
렇게 말한답니까?

답) 힘에 호소하는 오류

69) 그 영화는 틀림없이 잘된 작품일 거야. 벌써 500만 명의 관객이 다녀갔
고 표를 구하기도 어렵잖아.

답) 대중에 호소하는 오류

70) 모든 사람이 이것을 샀는데 너는 왜 안 사니?

답) 대중에 호소하는 오류

71) 그 제안은 급진좌경세력들이 한 것이기 때문에 문제가 있다.

답) 허수아비 논증의 오류

72) 사장님에게서 과장을 찾는 전화가 걸려 왔다. 마침 과장으로부터 매일

꾸중을 듣는 부하 직원이 그 전화를 받았다. 과장을 골탕 먹이고 싶은 부하 직원이 이렇게 말했다.

"사장님 잠깐만 기다리십시오. 오늘은 과장이 자리에 있습니다."

답) 강조의 오류

73) 모든 사람에게 표현의 자유를 무제한 허용하는 것은 언제나 국가 전체에 이익이 된다. 왜냐 하면 개개인이 자신의 감정과 의사를 표현할 자유를 완전하게 누리는 것은 공동체의 이익을 증진시키기 때문이다.

답) 순환논증(순환논리, 선결문제요구)의 오류

74) 그는 우리나라 고교 최고의 투수임이 틀림없어. 그의 팀이 이번에 전국 고교야구대회에서 우승했으니까

답) 분할의 오류

75) 아유, 댁내 아이가 참고서 살 돈으로 떡볶이를 사 먹었다고요? 글쎄 우리 아이도 얼마 전에 학교에 낼 돈이라고 만 원을 가져가더니 오락실에 가서 다 써 버렸지 뭡니까? 요즘 애들은 다들 그렇다고요.

답) 성급한 일반화의 오류

76) 백 년 뒤에 이 지구상에는 종말이 온다는 제 말이 거짓말이라고요? 이것 보세요! 말씀 그렇게 함부로 하지 마세요! 그렇지 않다면 그렇지 않다는 증거를 대 보시라고요!

답) 무지에 호소하는 오류

77) 너희들 왜 먹을 것을 가지고 싸우니? 빨리 방에 들어가 공부나 해!

답) 논점일탈의 오류

78) 그가 네 숭배자라니, 너는 숭배하는 사람도 있구나!

답) 애매문의 오류

79) 그 유명한 '페르마의 마지막 정리'는 거짓임이 분명하다. 어떤 수학자도
그것이 참임을 증명하지 못했으니까.

답) 무지에 호소하는 오류

80) 부산이나 울산 사람들의 성격이 매우 급한 걸 보고 경상도 사람들은 모
두 성질이 급하다는 결론을 얻었다.

답) 성급한 일반화의 오류

81) 담배 피우면 폐암에 걸려 죽을 확률이 높아진다는 것도 모르니? 아니 정
말 그렇게도 죽고 싶어?

답) 의도확대의 오류

82) 나트륨(Na)이나 염소(Cl)는 유독성 물질이야. 그러니 염화나트륨(NaCl)도
유독성 물질이지.

답) 합성의 오류

83) 형사가 피의자에게 다음과 같은 질문을 했다. "당신, 어제 3시에 거기에

갔었지?"

답) 복합질문의 오류

84) 세계적인 지휘자 정명훈 씨는 무대에 오르기 전에 꼭 우유를 한 잔씩 마
시는 습관이 있는데, 우유를 마시면 긴장이 풀어지기 때문이래. 우리도
긴장을 풀기 위해 시험 전에 우유를 마시자.

답) 권위에 호소하는 오류

85) 그 선수들이 코브라 팀 소속이라면 기량이 그리 뛰어나지 못할 게 틀림
없어. 코브라 팀은 해마다 꼴찌를 면하지 못하는 팀이니까.

답) 분할의 오류

86) 음식점에 가면 음식을 빨리해 달라고 독촉하고, 운전할 때 앞차가 조금
만 늦게 가도 경적을 울려대잖아. 이런 것을 보면 우리 민족은 성질이 급
한 민족임에 틀림없어.

답) 성급한 일반화의 오류

87) 야, 광해 보러 가자. 아직 광해를 보지 못한 사람이 거의 없다더라.

답) 대중(군중. 다소. 여론)에의 호소 오류

88) 그녀는 나한테 싫다고 말한 적이 없다. 그러므로 그녀가 나를 좋아하는
것은 분명한 사실이다.

답) 흑백논리의 오류

89) 갑순이랑 백화점 쇼핑을 하는데, 그녀가 비싼 명품 핸드백을 사는 걸 보니 사치를 잘하는 여자임에 분명해.

답) 성급한 일반화의 오류

90) 훌륭한 덕을 갖춘 사람은 고급 승용차를 타고 다닌다. 그러므로 고급 승용차를 타고 다니는 사람은 훌륭한 덕을 갖춘 사람이다.

답) 순환논증(순환논리, 선결문제요구)의 오류

91) 이 소설은 예술적 가치가 있는 작품임에 틀림없다. 출판된 지 한 달 만에 벌써 30만 부나 팔렸으니까.

답) 대중(군중, 다소, 여론)에의 호소 오류

92) 저 사람의 말은 믿을 만한 게 못 돼. 왜냐 하면 저 사람은 전과자거든.

답) 인신공격의 오류

93) 나 보고 짐승이라고 했나? 내가 사람이지, 왜 짐승이야?

답) 애매어의 오류

94) 혈액형이 같은 급우들은 모두 헌혈에 동참해야 합니다. 그것이 병마와 싸우고 있는 수남이를 살리는 인간적인 처사입니다. 비인간적인 사람이 아니라면 모두 헌혈에 동참하리라고 전 믿습니다.

답) 원천봉쇄의 오류

95) 나만큼 잘난 사람 있으면 나와 보라고 그래. 잘생겼지, 똑똑하지, 뭐 하나 못난 게 없잖아? 잘생기고 똑똑한 걸 뭘로 아냐고? 그거야 내가 잘났으니까 그런 거지 뭐.

답) 순환논증(순환논리, 선결문제요구)의 오류

96) 오늘 청소 시간에 청소 열심히 하거라. 만약 깨끗하게 하지 않으면 다른 반보다 한 시간 늦게 종례할 거다.

답) 공포(두려움, 협박)에의 호소 오류

97) 그 살인사건의 범인은 바로 갑돌이가 틀림없다. 왜냐 하면 갑돌이 스스로가 살인사건은 극악무도한 짓이라는 것에 동의했기 때문이다.

답) 논점일탈의 오류

집단토론면접을 위한 훈련

솔로몬의 선택

다음 이야기를 읽고 두 가지 방향을 각각의 입장에서 고려해 보고 선택 이후의 상황을 가정하여 써보자.

저는 가수가 꿈입니다. TV에서 가수들이 나와 춤을 추고 노래하는 것을 보면 가슴이 막 콩닥콩닥합니다.

'언젠가 나도 저 무대에서 내 노래를 부를 수 있겠지?'

가수가 되고 싶은 마음에 거울을 보며 씩 웃다가 갑자기 시무룩해졌습니다. 부모님 생각이 났기 때문입니다. 얼마 전 꿈을 물어보시는 부모님께 가수가 되고 싶다는 얘기를 했습니다. 그런데 부모님은 저에게 외교관이 되었으면 좋겠다고 하셨습니다. 영어 듣기평가 점수도 만점이고, 전국 중학생 영어 스피치 대회에서도 금상을 탔기 때문에 부모님은 제게 영어에 대한 기대가 크신가 봅니다. 사실 저도 영어가 재미있고 또 잘한다는 자부심도 가지고 있습니다.

부모님은 연예인은 너무 힘든 직업이고, 스타가 될 수 있을지도 의문이며, 연예인을 하기까지 비용도 너무 많이 든다고 하십니다. 반면에 외교관은 안정적이고, 돈도 많이 벌고, 가수보다 명예로운 직업이라며 제게 외교관이 될 것을 강조하십니다. 물론 내가 사랑하는 부모님이 저에게 실망하는 것은 원하지 않습니다. 부모님께 만족스럽고 자랑스러운 딸이 되고 싶습니다. 그럼에도 저는 가수가 더 멋져 보입니다. 저도 사람들에게 춤과 노래로 즐거움을 주고 싶습니다. 전 이제 어떻게 하면 좋을까요?

그래, 결심했어!	가수를 하는 거야.	그래, 결심했어!	외교관을 하는 거야.

저는 학교에서 내신이 중상위권에 속합니다. 제가 살고 있는 지역에서는 토론고등학교가 가장 공부를 잘하는 학교입니다. 토론고등학교는 50년 전통의 명문고로써, 명문대를 잘 보내기로 유명한 곳입니다. 지금의 제 내신 정도면 토론고등학교에 입학할 수는 있습니다. 그렇지만 명문고등학교인 만큼 공부를 잘하는 애들이 많이 몰려 올 것이고, 지금 중상위권인 나의 내신은 나보다 공부 잘하는 아이들과 비교되어 중하위권으로 떨어질 것 같습니다. 대학을 잘 가려면 고등학교 내신이 중요하다고 하는데 토론고등학교를 가면 내신을 제대로 못 받을까봐 걱정입니다.

논술고등학교는 우리 지역에서 토론고등학교 다음으로 공부를 잘한다는 고등학교입니다. 토론고등학교 대신 논술고등학교를 가면 내신을 잘 받을 수 있을 것 같습니다. 제 성적 정도면 논술고등학교에서도 다른 친구들과 비교해 봤을 때 중상위권 수준이니까요.

그렇지만 논술고등학교는 토론고등학교에 비해 학생들을 명문대 합격시킨 전적(戰績)이 적습니다. 논술고등학교를 가면 내신은 좋게 얻을 수 있을지 모르지만 토론고등학교처럼 명문사학에서 공부하게 되는 것은 아닙니다. 그렇다고 토론고등학교를 가면 지금 중상위권의 내 내신을 장담할 수 없습니다. 오히려 중하위권으로 밀려날지도 모릅니다. 어떤 고등학교를 선택해야 하는 걸까요?

그래, 결심했어!	토론고등학교를 가는 거야.	그래, 결심했어!	논술고등학교를 가는 거야.

어머니가 매우 편찮으셔서 병원에 모시고 가는 중입니다. 차에서 내려서 주위를 살펴보니 멀리 육교와 횡단보도가 보입니다. 어머니가 가야 할 병원은 바로 길 건너 맞은편에 있고요. 그냥 무단횡단을 해야 할까요? 저 멀리 횡단보도가 있는 곳까지 가서 건너야 할까요?

그래, 결심했어!	아프신 어머니를 위해서 무단횡단하는 거야!	그래, 결심했어!	멀어도 안전하게 횡단보도가 있는 곳까지 가서 건너는 거야!

노래하며 춤추는 것을 좋아하는 수아의 장래희망은 뮤지컬 배우다. 수아가 무척이나 좋아하는 뮤지컬 고전이 우리나라에서 처음으로 브로드웨이 본 출연진들로 공연된다. 수아는 자신의 꿈에 한 발 가까이 갈 수 있을 거란 생각에 뮤지컬 티켓을 사기 위해 용돈을 모으고 있다.

그런데 올 여름엔 비가 너무 많이 내려 지역 곳곳이 수해를 입었다. 수아가 살고 있는 동네는 다행히 수해가 비켜갔지만, 수아의 할머니 댁이 있는 지역은 피해가 막심하다. 때마침 학교에선 수재민을 위한 수재의연금을 모금하고 있다.

평소 군것질도 하지 않고 미래를 위해 돈을 모으던 수아는 고민에 빠졌다. 이번 뮤지컬은 이 공연이 끝나면 10년은 지나야 다시 볼 수 있는 가치 있는 공연이다. 수아가 살고 있는 동네도 몇 년 전 수해를 입었고, 국민들이 모아준 수재의연금에 큰 도움을 받았기 때문에 수재의연금을 외면할 수도 없는 처지다. 수아는 어떻게 해야 할까?

그래, 결심했어!	10년에 한 번뿐인 기회! 뮤지컬을 보는 거야!	그래, 결심했어!	외면할 수는 없어! 수재의연금을 내자!

이제 막 수능시험을 치른 성민이에겐 진로에 대한 고민이 생겼다. 열심히 공부한 덕에 성적은 만족할 만큼 잘 나왔지만 대학을 선택하는 일이 쉽지 않다. 누구나 부러워하는 명문대인 토론대학교에 원서를 낼 수는 있지만, 그 학교는 자신이 원하는 공부인 '신문방송학'에 있어서는 큰 성과를 이루지 못했다. 다른 학교는 그리 유명하진 않지만 '신문방송학과'만큼은 최고의 교수진과 시설을 자랑하는 논술대학교이다.

학교의 이름과 학과의 수준 앞에서 성민이는 과연 어떤 선택을 해야 할까? 전체적으로 시설과 환경이 좋은 토론대를 선택해야 할까? 유명세는 조금 떨어지지만 원하는 공부에 충실할 수 있는 논술대를 선택해야 할까?

그래, 결심했어!	토론대학교를 가는 거야!	그래, 결심했어!	논술대학교를 가는 거야!

성민이 어머니가 병원에 입원하셨다. 수업이 끝나자마자 병원으로 가 어머니의 병간호를 하는 게 요즘 성민이의 일과이다. 때문에 벌써 1주일째 영화동아리에 얼굴을 비추지 못하고 있다. 그런 성민이에게 동아리 회장이 찾아왔다. 앞으로 또다시 모임에 빠지게 되면 동아리에서 제명된다는 것!

동아리 모임은 9시가 넘어야 끝나고, 가게 된다면 어머니의 문병은 포기해야 한다. 성민이는 과연 어떻게 해야 할까? 어머니의 문병을 포기하고 좋아하는 영화동아리에 갈까? 어머니의 빠른 쾌유를 빌며 병원을 갈까?

그래, 결심했어!	영화동아리에 가는 거야	그래, 결심했어!	어머니가 입원하신 병원을 가는 거야!

수아에겐 8살 연상의 언니가 있다. 언니가 결혼을 한다며 남자친구를 부모님께 소개시켜 드렸는데 문제가 발생했다. 믿는 종교가 다르다는 이유로 양가 부모님이 결혼에 반대를 하시는 상황. 수아의 언니는 종교는 결혼생활에 문제가 안 된다고 주장하지만, 부모님들은 종교는 민감한 사항이라며 극구 반대하신다. 수아의 언니는 고민이 많다.
두 사람의 사랑을 믿고 결혼할 것인가? 아니면 어른들의 말씀을 들어 결혼하지 않을 것인가?

그래, 결심했어!	내 사랑이 중요해! 결혼하겠어!	그래, 결심했어!	사랑하지만 어쩔 수 없지. 결혼하지 않겠어!

주어진 두 가지 상황에 대해 각각의 타당성이 확보될 수 있도록 근거를 적어 보자.

비 온 뒤 미끄러운 지하철 보도블록에서 넘어지면 치료비는 지하철을 운영하는 운영주체가 보상해야 한다.	비 온 뒤 미끄러운 지하철 보도블록에서 넘어지는 것은 개인의 부주의이므로 지하철 운영주체가 치료비를 보상할 이유가 없다.

공항 옆에 살면서 기르던 토끼가 비행기 소음 때문에 죽었다면 그건 항공사 책임이다.	공항 옆에 살면서 기르던 토끼가 비행기 소음 때문에 죽었다면 그건 기르는 사람의 책임이다.

텐트를 쳤다가 급류에 휩쓸려 가면 텐트를 빌린 사람의 잘못이므로 텐트를 빌려준 산장 주인에게 텐트 값을 변상해야 한다.	텐트를 쳤다가 급류에 휩쓸려 가면 텐트를 빌려준 산장 주인에게도 책임이 있으므로 텐트 값을 변상할 필요가 없다.

<table>
<tr><td>고층 아파트로 인해 주변 동네에 햇볕이 사라지면 건물주의 잘못이므로 주민들에게 보상해야 한다.</td><td>고층 아파트를 짓는 것은 땅과 건물주의 권리이므로 주민들에게 보상까지 할 필요는 없다.</td></tr>
<tr><td></td><td></td></tr>
</table>

<table>
<tr><td>애견센터에서 사 온 강아지가 7일 만에 죽으면 애견센터의 잘못이다.</td><td>애견센터에서 사 온 강아지가 7일 만에 죽은 것은 7일 동안 키운 주인의 잘못이다.</td></tr>
<tr><td></td><td></td></tr>
</table>

<table>
<tr><td>열차 사고로 아이가 죽으면 주변에 있던 부모의 잘못이므로 마땅히 벌을 받아야 한다.</td><td>열차 사고로 아이가 죽은 것은, 주변에 부모가 있었더라도, 부모의 책임이 될 수 없기 때문에 벌을 받을 이유가 없다.</td></tr>
<tr><td></td><td></td></tr>
</table>

오랫동안 바뀌지 않는 횡단보도 신호 때문에 기다리다 지쳐 차도를 그냥 건너다 교통사고가 나면 운전하는 사람의 책임이다.	오랫동안 바뀌지 않는 횡단보도 신호 때문에 기다리다 지쳐 차도를 그냥 건너다 교통사고가 나면 그냥 길을 건넌 사람의 잘못이다.

환경을 더럽히는 공장장에게 항의하기 위해 혼자서 해골분장을 하고 시위를 하다 주민들을 놀라게 하면 법에 의해 처벌을 받는다.	해골분장이 다소 놀랍더라도 정의로운 일에 앞장서려고 했던 것이므로 법에 의한 처벌까지는 받지 않는다.

■ 허풍선은 복권에 당첨되면 사무실 동료들에게 1억 원씩 주겠다고 큰소리
 쳤다. 그러나 복권에 당첨되자 오리발을 내민다. 허풍선은 이 약속을 지
 켜야 하는가? 아니면 약속을 지키지 않아도 되는가?

■ 수영이는 95%를 집필하고 기주는 5%를 집필하여 공동으로 책을 출간했
 다. 기주 쪽에서 공동집필을 했으니 인세는 50%씩 정확하게 나누어야 한
 다고 주장한다. 수영이는 인세 수입의 50%를 나누어 주어야 하는가?

■ 공짜표로 공연을 보던 중 타인의 방해를 받았을 경우 환불이 가능한가?

■ 여자 친구들이 수영장에서 장난으로 남자 친구의 수영복을 벗겨서 창피
 를 당했다. 이에 화가 난 남자친구는 위자료를 청구하였다. 여자 친구들
 은 위자료를 주어야 하는가?

■ 컴퓨터 게임에 빠진 남편에게 부인이 이혼소송을 제기하였다. 이혼은 가
  능한가?

………………………………………………………………………………………

………………………………………………………………………………………

■ 옆집이 휴가를 간 사이 그 집으로 갈비세트가 배달되었다. 대신 보관하고
  있다가 옆집이 돌아 온 후 돌려주었는데 옆집에서 갈비가 상했다고 배상
  을 해달라는 것이다. 배상을 해주어야 하는가?

………………………………………………………………………………………

………………………………………………………………………………………

■ 야구장에 갔다가 공에 맞아 코뼈가 부러졌다. 그는 구단주와 구장 관리회
  사에 배상을 요구했다. 배상하여야 하는가?

………………………………………………………………………………………

………………………………………………………………………………………

■ 바람에 떨어진 화분이 불법주차한 차를 훼손하고 말았다. 차가 훼손된 것
  에 대해 배상을 해야 하는가?

………………………………………………………………………………………

………………………………………………………………………………………

■ 환자를 검진하다 암에 걸렸다는 사실을 알게 되었다. 본인에게 희망을 버리지 말라고 사실을 전했다. 그런데 가족들은 환자에게 말을 해서 절망하게 만들었다며 배상을 하라고 주장한다. 배상을 해야 하나?

....

....

■ 안녕하세요. 저는 ○○초등학교에 다니는 열세 살 남자아이입니다. 저는 10살 때까지 시골에 있는 할머니 댁에서 자랐어요. 염소는 물론이고, 소와 닭, 강아지와 함께 살았답니다. 그러다가 서울로 이사를 와서 여기서 학교를 다니고 있는데요, 우리 반에 무척 예쁜 여자아이가 있어요. 남자애들은 모두 그 여자아이를 좋아하고요. 사실은 저도 그 아이를 좋아해요. 어쩌다 보니 그 아이와 저는 제법 친한 사이가 되었고, 가끔씩 학원이 쉬는 날이면 서로의 집에 가서 숙제도 하고 논답니다.

그런데 문제가 생겨버렸어요. 건강상의 문제로 할아버지께서 시골에서 올라오셔서 같이 살게 되었어요. 엄마는 할아버지께 몸에 좋다는 음식을 꼭꼭 챙겨주시곤 하는데요. 어느 날 집에 놀러온 그 여자아이가, 엄마가 보신탕 만드는 걸 봤어요. 개고기가 뭔지도 몰랐던 그 아이는 깜짝 놀라 어떻게 가족 같은 멍멍이를 먹을 수 있냐고 제게 막 화를 내더라고요. 저는 어려서 시골에서 자라 그런지 그런 생각은 못했거든요. 그런데 그 아이가 하는 말을 들어 보니 먹으면 안 되는 것도 같아요. 예전에는 그런 걸 못 느꼈었는데요. 강아지가 불쌍한 것도 같지만, 사실 우리는 돼지도, 소도, 염소도 먹잖아요. 그렇게 생각하면 또 잘 모르겠더라고요.

형이랑 누나들한테 물어보고 싶어요. 개고기를 먹는 건 나쁜 건가요? 아니면 다른 고기와 같이 먹어도 상관없는 건가요?

■ 저는 이른바 대안학교라는 곳을 다니고 있습니다. 이렇게 말하면 보통 반응은 두 가지로 나뉩니다. "너 좀 놀았구나."라거나 "너 무슨 생각으로 거길 갔니?"입니다. 사실 소위 '노는 아이'이기도 했던 저는 아버지가 억지로 보내다시피 해서 이곳에 왔습니다. 처음엔 적응이 안 됐습니다. 보통 고등학교 이상으로 빡빡한 하루 일정과, 듣도 보도 못했던 이상한 과외수업들이 꽤나 신기했었죠. 교과서 공부는 여전히 지루했지만 방과 후의 동아리 활동과 비교과과목들이 너무 재미있어서 그만두지 않고 꾸준히 다니게 되었고, 그러다 보니 지금은 3학년이 되어 진로에 대해 고민하고 있습니다.

얼마 전에 중학교 동창을 만났습니다. 그 아이는 인문계 고등학교에 진학했고, 원하는 대학에 입학하기 위해 피 터지게 공부하면서 매일매일을 보내고 있다고 합니다. 저 역시 대학진학을 목표로 하고 있다고 말했더니 그 아이는 갑자기 제게 버럭 화를 냈습니다. 지금 고3들은 잠까지 줄이며 공부하는데 넌 그곳에서 3년 내내 공부 같지도 않은 공부를 하고, 공부보다는 다른 거에 신경 썼으면서 이제 와서 무슨 대학이냐, 정규교과보다는 과외활동에 치중하는 대안학교도 학력을 인정해 주다니 일반 고등학교 학생들은 억울하다면서 말이에요.

저는 이곳에서 공부하면서 토론의 즐거움을 알게 되었고, 자신의 생각을 펼치고 상대방을 설득하는 일에 관심이 생겼습니다. 일반 고등학교와는 많이 다른 곳이지만 꿈을 갖고 자신의 미래를 생각하는 건 모두 같습니다. 대안학교의 학력 인정, 정말 일반 학생들에겐 받아들이기 힘든 일인지 궁금합니다. 여러분은 어떻게 생각하시나요?

집단토론면접을 위한 토론 예상 논제

(1) 독도 일본 망언에 대한 대처, 무엇이 현명한 태도인가? 조용히 있는 것인가 맞대응하는 것인가?

(2) 라면, 비만의 원흉인가, 식사대용인가?

(3) 문제해결능력은 학벌인가?

(4) 만주, 힘이 생기면 되찾아야 하나? 힘이 생겨도 되찾지 말아야 하나?

(5) 우리나라 사람이 오페라를 하는 것이 국위선양인가? 외국인이 국악을 배워 국립국악단에서 활동하는 것이 국위선양인가?

(6) 우리나라에 다른 나라보다 많은 수의 음식점이 있는 것은 다양한 음식문화 때문인가?

(7) 월드컵 유치 때문에 경기장 설립 등 2조 원을 써야 하나?

(8) 타율학습인가 자율학습인가?

(9) 가수의 생명은 가창력인가 끼인가?

(10) 인터넷 성인방송, 시대의 흐름인가, 미풍양속 파괴인가?

(11) 조기교육, 학부모의 욕심인가 잠재적 인지력 개발인가?

(12) 활동자료 제한 입력하는 에듀넷, 과연 필요한가?

(13) 정년연장, 고령화 사회의 대안인가?

(14) 교육시장 개방은 세계화 추세인가 공교육의 침탈인가?

(15) 서울대 한국사 자격증 가산점은 애국인가, 사교육비 조장인가?

(16) 가난한 사람은 행복할 수 있는가?

(17) 부자는 탈법적으로 산 결과인가?

(18) TV는 바보상자인가 글로벌 정보 상자인가?

(19) 이익은 작아도 안정된 직장인의 삶을 살 것인가? 아니면 불안정해도 이익이 큰 사업을 하며 살 것인가?

(20) 저축을 하는 습관이 들면 부자가 될 수 있는가?

(21) 영어와 수학은 예체능보다 중요한 수업인가?

(22) 토요일 수업을 없애면 다양한 체험활동이 가능해지나?

(23) 학교폭력 방관자도 처벌해야 하나?

(24) 선행학습, 법률로 규제해야 하나?

(25) 명절 때 정체의 원인이 되는 고속도로 통행료를 꼭 받아야 하는가?

(26) TV 뉴스 시청은 아이들의 정서를 침해하는가?

(27) 역사를 가르칠 때 사실로 증명되지 않은 신화를 가르치면 안 되는가?

(28) 윤봉길은 의사(義士)인가 테러범인가?

(29) 생명이 있는 동물을 실험에 사용해서는 안 되는가?

(30) CCTV 학교 내 설치로 왕따 문제를 해결할 수 있는가?

(31) 학교 운동장을 일반인에게 개방해서는 안 되는가?

(32) 태극기를 의식행사 외의 용도로 사용해서는 안 되는가?

(33) 조선시대 모습을 간직한 것이 민속촌인가?

(34) 국립공원에 케이블카를 꼭 설치해야 하나?

(35) 계절에 따라 등하교 시간은 조절되어야 하는가?

(36) 대한민국의 학부제는 바뀌어야 하는가?

(37) 황사 피해, 중국 정부가 배상해야 하는가?

(38) 외국어와 외래어, 우리말로 고쳐 써야만 하나?

(39) 재벌! 개혁의 대상인가 활용의 대상인가?

(40) 수능, 연 2회 실시해야 하나?

(41) 학교폭력, 사법처벌 강화로 해결될 수 있나?

(42) 소셜테이너(사회문제에 대해 소신 발언하는 연예인)의 활동, 표현의 자유로 존중해야 하는가? 아니면 공인으로써 사회적 중립을 지켜야 하는가?

(43) 부모와 자녀의 관계는 천륜인가? 아니면 성년이 되면 사라지는 한시적 관리 관계인가?

(44) 레드카펫 과다 노출은 자기표현인가, 성상품화를 통한 홍보전략인가?

(45) 공부를 잘하면 잘사는가?

(46) 로또, 대박의 신화인가, 나라가 인정한 도박인가?

(47) SNS의 시대, 소통확대 및 관계 강화의 시대인가? 소통단절과 관계 폐쇄의 시대인가?

(48) 죽는 날을 안다면 삶의 질적 승화를 가져올 수 있는가?

(49) 미국은 동맹국인가 지배국인가?

(50) 북유럽식 혼합경제의 참 모습은 사회주의인가 자본주의인가?

(51) 국가안보 강화는 통일의 걸림돌인가?

(52) 대북전단 풍선 날리기 반대해야 하나?

(53) 불심검문, 성폭력 해결책인가?

(54) 환경문제 해결을 위한 특별 세금을 제정해야 하나?

(55) 체육경기 중 오심도 경기 일부분이기에 승복해야 하나?

(56) 역사과목, 선택이어야 하나?

(57) 광해군은 폭군인가 효자인가?

(58) 장수왕이 남쪽으로 영역을 넓힌 것은 역사의 퇴보인가?

(59) 자율형 사립고, 자율성 부여인가, 학교 간 위화감 조성인가?

(60) 성매매 청소년 처벌에 대해 제도적 확보와 강력한 법제정이 먼저인가,
치료와 선도가 먼저인가?

(61) 이중국적 허용은 글로벌 시대의 준비인가, 민족의 주체성 상실인가?

(62) 출산장려운동 해야 하나?

(63) 사후 피임약 시판은 원하지 않는 임신 예방인가, 사실상 낙태 허용인가?

(64) 담뱃값 인상으로 금연 문화 정착될 수 있나?

(65) 교원단체 정치활동은 정치권의 교육 간섭 저지의 방편인가, 교육현장의
정치오염인가?

(66) 대북 쌀 지원, 남북관계의 개선에 도움이 되는 것인가?

(67) 대학시험이라는 취지에 맞지 않는 지역균형 특별전형은 계속 유지를 해
야 하는 것인가?

(68) 재혼 자녀 성 바꾸기는 행복할 권리 찾는 행위인가, 인간의 근본을 흔드
는 행위인가?

(69) 청소년 성범죄 얼굴 공개는 범죄 예방을 위해 필요한가, 기본권 침해인
가?

(70) 교장 선출제는 교육 개혁과 교육의 질 향상인가?

(71) 스크린쿼터제는 미국 영화 예속에서 벗어나는 방법인가, 소비자 선택폭
제한의 방법인가?

(72) 이라크 추가 파병은 실리추구인가, 대리전쟁이라는 역사적 과오의 되풀
이인가?

(73) 미아 찾기 유전자 구축, 잃어버린 아이를 찾기 위함인가?

(74) 우리나라 교육은 입시가 문제인가?

(75) 소규모 학교의 통·폐합은 바람직한 일일까?

(76) 야동, 가지고만 있어도 처벌해야 하나?

(77) 주말, 부모의 휴일은 없어도 되는가?

(78) 한의학이 효과가 큰가? 양의학이 효과가 큰가?

(79) 인간은 진화했는가 진보했는가?

(80) 육식은 몸에 나쁘고 채식은 몸에 좋은가?

(81) 공동주택에선 애완견을 키워서는 안 되는가?

(82) 어린이 자전거 운전면허제도 도입해야 하나?

(83) 교실에 과자를 가져와도 상관없는 것인가?

(84) 친구가 때렸을 때 나도 같이 때려야 하는가?

(85) 친구 초대 생일잔치는 해야만 하는가?

(86) 급식 다 먹어서 잔반을 없도록 해야 하는가?

(87) 앉을 자리를 선생님이 정해 주어야 하는가?

(89) 컴퓨터 게임은 금지되어야 하나?

(90) 어린이는 가사노동에서 제외시켜야 하나?

(91) 책을 읽고 난 후 독서기록은 꼭 해야 하나?

(92) 교실 청소 학부모가 해야 하나?

(93) 대의민주주의는 유효한가?

(94) 집안일을 하고 대가로 돈을 받는 게 맞는가?

(95) 핵실험이 우리에게 필요한가?

(96) 악성 댓글 처벌법을 만드는 게 좋은가?

(97) 제주 강정마을 해군기지 건립이 옳은가 그른가?

(98) 미래의 캡슐음식 사용은 당연한가?

(99) 유기견은 안락사 시켜야 하나?

(100) 여름휴가로 산이 좋은가, 바다가 좋은가?

토론 · 논술 · 구술면접에 강해지는 20년 현장 전문가의 비밀훈련법!

따라하면 끝나는 실전 토론교과서

초판1쇄 발행 2013년 3월 25일

펴낸이 정광진
지은이 신동명
펴낸곳 (주)봄풀출판
인쇄 예림

신고번호 제406-2010-000089호
신고년월일 2009년 1월 6일

주소 413-756 경기도 파주시 문발동 115 세종출판벤처타운 304호
전화 031-955-5071
팩스 031-955-5073
이메일 spring_grass@nate.com

ISBN 978-89-93677-51-5 13370

책값은 뒤표지에 있습니다.
잘못된 책은 바꾸어 드립니다.